U1002673

总主编 徐岩 张廷凯

中国百年教科书史

化学卷

主编 王晶

人民教育出版社
·北京·

中国百年教科书史

出版委员会

主　任　黄　强　郭　戈

委　员　王　岳　杨　刚　魏运华　谭　钢　王志刚　郑旺全
王　强　赵占良　蒋　琦　张廷凯　邹海燕

编写委员会

主　任　徐　岩　张廷凯

委　员　唐燕明　王有朋　江丽霞　赵　昕　王世光　扈文华
张天宝　陈先云　王本华　卢　江　章建跃　郑旺全
吴　欣　唐　磊　田　旭　李伟科　李　卿　韦志榕
高俊昌　彭前程　王　晶　赵占良　谭永平　蔡　矛
黄海旺　耿培新　杜永寿　胡知凡　刘冬辉　刘立德
任长松　吴海涛

化学卷

主　编　王　晶

编　者　王　晶　吴海建　李　俊　钟晓媛　郭　震　乐进军
王钦忠　冷燕平　乔国才　李艳梅

责任编辑　钟晓媛

书籍设计　胡白珂

前言

徐 岩

教科书，是基于一定的学制、课程计划或课程标准（教学大纲）编写的，系统反映不同教学科目学习内容的教学基本用书。中国近代教科书的百年历史，见证了中国从贫弱不堪到傲然腾飞，见证了民族独立、人民解放、国家富强、百姓安康。

国家社科基金重大项目“中国百年教科书整理与研究”2010年12月获准立项，2016年1月经全国哲学社会科学规划办公室审核，认定为免于鉴定，准予结项。项目在系统整理百年中小学教科书的基础上，编撰便于检索和利用的提要式书目，完善现有的“中国百年中小学教科书全文图像库”，编选教科书珍本图鉴；在全面梳理各学科教科书百年变迁历史的基础上，揭示我国教科书百年演进的规律，并深入分析不同历史时期影响教科书编写的主要因素；就百年变迁中争论最多的、广受学界及社会关注的、至今仍有重要影响的关键问题开展深入的专题研究，为当前和今后的教科书编写工作提供启示与指导。

在该项目的研究中人民教育出版社共与76个单位协作，包括高等院校、教育教学研究机构、图书馆等。研究人员近550人。

一

项目最终形成五大系列研究成果，于2019年开始陆续出版。

系列一:《中国百年中小学教科书综录》(8卷)(以下简称《综录》)。该书目收录百年来全日制中小学教科书1万余种，6万余册，为其中的实见版本编写提要式目录8 800余条，为其中有书目记载但未见版本编写存目近2 000条，形成提要式书目8卷。每个条目由载体描述和内容提要两部分组成。载体描述基本参照《中国文献编目规则》规定的标准化著录格式，揭示每套教材的书名、编著者、出版年、版次、册数、页码、开本尺寸等，其中的综合著录部分反映整套教材的状态，子目部分反映分册的形态、版次变化等。内容提要是在有限的文字范围内客观地、充分地揭示教科书的来源依据、审定情况、内容与编写体例、语言呈现形式等。

系列二:《中国百年教科书珍本图鉴》(4卷)(以下简称《珍本图鉴》)，按1897—1912年，1912—1949年，1949—1976年，1976—2010年分为4卷。《珍本图鉴》分为上、下编，上编从出版史的角度，分"出版业发展状况""教科书管理制度""教科书装帧设计"三个专题，以图文形式展现相关专题涉及的重点中小学教科书；下编主要以图的形式展现不同时期的代表性教科书。

系列三:《中国百年教科书史》(19卷)，包括总论卷、小学德育课程卷、中学德育课程卷、小学语文卷、中学语文卷、小学数学卷、中学数学卷、英语卷、日语卷、俄语卷、历史卷、地理卷、物理卷、化学卷、生物学卷、小学科学卷、体育卷、音乐卷、美术卷。各卷均分为概述、清朝末年的教科书、民国时期的教科书、中华人民共和国成立后的教科书、结论等五编。

系列四:《中国百年教科书专题研究》(18卷，每个学科1卷)。各卷选取百年变迁中争论最多的、广为学界及社会关注的、至今对该学科教科书发展仍有重要影响的、教科书编制必须要考量的关键要素或问题作为研究专题。专题研究成果呈现了对同一个问题不同历史阶段教科书所作出的不同选择与回应，并且通过这些选择和回应，深度剖析教科书编写的影响要素、重要经验与主要教训，以拓展教科书的研究，丰富教科书研究的理论，并为未来的教科书编写以及课程的建设提供重要的启示。

系列五: 散论。包括《中国教科书百年递嬗与建构》《中国教科书思想百年调适与更生》，以及《教科书往事——漫谈百年中小学教科书》等。

二

在研究之初的设计阶段，在研究过程的深入阶段，在研究成果的呈现阶段，我们一直在思考以下问题。教科书研究应该建立在怎样的方法论基础之上？教科书的本质是什么？百年来教科书存在和发展的动力又是什么？

（一）在教科书研究中，教科书的本体地位不可动摇，文献资料实现了自身的“相互关照”与“对话”。让教科书文献资料自己说话，而不是以理念裁剪文献资料，才能发现教科书发展的内在理路。

百年来的教科书与其他文献资料的重大区别在于其情况的错综复杂，教科书虽具有成套性，但修订更为频繁、版本更加混乱、源头更加隐晦。因此，我们在整理中特别强调对百年来教科书“原典”（即原始文献）开展连续的、系列的、更迭的整体把握，对百年来交错纵横的文献资料进行“历时性”和“共时性”的呈现。在对教科书文本本身加强整理的同时，研究还特别强调对教科书的社会文化背景、编撰者、出版机构、呈现形式与使用等方面的调查，以实现教科书文本与教科书相关文献资料之间的“对话”。在这种“对话”中，我们发现中小学教科书的发展自有其内在理路，不能简单地把它们当作社会变迁的映像、学科发展的缩影或者教育理论的注脚。

在系统梳理各学科教科书的发展历史过程中，我们还发现，以先入为主的一些理念为指导，或运用某种特定的研究框架、模式或话语体系，来分析教科书变迁的历史，虽然分析得很有条理，但离教科书的历史真相甚远。造成这一现象的重要原因之一是客观上缺乏完整的文献基础，主观上用抽象的理论框架剪裁丰富多彩的教科书文献资料，对不能容纳于其理论框架之内的大量文献资料视而不见或有意回避，结果，所呈现的“教科书发展轨迹”只能是片面的甚至是扭曲的。因此，项目特别强调基于文献的完整把握，在此基础上对不同文本进行对照，再辅以相关佐证进行阐释。唯有回到教科书本身，让各学科教科书的文献资料“自己说话”，真正确立和凸显全面、系统、完整的教科书文献在研究中的本体地位，才能正本清源，为各种不同的研究视角奠定坚实的文献基础。

教科书的本体样态是什么？一百多年前，在中国大地上发生了巨大的社会变革，我国教育的发展也随之而改变。教科书因新的学制、新的学校体制、新的教学形式的需要而诞生。自它诞生之日起，就是分科的、精选的、结构化的、系统性的，与基础教育模式相适应的。我们的研究着重于教科书本体样态的描述，涵盖基础教育全学科、全学段，旨在展现百年教科书文献资料的全貌。研究基于一手资料，专注于基础性的整理工作，展现教科书内容选取、结构体例和呈现方式的变迁过程。这为我们的后续工作，也为其他学者从不同角度阐释教科书提供了牢固的基石。

（二）教科书分析应秉持唯物史观，任何教科书都是“当下的”、具有“现时性”的，研究应建立在对教科书事实的历史性、整体性和全局性把握的基础之上，避免“以论代史”。

我们在研究中努力把教科书这一研究对象放在历史中，避免把对象从它的历史位置上任意抽取出来，避免把研究者的想象力强加在当时的教科书之上。我们努力尝试对教科书作科学的分析与客观的评价，强调“回到历史现场”去解读各时代的教科书，放到当时的历史情境与社会背景中，放到百年历史变迁的长河中，而不能割断历史的联系去孤立地看待和评价某一阶段的教科书。我们努力回到文献资料及历史语境，不违背历史，也不违背逻辑。然而，要恢复历史语境，只能对历史文献开展尽可能全面的、完整的艰苦梳理，否则容易陷入主观想象的泥沼。我们在研究和评价各个历史时期的教科书时，要持谨慎的态度，避免陷入玄思。教科书是社会存在的一部分，以广泛联系和发展的眼光关注百年教科书的发展，不难发现教科书与时代背景、社会因素的复杂关联。也因为如此，我们从教科书百年的发展历程中得以窥见百年中国社会的发展面貌。总体上看，百余年来，一大批著名学者、教育家、出版家和普通教育工作者，应时代的需求，同心协力，使我国教科书在国衰民穷的困难背景中起步，经历曲曲折折，不断提高完善，不仅适应了独有的国情，而且保持了很高的品位。

（三）百年教科书的发展史尽管经历了曲曲折折和各种摇摆，但最终都回归到遵循教育自身规律的轨道，按照符合学生学习规律的原则不断自我修正。

关于教科书本质及其发展规律的追问，很多学者给出了不同的答案。我们认为，我国的教科书自诞生之日起，经过百余年的发展，到今天为止，都是为了实现特定的育人目标，都要精选最基础、最核心的学习内容，都要遵循学生心理发展的规律，都要追求教学逻辑和学科逻辑的统一，都是师生开展教学活动所凭借的核心资源。百余年来，中小学教科书的改革走过了一条曲折的发展道路，可谓是“历尽沧桑”，但教科书的本质规律却是推动教科书发展与变迁的原动力。我们经历了从翻译国外教科书到编译国外教科书再到自编教科书的曲折过程，尝试“六・三・三”制、“五・三・二”制等不同的学制，但编写出符合并促进学生的发展、适切教学实际的教科书始终是每个时代、每个学科的教材编者不变的初心与不懈的追求。正是由于教科书科学合理的设计，百年来各个时代师生始终以它作为核心的教育教学资源，在规定的教育时限内实现人才培养的目的。作为国民教育的重要载体，不同历史阶段的教科书所构建的国民品格应具备的价值体系和各学科基本知识体系的不断变迁，体现了百年来不同历史阶段的国家意志，以及社会文明和科学知识的发展脉络。然而，教科书对全面育人目标的追求，教科书作为核心教学资源的地位，教科书在促进教学质量提高和效益提升方面的努力，百余年来不曾动摇。

（四）经过百年的实践探索，我们已经走出一条富有中国特色的教材建设之路，需要在守正的基础上进行创新。

我国的近代教科书源于西方。审视我国百年教科书发展史，在借鉴国际经验、关照本土国情的基础上，我们已经走出一条富有中国特色的教材建设之路，构建了独具中国特色的教材编写体系。我国语文、数学等学科教材的发展充分说明了这一点。

百年来，社会变革风云变幻，中小学语文教科书也随之而演变。虽然它经历了从封建社会、半殖民地半封建社会到社会主义社会，白话取代文言，不断创新编制，但是各时期的教科书仍然可以从演变过程中找出一脉相承的痕迹。其中有继承，也有创新；不断演变，也不断完善。这充分说明了中小学语文教材的历史继承性和承载中华文化的独特性。纵观百余年来中小学语文教科书的发展历程，波澜起伏中显现出清晰的流向。我们把视点聚焦于此，透过其更新迭变的繁复史料，可以发现中小学语文教科书发展变化的规律。应该说，经过百年的探索，我们已经走出了一条有中国特色的语文教材建设之路。

我国数学教材经过了百年发展，借鉴过西方，学习过苏联，经过自主创新，最终在教科书的内容、结构体系、练习系统、配套资源等方面都已形成鲜明的中国特色。注重教材的严谨性、系统性和思想性；注重构建旨在夯实学生数学基础的训练系统；注重培养学生的思维能力、运算能力和空间想象力；注重通过数学思维方式的训练来提高学生的基本素质、养成学生的理性精神；在教材体系的构建上注重学科逻辑与心理逻辑的有机融合，即教材的体系不仅要符合数学学科本身知识发展的逻辑，也要与学生思维发展等心理逻辑和数学认知规律相适应。

当然，中国教科书百年变迁的道路并非一帆风顺，从其辉煌与成功中、坎坷与失误中，我们总结出一些教科书的编写经验。包括以下五点。（1）教科书编写的指导思想必须体现国家意志，强调国际视野的同时，坚持从中国的实际出发，走自己的路。（2）对于教科书改革，必须认清教材改革的可行性、长期性和分阶段性，避免大动作、理想化与脱离实际；必须科学对待中小学教材不断改革与相对稳定的关系，避免过于频繁的变动；教材改革必须处理好继承与创新的辩证关系，避免对过去片面地否定；教材改革必须首先以科学研究为前提和基础，同时必须经过科学实验，并做好教师培训等准备工作，避免急躁盲动。（3）中小学教材的编写要做到面向全体与关照差异的辩证统一，知识的科学性与可接受性的辩证统一，知识与能力、“学”与“用”的辩证统一，内容选取做到广度与深度、经典与现代的辩证统一，教材编排做到适合学生学习和便于教师教学的辩证统一。（4）教材编写人员与队伍必须是专业的，提倡三结合，即学科专家和学科教育专家、一线优秀教师和一线教研员、专职教材研究者和编写人员相结合。（5）打造一套好的教材需要经过研究—编写—试验—完善—推广的路径，在学生使用这一代教科书的同时，就要开始着手研发编写下一代的教科书，同时研究再下一代的教科书。

三

项目研究试图在方法上有所创新，在数据资料方面能有独特贡献。

（一）研究方法的创新

项目立足于教科书本体研究的文献分析法，保证了研究结论的科学性、严谨性。研究方法上注重文献挖掘、内容分析、理论阐释的定性研究，在研究和分析视角上具有独特性。同时，也注重利用图表等形式，对教科书相关内容进行量化统计，从而较为直观地呈现教科书阶段性发展变化的规律。

项目选取的文献横跨百年教科书文本，在资料占有的全面性上前所未有。在此基础之上，研究将各个发展时期的代表性教科书作为典型案例深入分析，其结论建立在总体把握百年教科书发展变迁规律和对各时期典型教科书的深度分析之上。

研究视角聚焦于教科书的本体研究，即教科书内容、结构及学科核心要素的分析与把握，挖掘了教科书对教育教学的核心价值，这是研究的重要贡献之一。毋庸置疑，分科是教科书的基本特性。教科书史研究厘清了与本学科教科书发展关系最为密切的教育政策、课程标准、学科发展、教育思想等因素与教科书的动态关系，整体呈现教科书作为核心教学资源的本体特征——内容、结构、呈现方式的变化、发展过程。研究完整描述教科书的体系安排、学科结构特征，全面分析教科书所体现的课程观、知识观、学生观及负载的情感态度价值观等隐性教育目标，客观评价教科书的教育学价值，较之以往有关教科书的研究更加深刻、全面。专题研究则基于学科特性展开，选择学科教科书编制中最基本、最重要、最需要把握的问题作百年的历史回顾和总结（例如语言类学科的选文问题），归纳出基本规律。

（二）数据资料的贡献

1. 首次呈现教科书全学科百年发展的立体全景，对百年教科书数据资料整理的完整性和系统性达到前所未有的高度。

研究所考察的教科书，在时间上跨越百年，且正好是我国现代学制建立和教科书走向现代化的百年，因而，研究具有起始性的特征；在空间上涉及我国大陆各个地区；在学段、学科上涵盖中小学全学段、全学科。本研究展现我国教科书发展的全貌，是我国教科书整理和研究方面最具全面性、系统性、整体性的研究。

在成果形式上，本研究以文字、图片、数字化等多种形态，立体化、多样化地全面呈现百年中小学教科书发展历程。《综录》从文献学角度，全面、系统地提供百年中小学教科书的书目和精要信息。《珍本图鉴》图文并茂地展现最具价值的教科书，以图鉴的形式展示我国百年来不同时期中小学教科书堪称经典的封面、插图、版式设计等，反映我国百年来教科书印刷技术、设计水平的进步。《中国百年教科书史》，呈现不同学科教科书的变迁历程，包括各个历史阶段教科书发展总体情况与该阶段代表性教科书基本信息。首先，客观描述各时期教科书的基本面貌，陈述历史事实，做到史料真实、可靠。其次，从社会、学科、学生等不同视角进行深入剖析，如教科书所处的社会背景（政治、经济、文化等）、教育思潮或理念对教科书编制有什么影响；各时期教科书是如何回应社会需求、反映学科发展、关照学生心理的；为什么这样编写教科书；当时促成教科书改革和变化的原因是什么；等等。最后，对各时期的教科书作出历史的、辩证的客观评价，指出其特点或优点、进步或发展，同时指出其历史局限性。《中国百年教科书专题研究》对各学科百年变迁中最重要的、争论最多的问题开展深入探讨，通过对各时期的主流教科书的结构体系、内容、素材选择和呈现方式等的纵向分析，从中概括出教科书的发展脉络，归纳教科书编写规律。另外，项目还发表了论文、学术随笔、图说等多种形式的作品，积累和传播研究成果。大到对每个阶段教科书发展的宏观背景，小到对每一本教科书的内在体系结构，甚至一道练习或习题的设计，研究人员都努力开展全面、细致、深入的整理和分析。工作量之大，阅读面之广，工作之繁重，是以往相关研究无法相比的。

2. 创建百年教科书最全书目，创新教科书编目模式，书目分类、编排更符合教科书体系特性，为教科书研究提供更科学的线索和更便捷的信息获取路径。

（1）最完整。我国中小学教科书产生已有百余年历史，至今未有完整的书目记录，尤其是中华人民共和国成立后的教科书，除统编教材被收入《人民教育出版社书目（1950—1999）》外，其他皆未进行过书目控制，本研究填补了这项空白。《综录》收录的书目纵贯百年中小学全科教科书，其中“大跃进”和“文化大革命”时期的地方教材及2000年新课标教材均为国内首次收录，该书目是迄今为止最全的教科书书目。

（2）全新编排方式。《综录》按照“学段—学科—出版者版本—出版时间”的顺序排列。这是目前教科书书目中从未采取过的编排方式。

中小学教材因其鲜明的特点不能照搬已有图书书目的编写方式。一般图书以作者、书名、出版社、出版年份为主要标识信息。而教材的识别，要基于它的教育学特征，包括学段、年级、科目，并且鉴于教材一般是成套系的，年段之间有衔接问题，版次之间的修订变化版本信息也尤为重要。《综录》以“学段—学科—出版者版本—出版时间”为排序线索，分类更清晰、合理，满足图书馆学和教科书研究者的检索需求，更易把握百年教材发展线索和某套教材的整体信息。

学段：分为小学、中学两部分，但不再细分初小、高小，初中、高中，以便尽可能完整地呈现教科书的套系状态。

学科：基本按照《中国图书馆分类法》的类目内涵和顺序排列。例如，德育学科包括修身、公民、品德、政治、经济等，生物学科包括植物、动物、博物、生理卫生等。这种学科名称的变化一般是相同内容在不同历史阶段的不同称谓，统编在一起能较连贯、贴切地反映各时期教科书发展的进程。

出版者版本：如“商务印书馆版”“中华书局版”“人民教育出版社版”“北京师范大学出版社版”等，采取这种排列方式可以在一个出版者下较集中地体现各时期教科书的套系状况、系列名称变化、科目名称变化。例如，在“自然”学科的“商务印书馆版”下，可以按时序的排列看到此学科名称由格致到自然、常识、理科的变化，有时并行存在，有时交替出现；还可以呈现“最新教科书”“共和国教科书”“新学制教科书”“复兴教科书”等套系的变化。如此，也更贴近教材研究者关注的角度。

出版时间：出版者的排列顺序按其现存版本中最早的出版时间先后排列，同一出版者的出版物按其初版时间先后排列。

（3）全新撰写内容提要。《综录》条目除了参照《中国文献编目规则》规定的标准化著录格式所作的载体描述，揭示每套教材的书名、编著者、出版年、版次、册数、页码、开本尺寸等，还为每册教科书撰写了内容提要。内容提要旨在更加直观、明确地为研究者提供教材的主要内容、特点，也使检索更加准确、便捷。例如，现有的清朝末年、民国时期的教材书目仅揭示教材的版本状况，本书目增加了内容提要，揭示教科书文献的来源依据、审定情况、内容体例、语言呈现形式等。撰写内容提要是本项研究最具特色的创新之处，不仅开创了教科书编目工作的新模式，还为后续教科书研究打下了更扎实的研究基础。

3. 修订完善我国第一个“中国百年中小学教科书全文图像库”，便于快捷、有效地检索教科书相关内容；部分研究填补相关领域研究的空白。

研究工作的开展主要基于文献法，而部分教科书已成为“文物”级别的出版物，借阅、浏览几乎不可能，因此，要保证众多研究人员在同一时间都可以便捷地阅览一手文献需要创新的方法。借助信息化手段，人民教育出版社此前已经花费大量人力物力，将百年教科书文献资料在系统分类编目的基础上进行了电子化处理，建立了“中国百年中小学教科书全文图像库”，在研究群体内实现了资源共享，这也是本研究得以完成的重要基础。该图像库是目前全球最大、最全的中国百年中小学教科书全文图像库，且仍在进一步的完善过程中。

《珍本图鉴》子课题研究中的不少研究填补了相关领域研究的空白。例如，上编确定的三个专题“中小学教科书出版业发展状况”“中小学教科书管理制度”“中小学教科书装帧设计”，虽已有少量研究资料，但欠缺集中、深入的探讨、研究，跨越百年时间的纵向研究更是未见。尤其是清朝末年、民国时期中小学教科书出版业发展状况和中小学教科书装帧设计研究填补了该领域研究的空白。

中国百年教科书的整理与研究，工作浩繁庞杂，项目全体人员付出了艰辛的努力。尽管我们在项目研究成果的基础上进一步开展了修订工作，但其中错漏之处一定仍有不少，敬请读者批评指正！

目录

第一编　概述

第一章　百年中学化学教科书发展概述

我国中学化学课程的设置，始于清朝末年。1865 年，清朝成立江南制造局，初设机器学堂，讲授化学[①]。1867 年后，我国近代化学的先驱者徐寿开始翻译西方科技书籍。《化学鉴原》（英，1871 年）、《化学鉴原补篇》（英，1875 年）、《中学校初年级理化教科书》（日，1902 年）等，成为我国最早的一批化学教科书[②]。一百多年来，随着社会的不断变化和发展，我国的中学化学教科书经历了历史的沧桑而发展至今天，这其中有许多值得研究和借鉴的规律、经验和教训。

一、化学教科书变迁概述

化学教科书是有关化学学科、化学教育与教学的思想、方法的具体体现。教科书受所处时代的各种社会因素的影响，如意识形态、历史沿革、文化发展、教育思潮等，以及受编者的政治立场、文化眼光、教育背景等的影响。[③]历史时期不同，这些因素对教科书的影响也有所不同。研究教科书的变迁，确定教科书变迁的不同研究阶段，需要综合考虑各种因素。本研究按照历史发展进程中一定的规律进行分期。分期所考虑的基本原则，一是社会时代变革，二是教育、课程等的重大变化。据此，我们将清朝末年以来的百年中学化学教科书的研究，划分为中华人民共和国成立前、后两大阶段，并细分为 11 个时期（图 1-1）。

---

① 郭保章，梁英豪，徐振亚．中国化学教育史话［M］．南昌：江西教育出版社，1993：398.

② 梁英豪．化学教育留影［M］．北京：人民教育出版社，2002：150.

③ 袁翰青．袁翰青文集［M］．北京：科学技术文献出版社，1995：135.

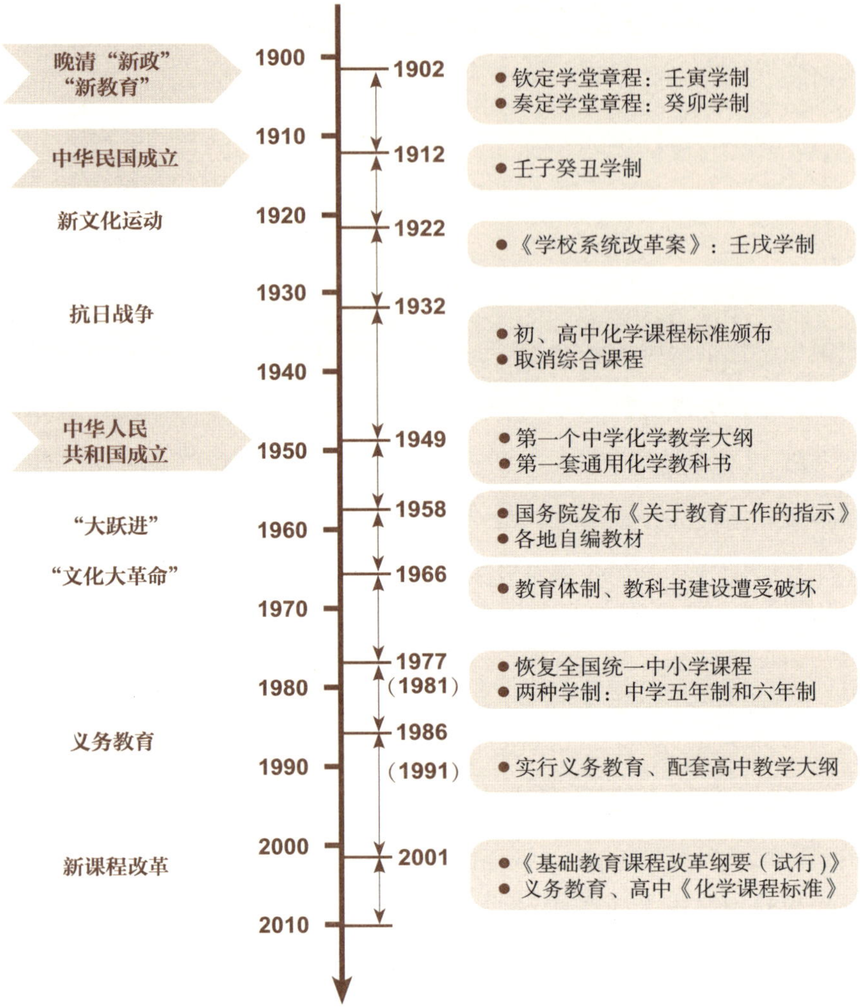

图 1-1　研究阶段和时期的划分依据

（一）中华人民共和国成立前

1. 清朝末年的化学教科书（1902—1912）

我国早期的化学教科书，大多翻译自国外，特别是在清朝末年，多直接翻译或编译日本的教科书。1902 年，清政府颁布了《钦定学堂章程》（“壬寅学制”），成为我国近代教育中第一个由中央政府颁布的全国统一学制。之后，经过对壬寅学制的修改，在 1904 年，颁布了《奏定学堂章程》（“癸卯学制”），这是我国开始实施的第一个现代学制，标志着中国现代教育的开始[①]。此学制的颁

① 石鸥．开现代教科书之先河的《最新教科书》[J]．湖南师范大学教育科学学报，2008（3）：27-30．

布，对于各类教科书的编撰起着直接的规约作用。中国第一套现代意义的教科书在此时期产生。现代意义的教科书的出现应该满足如下条件：第一，实施了现代学制，根据学制，依学年学期而编写和使用；第二，有与之配套专供教师使用的教授书（教授法、教学法）等教学参考书，教授书内容要包括分课教学建议，每课的教学时间建议等；第三，依据国家教学计划（课程方案）规定的课程门类分门别类地分级编写、出版和使用。[①]

我国最早的现代意义的教科书，当以1904年前后，由商务印书馆出版的《最新中学教科书》系列为标志，该套教科书被称为“开中国学校用书之新纪录”[②]。《最新中学教科书　化学》首版于1903年，为该系列中的化学教科书，是美译教科书。之后出版的化学教科书则多为日译教科书，如杜亚泉编译的《化学新教科书》、虞和钦编译的《中学化学教科书》、虞和寅编译的《近世化学教科书》等。同时，杜亚泉、虞和钦、虞和寅也成为我国近代科学教育中较有影响力的人物。

多种新教科书的出现，使原有对“教材”性质的认识发生了变化，新教科书取代了原来广义的教材、读本，实现了从教材到教科书的转型，这时期的化学教科书发展达到了一个高峰。[③]

2. 民国时期的化学教科书（1912—1949）

民国时期，化学教科书的发展，可分为3个阶段。

（1）1912—1922年　1912年，中华民国成立，开始大力推行新式教育，废除旧式教科书。1912—1913年公布了民国的第一个学制《壬子癸丑学制》，并颁布了《中学校令施行规则》和《中学校课程标准》；1912年，设置了教科书编纂与审查的管理机构，并公布了《审定教科用图书规程》。这一系列文件的颁发，使得我国的教科书编写有规则可依。在制度的促进下，众多出版社参与到教科书的编写之中，化学教科书体现了不同风格、思路，并且在出版量上也有所增加。这时期化学教科书的出版，以商务印书馆和中华书局为主。商务印书馆的《共和国教科书　化学》、中华书局的《中华　中学化学教科书》《新制化

① 石鸥．最不该忽视的研究：关于教科书研究的几点思考［J］．湖南师范大学教育科学学报，2007（5）：5-9．

② 陈学恂，中国近代教育史教学参考资料：上册［M］．北京：人民教育出版社，1986：656．

③ 石欧，吴小欧．中国近现代教科书史：上［M］．长沙：湖南教育出版社，2012：2．

学教本》等都是依据新学制而编写，成为当时具有代表性的化学教科书。中华民国的成立对于教科书的编写和出版来说，可看作是一个历史节点。

（2）1922—1932年 新文化运动和五四运动，对于20世纪20年代的中国教育产生了重大的影响，教育界开始探索新的学制改革。1922年，公布了《学校系统改革案》，即“壬戌学制”（“六·三·三”学制），也称新学制。“六·三·三”学制仿效美国19世纪末到20世纪初的教育改革，主张发展初级中学，注重为初级中学在发现学生个性方面提供机会，以建立职业志向。初、高级中学的划分考虑了学生身心发展的特点和个性差异，以及能力分层、职业导向、分科和选科等，着力适应学生的需求。同时，还注重这一时期的学生在现代社会生活所需要的基本知识技能和道德品性的训练。可以说，壬戌学制基本完成了清朝末年以来学制的近代化改革。新学制后，1923年全国教育联合会公布了《新学制课程标准纲要》，1929年教育部颁布了《中小学课程暂行标准》。这期间，按照新学制，针对初、高中分段编写的化学教科书也大量出版，除之前处于垄断地位的商务印书馆和中华书局外，世界书局、文化学社等一些机构也加入教科书的出版行列。这时期具有代表性的化学教科书有商务印书馆出版的《现代初中教科书 化学》（郑贞文）、《新时代高中教科书 化学》（郑贞文），文化学社出版的《初中化学教科书》（王鹤清）、《高级中学化学教书》（王鹤清和阎玉振）等。商务印书馆的郑贞文在我国近代化学教科书编写出版方面，具有较强的影响力，对于推动教科书编制的发展，以及我国化学教育的进步作出了重要贡献。

（3）1932—1949年 1929年南京国民政府颁发了《中学暂行课程标准》，后根据施行期间各方面的意见进行修订，于1932年正式颁布中学课程标准，并取消了综合课程。并且，规定了初中在初二（1936年调整至初三）开始开设化学。化学课程标准分为《初级中学化学课程标准》和《高级中学化学课程标准》。中学课程标准的正式颁布，促进了教科书的编写，至抗日战争爆发前，根据课程标准编写的化学教科书大量出版，且国人自编的化学教科书成为主流，化学教科书的出版达到近代高峰，其中有代表性的有商务印书馆出版的《复兴初级中学教科书 化学》（韦镜权、柳大纲）、《复兴高级中学教科书 化学》（郑贞文）、《更新高级中学教科书 化学》（王箴），正中书局出版的《新中国教

科书　初级中学　化学》(李嘉谟、李邵谟)、《新中国教科书　高级中学　化学》(张江树、章涛)，等等。抗日战争全面爆发对化学教科书的编写出版产生了一定的影响，这期间课程标准和各版教科书经多次修订，这些化学教科书一直使用到中华人民共和国成立。

(二)中华人民共和国成立后

中华人民共和国成立后，各项事业蓬勃而曲折发展，教育在改革中不断前行。教科书的编写、出版事业也走过了一条不断探索、改革和发展的道路。

1. 1949—1958 年，经历沿用、改编、编译的过程

中华人民共和国成立初期，百废待兴。当时的学校没有统一的教材，一般仍是沿用之前的教材或改编教材。1950 年年底，人民教育出版社成立，开始研究编写和出版中小学教材，出版了第一套初、高中化学暂用教材，即由王洪年改编的《初级中学实用化学课本》，以及张江树、章涛改编的《高级中学化学》。这两套课本都根据教育部颁发的精简纲要，在原教材基础上对内容作了一些精简和改编。1952 年以后，主要是以苏联的教科书为蓝本，编译教科书。人民教育出版社出版了东北人民政府教育部编译的苏联化学课本(简称“东北本”)供 1952 年秋季开学使用。1952 年 12 月，教育部颁布了以苏联十年制学校化学教学大纲为蓝本的我国第一个中学化学教学大纲，即《中学化学教学大纲(草案)》。随后，人民教育出版社以苏联的教科书为蓝本，编译出版了一套新的初、高中化学教科书。1956 年，教育部修订了中小学教学计划，并参照苏联新的教学大纲，对我国《中学化学教学大纲(草案)》进行修改，颁布了《中学化学教学大纲(修订草案)》。之后，1956—1958 年，人民教育出版社又陆续编写、出版了符合此大纲要求的化学课本。教科书编写逐步向中国化发展。

2. 1958—1966 年，教科书编写经历曲折的过程

1958 年“大跃进”时期，教育部停止颁发统一的中小学教学用书表，各地开始自编“以生产为纲”的课本；之后还编写了“缩短年限、提高程度”的课本，都因在试验中遇到了困难而停止使用。1961 年，人民教育出版社出版了“缩短年限、不提高程度”的十年制教材，但也无可避免地受到当时方针路线的影响，仍存在不便于教学、学生负担重等问题。这段时间的教材，大多受当时政治、社会变动的影响，内容贴以“政治标签”，严重削弱基础知识，教科书建设走了一段弯

路。1961 年后，停止了九年一贯制的试验，1963 年，教育部颁布了《全日制中学化学教学大纲（草案）》，随后，人民教育出版社探索编写了符合我国国情的新一套全日制十二年制中学化学课本，在 1963 年起出版，供全国通用。这套教材调整了体系结构，适当加强基础知识和基本技能，并注意联系实际，反映化学新成就。通过教学实践，这套课本被认为是“新中国成立后较好的一套课本”①。这套课本共 4 册，用到高中化学第二册后，因“文化大革命”开始未能继续使用。

3. 1966—1976 年，教科书建设遭受严重破坏

1966 年“文化大革命”开始，人民教育出版社被撤销，停止编写全国统编化学课本。教材完全由各地自编，很多地区取消“化学”课后，改设“工业基础知识”课程，以《工业基础知识（化工部分）》为书名的课本代替化学课本。1972 年在周恩来总理强调对基本理论的教学和研究应予以足够重视的思想影响下，才逐步恢复了“化学”课，编写了《化学》课本。这一时期的化学课程和教材处于混乱状态，教科书的建设遭到了严重的破坏。

4. 1977—1981 年，拨乱反正，修正谬误

1976 年粉碎“四人帮”，教育工作也开始拨乱反正。1977 年，人民教育出版社恢复教材编写和出版工作，根据 1978 年颁布的《全日制十年制学校中学化学教学大纲（试行草案）》，编写了《全日制十年制学校初级中学课本　化学》《全日制十年制学校高级中学课本　化学》，这也是“文化大革命”后第一套中学化学教科书，修正十年内乱时期各地自编教材中许多谬误的内容，注意基础知识的选择和智力的培养。此后，教育开始了积极改革。

5. 1981—1991 年，调整要求，编写两种学制教材

1981 年 4 月教育部颁发了《全日制五年制中学教学计划试行草案的修订意见》《全日制六年制重点中学教学计划试行草案》，并随后发布了《全日制五年制中学化学教学大纲（征求意见稿）》《全日制六年制重点中学化学教学大纲（征求意见稿）》。人民教育出版社从 1983 年开始陆续编写、出版了两套不同教学要求的化学课本，即《五年制中学高中课本　化学》（共两册）、《六年制重点中学高中课本　化学》（共三册）。后因教育部多次组织调查研究，对教学内容

---

① 课程教材研究所．新中国中小学建设史（1949—2000）研究丛书：化学卷［M］．北京：人民教育出版社，2010：155

进行精简、调整和降低教学要求，这两套课本基本上只用了一轮就分别改编为乙种本和甲种本[①]。1986年，国家教委颁布了《全日制中学化学教学大纲》，这是实施义务教育教学大纲前的过渡性大纲。根据这个大纲，人民教育出版社在原初中和高中乙种本教科书的基础上，编写了通用中学化学课本，即《初级中学课本　化学》（全一册）、《高级中学课本　化学》（上、下册），高中甲种本不再使用。

1990年，国家教委印发《现行普通高中教学计划的调整意见》的通知，提出高中阶段分成两个时段，前两年必修，第三年选修。同时，发布了《全日制中学化学教学大纲（修订本）》，总体上相当或降低了教学要求。据此，人民教育出版社编写出版了高中化学必修（两册）和选修（一册）教材，从1991年秋季开始使用。随后，1994年，为配合新工时制度（工作日由六天改为五天）的实行，化学教学大纲又进行了调整。教材也进行了相应的修订，1995年出版了上述课本的第二版。在这个过程中，国家教委1991年颁发了“关于在普通高中开设选修课的意见”，人民教育出版社根据上述意见，编写出版了高级中学选修课教材《化学》和《环境教育》，供全国学校选用。

6. 1986—2000年，实施义务教育，编写配套化学教科书

1986年，《中华人民共和国义务教育法》颁布，1988年4月，国家教委颁发《九年制义务教育全日制初级中学化学教学大纲（初审稿）》。人民教育出版社编写、出版了《义务教育三年制初级中学教科书（实验本）　化学　全一册》。后又遵照国家教委1992年颁发的《九年义务教育全日制初级中学化学教学大纲（试用）》和2000年教育部颁发的《九年义务教育全日制初级中学化学教学大纲（试用修订版）》的要求，对教科书作了两次大的修订。我国的义务教育分为“六·三”和“五·四”两种学制，人民教育出版社分别编写和出版两种不同的义务教育化学教科书，供三年制和四年制初中使用。在此期间，教科书的编写出现了“一纲多本”的局面，不同版本的义务教育化学教科书相继出版。

1996年，国家教委颁布了《全日制普通高级中学课程计划（试验）》《全日制普通高级中学化学教学大纲（供试验用）》。这是与九年义务教育衔接、面向

---

① 课程教材研究所．新中国中小学建设史（1949—2000）研究丛书：化学卷［M］．北京：人民教育出版社，2010：2-15．

21 世纪的课程计划和教学大纲。课程计划首次将课程分为学科类和活动类；学科类课程又分为必修、限定选修和任意选修。人民教育出版社依据课程计划和化学教学大纲，于 1996 年编写、出版了高中教科书，包括《全日制普通高级中学教科书（试验本）化学》第一册（必修）、第二册（Ⅰ）、第二册（Ⅱ）和第三册（限选）。之后，根据《全日制普通高级中学化学教学大纲（试验修订本）》，又对这套教材进行了修订，编写出版了《全日制普通高级中学教科书（必修）化学》第一册、第二册，《全日制普通高级中学教科书（必修加选修）化学》第二册、第三册，于 2003 年开始使用。

7. 2000—2010 年，新课程改革，化学教科书编写走向新的发展

2001 年，国务院颁发了《基础教育课程改革纲要（试行）》，这成为新一轮基础教育课程改革的指导性文件。2001 年《全日制义务教育化学课程标准（实验稿）》和 2003 年《普通高中化学课程标准（实验）》的颁布，标志着新一轮课程改革的开始。

这一时期，教科书建设的方针、政策和体制都在不断改革和完善。按照“一标多本”的原则，多个编写团队和出版单位，编写出版了不同版本的初、高中化学教科书，包括初中 5 套，高中 3 套。教科书的多样化，促进了中学化学教科书质量的不断提高。

表 1-1　中华人民共和国成立后各时期的化学教学大纲或课程标准以及对应教科书概况

时期	序号	时间	化学教学大纲或课程标准	教科书
1949—1958	1	1950	化学精简纲要（草案）	改编新中国成立前
	2	1951	普通中学化学科课程标准草案	未编写
	3	1952	中学化学教学大纲（草案）	编译（“东北本”）
	4	1956	中学化学教学大纲（修订草案）	新编（自主编写第一套）
1958—1966	5	1963	全日制中学化学教学大纲（草案）	符合国情的初步探索
1977—1981	6	1978	全日制十年制学校中学化学教学大纲（试行草案）	“文化大革命”后第一套

续表

<table>
<tr><th>时期</th><th>序号</th><th>时间</th><th>化学教学大纲或课程标准</th><th>教科书</th></tr>
<tr><td rowspan="3">1981—1991</td><td>7</td><td>1983</td><td>全日制五年制中学化学教学大纲（征求意见稿）
全日制六年制重点中学化学教学大纲（征求意见稿）</td><td>两种教学要求（学制）</td></tr>
<tr><td>8</td><td>1986</td><td>全日制中学化学教学大纲</td><td>义务教育实施前的“过渡”（统一教学要求，通用）</td></tr>
<tr><td>9</td><td>1990</td><td>全日制中学化学教学大纲（修订本）</td><td>必修和选修分段（“二·一”分段）</td></tr>
<tr><td rowspan="6">1986—2000</td><td rowspan="3">10</td><td>1988</td><td>九年制义务教育全日制初级中学化学教学大纲（初审稿）</td><td rowspan="3">第一套义务教育教科书，教材多样化</td></tr>
<tr><td>1992</td><td>九年义务教育全日制初级中学化学教学大纲（试用）</td></tr>
<tr><td>2000</td><td>九年义务教育全日制初级中学化学教学大纲（试用修订版）</td></tr>
<tr><td rowspan="3">11</td><td>1996</td><td>全日制普通高级中学化学教学大纲（供试验用）</td><td>与义务教育衔接，必修、限定选修</td></tr>
<tr><td>2000</td><td>全日制普通高级中学化学教学大纲（试验修订版）</td><td rowspan="2">必修、选修</td></tr>
<tr><td>2002</td><td>全日制普通高级中学化学教学大纲</td></tr>
<tr><td rowspan="2">2000—2010</td><td>12</td><td>2001</td><td>全日制义务教育化学课程标准（实验稿）</td><td>新的编写方式的探索，教材多样化</td></tr>
<tr><td>13</td><td>2003</td><td>普通高中化学课程标准（实验）</td><td>模块化的编写模式探索，教材多样化</td></tr>
</table>

二、代表性教科书

一百多年来，因每个时期的政治、教育等背景不同，化学教科书的编写、出版等情况差异较大。特别是中华人民共和国成立前，没有通用的教科书。当时的教科书出版以审定制为主，多家出版机构同时编写出版化学教科书，教科书的编者多为个人。加之时间较为久远，对当时庞杂的教科书进行研究相对困难。相较之下，中华人民共和国成立后，逐步采用了统一的教科书，即使在教材多样化之后，教科书的编写也是以主编及编写团队的形式为主，出版社数量也相对较少且稳定。但是，无论什么情况，要进行教科书变迁的研究，选择有代表性的教科书尤为重要，需要考虑多方面的情况，并确立合适的原则。本研究中，代表性教科书的选择，主要考虑了教科书的以下几方面：

1. 与当时的教育制度及课程设置的关系；
2. 社会影响力及关注度；
3. 内容呈现的典型性和权威性；
4. 出版机构的规模和编写能力；
5. 编者的学术水平和影响力；
6. 使用范围和数量；
7. 教科书是否为系列化或是否成套。

基于以上考虑，根据各研究阶段和时期特点，再确定选择代表性教科书的具体原则。本研究选择了 1902 年到 2010 年中具有代表性的中学化学教科书共 36 套（92 册）。由于每个时期教科书的编写、出版情况不同，选择的套数也有所不同。各时期选择的代表性教科书的套数如图 1–2 所示。

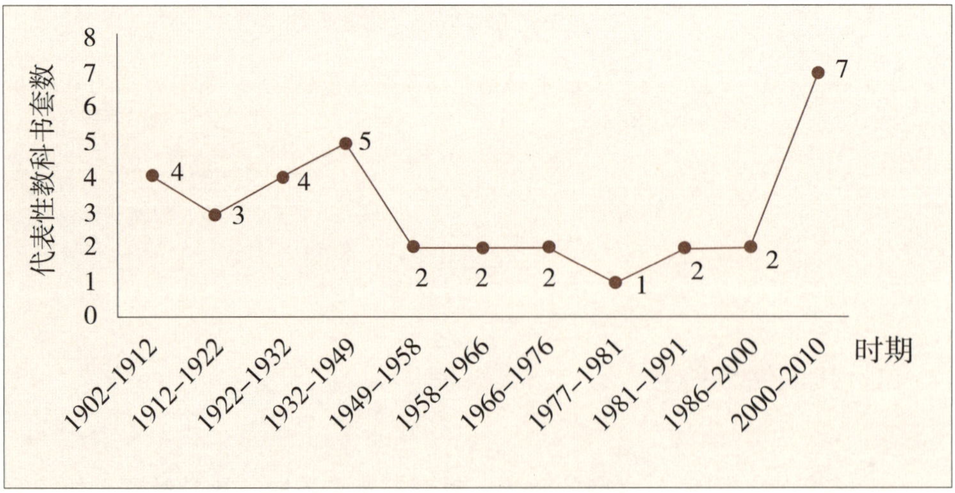

图 1–2　各时期代表性教科书套数

按照上述研究时期划分，各时期的代表性教科书如表 1–2 所示。

表 1–2　各时期的代表性教科书

时期	序号	书名	出版社	出版年	册数
1902—1912	1	最新中学教科书　化学	商务印书馆	1903	1
	2	化学新教科书	商务印书馆	1907	1
	3	中学化学教科书	文明书局	1911	1
	4	近世化学教科书	上海科学仪器馆	1907	1
1912—1922	5	中华　中学化学教科书	中华书局	1914	1
	6	共和国教科书　化学	商务印书馆	1916	1
	7	新制化学教本	中华书局	1919	1
1922—1932	8	现代初中教科书　化学	商务印书馆	1932	1
	9	新时代高级中学教科书　化学	商务印书馆	1932	1
	10	初中化学教科书	文化学社	1930	1
	11	高级中学化学教科书	文化学社	1931	1
1932—1949	12	复兴中学教科书： 初级中学教科书　化学 高级中学教科书　化学	商务印书馆	1934	4
	13	新中国教科书： 初级中学　化学 高级中学　化学	正中书局	1946—1948	4
	14	实用化学（美译本）	世界书局	1934	1
	15	更新高级中学教科书　化学	商务印书馆	1947、1938	2
	16	实用化学（解放区教科书）	华东新华书店	1949	1
1949—1958	17	“东北本”中学化学课本 初级中学课本　化学 高级中学课本　化学	人民教育出版社	1952—1953	4
	18	新编译中学课本 初级中学课本　化学 高级中学课本　化学	人民教育出版社	1953	4

续表

时期	序号	书名	出版社	出版年	册数
1958—1966	19	五年制中学课本　化学	上海教育出版社	1960	3
	20	全日制十二年制学校中学化学课本 初级中学课本　化学 高级中学课本　化学	人民教育出版社	1963—1966	4
1966—1976	21	河北省中学试用课本 工业基础知识（化工部分）（初、高中）	河北人民出版社	1970	2
	22	广西壮族自治区中学试用课本 化学（初、高中）	广西人民出版社	1972	3
1977—1981	23	全日制十年制学校化学课本 初中课本　化学　全一册 高中课本　化学	人民教育出版社	1978—1980	3
1981—1991	24	初级中学课本　化学　全一册	人民教育出版社	1982	1
	25	五年制中学高中课本　化学	人民教育出版社	1982—1983	2
	26	六年制重点中学高中课本　化学	人民教育出版社	1983—1984	3
	27	高级中学课本　化学 第一册（必修） 第二册（必修） 第三册（选修）	人民教育出版社	1990—1991	3
1986—2000	28	义务教育三年制初级中学教科书（试用本）化学　全一册	人民教育出版社	1989	1
	29	全日制普通高级中学教科书（试验本）化学 第一册（必修） 第二册（Ⅰ）第二册（Ⅱ） 第三册（限选）	人民教育出版社	1996—1998	4
2000—2010	30	义务教育课程标准实验教科书 化学（人教版）	人民教育出版社	2001	2
	31	义务教育课程标准实验教科书 化学（上教版）	上海教育出版社	2001—2002	2
	32	义务教育课程标准实验教科书 化学（鲁教版）	山东教育出版社	2004	2

续表

时期	序号	书名	出版社	出版年	册数
2000—2010	33	义务教育课程标准实验教科书 化学（科粤版）	科学出版社 广东教育出版社	2004	2
	34	普通高中课程标准实验教科书 化学（人教版）	人民教育出版社	2004—2005	8
	35	普通高中课程标准实验教科书 化学（鲁科版）	山东科学技术出版社	2004—2005	8
	36	普通高中课程标准实验教科书 化学（苏教版）	江苏教育出版社	2004—2006	8

需要说明的是，在36套化学教科书中，因早期不分初、高中，化学教科书一套就是一册；“六·三·三”学制后有了初级中学与高级中学的划分，但是，最早两个学段的教科书不是一起编写，所以较少整套编写、出版。中华人民共和国实施义务教育以后，初中和高中的性质发生了变化，教科书也不再完全成套编写。

第二编　清朝末年的教科书

第二章　近代中学化学教科书的初创时期（1902—1912）

1840 年的鸦片战争把中国的历史推向了近代，帝国主义靠坚船利炮打开了中国闭关自守的大门，中国的政治、经济和文化出现了“数千年未有之变局”。从此，中国社会从独立自主的封建社会逐步沦为半殖民地半封建社会。

1901 年 9 月，清政府与镇压义和团运动的帝国主义国家签订了丧权辱国的《辛丑条约》。之后，帝国主义列强加紧了对中国的控制、奴役和掠夺，清政府也进一步投靠帝国主义者，成为他们侵略中国的帮凶，这就加剧了中华民族与帝国主义列强、广大人民与清政府之间的矛盾。为了保住摇摇欲坠的封建专制统治，清政府实行了所谓的“新政”，其中“新教育”是“新政”的重要措施。随着清末政治、经济和社会的急剧变化，教育和文化也开始进入了一个前所未有的大变革时期，变革的主要趋势是中国教育体制由传统走向现代，表现出科学化和民主化等特征。

一、新教育的产生与发展

（一）教育宗旨与体制变革

1862 年（同治元年）开办第一所新式学堂——京师同文馆，从那时起新教育就开始了，但当时还没有明文规定的教育宗旨。清末的教育宗旨，最早见于孙家鼐在 1896 年（光绪二十二年）所呈奏的《议复开办京师大学堂折》。他认为办学“宗旨宜先定”，于是提出：“今中国京师创立大学堂，自应以中学为主，西学为辅；中学为体，西学为用；中学有未备者，以西学补之，中学有失传者，以西学还之。以中学包罗西学，不能以西学凌驾中学，此是立学宗旨。”1898 年（光绪二十四年），张之洞撰著《劝学篇》，将“中学为体，西学为用”的思想进一步系统化，使得“中体西用”成为清朝末年的主流教育思想。

以“中体西用”为指导思想培养通才是清政府颁布的《奏定学堂章程》的指导方针，也是其重要组成部分。正式颁布的清朝末年教育宗旨是1906年（光绪三十二年）3月25日由学部奉上谕公布的“五端标准”，即“忠君、尊孔、尚公、尚武、尚实”。鲁迅对这种教育宗旨指导下的人才培养有过形象的描述：所谓“通才”，就是“思想要旧，本领要新，早上打拱，晚上握手，上午子曰诗云，下午声光化电”的中西合璧的封建买办人物。①

总体上，正如王尔敏所言：“经中国官绅产生了‘中体西用’思想，对于教育的改革，发生了全面的推动力量……反观秦汉以来数千年间的传统教育制度，‘中体西用’更是代表一个显著的大转变。从此以后，中国教育已迈入另一个新的世纪。加速其充分的西化，传统的制度形式也随之急剧的消退。就历史时序的进展来看，这种新旧转替的过程，无疑是革命性的。”②

清政府建立的新教育制度始于1902年（光绪二十八年）的《钦定学堂章程》和1904年（颁布时间为光绪二十九年年底，公历为1904年年初）的《奏定学堂章程》。光绪二十八年是壬寅年，相应的学校体系被称为“壬寅学制”；光绪二十九年是癸卯年，其学校体系被称为“癸卯学制”。壬寅学制虽然是中国近代正式公布的第一个学制，但并未施行，旋即被废止，为癸卯学制所取代。癸卯学制是对壬寅学制的重订，两者也常被合称为“壬寅癸卯学制”。

癸卯学制的公布和施行在中国教育制度史上是一个创举，对后来的学校体系产生了很大影响。③

1905年（光绪三十一年）9月2日上谕：“著即自丙午科为始，所有乡会试一律停止，各省岁科考试亦即停止。”④至此，始于隋炀帝大业三年（公元607年），完备于唐，盛行于明清，采用长达1 300年之久的科举制度完全废止，这在中国教育史上是一件大事。

废除科举制度，是中国在形式上终结封建时代旧教育、确立半殖民地半封

---

① 杨少松，周毅成．中国教育史稿：古代、近代部分［M］．北京：教育科学出版社，1989：186-191．

② 王尔敏．晚清政治思想史论［M］．桂林：广西师范大学出版社，2005：13．

③ 宋恩荣．近代中国教育改革［M］．北京：教育科学出版社，1994：80-91．

④ 董宝良．中国教育史纲：近代之部［M］．北京：人民教育出版社，1990：235．

建时期新教育的重要标志。

清朝末年，几项重大教育兴革，极大地推进了各级各类学校教育的发展。《钦定学堂章程》将中学纳入统一学制，章程规定由“府治所设学堂为中学堂”，称“官立中学堂”；由私立捐资所设中学堂，称“民立中学堂”。《奏定学堂章程》颁布前后，各地中学教育迅速发展。据统计[①]，清朝末年全国中学堂数量及中学生人数如表 2-1[②] 所示：

表 2-1　清朝末年全国中学堂数量及中学生人数

时间 / 年	全国中学堂数量 / 所	中学生人数 / 人
1907	419	31 682
1908	440	36 364
1909	460	40 468

新式学堂在全国的迅速推广，迫切需要教科书立刻适应这种形势。

（二）化学的传入及化学教育的起步

进入 19 世纪，一方面，资本主义的经济发展，以及与化学有关的制造业的繁荣，对专门人才的需求有所增长，使化学教育成为一种社会和经济发展之必需。另一方面，氧化学说、原子分子学说、元素周期律、经典有机结构、化学热力学、溶液、电化学等一系列化学理论的提出，标志着近代经典化学体系基本建立起来，这使得化学教育开始摆脱长期以来的单纯实用性特征，能够真正建立在较为可靠的科学理论基础之上。

清朝末年大约处于近代化学学科发展的哪个阶段呢？关于近代化学学科发展阶段的划分，在化学史学家看来并没有达成一致的意见。有学者根据三项基本标准（① 已有思想的根本性重构；② 长期的争论得到解决，并导致一系列基本问题迎刃而解；③ 达到一个新的理论层次，并使旧有理论成为一种新理论的特例）并参照学术期刊、教科书发表具有划时代观点的情况，认为近代化

① 陈学恂. 中国教育史研究：近代分卷［M］. 上海：华东师范大学出版社，2009：129-130.

② 董宝良. 中国教育史纲：近代之部［M］. 北京：人民教育出版社，1990：271.

学发展大致经历了三次革命性变革[①]：第一次发生于1770—1790年，以拉瓦锡（A. -L. Lavoisier，1743—1794）提出“燃烧的氧化说”而否定“燃素说”，并在1789年出版《化学基本概念》为典型标志［或以1808年道尔顿（J. Dalton，1766—1844）在《化学哲学新体系》中系统阐述的“原子说”为标志］；第二次发生于1855—1875年，以价键、分子结构和门捷列夫（D. I. Mendeleyev，1834—1907）1869年提出的元素周期律为标志；第三次发生于1904—1927年，以揭示原子内部的结构和路易斯（G. N. Lewis，1875—1946）1923年出版的《原子和分子的价键和结构》为标志。按照这种划分，清朝末年正处于近代化学学科发展第三次革命的初期。此时，由认识原子结构所带来的化学学科体系革命或质的飞跃还处于酝酿阶段。

化学学科本身的发展，为近代化学教育体系的建立也奠定了必要基础。清末时期，近代化学教育体系在一些西方发达国家（如英国、法国、德国、瑞典、意大利、荷兰、俄国、美国等）的大学中已经基本形成[②]。

西方化学传入中国，大致可分为两个阶段，即从明朝末年到鸦片战争时期为第一阶段，传入中国的是欧洲的旧化学；鸦片战争以后为第二阶段，传入的是“新的化学”[③]。这里“新的化学”是指由经验水平提高到系统化的科学水平的近代化学[④]。化学史和化学教育史的研究者一般认为近代化学传入中国是在19世纪中叶[⑤]。袁翰青指出：“科学知识的传来，本来应当属于文化交流的范围，是很好的事。不幸的是，化学是由帝国主义的商船和炮舰带来的。”[⑥]“近代化学传入我国是在鸦片战争前后的这一时期，这一推测应当是离历史事实不会太远的。”[⑦]

1862年（同治元年）设立的京师同文馆，初设英、法、俄文三馆。初期仅

---

① Jensen, William B. Logic, History, and the Teaching of Chemistry: Ⅲ. One Chemical Revolution or Three? [J]. Journal of Chemical Educaiton, 1998, 75(8): 961.

② 张培富．试论化学教育史不同时期的特点［J］．科学技术与辩证法，1996，13（6）：41-47．

③ 曹元宇．中国化学史话［M］．台北：明文书局，1984：286．

④⑥ 袁翰青．中国化学史论文集［M］．北京：生活·读书·新知三联书店出版，1956：260，135．

⑤ 课程教材研究所．20世纪中国中小学课程标准·教学大纲汇编：化学卷［G］．北京：人民教育出版社，2001：本卷编者的话1．

⑦ 袁翰青．袁翰青文集［M］．北京：科学技术文献出版社，1995：135．

有外文课程，后增加数、理、化、医、天文、外国史地、万国公法等课程，亦设汉文，教师多为外籍。1865 年（同治四年）在上海创办江南制造局，1868 年（同治七年）设立翻译馆，翻译西方自然科学技术书籍。江南制造局翻译馆翻译了不少与化学相关的书籍，其中有不少是傅兰雅（J. Fryer，1839—1928）和徐寿（1818—1884，纪念币如图 2-1 所示）合作翻译的成果，最具影响力的莫过于《化学鉴原》。傅兰雅和徐寿在 1876 年（光绪二年）创办了格致书院。书院常进行一些化学演示实验，还推行了四季考课。江南制造局附设的工艺学堂章程中规定："拟请仿照日本大阪工业学校章程，设立化学、机器两科。一专教分化物质诸理法，一专重力汽热诸理法，而以本局各厂制造，就诸生所学为实习实验之地，庶几学有实际。"① 此外，中国第一份真正意义上的科学杂志《格致汇编》，1876 年 2 月创刊，历经两度停刊、复刊，于 1892 年年底停刊②。

图 2-1　中国近代科学家徐寿诞辰 180 周年纪念币

上述事实表明，随着近代化学在我国的传入和新式学堂的兴起，清朝末年仍然是我国近代化学教育的起始阶段。

二、化学课程概要

（一）学制

壬寅癸卯学制是经清政府法令公布在全国实行的一个比较完整的学校体系。它规定了各级、各类学堂在学校体系中的地位和作用，使全国散在的学堂统一成为一个整体，并以法令形式规定了普及义务教育的年限，引进了西方近代科学知识内容，促进了普通教育数量上的发展和质量上的提高。尤其是为适应近代工商实业的发展和满足师资的需求，将实业教育和师范教育组成了两个与普通教育并行的体系，为中国近代学制的建立和完善奠定了基石，具有教育革新

① 袁翰青．中国化学史论文集［M］．北京：生活·读书·新知三联书店出版，1956：294．
② 夏晶．晚清科技术语的翻译：以傅兰雅为中心［D］．武汉：武汉大学，2011：50．

的重大历史意义。

壬寅学制规定："中学堂之设，使诸生于高等小学卒业后而加深其程度，增添其科目，俾肆力于普通学之高深者，为高等专门之始基。"[①] 壬寅学制还保留一些科举痕迹，规定对高小、中学、师范、高等学堂和大学堂毕业生，分别给予附生、贡生、举人、进士等出身。由于男女不平等的封建意识，女子教育被摈斥于该学制之外。

癸卯学制（图 2-2）是由张百熙、荣庆和张之洞于 1904 年 1 月 13 日共同

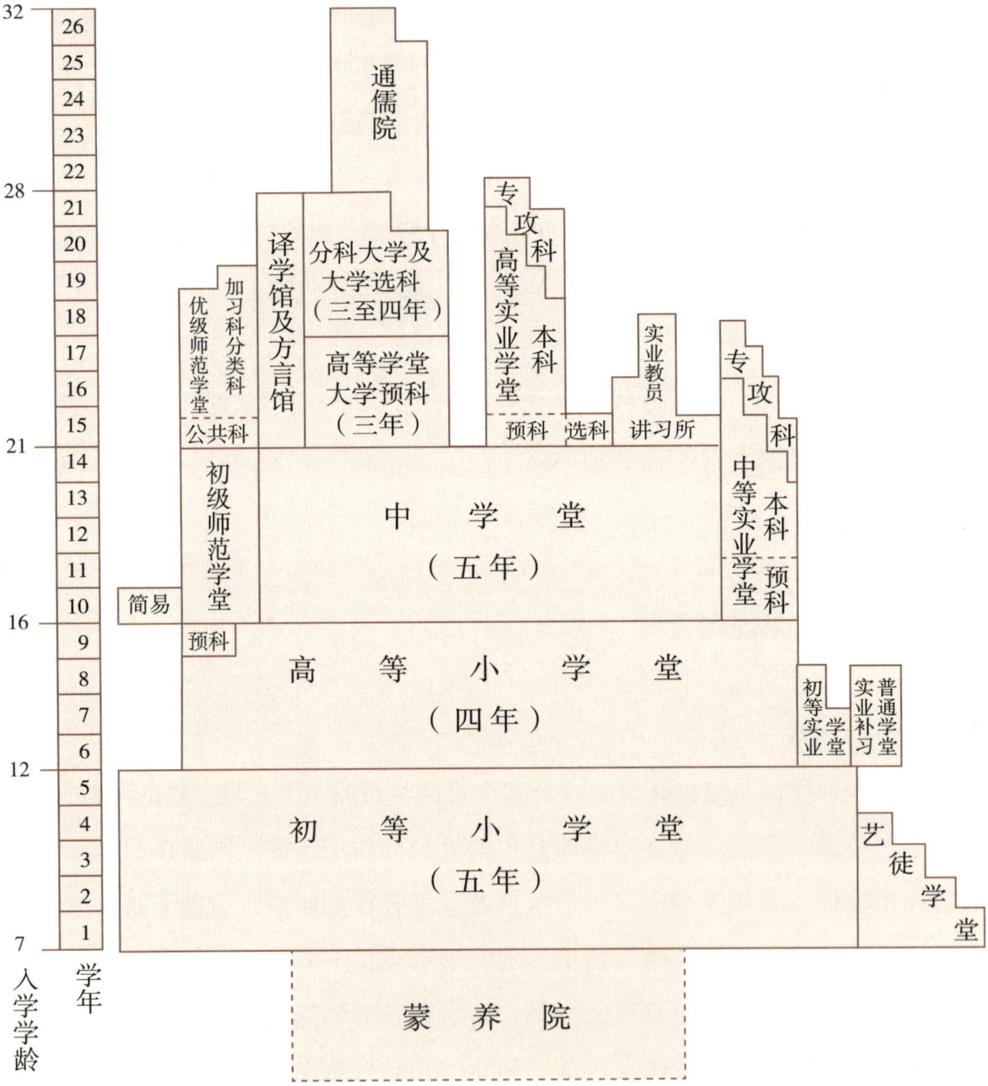

图 2-2　癸卯学制（奏定学堂章程）示意图

① 刘英杰. 中国教育大事典：1840—1949［M］. 杭州：浙江教育出版社，2001：155.

复奏的重订学堂章程（即《奏定学堂章程》）制定的。这些章程规定了各级、各类学校的性质、任务、入学条件、修业年限，以及它们之间的衔接关系等。

与《钦定学堂章程》相比，《奏定学堂章程》规定的中学堂培养目标略有变化：“以施较深之普通教育，俾毕业后不仕者从事各项实业、进取者升入各高等专门学堂均有根柢为宗旨；以实业日多，国力增长，即不习专门者亦不至暗陋偏谬为成效。”[①] 此外，有关中学堂规定部分也有一些不同：第一，除要求中学堂“定章府治必设一所”外，还规定“如能州县皆设一所最善”；第二，除规定设立官立、民立中学堂外，又增设了以地方公款办学的公立中学；第三，原中学修业年限规定四年，现改为五年；第四，前规定中学堂三、四年级分科，现改为中学堂不分科；第五，前规定读经课每周三点钟，现改为每周读经六点钟，挑背讲解三点钟，另有温经每日半点钟。[②]

自 1904 年颁行，癸卯学制一直沿用到 1911 年清政府被推翻、中华民国建立为止。其间不断有增删，主要有以下一些变更。[③④]

（1）在成人补习教育方面，于 1906 年学部令各省设立半日学堂，平民补习学堂，专收贫寒子弟，不取学费，不拘年龄，这是中国近代实行补习教育之始。1910 年学部奏颁《简易识字学塾章程》，这是我国近代扫除文盲、进行成人教育的开端。

（2）在女子教育方面，1907 年学部奏颁《女子小学堂章程》和《女子师范学堂章程》成为女子教育取得合法地位的开始。1911 年，在各省教育总会联合会决议案《请变更初等教育方法案》中规定：“初等小学儿童年龄在十岁以内，准男女同学。”这是中国教育史上男女合校的发轫。

（3）在初等教育方面，原章程分为完全科与简易科，修业五年。1906—1907 年，学部在《咨行各省强迫教育章程》中要求“幼童至七岁须令入学”“不入学者，罪其父母”，这是我国近代施行普及义务教育的开始。1911 年，中央教育会在京师开会，议决以四年小学教育为义务教育。

（4）在中等教育方面，于 1909 年在学部《奏请变通中学堂分为文科实科

①③ 刘英杰．中国教育大事典：1840—1949［M］．杭州：浙江教育出版社，2001：155，158-160．

② 董宝良．中国教育史纲：近代之部［M］．北京：人民教育出版社，1990：270．

④ 陈学恂．中国教育史研究：近代分卷［M］．上海：华东师范大学出版社，2009：164-170．

折》中，将中学仿照德国学制，把中学堂分为文科和实科，文科重经学，实科重工艺。随着清王朝的灭亡，文实分科即停止施行。

（二）课程设置和课程标准

清朝末年中学化学课程的设置，离化学开始传入我国已过了大约 50 年的时间。1902 年，清政府颁布《钦定中学堂章程》，对学制和化学课程的设置作了规定，标志着在我国新教育制度中正式确定了化学课程的地位。后来颁布的《奏定中学堂章程》，粗略地规定了化学的教学目的及其主要内容。1909 年学部颁布《奏请变通中学堂分为文科实科折》，规定中学分文科、实科，按不同要求，化学作为通习或者作为主课。其中，实科以化学为主课，要求较高。化学先讲无机化学后讲有机化学的基础知识，还安排有实验[①]。

奏定中学堂章程[②③]

中学堂学科目凡分十二：……九、物理及化学……

中学堂学习年数以五年为限。

中学堂各学科分科教法如下：……物理及化学　讲理化之义，在使知物质自然之形象并其运用变化之法则，及与人生之关系，以备他日讲求农工商实业及理财之源。……其化学当先讲无机化学中重要之诸元质[④]及其化合物，再进则讲有机化学之初步，及有关实用重要之有机物。……凡教理化者，在本诸实验，得真确之知识，使适于日用生计及实业之用。

各学科程度及每星期教授时刻表如下。

第五年		
学科	程度	每星期钟点
理化	化学	4

① 课程教材研究所. 20 世纪中国中小学课程标准·教学大纲汇编：化学卷［G］. 北京：人民教育出版社，2001：4.
② 舒新城. 中国近代教育史资料：中册［M］. 北京：人民教育出版社，1985：500-511.
③ 仅摘编了有关化学的部分。
④ 元质，意为元素。

学堂内当按学科之门类设诸堂室如下：……二、物理、化学、博物、图画等专用讲堂；三、图书室、器具室、药品室、标本室；……博物、物理、化学专用讲堂，可便宜兼用……

凡教授物理、化学、图画、算学、地理、体操等所用器具、标本、模型、图画等物，均宜全备，且须合教授中学堂程度者。

奏请变通中学堂分为文科实科折①②

……拟将中学堂分为文科实科，其课程仍照奏定章程十二门分门教授；惟于十二门之中就文科实科之主要，权其轻重缓急，各分主课通习二类。文科以读经讲经、中国文学、外国语、历史、地理为主课，而以修身、算学、博物、理化、法制理财、图画、体操为通习；实科以外国语、算学、物理、化学、博物为主课，而以修身、读经讲经、中国文学、历史、地理、图画、手工、法制理财、体操为通习。主课各门授课时刻较多，通习各门较少，皆以五年毕业。学生入学之初，令其分科肄习，则心志专一，程功自易，时日宽舒，所得较深；将来有志升学者本其所学再求精深，可以收一气贯注之效。且文科主课之外，仍以算学等科扩其知识；实科主课之外，仍以读经等科培其本根，即令毕业之后不再深求，而于普通之道德知识实已完全无缺，不至有偏宕固陋之流弊。且于主课内所学甚深，则将来谋生更易，为无力升学之学生计之，当亦甚便利也。似此酌量变通，于教育前途不无裨益……

中学堂文科一类应习之学科程度授课时刻

学年	学科（通习）	程度	每星期钟点
第四年	理化	物理　化学	2
第五年	理化	化学	2

① 舒新城．中国近代教育史资料：中册［M］．北京：人民教育出版社，1985：512-519．
② 仅摘编了有关化学的部分。

中学堂实科一类应习之学科程度授课时刻

学年	学科（主课）	程度	每星期钟点
第四年	化学	无机化学、有机化学、化学实验	8
第五年	化学	有机化学、化学定性定量分析法、矿物化学、化学实验	8

由此可见，清朝末年兴办的新式学堂大多设有化学课程。

（三）教学组织和教学方法

清朝末年，西方教育理论著作大量输入中国，其中留日学生翻译著述的功绩最大。当时输入教育理论著作的几条主要渠道有：中国各级各类学堂聘请外籍教师任教，他们提供了很多著译和讲义；国内出版的教育刊物有介绍著译的文章；派员游历考察外国教育的调查、报告，及带回的书籍。[①] 我国传统的教学形式主要是私塾和个别施教。自从创建新式学堂以来，受到上述这些西方教学思想和形式的影响，学堂教学组织形式大多采取了西方近代的分班级教学形式。同时，也很重视对教学方法的改进。例如，“循循善诱”“不能操之过急”“凡教授之法，以讲解为最要，讲解明则领悟易”“若强责背诵，必伤脑力，不可不慎”“夏楚只可示威，不可轻施，尤以不用为最善”“有过只可罚植立，禁假、禁出游、罚去体面诸事亦足示儆”，等等。[②] 这些教育思想和规定，虽然还不够彻底，但相对于封建传统教育不尊重儿童，滥施体罚，的确是重大的改进。对教学方法的改进，不仅以学校规章、法令下达学校，切实促其实施，还抓紧对师范学生的教育，系统开设教育学、教学法课程，讲授近代的教学方法，使未来的教师具有掌握运用新的教学方法的思想和能力，可以从根本上以新式教学方法代替传统教学方法。例如，德国赫尔巴特（J. F. Herbart 1776—1841）的“五段教学法”在当时中国的教育阵地上风行一时，主要包括：① 预备（提出问题，说明目的）；② 提示（提出新课程，讲解新教材）；③ 联系（比较）；④ 总结；⑤ 应用。[③]

①②③ 董宝良. 中国教育史纲：近代之部［M］. 北京：人民教育出版社，1990：325，332，334-335.

清朝末年，中学化学教育总体上相当落后。主要表现在以下三个方面[①]。

（1）化学教师方面，师资极为缺乏，许多中等学校无法开设化学课，有的学校即使开设，教师也往往对化学一知半解，或没有受过专门训练。正如1903年（光绪二十九年）9月出版的《最新中学教科书 化学》的“教授要言”中所描述的“教授实学，中国事方发轫，学者苦无良师，而于化学实验尤难”。一些学校只能聘请日本人担任教师。

（2）教学内容和教学方法方面，教材大多译自日文书，有的则以日文书为蓝本加以适当编译，也有极少数中学使用美国课本。由于没有具体的标准，也没有统一规定的具体授课时数，因此教师讲什么、讲多少，各行其是，造成各校课程参差不齐。教学方法方面，学校科学（包括化学）教学90%~95%的时间用于讲演，往往是教师照书讲解，学生听，很少通过演示实验帮助学生理解概念和原理，至于让学生自己动手做实验可以说几乎没有。如《最新中学教科书 化学》的“教授要言”中所描述：“……诸节依次不紊，以便背诵之时，教习可以循序发问。”“学生背诵除界说外，决不准用书中成语，……故学生当背诵时，宜乘此机会，自撰语句……”

（3）化学实验和教学设备方面，虽然规定中学堂以上应有化学专门教室和一定的实验仪器、药品和设备，但实际上不少学校的化学教室与一般教室无异。虽然上海等地都设立了科学仪器馆，但这些科学仪器馆除了仿制某些国外化学实验所用的仪器、设备（且仿制品的质量不高）等，都以贩卖外商的器材为业。所以，只有少数大学、专科学校及极少数中学才有供学生做实验的场所和器材。

三、教科书概貌

（一）审定制度的初创

近代社会的急剧变革，使教科书的审定问题突然显露出来。东西方的文化碰撞，新旧政治势力的较量，新旧教育制度的交替，给近代中国人对文化的选

---

① 中国化学《中国化学五十年》编辑委员会．中国化学五十年：1932—1982［M］．北京：科学出版社，1985：328．

择带来了诸多的矛盾和困惑。清朝末年统治者急欲控制教科书的流行，然而又对编写新式教科书力不从心。[①]

1902 年 10 月，京师大学堂成立编译局，这是中国近代第一个官方组织的教科书编撰机构。但是，"查京师设编译局，专司编辑教科书，惟应编各书，浩博繁难，断非数年所能蒇事，亦断非一局所能独任"[②]。《奏定学堂章程》中对各级各类课程和教科书也作了明确规定，各科课本"须用官设编译局编撰，经学务大臣奏定之本，若自编教科书，须呈学务大臣审定，始准通用"[③]。1906 年，清政府学部设立编译图书局，作为编纂各级各类学堂教科书的专门机构。1906 年以后，清政府学部陆续将审定教科书的意见和评语在《学部官报》上予以公示，这种做法在一定程度上形成了对教科书审定制度的监督与约束机制。这标志着中国近代有目的、有计划、有组织的教科书审定制度的开始。

（二）代表性教科书及其选择

本时期的中学化学教科书以翻译国外教科书为主。选用外国的科学类教科书供当时学校开设实科课程使用的需要，是当时唯一可行的办法。正如张百熙、荣庆和张之洞在《学务纲要》中所言："各种科学书，中国尚无自纂之本，间有中国旧籍可资取用者，亦有外国人所编，华人所译，颇合中国教法者。但此类书无几，目前不得不借用外国成书，以资讲习……"[④]

中国最早的现代意义教科书应以 1904 年商务印书馆出版的"最新系列教科书"为标志。《最新中学教科书　化学》是该系列之一。该系列教科书学科整齐、学制完备，"开中国学校用书之新纪录"[⑤]。在很短的时间内，在基本没有可资借鉴的情况下，商务印书馆能推出这一套适应新式教育的教科书，表明了近代中国教科书编写的长足进步。该系列教科书的出版，也奠定了商务印书馆在近代教科书发展进程中的领先优势和权威地位[⑥]。此书也是当时少有的直接译自美国格致（理学）博士史砥尔（J. D. Steele，1836—1886）编写的中学化学教科

①⑥ 王建军. 中国近代教科书发展研究［M］. 广州：广东教育出版社，1996：159，113.

②④ 刘英杰. 中国教育大事典：1840—1949［M］. 杭州：浙江教育出版社，2001：196，1045.

③ 舒新城. 中国近代教育史资料：中册［M］. 北京：人民教育出版社，1981：509.

⑤ 陈学恂. 中国近代教育史教学参考资料：上册［M］. 北京：人民教育出版社，1986：656.

书。从教学内容而言，直接译自欧美的教科书与译自日本的教科书会有不同的特点，故将其作为一种代表性的教科书。

可以查阅的该时期17本中学化学教科书[①]几乎均为翻译的外国教科书（表2-2）。甲午战争以后，中国翻译教科书显示出翻译日本教科书的热潮[②]。清朝末年的中学化学教科书多是翻译日本的教科书，这种情况持续了近10年的时间。[③]当时中学堂里日译教科书使用也比较广泛，所以选择这一时期的代表性教科书必须包括译自日本的化学教科书。《化学新教科书》的作者吉田彦六郎，曾在欧洲观察其教育程度和工业盛况，归国后编著此书。商务印书馆特别请人加以翻译，再请杜亚泉（图2-3）译订而成。鉴于杜亚泉在我国近代科学教育中的地位和影响，其主持编译的这本《化学新教科书》具有一定的代表性。

图2-3　杜亚泉（1873—1933）

表2-2　1902—1912年出版的中学化学教科书

序号	书名	原著	编（译）著	出版社	初版年
1	最新中学教科书　化学	[美]史砥尔	中西译社 谢洪赉	商务印书馆	1903
2	最近普通化学教科书[订正本]	[日]龟高德平	长沙三益社	编者自刊	1906
3	中等化学教科书	[日]高松丰吉	王荣树	译书官局	1905
4	化学新教科书	[日]吉田彦六郎	杜亚泉	商务印书馆	1905
5	中等教育化学矿物教科书	[日]滨幸次郎、河野龄藏	唐士杰	普及书局	1907
6	中等化学教科书	[日]吉水曾贞	傅寿康	中国公学	1907
7	中学化学教科书	[日]龟高德平	虞和钦	文明书局	1906

① 钟晓媛．清末及民国时期我国中学化学教科书的变迁研究[D]．北京：北京师范大学，2013：16．

②③ 毕苑．建造常识：教科书与近代中国文化转型[M]．福州：福建教育出版社，2010：37，83．

续表

序号	书名	原著	编（译）著	出版社	初版年
8	最新化学教科书	［日］大幸勇吉	王季烈	文明书局	1906
9	化学教科书	［日］和田猪三郎	金太仁作等	东亚公司	1907
10	最新初等化学矿物教科书	［日］滨幸次郎、河野龄藏	华文祺	文明书局	1907
11	近世化学教科书	［日］池田菊苗	虞和寅	科学仪器馆	1907
12	中等化学	［日］杉谷佐五郎	薛凤昌	宏文馆	1907
13	新体普通化学教科书	［日］龟高德平	华申祺、华文祺	文明书局	1908
14	新撰化学教科书	［日］吉田彦六郎	钟衡臧	商务印书馆	1908
15	最新化学教科书	［日］龟高德平	陈家灿	群益书社	1909
16	理化教科书　化学	—	吴传绂	中国图书公司	1910
17	中等化学教科书	［美］伦孙氏	马君武	科学会编译部	1911

从表 2-2 的书目中可以看出，翻译龟高德平的教科书较多。此外，虞和钦（图 2-4）、虞和寅兄弟在我国近代科学教育包括化学教育中具有一定的影响力。故选择标明“学部审定”的，由虞和钦翻译龟高德平的《中学化学教科书》、虞和寅翻译池田菊苗的《近世化学教科书》同时作为本时期的代表性教科书。

据此，选定 4 本教科书如表 2-3 所示。通过对这些代表性教科书的分析和研究，以期展示这一时期中学化学教科书的演变脉络。

图 2-4　虞和钦（1878—1944）

表 2-3　1902—1912 年的代表性教科书

序号	书名	著（译）者	出版社	初版年
1	最新中学教科书　化学	［美］史砥尔原著，中西译社译，谢洪赉订定	商务印书馆	1903
2	化学新教科书	［日］吉田彦六郎原著，杜亚泉译订	商务印书馆	1905

续表

序号	书名	著（译）者	出版社	初版年
3	中学化学教科书	［日］龟高德平原著，虞和钦译著	文明书局	1906
4	近世化学教科书	［日］池田菊苗原著，虞和寅译著	科学仪器馆	1907

四、代表性教科书

（一）《最新中学教科书　化学》

图 2-5 《最新中学教科书　化学》衬页与中英文书名页

1. 基本信息

① 出版社：商务印书馆；

② 版次：1903 年（光绪二十九年）初版；

③ 编写人员：本书原著为美国格致博士史砥尔，中西译社译，谢洪赉订定；

④ 配套资源：译例中所提“容后续刊”的附卷可视为与本书配套的教学资源，但未见资料。

2. 编写指导思想

本书序（图 2-6）反映了当时中国化学教学的情形，以及编译者编译本书的指导思想和主要目的。编译者从农业、工业都是人类利用自然资源的重要事业引入，指出:“虽然物之致用也无穷，不明其质力感合之理，形性嬗蜕之妙，未有能尽其用者也”，说明了化学课程的目的和特点，即化学是一门帮助人们实现“物尽其用”的学问。接着，编译者描述了有关化学的研究在中国当时的情况，指出尽管西方化学传入中国已经三十多年，所译有关化学的书籍也有几十种，然而，“顾昔时学者墨守古义，鄙弃不屑，道一二先见之士，探奇索隐，缀辑异闻，独居研习，虽得窥其崖略，而其效卒不著，试与诵农家之言，涉考工之场，几见被其遗泽者”。不过编写此书时，钦定学堂章程规定，“凡中学以上课程皆列化学”，相信之后必定会有后辈努力学习化学。随后，编译者又通过一些实例，说明化学在我国古代工农业生产的应用，这些描述多散见于百家之说和具体工艺应用之中，进而感叹“顾前人已发其端，而后人不能竟其绪，数千年来，局于故步，故地力既不获尽，而全国又多弃材，农事之苟，工业之窳，为世所哂，诚不能与彼族竞矣”。进而热切地寄希望于后辈学生:“然乌知来者不汲汲于学步也，知其虚理而不能见诸实用，不足以言学”。

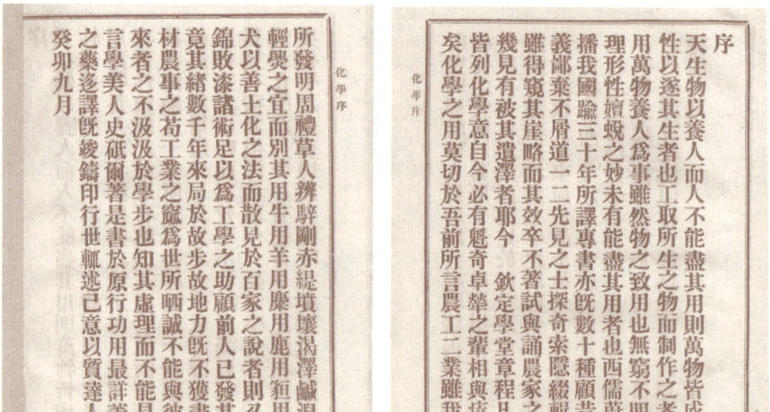
序
天生物以養人而人不能盡其用則萬物皆成廢材農順物之性以遂其生者也工取所生之物而制作之者也二者皆以利用萬物養人爲事雖然物之致用也無窮不明其質力感合之理形性嬗蛻之妙未有能盡其用者也西儒蔚起化學斯懋傳播我國踰三十年所譯專書亦既數十種顧昔時學者墨守古義鄙棄不屑道一二先見之士探奇索隱綴輯異聞獨居研習雖得窺其崖略而其效卒不著試與誦農家之言涉攷工之場幾見有被其遺澤者耶今　欽定學堂章程凡中學以上課程皆列化學意自今必有魁奇卓犖之輩相與瘁心力以求之者矣化學之用莫切於吾前所言農工二業雖我國前哲未嘗無

化學序　一

所發明周禮草人辨騂剛赤緹墳壤渴澤鹹潟勃壤埴壚彊檃輕爂之宜而別其用牛用羊用麋用鹿用貆用狐用豕用蕡用犬以善土化之法而散見於百家之說者則又有腐水離木濯錦敗漆諸術足以爲工學之助顧前人已發其端而後人不能竟其緒數千年來局於故步故地力既不獲盡而全國又多棄材農事之苟工業之窳爲世所哂誠不能與彼族競矣然烏知來者之不汲汲於學步也知其虛理而不能見諸實用不足以言學美人史砥爾著是書於原行功用最詳蓋可爲吾國對證之藥遂譯既竣鑄印行世輒述己意以質達人光緒二十九年癸卯九月

化學序　二

图 2-6 《最新中学教科书　化学》序[①]

① 本书中竖排文字的图片，均按照古文的行文，从右至左排列。

本书的编写意图，可以简括为下面两点：

（1）希望学者通过学习化学这样的实用科学，振兴中国的实业。

（2）借《钦定学堂章程》的颁布，希望改变当时化学教育的落后面貌，促进中国化学的进步。

3. 主要内容

本书包括以下五个部分。

总引——简要地介绍化学研究的基本问题，指出物质的“变动”分为物理变化和化学变化，化学研究后者。同时介绍了一些化学的基本概念和原理，介绍的基本概念依先后顺序分别为物理变化和化学变化、单质与化合物、定组成定律、定比例定律、原子、分子、相对原子质量、元素符号、元素名称和元素分类、分子式和化学方程式、无机化学与有机化学。

无机化学——按照先非金属后金属的顺序加以介绍。非金属介绍顺序为O、N、H、C、Cl（Br、I、F）、S、P、As、B、Si；金属按碱金属、碱土金属、重金属、贵金属的顺序介绍。常见元素大体依其单质、化合物的来源、制法、性质和用途的顺序加以描述。其间，结合具体物质实例，介绍了如何由气体体积计算质量、燃烧、酸碱中和成盐类、焰色试验以及金属的通性等化学原理。

有机化学——在引言中说明有机化学也被称为生物化学，简要介绍了有机化合物的组成、碳原子的成键特点、同分异构现象、拥有较大相对分子质量等内容。后面各章结合生产、生活中的常见有机物，分门别类地介绍有机化合物的特点和有关化学反应。例如，烃，结合石油、石蜡和沥青；醇，结合发酵、啤酒、葡萄酒和蒸馏酒；醛与酸，结合醋的酿造；醚与酯，结合甘油、肥皂；碳水化合物，结合淀粉、纤维素、纸、棉花、蔗糖、果糖等。最后还介绍了植物碱、染料、蛋白质等。

结论——以“日光之理”“日为万力之源”“物质之变”“生与死”等为标题，对太阳与物质的变化、化学及其应用、化学与人类的关系进行了总结。

问——包括部分章后所附的“习问”，及总复习的“问”。个别附有答案。

教科书的附件包括下列各项。

①“原质简要表”罗列了当时已知的68种元素，其中非金属15种，金属53种。

② 度量衡转换，编译者认为“权量之数译改最难”，故“今俱准原文西数，闲有并列华数者，列表于左，以便参较”。

③ 参考书名目。

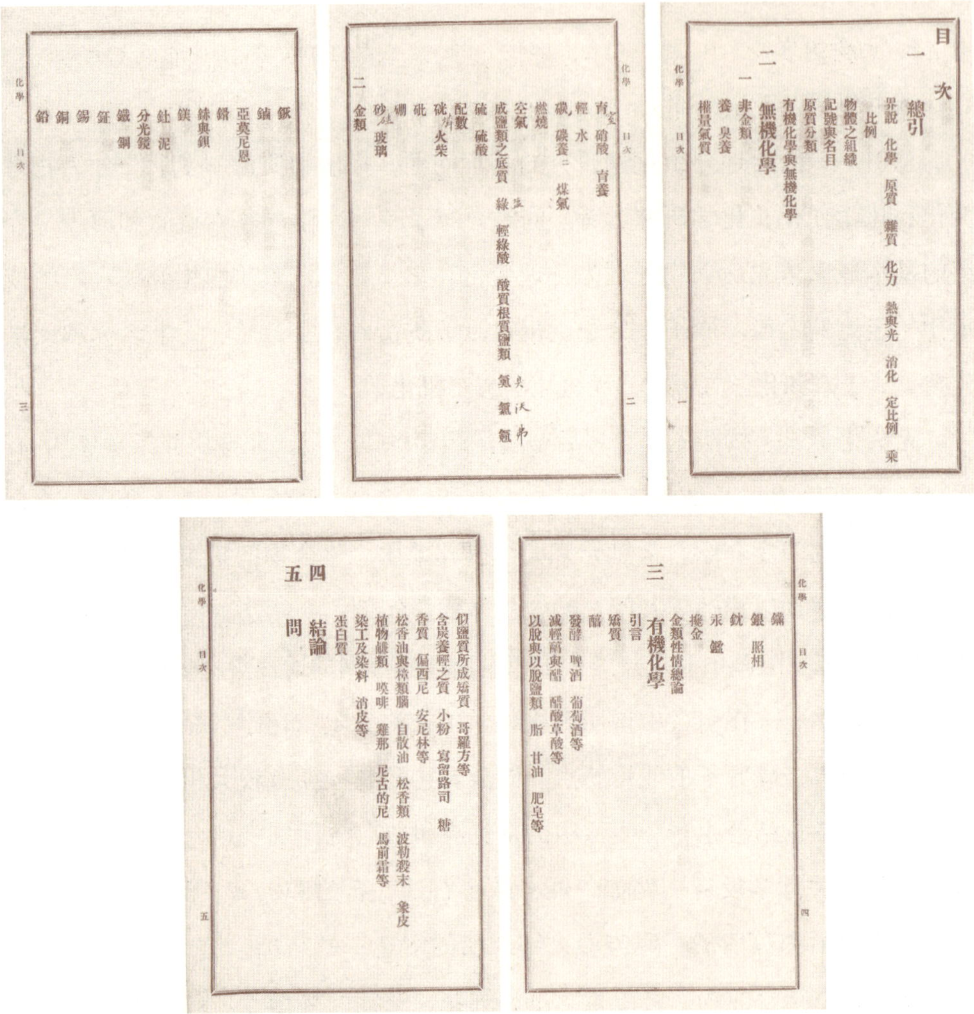

目次

一 總引

界說 化學 原質 雜質 化力 熱與光 消化 定比例 乘比例

物體之組織

記號與名目

原質分類

有機化學與無機化學

二 無機化學

一 非金類

養 臭養

權量氣質

青 硝酸 青養

輕 水

炭 炭養二 煤氣

燃燒

空氣

成鹽類之底質 綠 輕綠酸 酸質根質鹽類 氟 溴 碘

硫 硫酸

配數

燐 火柴

砒

硼

矽 玻璃

二 金類

鉀

鈉

亞莫尼恩

鈣

鍶與鋇

鎂

鋁 泥

分光鏡

鐵 鋼

錳

錫

銅

鉛

鉑

銀 照相

鈦

汞 鏡

搀金

金類性情總論

三 有機化學

引言

炫質

醕

發酵 啤酒 葡萄酒等

減輕醕與醋 醋酸草酸等

以脫與以脫鹽類 脂 甘油 肥皂等

似鹽質所成炫質 哥羅方等

含炭養輕之質 小粉 寫留路司 糖

香質 偏西尼 安尼林等

松香油與樟類腦 自散油 松香類 波勒殺末 象皮

植物鹻類 嘆啡 雞那 尼古的尼 馬前霜等

染工及染料 消皮等

蛋白質

四 結論

五 問

图 2-7 《最新中学教科书 化学》目录

4. 主要特点

本书涉及的常见元素化合物较多，涉及化学基本理论较少，且要求不高，仅相当于或者低于当今初中化学的理论水平和要求。书中涉及一些化学实验的描述，化学计算很少。元素化合物教学内容的教学顺序和详略情况，大多根据它们在生活、生产中的应用而加以论述，只有个别元素按照元素周期表各族的相似性加以介绍。

教科书中，介绍元素化合物知识的一些例子生动有趣。如图 2–8 所示，描述氢气在圆筒玻璃管中燃烧时，其火焰的振动可与小提琴琴音共振。美国教科书原书序言中提到，中学课化学只限于一学期，所用书籍过于艰深，学生难以理解，所以本书力求简要，凡是艰难深奥又没有用的知识都不涉及，而对于日用事物的原理，不厌其详，使学生凭借化学得以了解常见事物并能够触类旁通。但是，由于当时中国的工农业生产和人民生活状况不能与美国相比，相当多的教学内容恐怕很难被多数学生所理解和体会。

为了帮助学生学好化学，正像“教授要言”所提出的教学要求，多考虑学生记诵和理解。在“译例”中也反映了这样的考虑，美国教科书原书章、节、段落、标题、问题、小注等，用不同字体以期醒目，但编译者认为汉译难以仿效，所以将章节序号用大字，小注放在行间，每节之上增标数目以便“查检”，共计 410 节。

部分章后配置了“习问”，全书后面还有“问”，以供教师向学生提问和答辩。习题的设问大多比较有趣，且联系生活实际。如图 2–9 所示，学完“非金类　氧气”后，提出的问题有：“肥人瘦人孰先饿死？”“何以不呼吸即死？”“入睡时何以呼吸甚缓？”“若空气尽是氧则何物可不烧尽？”“自空气中取氧何以不易？”等等。上述这些问题的情境，对于改变传统的教学观念、开阔学生的视野起到了促进作用。但当时的学堂“死记硬背”依然成风，中国学生的记忆能力给来中国教化学课程的窦维廉（W. H. Adolph，1890—1958）留下

图 2–8 《最新中学教科书　化学》中氢气在圆筒玻璃管中燃烧的描述

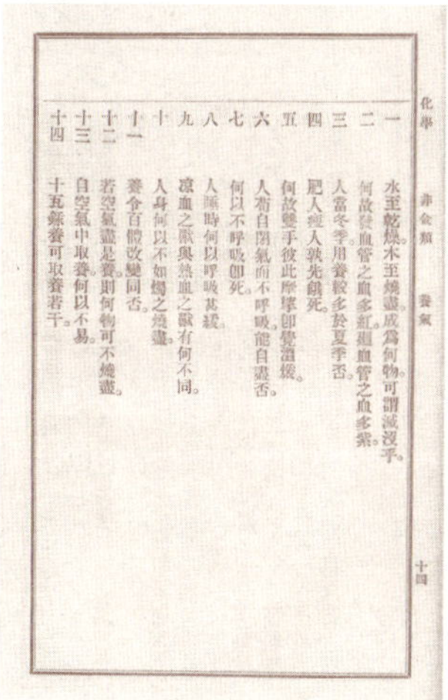

图 2–9 《最新中学教科书　化学》中的习题举例

了极为深刻的印象[①]。另外，本教科书对于学生动手实验等活动的要求并不明确。

本书配图七十余幅，且章前也配备了精美的插图。

本书中化学术语和名词的翻译，多沿用了傅兰雅、徐寿等翻译《化学鉴原》的方式。物理变化在书中为“体变”，化学变化为“化变”，原子称为“元点”，分子称为“合点”。除了“原质简要表”、释名和各元素化合物章题中出现的元素符号等采用国际通用表示，教科书中基本没有再出现西文的符号。物质名称、化学式和化学方程式均采用汉字，如“炭养$_{\text{二}}$”（CO_2）、“炭养”（CO）、“钾氯养$_{\text{三}}$”（$KClO_3$）等。元素名称根据“益智书会”新定名目表，有机物名称多根据傅兰雅所译，采用了音译、意译和俗名多种方式，如“迷以脱里醇”意为甲醇，“以脱里醇”意为乙醇，“以脱里减轻醇”意为乙醛，同时也有醋酸、草酸等名称，没有一定的规则，后面只附上用汉字表示的分子式，使现在的人读来不得要领。即使当时有的学生博闻强记、本领高强，想必读懂、学好这本书也是一种极大的挑战。显然，翻译成中文后，使美国版原书的生动描述失色不少。常言道“古文者，非在辞涩言苦，使人难读诵之”，何况这种没有文化知识背景的西文汉译文字。

（二）《化学新教科书》

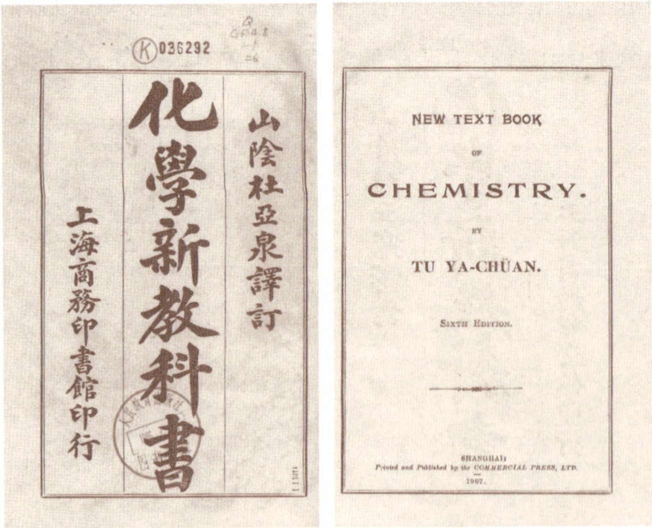

图 2-10 《化学新教科书》的中英文书名页

① Adolph, William H. Some Aspects of Chemical Education In China [J]. Journal of Chemical Education, 1927, 4(12): 1488.

1. 基本信息

① 出版社：商务印书馆；

② 版次：1907 年（光绪三十三年）第 6 版，1905 年初版；

③ 编写人员：本书原著作者为吉田彦六郎，杜亚泉编译，杜就田参订。

2. 编写指导思想

序言①

有一国独有之学，有世界公有之学。历史、地理、国文、政治、法律等，各国各有其性质，此一国独有之学也。自然界之学，原理之学，世界公有之学也。然世界公有之学中，亦有一国独有之学，如言博物则详于本国之所产，言理化则详于本国之艺术物品，以本国之材料佐证之，以本国之文字记载之，适于其国人之性质。如是，则虽世界公有之学，而实为一国独有之学。我国译化学书已三四十年，然至今日，仍为世界之化学，而非我国之化学。举一名目，而不能适当其物之性质例类，述一理论，而无表白其细微曲折之言词。自日本译籍输入，其译名适于汉文之例较多，于是稍有端绪，盖学问中之名词析之不精，辩之不确，则窒碍于应用，阻碍其思想，甚至差毫厘而失之千里者有之。窃谓今日学者，欲将世界之学，消化之为我国之学，则其责任有二，一曰输入，一曰精制。输入者，求新知识于他国以为材料；精制者，取外国之新理新法而考订之。于是为教科书以普及之于国民，又搜罗本国之材料以充实之，至于使斯学中有所新发明，以贡献于世界，而后斯学乃为吾国之学。近者科学之行已盛于曩日，苟吾国学人各负其责任，则吾之所言，当得于吾身亲言之，译化学新教科书成乃缀此言以为之序，以为吾国化学之前途祝。

光绪三十一年五月亚泉氏序时在商务印书馆编译所

① 本章所引用的序言、译例等内容，原书中均为竖排版，现摘为横版，并依原文顿点注明标点符号。

《化学新教科书》原序

自人智日开，化学大有进境，推理渐奥，实验益精，昨之视为新奇，今日之为陈腐。况化学中应考求之事，日益广博，纷纶错综，靡所底止。修斯学者，益觉望洋生叹，苦其端绪之难寻。然则先进者之诱掖后进，可不亟乎，或欲乘近世风潮之所赴，指点捷径，一蹴而登彼岸，俾得快睹新奇，早收成效。其教科之方针，固无所间，然今日之普通教育涵养，足与斯学之进步相追随者，尚未遍行于世。骤以高尚之理论，注入学生之脑里，得无扞格不相容之患欤。初窥其门，惊异于未曾闻见之事实，眩惑于推理之奇异，苦于端绪之不可捕捉，必有渐生厌弃之念者，是著者之所忧也。此书解说平易，望无碍于斯学之普及也耳。

著者游历欧洲，观其殖产之隆，工业之盛，知非偶然，益悟普通教育之不可忽。以是就彼土中等教育之教科程度观察而有得者，更参以拙著之《中等化学教科书》《新编化学教科书》。且准予本邦规定之教程，而期其不后于时势。搜适切而多趣味之材料，以成此书，名曰《化学新教科书》云。本书虽为充中等科学校教科书之用，而于初等教育与中等教育之连络，甚注意焉。则供小学校教员参考之用，亦不无价值。可自信也。

本书起草时，教材之选择配置得友人理学士足立震太郎氏之助者不少，兹特笔致谢。

明治三十四年十二月日本理学博士吉田彦六郎志

从本书编译序言及日本教科书原著序言的文字中，可以总结出本书的编写指导思想。

① 著者和编译者都认识到了普通教育是强国之本。正如原著作者认为：“游历欧洲，观其殖产之隆，工业之盛，知非偶然，益悟普通教育之不可忽。”化学应是普通教育的重要内容。

② 著者和编译者都认识到了化学学科的进步日新月异，研究范围日益拓展。编译者还认为在普通教育中还没有普及化学教育的情况下，化学研究又是“纷纶错综”的，初学者往往“望洋兴叹”，教科书必须处理好学科发展迅速、

入门门槛较高与初学者学习基础薄弱之间的矛盾关系。

③ 编译者从“有一国独有之学，有世界公有之学”立意，提倡科学（化学）的中国本土化，提出了一些具体建议，并通过编译教科书，身体力行，以加快推动这一进程。

3. 主要内容

本书分为上、下两编。上编无机化学 35 章，下编有机化学 12 章，共计 47 章、105 节[①]。

上编无机化学，非金属及其化合物有 13 章，涉及空气、氧、水、碳的氧化物、氮及其化合物、氯及其化合物、卤素、硫及其化合物、酸、碱、盐、磷及其化合物、砷、硅及其化合物、硼及其化合物等，还涉及现在有机化学的烃和氰。金属及其化合物有 8 章，涉及碱金属、碱土金属、铜族（铜、银、金）、锌族（锌、镉、汞）、铝、锡、铅、铋、铬、锰、铁、钴、镍、铂等及它们的化合物。

专门讲解有关化学基本概念、原理的内容有 14 章。涉及物质的组成、定比例定律、倍比例之理、化合与分解、质量守恒、能量守恒、气体通性、气体定理、化学中的计算法、元素名称、符号、物质的构成（分子、原子）、分子式（化合价、实验式、构造式等）、化学方程式、物质的量（相对分子质量、相对原子质量、“当量”[②]）、溶液、溶解度、结晶（风化、潮解）、渗透压、解离、反应速率、可逆反应、化学平衡、“质量作用定律”[③]等。

下编有机化学，第 36 章总体介绍有机化学和有机物的组成（结构）特点、分类和命名，其余各章分类介绍有机物，如卤代烃、醇、醚、醛、酯、酮、酸、糖类、胺、芳香化合物、植物碱类、松节油、橡胶、樟脑、薄荷精、烟草精、蛋白质等。

书后有 9 个附录：“周期律表”“高低价[④]表”“中法度量衡比较法”“燃料之发热量”“金类之比重及熔度”“金类之比热、原子量及原子热”“化学实验室必备药品之溶液”“本书中无机物命名释例”“本书名目表”。

---

① 书中误刊两个“第 55 节”，故节数编号只到 104。
② 当量是指以氢为 1 作基准，各化学元素发生反应的相对质量，是一种相对比值。
③ 是指化学反应速率与反应物的有效质量成正比，其中的有效质量实际是指浓度。
④ 高低价，意为化合价。

表 2-4 《化学新教科书》章目录[①]

序	章名	序	章名
1	物质及力[②] 物质之变化 燃烧	21	炭 燃料 发火点 焰
2	化合与化分 化合质与混合质	22	炭轻及炭育之化合质
3	空气	23	热化学
4	质及力之不灭	24	矽及其合质 硴及其合质[⑧]
5	养	25	金类及其分属
6	水 水之成分	26	金类之公性
7	炭养合质 炭之循环	27	金类合质之电解
8	育[③] 育与轻及养之化合质	28	碱金属及其合质
9	盐强水 绿 王强水	29	碱土金属及其合质 分光镜分析
10	气质之通性	30	铜属及其合质
11	原质[④] 化合质之式 化学方程式	31	锌属原质及其合质
12	物质之构成 原子量 化合之理 分子量测定法	32	铝及其合质
13	实验式 分子式 原子价[⑤] 当量	33	锡铅铋及其合质
14	构造式 示性式	34	铬锰及其合质
15	溶液 结晶 溶液之凝度及沸度	35	铁属原质及其合质 铂
16	渗透压力 解离 逆感应 感应之速度 活动量之定则[⑥] 化学平衡	36	有机化学 炭轻合质之种类 有机物之成分及其分析法
17	成盐属[⑦]之原质及其合质	37	石油
18	硫磺属之原质及其合质	38	迷系之成盐属诱导体[⑨] 醇类
19	酸类 碱类 盐类	39	以脱类 醂类[⑩] 酸类
20	燐属原质 燐及其合质 砷及锑	40	脂肪酸 下迷系盐[⑪] 油及脂肪类 肥皂

① 本书中摘录的目录内容，仅将繁体字改为简体字，若当时使用的元素名称没有对应的简体字，则按照繁体字转化简体字的规则基本保留原字样貌（例如，“鎴”仅摘录为“锶”而不直接摘录为“锶”），以尽量体现当时化学物质名称的历史特点。

② 力，意为能量。

③ 育，意为氮。

④ 原质，意为元素或单质。

⑤ 原子价，意为化合价。

⑥ 活动量之定则是当时分析化学反应速度的方法。

⑦ 成盐属，意为卤素。

⑧ 矽，意为硅；硴，意为硼。

⑨ 迷系之成盐属诱导体，意为卤代烃。

⑩ 以脱类，意为醚；醂，意为醛。

⑪ 下迷系盐，意为酯。

续表

序	章名	序	章名
41	多价根有机酸类	45	松节油　橡皮　樟脑　薄荷精　青蓝
42	糖类　纤维属	46	植物碱类
43	亚迷尼①　尿质	47	蛋白质
44	安系之炭轻合质②及其诱导体	—	——

4. 主要特点

本书具有以下特点。

（1）与以往的中学化学教科书相比，本书更新了较多的化学基本概念和基本理论，这些概念和理论在当时的中学化学教科书中属于较新的内容。但是，是否适合中学化学教学条件等似乎考虑不多。对于定量研究物质的化学计算涉及较多。元素化合物教学内容的选择，既考虑了认识化学所需要的必要基础知识，又考虑到要与生产、生活相联系，也考虑了学生的基础。个别元素按照元素周期表的族内相似性加以介绍。化学基本概念、基本理论和元素化合物名称均附英文。有机化学的内容既反映了学科的基本框架，又对典型的有机物进行了分类介绍。

（2）教科书反映的学科体系相对完整、系统和严谨，对物质名称格外关注，用心斟酌，并有编译者独特的观点和做法。

（3）与商务印书馆的《最新中学教科书　化学》相比，教学内容的学术性、理论性大大增强。结合生活和生产的实例较少，对于定量测定、化学有关的计算等提高了要求，并注重对物质研究方法的介绍，例如，如何测定相对分子质量、如何分析有机物的组成等。

（4）本书为编译作品，教科书的内容选择和编排顺序基本依照日本教科书原书。在教学内容的选择、实验和插图的使用、元素化合物和概念及理论的穿插编排等方面，已考虑了便于学生学习的特点。例如，为了使学生准确地理解化学有关的概念，编译者特意对一些易混淆的概念进行了教学提示，如“盐酸之于盐强水，不相混用，盐酸即轻绿，而盐强水为轻绿之溶于水中者”（此处“盐酸”所指与现在不同，是指纯净物 HCl），又如“养气与养亦不能混用，当

---

① 亚迷尼，意为胺。

② 安系之炭轻合质，意为芳香烃。

养为气质时，则称养气，其在他合质成分中不为气质时，则称养而不称养气”。

5. 使用情况及其影响

编译者深感编制符合本国特点的化学教科书的必要性，正如编译者在译例中所言：“凡教科书欲其适于本国教科之用，殆非以新意编纂不可，仅用译本则其材料之排列、叙述无先后未必全无窒碍。譬诸一物质，在彼国为习见者，可提出之，而由此推出种种新材料，若在此国，此物未必习见，则其次序即不能强同。”编译者为中学化学教科书所作出的贡献，特别是对于化学名词、术语以及化合物的命名等化学教学与交流基本问题的求解，仍是开拓性的。编译者在原书作者的无机物命名法的基础上，指出“命名之法当不当，只能就应用之便不便论之，不能就学理之合不合言之，故惟有就其物质对于他物所生常见之感应以为其组成之标准而已”。再如，“有机物质，旧译者多记西音，多至六七字，不便计诵。兹仿成例，以西字首音，而加偏旁成合字以期简便”，这种关于无机物和有机物命名所提出的原则和方式，尽管有些后来并没有被采用和推广，但这里处处体现作者为传播、普及科学知识的强烈责任感、使命感和良苦用心，以及求真、尚实、严谨的科学精神。

总之，在我国推动近代化学本土化的历史中，杜亚泉先生及其大量开创性的工作是一座不朽的丰碑。

（三）《中学化学教科书》

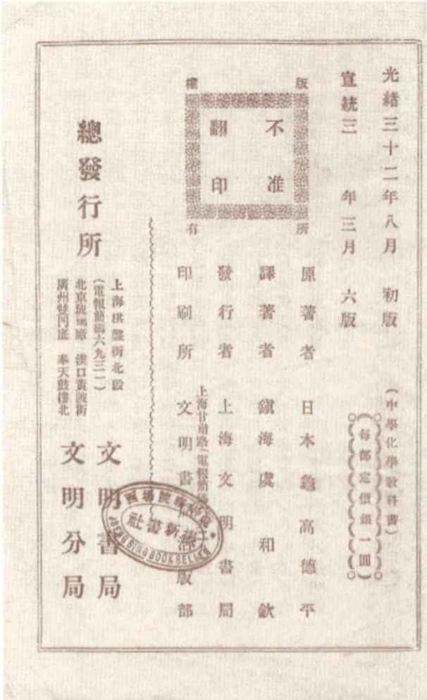
光緒三十二年八月 初版
宣統三年三月 六版
（中學化學教科書）
（每部定價銀一圓）
版權所有 不准翻印
原著者 日本龜高德平
譯著者 鎮海虞和欽
發行者 上海文明書局
印刷所 上海 文明書局活版部
總發行所 上海棋盤街北段（電報掛號六九三二） 文明書局
北京琉璃廠 漢口黃陂街 廣州雙門底 奉天鼓樓北 文明分局

图 2-11 《中学化学教科书》版权页

1. 基本信息

① 出版社：文明书局；

② 版次：1911 年（宣统三年）第 6 版，1906 年初版；

③ 编写人员：本书原著作者为龟高德平，虞和钦（名铭新）译著；

④ 配套资源：与本教科书配套的《化学讲义实验书》，原作者为龟高德平，由虞和钦译著，光绪三十二年（1906）二月由上海普及书局再版发行。宣统元年（1909）十二月订正 3 版。

2. 编写指导思想

本书译例中提到，书中除了涉及一些日本古法工业及其矿产等内容，基本保持了原书的内容和体系。所以，本书的编写指导思想，可以从原书绪言中得以了解。

原书绪言

天地间现象甚多，而化学现象尤较他种现象难于感知。在未学化学之人，其脑筋中之预备知识殆无有存者，此非余过言也。故教授此学时，最宜深切注意，必自易至难，渐简而繁，自生徒日常亲炙之物质，而用及于未知之物质，方为合宜。此书即本是理。先述空气、水及此等之组成分，次述盐类又必以食盐为其标本，后及于他盐类。而溶液论、电解、电离等诸说，则终非金属后始说明之。至金属之部，则以生徒最易知之重金属为始，最后述碱金属，且时时以应用示之。又于有机化合物，先述酒醇，由此略述有机物分析术，使知测定实验式分子式及构造式之法。

伊洪说、平衡论等，为近年最新之学说，欲以此入普通教育中，似觉困难，此书仅就其定性上述之，其数量上关系，姑从省略，亦生徒知力之可及者也。至日常生活上有关系之事项，可唤起生徒之兴味者，则勉力记之，例如物质之效用，有仅供医药者，亦必示其用途是也。

就日常生活上之关系言之，有机物似较无机物为多，则其普通知识亦较无机物为尤要也，乃从来教师往往于教授无机物时，授之较详，至教授有机物时，遂因时间不足辄从省略。是余之所深忧也。此书本依中学及师范学校而作，想无时间不足之恐。如果有之，则可省略无机物中细字之部，至有机物之大要，必宜教授也。

教授化学必宜示以标本及实验等，若仅就教科书说明之，则于教授化学之效能，殆无有也。且余又以教师之实验为未足，其简易者，宜令生徒亲自行之。然实行此等教法，则学校之设备既难，教师之需时亦多，就现今状况观之，实至难之事也。今欲减少此难，特于教科书外，另编讲义实验书，务求其实验法之简易者述之，以供教师之参考。其生徒可行者，亦一一示之。又本书记载之事项有尚须说明者，及其他重要事实为本书所省略者，则附记于讲义实验书（按此即《普通教育化学教科书备考》本为实验之附录，后因页数增多已另册行之）尚望教师诸君，预计其时间而增补之。至本书编纂之趣意及使用法，已另成一小册，公之于世，可取阅也。

著者识

对原书绪言梳理、总结如下。

（1）介绍化学知识时，一定要注意从学生身边熟悉的物质开始，循序渐进地学习。作者指出，与其他现象相比，化学现象是学生难以感知的，对于初学者而言，头脑中的预备知识很少，必须深切注意“自易至难，渐简而繁，自生徒日常亲炙之物质，而用及于未知之物质，方为合宜”。关于无机物、有机物教学内容的安排顺序，以及为什么对于当时较新的电离理论只进行定性的说明，均是依据上述编写指导思想。

（2）应该重视有机化学的教学。与无机物相比，有机化合物与日常生活的关系更加紧密，其有关知识更为重要，故必须克服忽视有机化学教学的做法，宁可省略一些无机物的教学内容，也要安排一定教学时间学习有机化学的基本内容。

（3）应该重视化学实验等活动。教授化学必须适当展示标本并且进行实验等，如果仅根据教科书进行讲授，达不到化学的教学效果。为了保障必要的实验，作者另编有《化学讲义实验书》。

3. 主要内容

本书分为三编。第一编化学本论及非金属，共20章；第二编金属，共9章；第三编有机化合物，共12章。

在第一编之前，有简要的绪论，主要说明变化分为物理变化和化学变化。

第一编化学本论及非金属的前 14 章，将化学基本概念和原理（如氧化及燃烧、质量守恒定律、定比例定律、倍比例定律、气体反应定律及气体的通性、原子学说、分子学说、相对分子质量及相对原子质量、化学符号、化合价、“当量”、构造法等）与常见的元素化合物（如空气、氧气、水及氢气、二氧化碳、一氧化碳、氯化氢及氯气、氨和氯化铵）穿插安排。第 15 至 18 章，介绍其他常见的非金属及其化合物，如卤素及其化合物，臭氧、硫及其化合物、氮族、碳族等，第 19 章介绍了溶液，包括溶液、浓度、溶解度、可逆反应、沸点、熔点等，第 20 章介绍了电解和电离，包括电解、电离、中和、酸及碱的强弱、离子反应等。

第二编金属，首先介绍了金属与非金属的区别、合金等内容，后面分别介绍了铜、银、金、铂、铬、锰、铁、镍、钴、镁、锌、镉、汞、锡、铅、铋、铝、碱土金属、碱金属等及其化合物，最后以金属的化学性质及元素周期律进行总结，结束本编。由于此时元素周期表仅包括当时发现的 78 种元素，是依相对原子质量大小排列的，故大多数元素的排列顺序符合现代的元素周期表，个别有出入，如钾在氩的前面，镍在钴的前面，碘在碲的前面，等等。

第三编有机化合物介绍了醇、醚及饱和烃、有机酸及其酯、氰化物及尿素、碳水化合物、苯及其衍生物、植物碱类、松油精类及樟脑、蛋白质、发酵及腐败。最后以物质的循环结束本编。

附录包括“无机名称改易对照表”和“有机名称改易对照表”。

本书编、章标题摘录如下。

第九章 阿摩尼亚[1]及绿化阿摩尼亚

第十章 气体反应之定律及气体之通性

第十一章 分子量及原子量

第十二章 化学记号

第十三章 原子说、分子说

第十四章 原子价、当量、构造法

第十五章 造盐原质[2]及造盐原质化合物

第十六章 养气 硫黄及此等之化合物

第十七章 淡气 燐、砷、锑及此等之化合物

第十八章 炭、矽、硴及此等之化合物

第十九章 溶液

第二十章 电解及电离

第二编 金属

第一章 金属与非金属之别及合金

第二章 铜、银、金、铂（白金）及此等之化合物

第三章 铬、锰、铁、镍、钴及此等之化合物

第四章 镁、锌、镉、汞及此等之化合物

第五章 锡、铅、铋及此等之化合物

第六章 铝及其化合物

第七章 钙、锶[3]、钡及此等之化合物

第八章 锂、钠、钾、铷、铠[4]及此等之化合物

第九章 金属之化学性质及周期律

第三编 有机化合物

第一章 醇

第二章 醇精及矫基盐[5]

---

① 阿摩尼亚，意为氨。
② 造盐原质，意为卤素。
③ 锶，意为锶。
④ 铠，意为铯。
⑤ 醇精，意为醚；矫基盐此处是指醇与无机酸发生取代反应生成的物质。

第三章 有机酸及其矫基盐[①]

第四章 蜻[②]化合物及尿质

第五章 炭水化物

第六章 轮质[③]及其诱导体

第七章 四养易十四炭轮质[④]及靛青

第八章 植物碱类

第九章 松油精类及樟脑

第十章 蛋白质及滋养质（营养素）

第十一章 发酵及腐败

第十二章 物质之循环

无机名称改易对照表

有机名称改易对照表

4. 主要特点

本书为译著，教科书的内容选择和编排顺序基本依照原书。教科书的学科体系相对完整、系统，特别考虑了初学者的经验和知识基础，元素化合物内容的选择既考虑认识化学所必要的基础知识，也注意与生产、生活的联系，同时考虑了元素周期律对学习元素化合物的指导作用。

与其他教科书相比，除了介绍涉及中学化学的基本概念，如分子、原子、化学式、化学方程式等，还引入了当时较新的关于溶液、电解质的初步原理。这样，使得学生对于元素化合物知识的理解，建立在更加完整和扎实的理论基础之上。本教科书中，在介绍一些化学基本概念时采用了不同于西方的表述（图 2-12），如将西方化学中 element 的释义以“单体”（单质）、“原质”（元素）进行了区别，反映了近代西方化学在传入日本和中国时的“本土化”转化过程所形成的一些特色，证明了中国的语言文字在表达抽象的科学术语、名词时所

① 此处矫基盐，意为酯。
② 蜻，意为氰。
③ 轮质，意为苯。
④ 四养易十四炭轮质，意为茜素。

具有的独特优势①。

有机化学的内容，既反映了学科的基本框架，又对典型的有机物进行了分类介绍。开始对有机物命名采用“意译”的方式，为解决有机化学教学中长期存在的因“音译”命名带来的歧义、混乱和难以理解等问题，提供了有益的尝试。

本书极为注重与学生生活的联系，并能够结合当时的生产情况进行介绍。一些化学基础知识大多采用从自然界、生活、生产和化学实验中引入。一些重要的概念和知识，常常从多个角度、多个应用领域进行详尽的说明和指引。

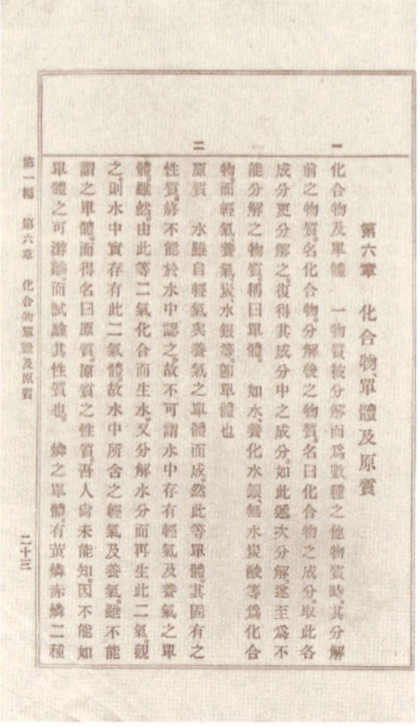

第六章 化合物、單體及原質

一 化合物及單體 一物質被分解而爲數種之他物質時。其分解前之物質。名化合物。分解後之物質。名曰化合物之成分。取此各成分更分解之。復得其成分中之成分。如此遞次分解。遂至爲不能分解之物質。稱曰單體。 如水、養化水銀、無水炭酸等爲化合物。而輕氣、養氣、炭、水銀等。卽單體也

二 原質 水雖自輕氣與養氣之單體而成。然此等單體。其固有之性質。終不能於水中認之。故不可謂水中存有輕氣及養氣之單體。雖然。由此等二氣化合而生水。又分解水分而再生此二氣。觀之。則水中實存有此二氣體。故水中所含之輕氣及養氣。雖不能謂之單體。而得名曰原質。原質之性質。吾人尚未能知。因不能如單體之可游離而試驗其性質也。 燐之單體。有黃燐赤燐二種

第一編 第六章 化合物單體及原質 二十三

图 2-12 《中学化学教科书》中出现的“单体”概念

本书很重视物质在自然界的循环（图 2-13），并结合重要实验、人物对化学史有所介绍，在“原子说 分子说”一章中还提出了实验事实与假说的区别以及两者的重要性。说明原书作者或编译者开始注意一些化学学科知识以外的科学方法、科学史等内容的教育意义。

此外，本书在介绍学生实验、演示实验和化工生产时，配备了近 90 幅插图。

5. 使用情况及其影响

本书借鉴日本教科书中的方法，对于无机物命名采用“某化某”方式，替代类属式命名。这是虞和钦在《科学世界》杂志上发表的“化学定名表”之后，在教科书编译上的实践和应用，为这种命名方法的推广和在无机物中文命名系统中的最终确立作出了贡献②。

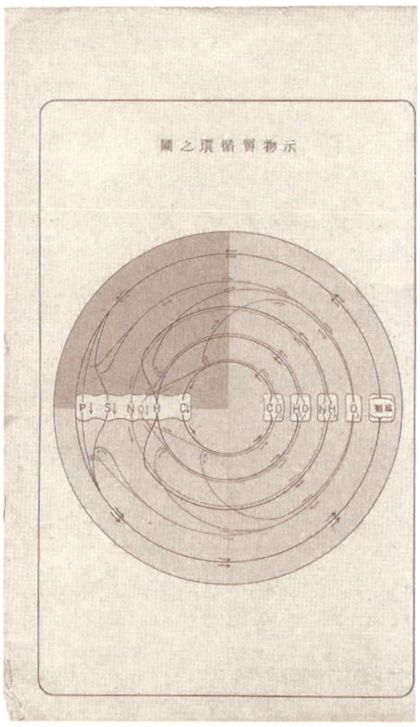

图 2-13 《中学化学教科书》中的物质循环图解

对于有机物的命名，本教科书在编译上进行了有益的尝试，并对后来我国

① 岛尾永康，周建，陈晓燕．日本 1868—1945 年科学的发展［J］．自然科学史研究，1998（03）：219-234．

② 何涓．清末民初（1901—1932）无机物中文命名演变［J］．科学术语研究，2006（02）：53-57．

有机物命名体系的确立产生了影响[1]。研究中国化学史的袁翰青在其《中国化学史论文集》中对虞和钦有过专文介绍："1908 年（清光绪三十四年），有位虞和钦先生写了‘有机化学命名草’一书。在这部书里，虞先生没有造一个新汉字而能把重要的有机物用译义的方法予以命名，这是一件相当不容易的工作。我们现在虽不采用他的命名原则了，可是他在书序里批评当时有机名称的混乱情形，值得我们作为史料来研究的。"[2]

（四）《近世化学教科书》

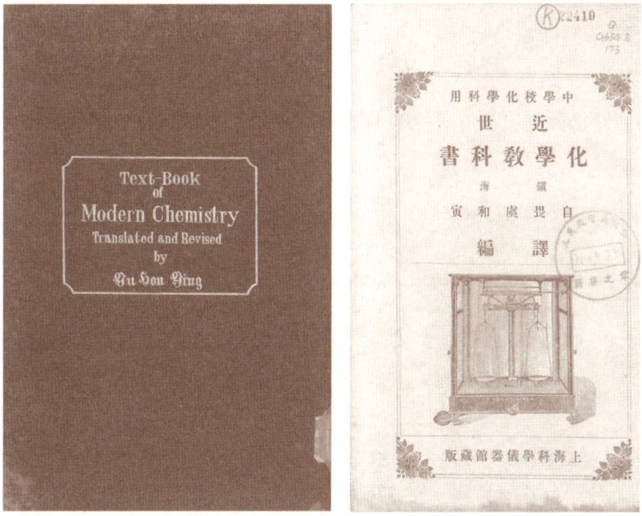

图 2-14 《近世化学教科书》封面及书名页

1. 基本信息

① 出版社：上海科学仪器馆；

② 版次：1907 年（光绪三十三年）初版；

③ 编写人员：本书原著作者为池田菊苗，虞和寅编译。

2. 编写指导思想

译例

（1）是书原本为日本池田博士所著。体裁崭新，理论精确，今特译

---

① 王细荣．清末民初新型知识分子科学中国化实践研究：以虞和钦为中心［D］．上海：上海交通大学，2012：84．

② 袁翰青．中国化学史论文集［M］．北京：生活·读书·新知三联书店出版，1956：299．

之，以备中学教科之用。

（2）是书大体悉循原本，间有不合于吾国者，略为增补窜改。惟其原旨，仍不稍失。

（3）原质名，多遵江南制造局译本。其近时新得之原质，为局本所无者，则采诸他书，或以私见，另立新名。

（4）无机物名，依前科学世界所定，惟其间音译者，今悉改作意译。如“衰”为“蜻”，“阿摩尼阿”为“硇精”[①] 等是。

（5）化合物名中，其各原质化合之数，悉以茂密字表之，以与寻常数字区别。如（锰养$_{二}$）为二养化锰，（硫养$_{三}$）为三养化硫等是。

（6）有机物名，旧时多从音译，不便记诵。本书据理立名，务求简赅，惟有机化合物，繁杂异常，即西国所定学名，亦少条理，浅学如予，更难胜此重任。惟冀学者，得以顾名思义，较诸无意义之译音，或稍胜耳。

（7）度量衡，悉用米特法。其制度及用法已于附录中详言之。

（8）是书期与他学科互相连络，如第三十四章及第四十六章，其例也。（节译原序）

（9）关于数学及物理学之事，为教授化学初步所必需者，特揭附录中。其教授之顺序，第一、第二及第三可插入于第二章与第三章之间，其余则插入于第七章与第八章之间，随时指授。使诸生明其大意可也。（节译原序）

（10）书内一切学名，凡在初次遇见处，皆以丰字体表明之。又诸定律及其他紧要之处，悉加各种圈点，俾学者易于醒目。

（11）是书内所用学名，于卷末附中英二国对照表，以便检核。

（12）本书仓促译成，缺点谅多，深希大雅诸君子，随时匡教为幸。

光绪　三十三年八月望　虞和寅志

本书的编写指导思想从“译例”中梳理和总结如下。

① 衰、蜻，均意为氰；阿摩尼阿、硇精，均意为氨。

（1）力求体现当时最新的化学原理。

（2）注重与数学、物理等相关学科的联系。

（3）物质命名力求言简意赅。

（4）注重实验、测定等科学定量方法、仪器和操作等。

3. 主要内容

本书共分46章，与同类教科书相比，分章很细。第1章至第20章，介绍化学一般概念和非金属及其化合物；第21章至第34章，介绍金属及其化合物；第35章至第46章，介绍有机化合物。全书未分节，但知识内容以序号流水编排，共排至266。

非金属及其化合物介绍了水、氧气、空气、碳、二氧化碳、一氧化碳、硝酸、硫及其化合物、磷及其化合物、氯及其化合物、卤素、硅及其化合物等。

金属及其化合物的介绍，涉及贵金属（金、铂、银、汞）、铜、镍、锌、铅、锡、锑、铁、铝、镁、钙、钾、钠等。

化学基本概念、原理大多穿插于元素化合物的章间或安排在章内，内容涉及物质状态（相）、物质的组成、化合物、定比定律、倍比定律、体积定律、化合与分解、质量守恒与能量守恒、元素名称、符号、物质的构成（分子、原子）、分子式、相对分子质量、相对原子质量、化学方程式、可逆反应、化学平衡、平衡移动原理、电解质、电离、解离度、离子、化合价、金属活动性顺序、氧化、还原、电解、电镀、燃烧热、中和、溶液、浓度、溶解度曲线及影响因素、结晶、化学反应速率及影响因素，还涉及物质分离的原理和操作，如蒸馏、过滤、结晶。

有机化合物共9章。简要介绍了烃、碳水化合物、醇、醚、羧酸、醛、酯、油脂及有机酸类、含氮有机物等。

本书章标题摘录如下。

第一章 水

第二章 养

第三章 溶液

第四章 精制法

第五章 相

第六章 成分与组成

第七章 空气

第八章 碳

第九章 贰养化碳（其一）

第十章 贰养化碳（其二）

第十一章 储蓄力[1]

第十二章 养化碳

第十三章 化学记号

第十四章 硝酸

第十五章 硫（其一）

第十六章 硫（其二）

第十七章 燐

第十八章 绿

第十九章 电离

第二十章 造盐原质

第二十一章 金类

第二十二章 合金

第二十三章 贵金属

第二十四章 铜及镍

第二十五章 锌

第二十六章 铅 锡 锑

第二十七章 铁

第二十八章 铝 镁

第二十九章 钙

第三十章 钠

第三十一章 钾

---

① 储蓄力，意为能量。

第三十二章 硇精及铔[1]盐

第三十三章 矽

第三十四章 矿物界之化学

第三十五章 有机物 碳化轻

第三十六章 自石炭[2]制取之质（其一）

第三十七章 自石炭制取之质（其二）

第三十八章 碳水化物（其一）

第三十九章 碳水化物（其二）

第四十章 酒醇及其诱导体

第四十一章 脂油及有机酸类

第四十二章 含淡质有机物（其一）

第四十三章 含淡质有机物（其二）

第四十四章 溶液之性质

第四十五章 化学变化之速度

第四十六章 生物化学

附录

第一 测定

第二 三态

第三 热量

第四 气体之性质（其一）

第五 气体之性质（其二）

第六 空气中之水分

中英化学名对照表

4. 主要特点

本书为编译教科书，其内容的选择和编排顺序基本依照原书。在教学内容和实验的选择、插图的使用、元素化合物和概念理论的穿插编排等方面，均保

① 铔，意为铵。

② 石炭，意为煤。

留了原书的体系和特点。

本书力求完整地体现当时化学学科发展的最新成果，特别是物理化学领域的新理论。例如，相变、沸点与凝固点随溶质浓度的变化、胶体、电解质的电离、电镀、金属的锈蚀及防腐、可逆反应、化学平衡及其移动（图2-15）、化学反应的热效应、化学反应速率及其影响因素等。

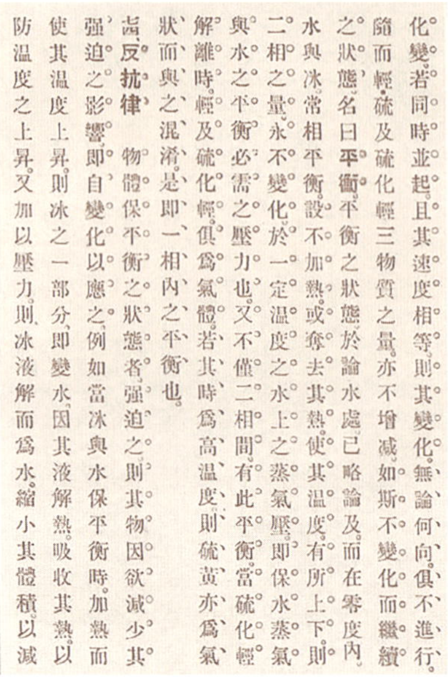
化變若同時並起且其速度相等則其變化無論何向俱不進行隨而輕硫及硫化輕三物質之量亦不增減如斯不變化而繼續之狀態名曰平衡平衡之狀態於論水處已略論及而在零度內水與冰常相平衡設不加熱或奪去其熱使其溫度有所上下則二相之量永不變化於一定溫度之水上之蒸氣壓即保水蒸氣與水之平衡必需之壓力也又不僅二相間有此平衡當硫化輕解離時輕及硫化輕俱爲氣體若其時爲高溫度則硫黃亦爲氣狀而與之混淆是即一相內之平衡也

齒反抗律 物體保平衡之狀態者強迫之則其物因欲減少其強迫之影響即自變化以應之例如當冰與水保平衡時加熱而使其溫度上昇則冰之一部分即變水因其液解熱吸收其熱以防溫度之上昇又加以壓力則冰液解而爲水縮小其體積以減

图2-15 《近世化学教科书》中介绍的平衡及移动

对于无机物的介绍基本上一种元素即为一章，力求详尽，并与有关的基本概念和原理相互结合。相比之下，对于有机物的介绍较为简略。

本书结合元素化合物，大量地介绍了与之有关的生产过程，反映了当时化学工业的基本情况，特别是对化学肥料（氮、磷和钾）、合金材料等进行了介绍，这在当时的其他教科书中不多见。

本书注意到了与其他学科的联系，如第三十四章“矿物界之化学”和第四十六章“生物化学”。

本书后面的附录，提供了与实验相关的科学方法和基本概念，并附中英文化学名词对照表。附录比较详细地介绍了研究化学物质所需要的基本技能，如测定体积、密度等的方法，并提出了测定误差及有效数字的概念。

与其他教科书相比，本书的内容体系有所不同，学科逻辑稍显复杂，各章难易不均。对于初学化学的学生来说，会有学习和理解方面的困难。但对于有一定基础的学生而言，本书不失为一本比较全面和重要的参考书籍。

第三编　民国时期的教科书

第三章　民国初期的中学化学教科书（1912—1922）

1912年，中华民国临时政府在南京成立，孙中山就任临时大总统。在北京，袁世凯迫使清帝退位，中国形成了南北共治的局面。袁世凯就任临时大总统，政府迁至北京[①]，中华民国正式进入北洋政府时期。1916年袁世凯称帝，遭到全国上下一致谴责，被迫废除帝制，不久后他郁郁而死。此后，中国陷入了军阀割据纷争的动乱之中。

南京临时政府成立后，制定了一系列的经济政策，如平均地权、振兴实业等。在这些政策的激励下，全国工商界投资实业、发展经济的热情高涨。1912—1922年，中国出现了资本主义经济第一次发展高潮。其中，1914—1918年第一次世界大战期间，中国的民族工商业得到一定程度的发展，使中国资产阶级和无产阶级的力量都得到了发展。

在思想文化领域，一方面，袁世凯积极谋求复辟帝制，推行尊孔复古的逆流；另一方面，辛亥革命后西方启蒙思想进一步在中国传播，民主、自由、平等、博爱的思想开始被广泛接受。经过辛亥革命，先进的知识分子认识到，革命失败的根源在于国民头脑中缺乏民主共和意识，必须从文化思想上冲击封建思想和封建意识。[②]新文化运动开始了。新文化运动的早期，陈独秀、胡适、李大钊等人，以《新青年》杂志为主要阵地，大力宣扬资产阶级民主政治和科学，提倡民主，提倡科学，提倡新道德，提倡新文学。1919年的五四运动，工人阶级作为独立的政治力量登上历史舞台，促进了马克思主义在中国的传播。新文化运动使人们的思想得到了空前的解放，启发人们追求民主和科学，提倡科学精神和科学方法，探索救国救民的真理。

---

① 贾逸君．中华民国史［M］．长沙：岳麓书社，2011：8．

② 孙红艳．中国近代史纲要课程解读［M］．长春：吉林大学出版社，2012：63．

一、教育改革与学科发展

1912年1月1日，南京临时政府成立后，颁布了一系列教育方面的政策、法令，采取了一些措施，对封建教育进行了改革。

1. 教育宗旨

1912年1月9日中华民国教育部正式成立，著名教育家蔡元培任教育总长后，立即着手对封建教育进行全面改革。在全面改革教育制度以前，发布了几个重要的教育改革令。1月19日教育部发布的《普通教育暂行办法》是南京临时政府发布的第一个改革教育的命令，一共14条。这是实施教育的主要依据，很多条反映了资产阶级革命民主派的进步要求。① 此外，《普通教育暂行课程之标准》是一个从课程内容上改造封建教育的法令。在这个文件中，具体规定了初小、高小、中学及师范学校的教学科目、各学年各科每周授课时数等。以后小学、中学、师范学校的课程虽然也有变化，但与此文件所定标准出入不大。

教育部于1912年7月10日至8月10日召开了中央临时教育会议，讨论了许多重要的教育政策与改革措施，如教育宗旨、学校系统、各级各类学校的法令等。根据会议的讨论，特别是蔡元培对教育宗旨的意见，教育部于1912年9月2日公布教育宗旨："注重道德教育，以实利教育、军国民教育辅之，更以美感教育完成其道德。"②

2. 学制及课程改革

1912年9月3日，教育部公布《学校系统令》，这个学校系统称"壬子学制"。不久，教育部又陆续颁布各种学校令，与壬子学制略有出入，后将壬子年（1912）到癸丑年（1913）中各种学校法令合并成"壬子癸丑学制"③（学制具体内容后文详述）。壬子癸丑学制较清朝末年的学制变动不是很大，一直沿用到1922年。④

壬子学制颁布之后，至1913年8月，教育部陆续公布了《小学校令》《中学校令》《中学校令施行规则》《中学校课程标准》等法令规程。按照这些文件，

---

① 石鸥，吴小鸥．中国近现代教科书史：上［M］．长沙：湖南教育出版社，2012：173.
② 舒新城．中国近代教育史资料：上册［M］．北京：人民教育出版社，1961：223.
③ 董宝良．中国教育史纲：近代之部［M］．北京：人民教育出版社，1990：382.
④ 孙培青．中国教育管理史［M］．第2版．北京：人民教育出版社，2013：353.

学校进行了课程改革。《中学校令》规定："中学校以完足普通教育、造成健全国民为宗旨。"在《中学校令施行规则》中规定，中学的教学科目为修身、国文、外国语、历史、地理、数学、博物、物理、化学、法制、经济、图画、手工、乐歌、体操等课程。女子中学校加课家事、园艺（可缺）、缝纫等课程。外国语以英语为主，但遇地方特别情形，得任择法、德、俄语一种[①]。

在课程改革的同时，还注意了教学原则和方法的改革[②]。比较突出的有：（1）强调教学要适应儿童身心发展的特点，要求所有教授内容，必须适合儿童的身心发展程度。在教育方法上，认为学校的校长、教员，在不得已时，可以"加儆戒于儿童，但不得用体罚"。（2）注意使教育与实际生活结合，以适应生活和生产的需要。要求所授知识技能，"宜择生活上所必需者教授之"。但是，在北洋军阀统治时期，教育上出现了恢复尊孔活动，复活封建买办的教育宗旨，改变学校制度等复古主义的教育，[③]使辛亥革命后资产阶级所进行的一系列教育改革遭到破坏。不过这场逆流，很快就在五四新文化运动中受到了批判。

3. 新的思潮与化学科学的发展

五四运动时期，是中国现代教育发展史上一个重要的历史时期。在这个时期，中国教育的改革，由旧民主主义阶段发展到了新民主主义阶段。五四运动时期的勤工俭学运动，是中国现代教育史上具有重大历史意义的事件，它首先把教育与生产劳动结合起来。美国实用主义哲学家和教育家约翰·杜威（J. Dewey，1859—1952）来华讲学，他在中国逗留了两年多，到过中国南北多地，宣传实用主义教育理论和方法。继杜威之后，还有其他的实用主义教育学者来华。这些教育家提倡的智力测验、教育测验以及设计教学法等，都曾在五四运动以后的中国流行一时。有些师范院校和中小学付诸实施或进行实验，把实用主义教育学和心理学当作教育实践的依据。

在这一时期，科学领域的发展，尤其是物理学的长足发展，各种物理测试手段的涌现，促进了溶液理论、物质结构、催化剂等领域的研究。其中，量子理论的发展，解决了化学上许多未决的问题，使一些化学理论逐步得到完善。

---

① 孙培青. 中国教育史［M］. 上海：华东师范大学出版社，2000：361-362.
② 舒新城. 中国近代教育史资料：中册［M］. 北京：人民教育出版社，1985：451-470.
③ 舒新城. 中国近代教育史资料：上册［M］. 北京：人民教育出版社，1985：244-264.

1912 年，劳厄（M. von Laue，1879—1960）发现晶体对 X 射线的衍射；格利雅（F.-A.-V. Grignard，1871—1935）发明用镁做的有机反应的试剂。1913 年，玻尔（N. Bohr，1885—1962）提出原子模型；韦尔纳（A. Werner，1866—1919）研究分子中原子的配位，提出配位理论。1915 年，威尔施泰特（R. Willstätter，1872—1942）研究植物色素，特别是叶绿素。1918 年，哈伯（F. Haber，1868—1934）发明工业合成氨的方法。1919 年，卢瑟福（E. Rutherford，1871—1937）用 α 射线轰击氮原子，第一次实现人工核反应。1920 年，查德威克（J. Chadwick，1891—1974）证实原子序数等于核电荷数；能斯特（W. H. Nernst，1864—1941）研究热化学，提出热力学第三定律；等等。而我国的化学科学仍处于吸收、学习和模仿阶段。

二、化学课程概要

（一）学制

1912—1913 年公布的壬子癸丑学制（图 3-1）是民国的第一个学制，这个学制规定，儿童从 6 岁入学到 23、24 岁大学毕业，整个学程为 17 年或 18 年，分三段，四级。①

第一阶段为初等教育。分两级：初等小学 4 年，为义务教育，毕业后可入高等小学校或乙种实业学校；高等小学 3 年，毕业后可入中学校、师范学校或甲种实业学校。

第二阶段为中等教育。设中学校，学习年限 4 年，毕业后可入大学、专门学校或高等师范学校。

第三阶段为高等教育。设大学本科 3 年或 4 年，预科 3 年；专门学校本科 3 年毕业（医科 4 年），预科 1 年。

此外，下设蒙养园，上有大学院，不计年限。

除了上述自小学、中学到大学的普通教育系统，还有师范教育和实业教育

① 董宝良．中国教育史纲：近代之部［M］．北京：人民教育出版社，1990：382-384．

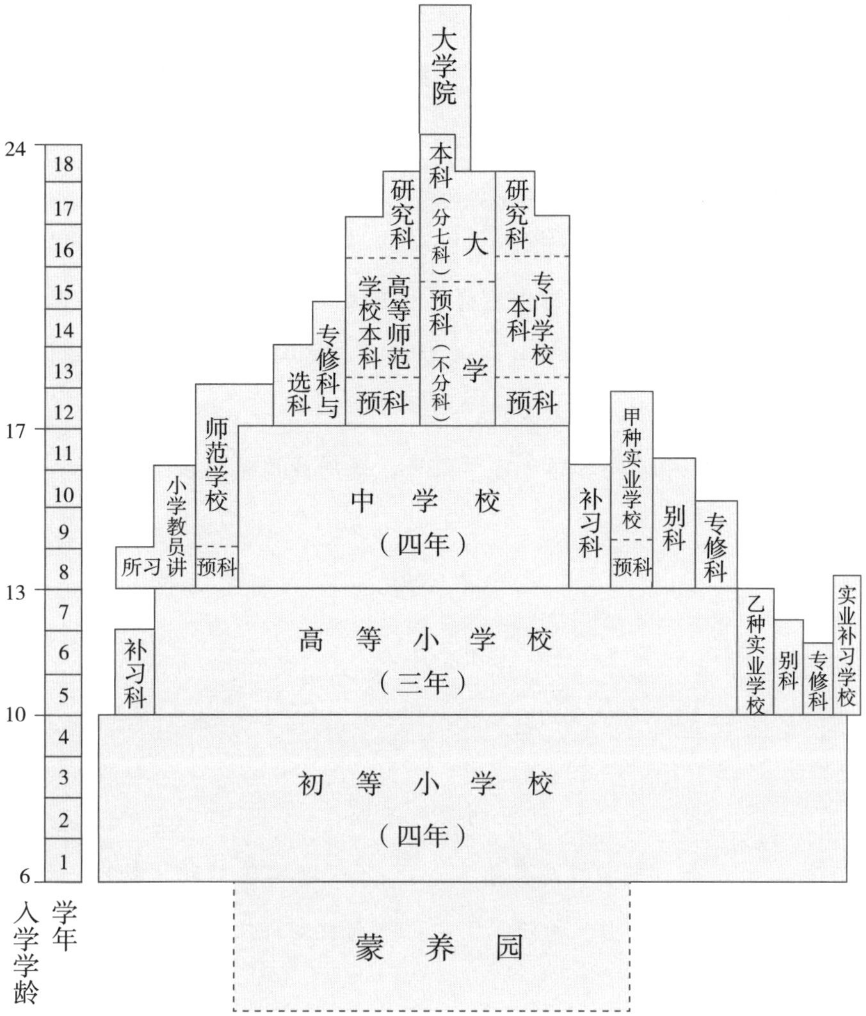

图 3-1　壬子癸丑学制示意图

两个系统[①]。师范教育分师范学校和高等师范学校本科两级。师范学校 4 年，预科 1 年；高等师范学校本科 3 年，预科 1 年。实业学校分甲乙两种，均为 3 年。又分为农业、工业、商业、商船各类。另外，还有补习科、专修科、小学教员讲习所等，是上述各校附设或特设学科。化学课程的起始开设在第二阶段中等教育中，涉及中学校、师范学校及同等程度的其他学校。

（二）课程设置和课程标准

在民国初期，教育部颁发了一系列教育改革文件，其中有两个文件规定了

① 董宝良．中国教育史纲：近代之部［M］．北京：人民教育出版社，1990：383．

该时期的化学课程设置和课程标准。教育部于1912年12月公布的《中学校令施行规则》，该规则共有八章五十二条，其中与化学相关的规定摘编如下[①]。

第一章　学科及程度

第一条　中学校之学科目为……化学……

第九条　物理化学要旨在习得自然现象之知识，领悟其中法则及对于人生之关系，物理化学宜授以重要现象及定律，并器械之构造作用，元素与化合物之性质，兼课实验。

第十七条　中学校各学年各学科目、每周教授时数依第一表……

第一表

学科	第三学年	第四学年
物理化学	4（小时）	4（小时）

第四章　设备

第二十九条　中学校应备各室如下：……（二）博物、物理、化学、图画等特别教室，博物、物理、化学之特别教室得便宜兼用……

1913年3月19日颁布了《中学校课程标准》，该课程标准规定了15门课程在不同年级的每周授课时数和教学内容，其中对化学的规定摘编如下[②]。

学科目	第三学年		第四学年	
	每周时数	教学内容	每周时数	教学内容
物理化学	4	物理： 力学　物性　热学　音学 光学　磁学　电学	4	化学： 无机化学 有机化学大要

①② 课程教材研究所．20世纪中国中小学课程标准·教学大纲汇编：化学卷［G］．北京：人民教育出版社．2001：5，6．

在《中学校令施行规则》中，化学教育的目的反映了当时社会对学生在化学学习中的要求：既理解自然现象，又要掌握其中的规律、法则及器械构造原理，以及与人生的关系。《中学校令施行规则》中规定，物理化学课程在第三和第四学年开设，但对于化学科具体在第三学年还是在第四学年开设没有作硬性规定。《中学校课程标准》中规定了化学在第四学年教授，每周时数为4小时，教学内容包括“无机化学”与“有机化学大要”。

不难看出，在《中学校令施行规则》和《中学校课程标准》中，对化学课程的宗旨和化学课程的内容规定得非常笼统，特别是课程的教学内容，只概括地规定为“无机化学”与“有机化学大要”。

三、教科书概貌

（一）教科书制度

1912年中华民国成立，大力推行新式教育，除旧立新，废除旧式教科书。南京临时政府教育部颁布的《普通教育暂行办法》中规定：各种教科书务必合乎民国宗旨，清学部颁行的教科书一律禁用；教科书中如有清代朝廷及旧式官制、军制等内容，必须修改。

1912年5月，在教育部总务厅下，特设教科书编纂、审查两处，作为教科书审查与管理的行政机构。1912年7月，教育部召开的临时教育会议中，同时规定了教科书采用审定制。9月，教育部公布了《审定教科用图书规程》，共十四条。该规程中明确规定：初等小学校、高等小学校、中等学校、师范学校教科用图书，任人自行编辑，唯须呈请教育部审定；所编之教科书，应依据《小学校令》《中学校令》《师范学校令》所规定的科目；图书发行人，应于图书出版前，将印本或稿本呈请教育部审定；凡已经审定认为合用的图书，每册书面，“准载明某年某月某日经教育部审定”字样[1]。后来还在“修正规程”中，增加了

① 教育大辞典编纂委员会．教育大辞典：10卷：中国近代教育史［M］．上海：上海教育出版社，1991：40．

一个条款“审定图书的有效期为五年”[①]。

继1904年清政府正式确立中小学教科书的审定制度后，民国政府也明文确立了教科书的审定制度。审定制度是介于国定制与自由制之间的一种管理方法，是一个比较科学的教科书管理方法，被大多数国家所采用。在这种体制下的教科书，不再是传达政府意愿的话筒，教科书的内容相对灵活。教科书审定制度促使近代教育和教科书的改革向前迈进了巨大的一步。

（二）化学教科书的出版

审定制的确立，对教科书出版机构产生了直接的影响。在审定制的促进与鼓励下，各出版社纷纷参与教科书的编写工作。中华书局、商务印书馆、文明书局、上海集成公司、湖南图书编译局、中国图书公司、括苍启明石印局、壑受书社、北京女子师范等机构，都参与了教科书的编写与出版。中华书局和商务印书馆出版的数量居多，其他出版社出版的数量很少。众多出版机构的参与，为教科书提供了不同的编写思路，丰富了教科书的品种。[②]

前面提到的教育宗旨和各科目课程标准的制定，同样促进了各出版机构对各科目教科书市场的争夺，一定程度上推动了教科书质量的提高。根据《民国时期总书目（1911—1949）中小学教材》[③]，1912年到1922年，由各出版机构编写出版的中学化学教科书就有10套（表3-1），当然这还不包括那些被遗漏没有记录在案的。

表3-1　1912—1922年出版的中学化学教科书[①]

序号	书名	著（译）者	出版社	出版年	备注
1	化学教科书	文明书局	文明书局	1912	中学适用
2	中学化学教科书	[日]龟高德平著 虞和钦译	文明书局	1913	中华民国适用
3	普通教育化学教科书	[日]龟高德平著 虞和钦译	叡受书局	1914	中学适用

① 李桂林，戚名琇，钱曼倩．中国近代教育史资料汇编：普通教育［G］．上海：上海教育出版社，2007：484-485．

② 杨禾丰．民国教科书编审制述论［D］．长春：吉林大学，2003：14．

③ 北京图书馆，人民教育出版社图书馆．民国时期总书目（1911—1949）中小学教材［G］．北京：书目文献出版社，1995：281-289．

续表

序号	书名	著（译）者	出版社	出版年	备注
4	近世化学教科书	[日] 大幸勇吉著 王季烈译	商务印书馆	1913	—
5	民国新教科书　化学	王兼善	商务印书馆	1913	教育部审定
6	共和国教科书　化学	王季烈	商务印书馆	1913	教育部审定
7	中华　中学化学教科书	钟衡臧	中华书局	1914	教育部审定
8	新制化学教本	虞铭新 华襄治	中华书局	1917	教育部审定
9	中等化学教科书	朱景梁	中华书局	1920	—
10	汉译麦费孙罕迭生化学	许传音编译 [美] 吉布（G. Gibb）重订	商务印书馆	1922	原书名：Elementary Study of Chemistry

从表 3-1 可以看出，1912—1922 年出版的 10 种化学教科书中，有 4 种是翻译自国外，其中 3 种翻译自日本，1 种翻译自美国，其余的均为我国自编。由此可见，我国自编的教科书占有较高的比例，这与清朝末年化学教科书中大部分翻译自日本的情况相比有了很大的进步。说明我国教科书已经逐渐进入了自主探索编写的阶段，也说明我国的化学教育有了一定的发展，化学教育工作者已经具备了一定的教科书编写能力。

（三）代表性教科书及其选择

如前所述，在民国初期，中华书局和商务印书馆出版的中小学教科书占据市场主导地位。因此，有必要了解一下这两家出版机构当时编写、出版中小学教科书的背景。

1. 中华书局和《新制中华教科书》

1912 年 1 月 1 日，中华民国成立之时，陆费逵（1886—1941，字伯鸿）在上海创建了中华书局[①]。陆费逵曾在《教育杂志》上连续撰文，宣传教育救国论，倡议改革旧教育制度。1910 年中国教育会在北京成立，陆费逵曾为该会起草章

① 吴小鸥．中国近代教科书的启蒙价值［M］．福州：福建教育出版社．2011：32．

程。他主张国民教育、人才教育、职业教育三者并重。他在商务印书馆任职时编写的《中华教科书》，既满足了当时教育改革的需要，也为中华书局日后的发展奠定了基础。陆费逵在民国成立前，就开始编纂体现民主共和思想的教科书。民国一成立，中华书局创建并推出了与民主共和思想相适应的《中华教科书》，成为当时唯一与共和政体相适应的教科书。之后，根据教育部颁布的新学制，中华书局又出版了一套《新制中华教科书》。此套教科书有“理科”教科书，无单独的“化学”教科书。

中华书局以出版教科书、发展教育为宗旨。在“中华书局宣言书”中提道：“立国根本在乎教育，教育根本，实在教科书。教育不革命，国基终无由巩固；教科书不革命，教育目的终不能达也。……民国成立，即在目前，非有适宜之教科书，则革命最后之胜利仍不可得。”[①] 中华书局创建后，陆费逵提出“用教科书革命”和“完全华商自办”两个口号，以商务印书馆为竞争对手，新出版的教科书体例新颖，风行一时，夺得了大部分教科书市场。[②] 在中华书局创建之前，商务印书馆出版的教科书在市场上占据主导地位，无人能与之相抗衡，中华书局的崛起才打破了商务印书馆一统天下的局面，真正把竞争机制引进教科书市场，由此掀开了长达几十年的教科书大战的帷幕。

2. 商务印书馆和《共和国教科书》

商务印书馆是由夏瑞芳、鲍咸恩、鲍咸昌、高凤池四人得到长老会美籍牧师费启鸿的帮助，于 1897 年 2 月 11 日始创于上海，秉承“倡明教育，开启民智”之宗旨。商务印书馆初期因以出版商业簿记为主，故得名商务。

商务印书馆于 1902 年正式开设印刷所、编译所及发行所，聘蔡元培为编译所所长[③]。蔡元培提出：废除科举、兴学校是大势所趋，编辑新式教科书实为急需，建议商务印书馆由编译转为自编新式教科书。商务印书馆依据蔡元培的计划，决议改变方针，从事编辑教科书，“此商务印书馆编辑教科书之发端也”[④]。1903 年蔡元培因故离开上海去青岛。他虽然离开了商务印书馆，但一直关注教

①② 周洪宇．中国教育活动通史：第七卷：中华民国［M］．济南：山东教育出版社：2017：76．

③ 吴小鸥．中国近代教科书的启蒙价值［M］．福州：福建教育出版社，2011：17．

④ 陈学恂．中国近代教育史教学参考资料：上册［M］．北京：人民教育出版社，1986：648．

科书的编撰工作并参与其中。他亲自参与编校了《最新初等小学修身教科书》10册、《修身教科书教授法》10册等。蔡元培离开商务印书馆后，由张元济接手其工作。翰林出身的张元济思想维新，学贯中西，博古通今，有远见，有魄力，他邀请了一大批知名学者和专家加盟，制订了系统的编辑出版计划，奠定了商务印书馆新型出版事业的坚实根基。

商务印书馆于1903年开始成功推出我国第一套小学教科书《最新教科书》系列[①]，以后又编印了高小、中学教科书，风行全国，在我国教科书的现代化进程中跨出了重要一步。民国成立后，商务印书馆看到中华书局异军突起并领先一步，立即组织编写人员，于1912年出版了一套具有共和思想的《共和国教科书》[②]，大受欢迎，各校纷纷采用。虽然比中华书局晚一步，但迎头赶上了中华书局的势头，占据着教科书市场的主导地位。

3. 代表性教科书的选择

在这个时期出版的化学教科书中，我们选择了3套教科书作为研究对象，即由中华书局出版的《中华　中学化学教科书》和《新制化学教本》，以及由商务印书馆出版的《共和国教科书　化学》。选择这3套教科书作为研究对象主要基于下面几个方面的考虑。

（1）体现先进的教育思潮

《中华教科书》和《共和国教科书》顺应民国初期的时代潮流，剔除了封建伦理道德说教，合乎民主共和体制，重视与当时中国现实社会的变革紧密相连，突出革命的胜利和民主共和政体的建立，体现最先进的科学技术，联系生活实际，提倡使用白话文编写教科书等。

（2）出版机构的资质

中华书局和商务印书馆是当时最具影响力的两家出版机构，它们聚集了全国很多著名的教育家和出版家，如陆费逵、蔡元培等，邀请了众多有教科书编写经验的编撰者，其中包括留学欧美的学者、留日学生、书坊教科书的编撰者等。

---

①② 吴小鸥．中国近代教科书的启蒙价值［M］．福州：福建教育出版社，2011：18，33．

《新制化学教本》的第一作者是虞铭新①（1879—1944，字和钦），他曾留学赴日本东京清华学校及帝国大学理科（化学科）学习，回国后曾任清学部编译图书局理科总编纂，曾主持上海文明书局的理科书籍编辑工作，其间编译了龟高德平的《中学化学教科书》（详见本书第二章代表性教科书）。他主要致力于物理、化学研究，曾在上海创办科学仪器馆（这是中国人自己开办的第一家科学仪器馆），在馆内开设理科讲习所，为学生讲授理化博物课程。民国初，他被教育部聘任，历任讲师、主事、视学、编审员。他发表的《化学周期律》一文，最早将化学元素周期律翻译成中文，给国内读者系统学习化学知识带来许多方便，有利于近代中国的化学教育和研究。

商务印书馆1913年出版的《共和国教科书　化学》的作者是王季烈（1873—1952）。他曾在上海江南制造局，与傅兰雅合作翻译了《通物电光》一书。通过自学，他钻研西方传来的近代物理学，将藤田丰八翻译的教科书重新编写，并定名为《物理学》。在张之洞的保举下他进入学部，任专门司郎中，兼京师译学馆的理化教员并做过一年监督。在学部期间，他主持编印了《物理学语汇》，同时又兼任商务印书馆理科编辑，翻译、编写了多种物理、化学教材，并在北京创办五城学堂。②

（3）市场占有份额

民国初期，教科书使用的选择权在市场。正如《中学校令施行规则》第十八条规定："中学校教科用图书，由校长就教育部审定图书内择用之。"中华书局和商务印书馆出版的教科书在市场竞争中占据主导地位，它们在教科书出版总额中占有极高的市场份额。

---

① 谢振声. 近代化学史上值得纪念的学者——虞和钦［J］. 中国科技史料，2004（03）：24-30.

② 咏梅. 中日近代物理学交流史研究：1850—1922［M］. 北京：中央民族大学出版社，2013：75.

四、代表性教科书

（一）《中华　中学化学教科书》

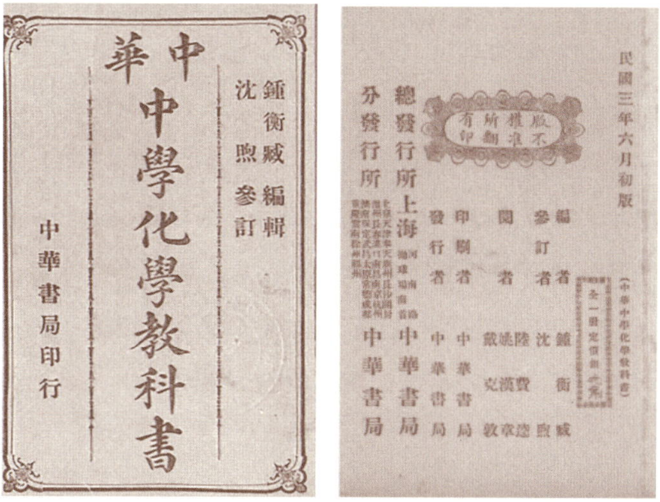

图 3-2 《中华　中学化学教科书》封面及版权页

1. 基本信息

① 出版社：中华书局；

② 版次：1914 年（民国三年）初版；

③ 编写人员：钟衡臧。

2. 编写指导思想

本书是教育部审定出版的，适用于中学和师范学校。通过本书的编辑大意可大体了解作者的编写指导思想。

编辑大意[①]

1. 本书遵照教育部定章编纂，专供中学校师范学校化学教科书之用。

2. 中学校师范学校课程，教授化学时间，约得百六十小时。本书共五万字，以每小时教授三百余字计之，按时授毕，无过多过少之嫌。

① 原为竖排版，现摘为横版，并依原文顿点注明标点符号。

3. 本书遵照教育部课程标准，分全书为二编，第一编无机化学，第二编有机化学。第一编占全书四分之三，第二编占全书四分之一。

4. 编纂本书时所用参考各书，为池田清之化学讲义、田中伴吉之化学教科书、本多光太郎之化学教科书、高龟德平[①]之化学教科书。

5. 本书第一编分为三章，第一章总论，叙述关于化学变化之重要现象及定律；第二章非金属，述非金属各元素与其化合物之性状制法与效用；第三章金属，述金属各元素与其化合物之性状制法效用。全编并于紧要处，附列实验，备教授时为学生实际观察之用。实验条内详述实验之装置，并实验所得之现象。第二编分三章，第一章概述有机化学之范围，及有机物之性质分析等法；第二章第三章，分述有机化合物中重要者之性质制法，及其弊害效用，详略适宜，条目清晰，以期学者易于学习，且融会贯通之。

6. 元素及化合物之名称，有中国固有者，有译自外籍者，而旧译与今译不无少异，本书则择其最适当者用之，且附原文及别译于其下，以便查考。

7. 书中遇有术语或定则定律等重要处，多用套圈或密点标明之，以引起学生之注意。

8. 编者学识浅薄，仓促成书，舛误知所不免，务祈海内通人，不吝赐教，以便改正。

3. 主要内容

全书分为两篇，第一编为无机化学，共有三章：第一章总论，分 15 节，主要介绍一些基本概念和原理；第二章非金属，分 18 节，介绍了 13 种非金属元素及部分元素的化合物；第三章金属，分 22 节，介绍了 17 种金属元素及过渡元素。第一编占全书四分之三的内容。第二编为有机化学，共有三章：第一章绪论，分 6 节，介绍了有机化学的一些基本概念；第二章脂肪属化合物，分 10 节，介绍了脂肪烃、醇、羧酸、糖类等有机化合物；第三章芳香属化合物，分

① 原文有误，应为龟高德平。

10节，介绍了一些硝基化合物等。第二编占全书四分之一的内容。

目　录

① 盐基，意为碱。

第七节 绿气

第八节 绿气之主要化合物

第九节 溴素

第十节 碘素

第十一节 弗气

第十二节 造盐元素总论

第十三节 硫黄

第十四节 硫黄之主要化合物

第十五节 燐

第十六节 砒[1]素

第十七节 硅素

第十八节 硼素

第三章 金属

第一节 钾

第二节 钠

第三节 钙

第四节 镁

第五节 锌

第六节 汞

第七节 铜

第八节 银

第九节 金（附白金）

第十节 铝

第十一节 锡

第十二节 铅

第十三节 铬

第十四节 锰

① 砒，意为砷。

第十五节 铁

第十六节 钴

第十七节 镍

第十八节 锑

第十九节 金属之性质

第二十节 金属及非金属之通性

第二十一节 周期律

第二十二节 电离说

第二编 有机化学

第一章 绪论

第一节 有机化学之定义

第二节 有机化合物之性质

第三节 有机化合物之分析

第四节 实验式及分子式之检定法

第五节 有机化合物之精制法

第六节 有机化合物之分类

第二章 脂肪属化合物

第一节 饱和炭化轻

第二节 饱和炭化轻之造盐元素诱导体

第三节 醇类

第四节 以脱类及阿勒第海特①

第五节 一盐基酸

第六节 多盐基酸

第七节 复性以脱类②

第八节 含水炭素③

第九节 含有淡之合体属

---

① 阿勒第海特，意为醛。

② 复性以脱类，意为酯。

③ 含水炭素，意为糖类。

第十节 未饱和炭化轻

第三章 芳香属化合物

第一节 盆纯炭化轻①

第二节 硝基化合体 硇基化合体②

第三节 甫诺里类③

第四节 芳香属之醇类 阿勒第海特及酸④

第五节 阿尼里尼色素⑤

第六节 蓝靛

第七节 二个盆纯残基结合之炭化轻类⑥

第八节 的列并类⑦及樟脑

第九节 拟碱类⑧

第十节 蛋白质及营养素

附录

4. 主要特点

（1）体系结构为专题式

本书在体系结构上采取“编—章—节”的形式，具有专题式的特点，即完全以专题分类，各章节内容相对独立。

（2）插图以实验装置为主

本书共有 51 幅插图，主要以实验装置实物图为主（表 3–2）。这些图片大多结合具体实验，描绘实验时实物仪器的组装，实验情境方面的内容涉及较少。本书还有 7 幅示意图，如工业上制硝酸、硫酸、冶炼铁等。在介绍溶解度时，配有一幅几种物质的溶解度曲线图。

---

① 纯盆炭化轻，意为苯。
② 硇基化合体，意为胺。
③ 甫诺里类，意为苯酚。
④ 阿勒第海特及酸，意为苯甲醛及苯甲酸。
⑤ 阿尼里尼色素是指三苯代甲烷的衍生物。
⑥ 二个盆纯残基结合之炭化轻类，意为萘。
⑦ 的列并类，意为萜烯类。
⑧ 拟碱类，意为生物碱类。

表 3-2 《中华　中学化学教科书》插图类型及数量

插图类型	实验装置实物图	示意图	坐标图像
插图数量 / 幅	43	7	1
本书插图数量总计 / 幅		51	

（3）全书大部分内容呈现方式采用演绎法

本书采取竖排格式，呈现方式主要是陈述式且采用演绎法，并配有一定数量的图片和表格，图文并茂。

由于教科书以介绍与解释为主，实验也多为验证性实验，且这些实验都是教师的示范性实验，没有单独的学生实验。这样既不利于学生把理论与实践相结合，无法激起学生的求知欲；也不利于培养学生的基本实验技能和严谨的科学态度等。

全书语言表达十分精练。例如，该书第一编第一章的“第二节　质量不灭之定律”（图 3-3）仅分两段，第一段陈述质量不灭之定律的基本内容，第二段安排一个实验加以验证和解释。

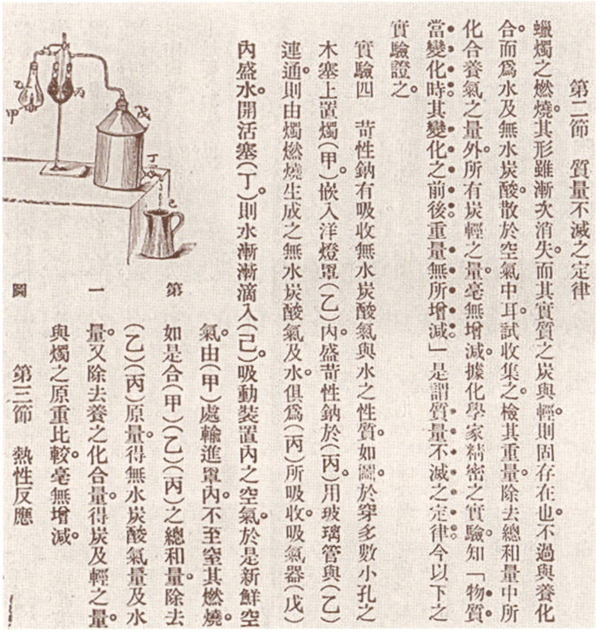
第二節　質量不滅之定律

蠟燭之燃燒。其形雖漸次消失。而其實質之炭與輕。則固存在也。不過與養化合。而爲水及無水炭酸。散於空氣中耳。試收集之。檢其重量。除去總和量中所化合養氣之量外。所有炭輕之量。毫無增減。據化學家精密之實驗。知「物質當變化時。其變化之前後。重量無所增減」是謂質量不滅之定律。今以下之實驗證之。

實驗四　苛性鈉有吸收無水炭酸氣與水之性質。如圖。於穿多數小孔之木塞上置燭(甲)。嵌入洋燈罩(乙)內。盛苛性鈉於(丙)。用玻璃管與(乙)連通。則由燭燃燒生成之無水炭酸氣及水。俱爲(丙)所吸收。吸氣器(戊)內盛水。開活塞(丁)。則水漸漸滴入(己)。吸動裝置內之空氣。於是新鮮空氣。由(甲)處輸進罩內。不至窒其燃燒。如是合(甲)(乙)(丙)之總和量。除去(乙)(丙)原量。得無水炭酸氣量及水量。又除去養之化合量。得炭及輕之量。與燭之原重比較。毫無增減。

第一圖

第三節　熱性反應

图 3-3 《中华　中学化学教科书》语言表达举例

（二）《共和国教科书　化学》

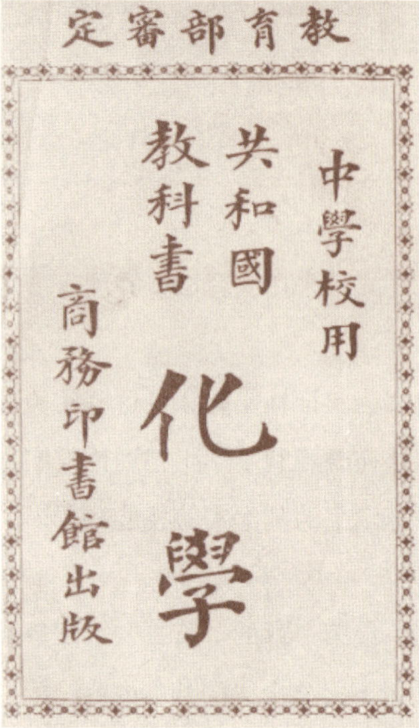

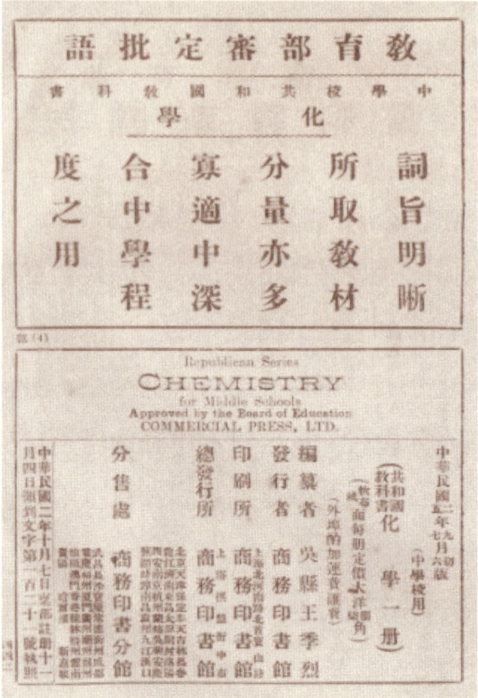
教育部審定批語

中學校共和國教科書化學

詞旨明晰所取教材分量亦多寡適中深合中學程度之用

Republican Series
CHEMISTRY
for Middle Schools
Approved by the Board of Education
COMMERCIAL PRESS, LTD.

中華民國二年九月初版
中華民國五年七月六版

共和國教科書化學一冊（中學校用）

編纂者　吳縣王季烈
發行者　商務印書館
印刷所　商務印書館
總發行所　商務印書館
分售處　商務印書分館

中華民國二年十月七日呈部註冊十一月四日領到文字第一百二十一號執照

图 3-4 《共和国教科书　化学》封面及版权页

1. 基本信息

① 出版社：商务印书馆；

② 版次：1916 年（民国五年）第 6 版，1913 年初版；

③ 编写人员：王季烈。

2. 编写指导思想

本书供中学及中等程度的各学校使用。在参考编译本的基础上，作者试图编辑一本更加适合中国化学教学实际的教科书。从本书的编辑大意可以大体了解编写的指导思想。

编辑大意①

1. 本书开端，首述燃烧，取其为化学变化之最易见者。次述空气及水，次述无水炭酸，皆为学生日常易见之事实。至此则其化学知识已稍

① 依原文顿点注明标点符号。

有基础。乃进述化学上一般之理论，然其略为难解者，如溶液之性质，解离及可逆反应之现象，则俟非金属叙毕后方述之，如此由浅入深，生徒读之，当无扞格之虞。

2. 本书叙述各种原质及其化合物，略依周期表之分族，而于一族叙毕后，将该族各质之通性及其与他族各质异同之处，略为叙述，使生徒易于比较总括，且于记忆上大为便利。

3. 本书于化学之有关工业农业者，勉为单简之记载，而又虑内地各处工业未兴，欲参观工场而不可得，故于讲筵之实验，记述务求详细，如石炭干馏及硫酸制造等之实验，皆比他为祥，尽为此也。

4. 本书于近年以来重要之新发明，如人造靛青、人造丝等，莫不一一叙述篇末，更将铣[①]Radium之发见、及电子之假说，记其大概，俾学者不囿于旧闻，而知化学界中尚有无穷之奥妙。

5. 本书所记实验，共九十余条，皆余十年来教授中化学所曾屡经试验，不易谬误，且又不须繁复之器具者。俾经济艰难之学校，用此书亦无设备不全之憾。

6. 本书所用化合物名称，皆采业已通行而又确当者用之，至于有机化合物，则除用已经通行之旧名外，间于旧名之下，将管见所拟新名，附记一二，将来如能通行，再一律改用新名。

7. 本书于化合物名称及化学术语之下，皆附记英名，使学者毕业后即可读英文化学书。

8. 本书供中学校及中等程度各学校教科书之用。共分三篇，上篇约七十时授毕，中篇约四十时授毕，下篇约五十时授毕。适合教育部令第四年授化学每周四时之时间。如用之于秋季始业之学校，则第一学期授上篇，第二学期授中篇，第三学期授下篇。更可记时程功，无教授过快及时间不足之弊。

9. 使用本书，诸君如发见书中谬误及教授上不便利之处，尚祈惠赐教言。寄上海商务印书馆编译所，以便再版时修正。

---

① 铣，意为镭。

3. 主要内容

本书共37章，分上、中、下三篇。通过各章标题可基本了解其结构与主要内容。

上篇 化学通论及非金属

第一章 化学变化 燃烧 物质不灭之定律

第二章 空气 养气 淡气

第三章 水 轻气 定数比例之定律

第四章 无水炭酸 养化炭 倍数比例之定律 气体反应之定律

第五章 单体 化合物 原质

第六章 分子及原子之假说

第七章 分子量 原子量 化学记号及方程式 原子价 当量

第八章 成盐原质及其化合物

第九章 养族原质及其化合物

第十章 淡族原质及其化合物

第十一章 炭族原质及其化合物

第十二章 硧及其化合物

第十三章 气体及溶液之性质

中篇 金属

第一章 金属 非金属 合金

第二章 碱金属及其化合物

第三章 碱土金属及其化合物

第四章 土金属及其化合物

第五章 锌族原质及其化合物

第六章 铁族原质及其化合物

第七章 锡族原质及其化合物

第八章 铜族原质及其化合物

第九章 贵金属原质

第十章 原质之周期律

下篇 有机化学

第一章 巴辣芬系之碳化氢①

第二章 以脱林系及阿西台林系之炭化轻②

第三章 阿尔科尔③

第四章 炭化轻之多价化合物

第五章 爱司他 以脱 几登 阿勒弟海特④

第六章 有机酸

第七章 碳水化物

第八章 衰化物 尿质 亚明⑤

第九章 遍苏痕及其诱导体⑥

第十章 那夫他林安特辣生⑦及其诱导体

第十一章 脱尔宾类⑧之化合物

第十二章 植物盐基⑨

第十三章 蛋白质

第十四章 结论

4. 主要特点

（1）体系结构采取理论与元素化合物知识穿插编排的方式

与《中华 中学化学教科书》的体系结构不同，本书介绍了化学变化、燃烧、质量守恒等理论之后，介绍了空气、水等学生熟悉的物质。在介绍水和二氧化碳的两章里，编排了某些理论（定比例定律、倍比例定律等）。之后利用空气、水、二氧化碳等物质作例子，集中介绍单质、化合物、分子、原子等概念。之后的元素化合物知识的编排基本是按照元素周期表的顺序进行的。教科书将

① 巴辣芬系之碳化氢主要介绍了烷烃。
② 以脱林系及阿西台林系之炭化轻，意为烯烃和炔烃。
③ 阿尔科尔，意为醇。
④ 爱司他、以脱、几登、阿勒弟海特，意为酯、醚、酮、醛。
⑤ 亚明，意为胺。
⑥ 遍苏痕及其诱导体，意为苯及苯的同系物。
⑦ 那夫他林，意为萘；安特辣生，意为蒽。
⑧ 脱尔宾类，意为萜烯类。
⑨ 植物盐基，意为生物碱类。

有一定难度的溶液、电离、可逆反应等内容安排在上篇的最后，有利于学生由浅入深，突破学习难点。在中篇最后系统地介绍了元素周期律。这种将学科逻辑与学生认识逻辑相结合的编排方式，相比于《中华　中学化学教科书》，更加符合中学阶段学生的认知发展规律。

（2）呈现方式上采取横排形式

虽然清朝末年为传播西方文化，已有一部分书籍采用横排形式，但民国初年的教科书大都仍采取竖排形式。而本书在呈现方式上采取横排形式，体现了科学教科书在呈现方式上新的尝试。在化学知识的叙述上，全书主要采取陈述式，并配有一定数量的图片和表格，图文并茂。

（3）重视实验

本书中的实验采取全书排序，共有 95 个。实验字体区别于正文，更加醒目。在实验的文字表述中，作者力求严谨，用黑体标出实验所用的重要物质，并配有英文注释。部分实验配有手绘形式的实验装置图或现象图（图 3-5）。实验之后的正文也有对实验现象或结论的介绍与讨论。

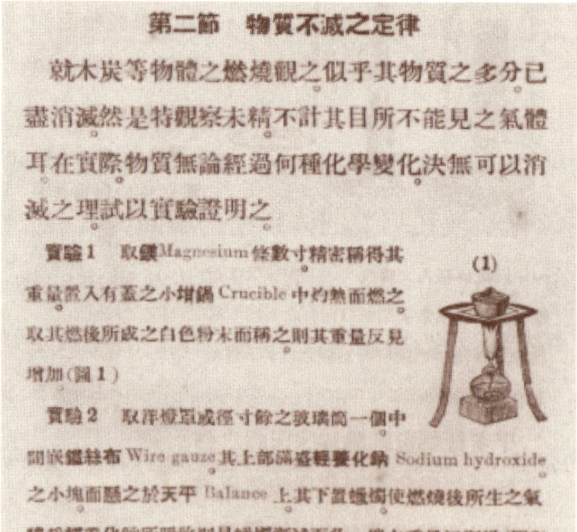

第二節　物質不滅之定律

就木炭等物體之燃燒觀之似乎其物質之多分已盡消滅然是特觀察未精不計其目所不能見之氣體耳在實際物質無論經過何種化學變化決無可以消滅之理試以實驗證明之

實驗 1　取**鎂** Magnesium 條數寸精密稱得其重量置入有蓋之小**坩堝** Crucible 中灼熱而燃之取其燃後所成之白色粉末而稱之則其重量反見增加（圖 1）

實驗 2　取洋燈罩或徑寸餘之玻璃筒一個中間嵌**鐵絲布** Wire gauze 其上部滿盛**輕養化鈉** Sodium hydroxide 之小塊而懸之於**天平** Balance 上其下置蠟燭使燃燒後所生之氣體爲輕養化鈉所吸收則見蠟燭漸減而此一端之重量反漸增（圖 2）

據右二實驗燃燒以後物質不惟不滅而反增加其

图 3-5 《共和国教科书　化学》实验内容举例

（三）《新制化学教本》

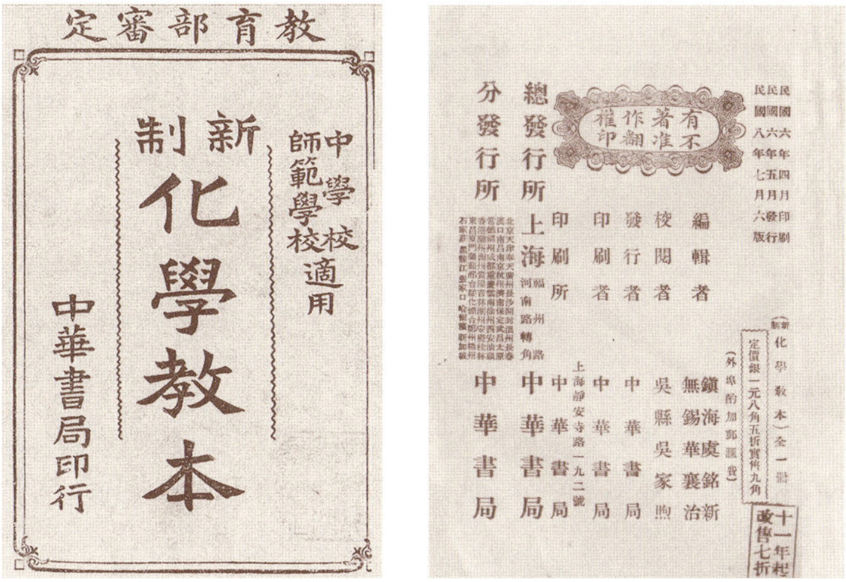

图 3-6 《新制化学教本》封面及版权页

1. 基本信息

① 出版社：中华书局；

② 版次：1919 年（民国八年）第 6 版，1917 年初版；

③ 编写人员：虞铭新、华襄治。

2. 编写指导思想

本书按照新学制编制，供中学、师范学校及同等程度的其他学校使用。从本书的“编辑大意”中可以归纳出其编写指导思想：

（1）重视化学实验，注意培养学生的观察能力；

（2）取材注重从与学生日常生活相联系的事物出发，激发学生的兴趣，唤起学生的化学工业观念；

（3）书中逻辑顺序考虑了学生的认知发展；

（4）习题的安排具有灵活性；

（5）书中注意增加了一些化学家的肖像，以培养学生学习兴趣与“好学之念”。

编辑大意①

主旨 本书按照新学制编纂，供中学校师范学校及其他程度相当之学校教授化学之用。以新颖完善贯彻我国现时所需要且程度适合为主旨。

内容 （一）化学最重要实验。本书于绪论中，即揭简易物质之观察一项，使学生得涵养其观察力，以为实验之先导。（二）授普通化学，若偏重纯粹学理，学者每嫌乏味，本书特于日常生活有关系之事项，如金属之价格、煤之利用表、化学工业品一览表等，随宜列入，以增学生之兴趣，且唤起其工业观念。（三）分子量及原子量，初学不易索解。本书据编者平日经验，特列分子原子及阿轧特罗②之假说于前，而移分子量及原子量于其后，与他书编次不同，此在使学生易于理解，并非好为颠倒。（四）应用问题及计算问题，本听教师自行选择，今于各章之末，将正文所省略之事项及有兴味者，设题若干，以备教师采用。（五）书中插图，于品物及装置外，又列入化学名家肖像若干，增进学生化学上历史的兴味，且一展卷而瞻封及之，可由向往之心，引起其好学之念。

体例 （一）本书依照自然的顺序，共分三编。首非金属，次金属，次有机化合物。（二）本书将种种重要事项，用简明图表列入，使读者一览了然，且易于记忆。（三）各节事项及初见名词，本书特于其旁分别各加圆点及圈点，使读者注意。其教材之次要者，则低一格区别之。

名词 （一）书中原质及无机物名，俱用我国所固有，或现时最通行者。有机物名，则依有机化学命名草，其有命名草中尚未定名者，一依命名草之成法定之。（二）各名词之英文名称，依书中之先后，特列中西名词对照表于卷末，以便查考。

---

① 原为竖排版，现摘为横版，并依原文顿点注明标点符号。
② 阿轧特罗，意为阿伏加德罗。

3. 主要内容

本书共有三编。第一编非金属，除了介绍非金属及其化合物，还介绍了基本概念和原理，共分 22 章；第二编金属，共分 9 章；第三编有机化合物，内容包括醇、有机酸、氰化物、尿素、糖类、诱导效应、樟脑、蛋白质、物质循环等，没有提及烃类，共分 12 章。书前有绪论，书后有附录（中西名字对照表）。通过各章标题可基本了解其结构与主要内容。

绪论

第一编 非金属

第一章 水 轻气

第二章 空气

第三章 养气 养化及燃烧

第四章 淡气 附氩气

第五章 质量不变之定律 定比例之定律

第六章 化合物及原质

第七章 无水炭酸及养化炭 倍数比例之定律

第八章 绿化轻 绿气

第九章 硇精 绿化铔

第十章 气体反应之定律 附气体之通性

第十一章 炭

第十二章 原子说及分子说

第十三章 分子量及原子量

第十四章 化学记号

第十五章 原子价及构造式

第十六章 造盐原质 造盐原质化轻

第十七章 养气 硫黄及此等之化合物

第十八章 淡气 燐 砷 锑及此等之化合物

第十九章 矽 硼及此等之化合物

第二十章 酸 盐基 盐

① 十炭轮质、十四炭轮质，意为萘、蒽。

4. 主要特点

（1）体系结构方面

本书在体系结构上采取“编—章—节”的形式。在第一编中，元素及其化合物与基本概念和原理穿插编排。在第二编中，首尾对金属的物理性质、化学性质分别进行了总体介绍，在介绍具体金属时，教材选择了先介绍了副族金属，后介绍主族金属的方式。

（2）内容选取方面

注重化学实验。在本书开篇就对如何进行化学实验进行系统性的介绍。在各章中，实验内容虽然没有以不同字体排版，仍以正文的形式进行叙述，但在每个实验的结尾处标有序号（全书排序，共 119 个），可以在不破坏正文流畅度的基础上较为明确地知道实验内容。大部分实验都配有精美的实验操作或装置图（图 3-7）。

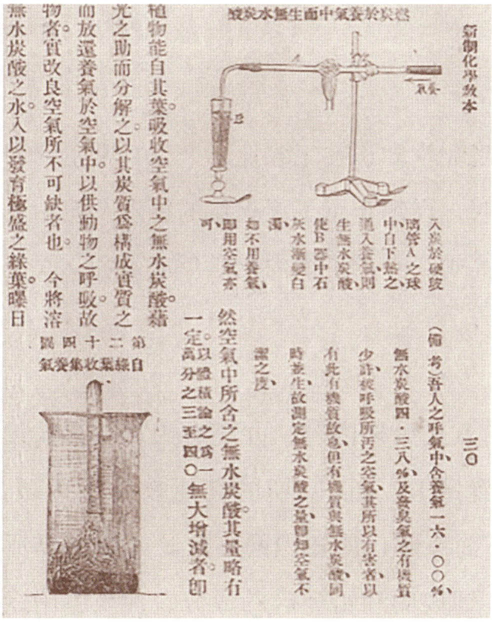
新制化學教本

燃炭於養氣中而生無水炭酸

（備考）吾人之呼氣中含養氣一六・〇〇%、無水炭酸四・三八%及惡臭氣之有機質少許。

植物能自其葉吸收空氣中之無水炭酸。藉光之助而分解之。以其炭質為構成實質之用。而放還養氣於空氣中。以供動物之呼吸。故植物者。實改良空氣所不可缺者也。今將溶無水炭酸之水。入以發育極盛之綠葉。曝日

第二十四圖 自綠葉收集養氣

三〇

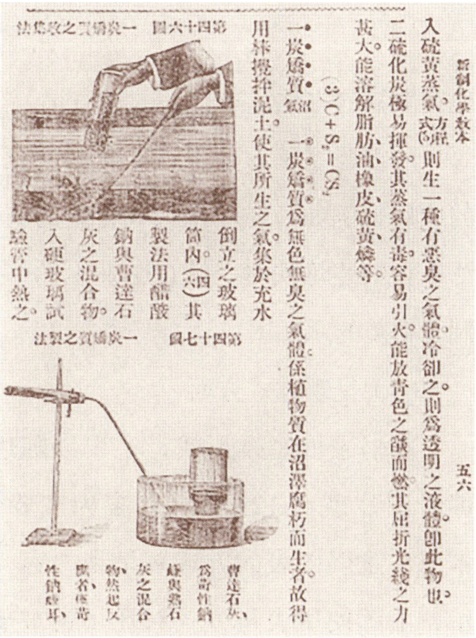
新制化學教本

入硫黃蒸氣。則生一種有惡臭之氣體。冷卻之。則為透明之液體。即此物也。

二硫化炭極易揮發。其蒸氣有毒。容易引火。能放青色之焰而燃。其屈折光綫之力甚大。能溶解脂肪、油、橡皮、硫黃、燐等。

一炭烯質 一炭烯質為無色無臭之氣體。係植物質在沼澤腐朽而生者。故得用棒攪拌泥土。使其所生之氣。集於充水倒立之玻璃筒內。（六四）其製法用醋酸鈉與曹達石灰之混合物。入硬玻璃試驗管中熱之。

第四十六圖 一炭烯質之收集法

第四十七圖 一炭烯質之製法

五六

图 3-7 《新制化学教本》实验内容举例

关注化学史教育。书中多处介绍了著名化学家对化学发展的贡献，并配有他们的肖像。如图 3-8 所示，左页在叙述氧气时，介绍了拉瓦锡及其研究空气成分的实验；右页在学习氟时介绍了穆瓦桑（H. Moissan，1852—1907），以及

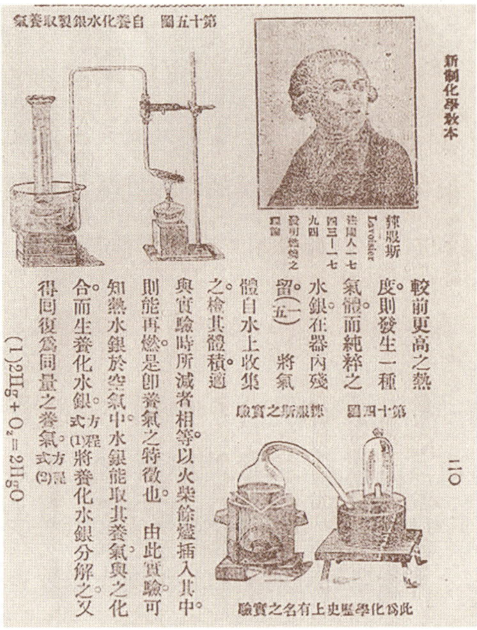

新制化學教本　二〇

較前更高之熱度。則發生一種氣體。而純粹之水銀在器內殘留。(五一) 將氣體自水上收集之。檢其體積。適與實驗時所減者相等。以火柴餘燼插入其中。則能再燃。是卽養氣之特徵也。 由此實驗可知熱水銀於空氣中。水銀能取其養氣與之化合。而生養化水銀。(方程式(1)) 將養化水銀分解之。又得回復爲同量之養氣。(方程式(2))

(1) $2Hg + O_2 = 2HgO$

拉服斯 Lavoisier 法國人一七四三—一七九四 發明燃燒之理論

第十四圖　拉服斯之實驗

此爲化學歷史上有名之實驗

第十五圖　自養化水銀製取養氣

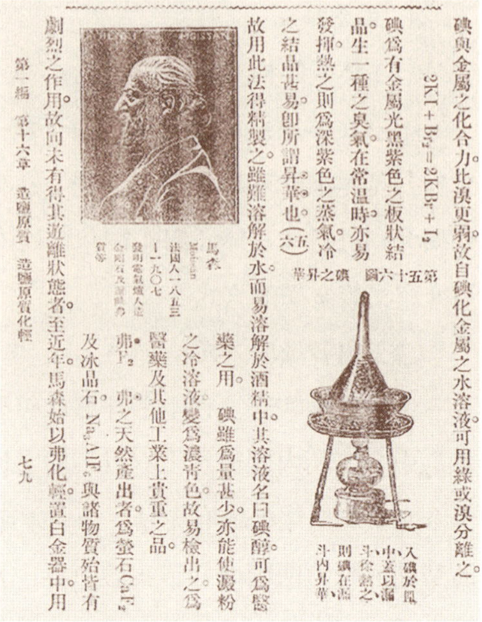

碘與金屬之化合力。比溴更弱。故自碘化金屬之水溶液。可用綠或溴分離之。

$2KI + Br_2 = 2KBr + I_2$

碘爲有金屬光黑紫色之板狀結晶。生一種之臭氣。在常溫時亦易發揮。熱之則爲深紫色之蒸氣。冷之結晶甚易。卽所謂昇華也。(六五) 故用此法得精製之。雖難溶解於水。而易溶解於酒精中。其溶液名曰碘酒。可爲醫藥之用。 碘雖爲量甚少。亦能使澱粉之冷溶液。變爲濃青色。故易檢出之。爲醫藥及其他工業上貴重之品。

弗 F_2 弗之天然產出者。爲螢石 CaF_2 及冰晶石 Na_3AlF_6。與諸物質殆皆有劇烈之作用。故向來未有得其遊離狀態者。至近年。馬森始以弗化輕置白金器中用

第五十六圖　碘之昇華

入碘於皿中。蓋以漏斗。熱之。則碘在漏斗內昇華。

馬森 Moissan 法國人一八五二—一九〇七 發明電氣爐人造金剛石及弗素等

第一編　第十六章　造礦原質　造鹽原質化輕　七九

图 3-8 《新制化学教本》化学史内容举例

他制取氟的方法。

注重联系工农业生产。本书注意体现化学知识在工农业生产、日常生活中的应用。例如，在叙述二氧化碳的应用时，详细介绍了灭火器的原理及使用方法；在叙述炼铁时，结合工业上的炼铁高炉，介绍了炉内化学反应过程，并绘制了精美的示意图。

（3）呈现方式方面

本书采取竖排形式，主要以陈述的方式呈现内容，并配有大量图片（仅编号图片就有 121 幅，大多为实验装置图）。与同时期的其他教科书不同，本书注意以图表的方式来呈现内容，言简意赅，使知识网络化。如图 3-9 所示，上图使用表格方式对比了钠玻璃、钾玻璃和铅玻璃的成分、性质、用途和原料；下图位于书末，通过图表方式对书中的不同物质进行归类，形成了化学工业品一览表。

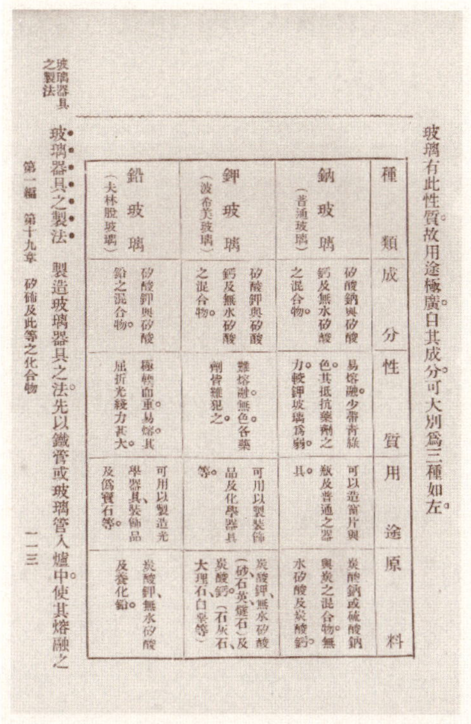

玻璃有此性質。故用途極廣。曰其成分。可大別爲三種如左。

種類	成分	性質	用途	原料
鈉玻璃（普通玻璃）	矽酸鈉與矽酸鈣及無水矽酸之混合物。	易熔融。少帶青綠色。其抵抗藥劑之力較鉀玻璃爲弱。	可以造窗片與瓶及普通之器具。	炭酸鈉或硫酸鈉與炭之混合物。無水矽酸及炭酸鈣。
鉀玻璃（波希美玻璃）	矽酸鉀與矽酸鈣及無水矽酸之混合物。	難熔融。無色。各藥劑皆難犯之。	可用以製裝飾品及化學器具等。	炭酸鉀、無水矽酸（砂石、英、燧石）及炭酸鈣。（石灰石、大理石、白堊等）
鉛玻璃（夫林脫玻璃）	矽酸鉀與矽酸鉛之混合物。	極軟而重。易熔。其屈折光綫力甚大。	可用以製造光學器具、裝飾品及僞寶石等。	炭酸鉀、無水矽酸及養化鉛。

玻璃器具之製法　製造玻璃器具之法。先以鐵管或玻璃管入爐中。使其熔融之

第一編　第十九章　矽𥗂及此等之化合物　一一三

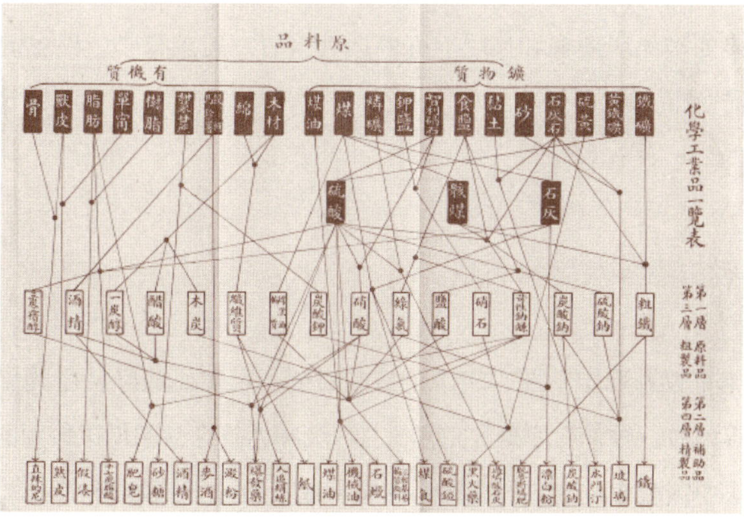

图 3-9 《新制化学制本》中利用图表呈现的举例

第四章　20世纪二三十年代的中学化学教科书（1922—1932）

1922年至1932年，中国先经历了军阀混战，后经历了国民党发动的北伐战争和制造的白色恐怖，之后又遭受了日本侵华战争。军事政变频发是这十年中国最大的特点。国际上，上一个十年中爆发了第一次世界大战，在此期间，西方列强忙于欧战，因而中国的民族工业得到了迅速发展的机会。第一次世界大战结束后，中国又回到了几个帝国主义国家共同支配的局面。国内民族工业受到重创，战争不断，政府军费开支骤增。文化方面有一定侧重性的发展，尤其是新文化运动的兴起，倡导白话文替代文言文，不仅有助于人们的思想从旧框子的束缚下解放出来，而且有助于使文字的表达适应现代生活的需要，有助于文化被更多的平民所理解和接受。五四运动以后，追求科学、民主的思潮和运动继续得到发展。

一、教育发展与学科背景

这十年是教育稳步发展、趋于定型的时期。虽然民族经济受到影响，但教育投入逐年增加，教育管理渐次完善[①]，各级各类教育都取得了较大的发展。根据《第一次中国教育年鉴》的统计，1916年有公立中学299所，私立51所，共350所，中学生共60 000余人；1928年，中学达到了950余所，其中公立590余所，私立360余所，学生数为188 000余人[②]。这背后有新教育思潮、学制改革等多方面原因。

① 李华兴．民国教育史［M］．上海：上海教育出版社，1997：11．
② 陈学恂．中国教育史研究：现代分卷［M］．上海：华东师范大学出版社，2009：34．

（一）新的教育思潮

新文化运动的先驱者们对封建主义教育的核心——儒家思想进行了猛烈的抨击，提倡资产阶级的民主和科学。他们指出要“用民主反对专制，用科学反对愚昧”，这也是新文化运动的两大主题。这两大主题使资产阶级革命时期的人权、平等等思想，以及西方社会近代以来相继产生的哲学、政治学、经济学、社会学、心理学、自然科学等的新理论、新观念得以广泛传播，改变了人们的价值取向。自由、平等、博爱等思想越来越为人们所推崇，深刻影响了我国的教育思想。其中，杜威的实用主义思想传入中国，引起了教育思想的革命。

提倡教育平等，推进教育普及。大众开始重视教育的平等权利，反对教育为少数人所独占，认为人人都有受教育的机会，应该把教育普及于每个民众。在这种思潮的影响下，形成了一种以教学组织形式、教学内容、教学方法贫民化、通俗化为标志的平民主义教育思潮。平民主义教育运动在普及教育方面起了很大的作用，所以，有人将它当作“普及教育”的先声。

提倡学生为主，主张自由发展。新文化运动高举民主和科学两面旗帜，打倒一切权威，反对封建束缚，提倡思想自由、学术自由，强调学生个性自然发展，养成独立自尊的人格，重视以个人自主、自由人格为重心的健全人格培养。实用主义主张要将儿童作为教育的中心，成人只是扮演协助的角色。受此影响，蔡元培提出了“尚自然”“展个性”的教育主张，主张尊重学生兴趣，教学不拘形式，采取学生自动、自主、自学和自助的教学方法。陶行知的社会教育理论、陈鹤琴的“活教育”理论，以及设计教学法等的传播和实践，都是受这一思潮的影响。①

提倡实用主义，推行职业教育。杜威的实用主义教育对当时正在热烈追求新思想的中国教育界具有极大的诱惑力。实用主义演化出了职业教育的思潮，重视教育与实际生活的联系。积极倡导者有蔡元培、黄炎培、陆费逵等人。1917 年成立了中华职业学校社，1923 年南京东南大学也设置了职业教育科，系统研究和传播职业教育理论②。职业教育思想在社会上得到了广泛传播。实用主

---

① 黄友珍，叶冬青，赵树宏．中国近代百年教育［M］．开封：河南大学出版社，2009：166．

② 王紫旭．民国初期关键历史事件对历史教育的影响初探［D］．成都：四川师范大学，2012：22．

义教育观、职业教育的思想直接影响到了1922年的学制改革，如明确把“注意生活教育”作为新学制改革的标准之一。

④ 提倡科学教育，注重科学精神。科学教育思想是由清末的西艺教育发展而来的，倡导者多为留美学生。自1914年成立“科学社”并发刊《科学杂志》，到20世纪20年代，教育科学化、科学教育化已经成为这个时期教育的一种重要思潮[①]。具体来说，这种思潮的倡导者主要集中在：倡导以科学内容，尤其是科学方法、科学精神渗透至社会各项事业之中的中国科学社；反思传统文化，极力主张科学启蒙的激进民主主义者；基于实证主义，将科学方法视为“大胆假设，小心求证”的实证主义者。他们注重科学的社会功能，但已不再将科学教育仅仅限制在知识传授层面，而是把目光投向对国民科学方法、科学精神等素养的培养上，把向西方学习的进程由器物层面、制度层面，进一步推向心理、观念、伦理层面。这是一种历史的进步[②]。

（二）学制改革

几乎与新文化运动的兴起同步，中国教育界开始了学制改革的探索。教育界人士在新文化运动激励下，力图从实际出发，摸索适合本国需要，使学校生活与社会生活相适应的新学制。

自从1915年湖南省教育会首先提出“改革学校系统案”后，有关学制改革的讨论日益广泛、深入，各个地区相继提出自己的学制改革提案。在这种形势下，教育部感觉到了学制改革已是大势所趋，于是1922年9月在北京召开了学制改革会议，对全国教育会联合会所提出的“学制系统草案”进行讨论并稍加修改。1922年10月，全国教育会联合会在济南召开第八届年会，教育部将学制修改稿交与年会讨论[③]。1922年11月1日，《学校系统改革案》公布，即“壬戌学制”，也称“新学制”（学制具体内容后文详述）。由于新学制与以往学制最大的不同是在中小学学级划分上采用美式“六、三、三”分段法，因此还被称为“六·三·三”学制。

新学制虽然借鉴了美国的学制形式，但并不是简单的采用。从它长期酝酿

---

① 王紫旭．民国初期关键历史事件对历史教育的影响初探［D］．成都：四川师范大学，2012：22．

② 阎乃胜．杜亚泉与中国近代科学教育［D］．上海：华东师范大学，2011：46-47．

③ 陈学恂．中国教育史研究：现代分卷［M］．上海：华东师范大学出版社，2009：17．

的过程和具体学制方案的体系看，这个学制结合了我国当时的实际，是众多教育工作者和专家认真切磋、集思广益的结果，是自新文化运动以来我国教育改革的总成果。可以说，至此，我国从清朝末年开始的学制近代化的改革基本完成。[①] 当然，壬戌学制仍存在其历史局限。由于当时的师资、设备、教材等均难以适应新学制繁多的设科、选科等要求，加之基础教育薄弱，新学制在实施中遇到了不少困难，在 1928 年局部调整为“戊辰学制”（具体内容后文详述）。

20 世纪二三十年代的两次学制改变，实际上总被整体看作是一次学制的大变革。这次学制改革是中国教育发展的必然。该学制鲜明地体现出民主、科学的时代精神，适应了当时中国民族资本主义发展的历史需要，成为中国教育近代化历程中的一个重要里程碑。“六・三・三”学制分段法的主体框架经受了历史的考验而得以长期沿用。

（三）化学科学的发展

1. 世界化学发展概况

20 世纪 20 年代，化学的研究中心是以德国为代表的欧洲国家。这个时期正处于两次世界大战的间隙期，虽然发展速度不像 19 世纪末那样迅猛，但是在原子、分子结构方面和跨学科领域方面，仍然有不少进步。1922—1933 年，物质结构研究领域发生了巨大的变化。路易斯（G. N. Lewis，1875—1946）首创地用电子式直观简洁地表示一些无机化合物和有机化合物的结构（称为路易斯式），在 1923 年被广泛应用并一直沿用至今。1925 年，奥地利科学家泡利（W. Pauli，1900—1958）在他的论文《论复杂光谱结构同原子中电子组态闭合的关系》中提出了描述电子状态的第四种量子数，也就是著名的“泡利不相容原理”[②]。1927 年物理学家海特勒（W. H. Heitler,1904—1981）和伦敦（F. London，1900—1954）用量子力学处理氢分子获得成功，宣告了量子化学这门新学科的诞生[③]。量子化学的建立使化学键理论获得了理论基础，化学键的微观本质得以阐明，出现了诱导效应、共轭效应及共振等理论。配位场理论由德国物理学家贝特（H. A. Bethe，1906—2005）等在 1929 年提出，最先用

① 陈学恂. 中国教育史研究：现代分卷［M］. 上海：华东师范大学出版社，2009：21.
②③ 袁翰青，应礼文. 化学重要史实［M］. 北京：人民教育出版社，2000：469，522.

于讨论过渡金属离子在晶体场中的能级分裂，后来又与分子轨道理论结合，发展成为现代的配位场理论。1931 年美国化学家鲍林（L. Pauling，1901—1994）等在价键理论基础上提出了杂化轨道理论[①]，杂化轨道理论在解释多原子分子结构，特别是分子的几何结构方面取得了很大成功。1932 年，鲍林又提出了电负性的概念，并确定了很多元素电负性的数值[②]。这些进展使化学家对物质的了解前进了一大步，对物质结构与化学反应有了一系列新的认识，促进了化学的根本进步。从 20 世纪的诺贝尔化学奖的获奖原因可以看出，世界化学发展已经不再是发现元素和合成物质，而是更多地关注微观层面的理论研究和跨学科的应用研究。

2. 我国化学发展概况

本时期我国的化学科学仍然处于相对落后的状态，一大批留学回国的学者仍在继续极力推动我国化学科学的发展。1922 年我国成立了最早的私人化工科研机构——黄海化学工业研究社。[③] 此后的 15 年，化工科研机构如雨后春笋般纷纷设立。这些科研机构大致可以分为三种类型：国家化工机构，由政府专设；各高校化工机构，研究与教学并用；企业化工机构，由各企业内部设立。1928 年中央研究院成立，其化学研究所主要研究成果有：化学玻璃的制造，桐油干燥性的研究，国产纸料的研究，人工合成药物等；发表了约 100 篇化学、化工方面的论文[④]。但是，由于缺少研究人员和经验，得不到政府的支持和指导，研究工作处于摸索阶段。我国近代化学工业的发展，主要体现在硫酸、纯碱、火药这几个基础化学工业的发展上。侯德榜等人就是在这个时期（1926 年），生产出了和“洋碱”一样洁白的纯碱，在美国费城举办的万国博览会上荣获最高荣誉——金质奖[⑤]。在火药、味精、玻璃等化工行业，我国都有所涉足，但是与欧美相比，总体上差距甚大。化学工业还是处于模仿和探索的阶段。

---

①② 袁翰青，应礼文．化学重要史实［M］．北京：人民教育出版社，2000：472，473．

③ 袁宝华，翟泰丰．中国改革大辞典：下［M］．海口，海南出版社，1992：996．

④ 赵匡华．中国化学史：近现代卷［M］．南宁：广西教育出版社，2003：701-703．

⑤ 杨鸽．留学生与中国近代化学［D］．太原：山西大学，2011：7．

二、化学课程概要

我国化学教育水平的真正提高和发展，是在壬戌学制颁布前后。在这个时期，科学与民主得到提倡，大学教育中工学院设立应用化学系的情况日渐增多。据 1931 年统计，全国大学和独立学院化学系共有在校生 1 239 人，占全国在校大学生总数的 3.7%，并有部分大学开设了研究生阶段的化学教育。这一时期，国外学习工科的学生占留学生的比例日益增多。许多人学成归国，对我国化学科学和化学教育的发展作出了贡献。化学工业高等教育的师资力量有所增强[①]。中学化学教育水平在新学制后有了较大的提升。之前化学课程所讲内容既没有具体标准，授课时数又多寡不一。新学制后各校程度极不整齐的情况有所改善。

（一）学制

壬戌学制（图 4−1）对之前的学制作了较大的改革。（1）改原小学修业七年为六年，这有利于初等教育的普及；取消了原国民学校与高等小学校不同的名称，小学校称初级、高级小学，合办初、高级者称完全小学校。（2）中学教育修业年限由四年增至六年，实行“三・三”分段，采用选科制。（3）加强师范教育，将五年制师范学校改为六年，或在高级中学设师范科；提高高等师范学校的程度，修业年限与其他大学相同，亦称师范大学校。（4）提高职业教育的地位，取消实业学校系统，以职业学校取代，分为初级与高级，小学高年级即增设职业准备教育。（5）取消大学预科，大学不再承担普通教育的任务，有利于大学集中于专业教育和科学研究，大学用选科制、学分制，这有利于学生才智与兴趣的发挥。（6）学前教育机构为幼稚园，正式列入初等教育阶段，这在学制体系上确立了学前教育的地位。（7）在教育行政管理上，地方的劝学所改为教育局，另设特别市教育局，其他未变[②]。

南京国民政府成立后，于 1928 年 5 月召开第一次全国教育会议，重新制定了“中华民国学校系统”（又称“戊辰学制”）。该学制以壬戌学制为基础，保持了其基本体系结构，规定了“六项原则”：根据教育实情；适应民生需要；增高

---

① 杨鸽．留学生与中国近代化学［D］．太原：山西大学，2011：12-18．
② 陈学恂．中国教育史研究：现代分卷［M］．上海：华东师范大学出版社，2009：20．

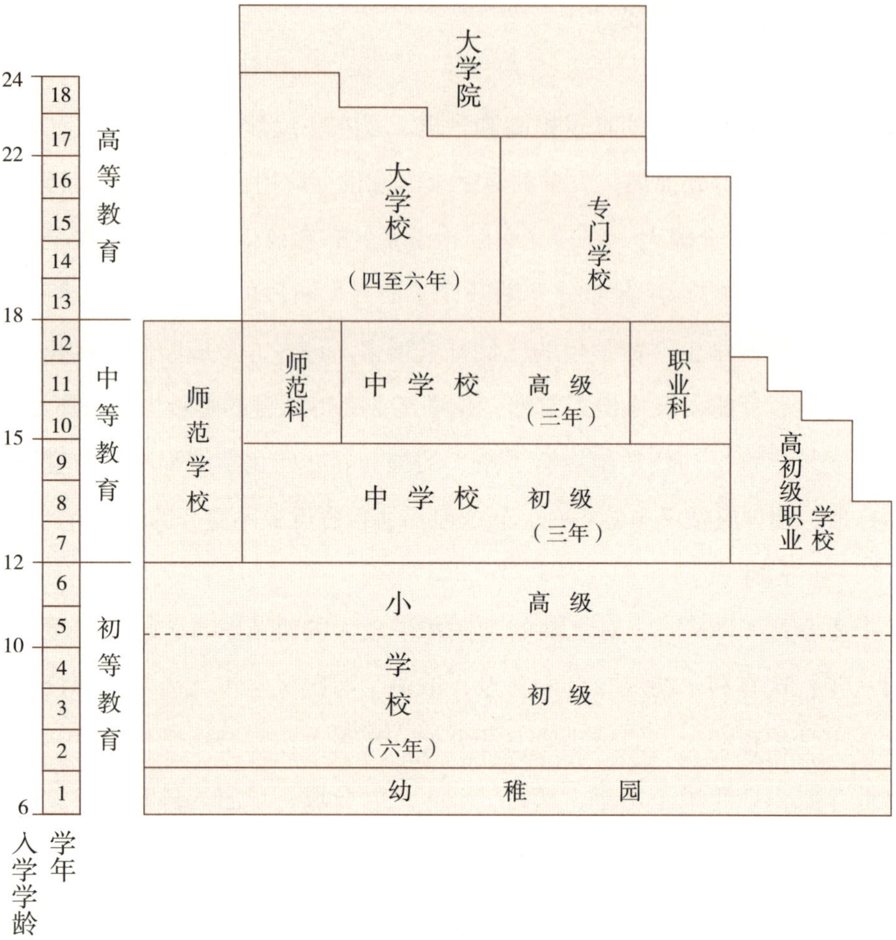

图 4-1 壬戌学制示意图

教育效率；谋个性之发展；使教育易于普及；留地方伸缩可能①。

（二）课程设置和课程标准

1923 年全国教育联合会新学制课程标准起草委员会公布的《新学制课程标准纲要》（以下简称“课程纲要”）中，中学化学在初级中学阶段，是以和其他自然学科混合在一起的“自然科”形式出现的。高中阶段，所有学生均要学习“科学概论”。在注重文科的分组（第一组）中，化学还以混合的“自然学科”的形式出现；在注重数学及自然科学的分组（第二组）中，以单独的“化学”出现。1929 年颁发的《中小学课程暂行标准》（以下简称“暂行课标”）中，对

① 中国第二历史档案馆．中华民国史档案资料汇编：第五辑第二编：教育（一）[G]．南京：江苏古籍出版社，1997：9．

于初级中学有了“混合自然科”和“分科自然科”的区别，并对每项内容作了学分的规定；废除了高级中学文理分组，对壬戌学制进行了一定的调整和修改。通过对比课程纲要和暂行课标中化学学科的安排（表 4-1），可以看出初级中学阶段的“自然科”还是较为明确地划分了学科，且化学在后期学习，这与现在的教学安排相同；高级中学阶段化学学科通过课时的安排强调了化学实验。

表 4-1　1923 年课程纲要和 1929 年暂行课标中化学学科的安排

1923 年课程纲要	1929 年暂行课标
初中（自然科）： 第三段以化学为主，其他各科为辅； 第四段以理化为主，其他各科为辅。 （未明确学时）	初中（自然科·混合）： 第二学年，以化学为主体，兼及矿物学地质学大意。 （未明确学时） 初中（自然科·分科）： 第三学年学习理化中的化学，每周 3 小时。
高中（化学·第二组必修）： 每周讲演 2 小时，实验 2 小时，一学年授毕。	高中（化学·不分组）： 每周讲习 3 小时，实验一次（3 小时），参考平均 3 小时，一年修完。

1. 课程目标

通过课程纲要与暂行课标我们可以发现，与这一时期所有自然科学课程的目标一样，化学学科的课程目标对于科学精神、科学方法、科学史、科学的社会价值已有全面考量，强调生活教育，注重课程与学生生活经验的融合。

首先，注重传递给学生化学学科的基础知识。“使知自然界的现象及其相互关系，以培养基本的科学知识”“习系统的陈述化学上的重要事及理论”“使有紧要的科学常识”“培养化学理论的常识”“使知化学定律的应用及问题的计算”等目标说明中学化学课程的首要目标就是传递最基础的化学知识和技能。

其次，注重教授学生科学学习的方法和应用于生活的能力。课程目标中明确：“使知自然界的简单法则及科学方法之利用”“养成观察，考查及实验的能力与习惯”“培养应用化学的常识（与农工商矿医等有关系者）”等。

最后，注重培养学生的科学兴趣和科学精神。希望“养成研究科学的兴趣”使学生可以“受自然科学的陶冶，能领悟精勤、诚实、敏捷、组织等诸美德是成功事业的基础”，并且希望学生可以“养成参考化学书报的习惯”。这些有关科学兴趣与科学精神培养的课程目标，是新文化运动后科学教育课程设置时考虑的一个重要方面，也是一个较高层次的要求，即不仅要求学生具有科学知识，还要求学生具有科学精神。

2. 课程内容

从前后两次对课程内容的规定可以明显地看出，暂行课标所规定的课程内容，要比课程纲要规定得更加具体。初级中学课程纲要仅对这门课程混合了哪几个学科，以及这几个学科开设的先后次序和主辅作了简单的说明，对各学科的内容并未提及。暂行标准中，无论是混合的还是分科的，都有需要教授具体内容的规定。

混合自然科中的“教材大纲”规定。第二学年化学的课程内容共有四部分：空气、水、土壤、食物，共46个知识点（表4-2）。可以发现，部分知识点并不属于现在化学学科的范畴，如“空气之运动”“空气与气候”“风暴”“浮力”“唧筒”[①]“沟渠于水利”等。这体现了混合科课程内容混合性较强的特色。

表4-2　1929年混合自然科中对化学内容的要求[②]

第二学年　第一学期		第二学年　第二学期	
第一部　空气	第二部　水	第三部　土壤	第四部　食物
1. 空气之存在 2. 空气压力 3. 空气压力之测量 4. 空气之运动 5. 风与火 6. 燃烧之现象 7. 空气之成分 8. 氧气 9. 氮气 10. 二氧化炭气 11. 空气湿度 12. 空气温度	18. 冰水与水蒸气 19. 物体之三态 20. 净水及不净水 21. 水与细菌 22. 饮水之供给 23. 唧筒 24. 水压及测量法 25. 浮体 26. 浮力 27. 密度之意义 28. 湖海与气候之关系	32. 地面之土壤 33. 岩石与土壤 34. 岩石之种类及其崩解之原因与现象 35. 侵蚀与冲积 36. 土壤之种类 37. 土壤之构造 38. 土壤与农业 39. 沟渠与水利	40. 食物与营养 41. 食物种类 42. 食物选择 43. 食物成分——脂肪蛋白碳水化物 44. 食物保护 45. 食物与卫生 46. 人造冰

① 唧筒，意为水泵。

② 课程教材研究所. 20世纪中国中小学课程标准·教学大纲汇编：化学卷[G]. 北京：人民教育出版社，2001：16-17.

续表

第二学年　第一学期		第二学年　第二学期	
第一部　空气	第二部　水	第三部　土壤	第四部　食物
13. 空气与气候 14. 雨露冰雪之成因 15. 风暴 16. 空气与呼吸卫生之关系 17. 空气与植物及生命	29. 水之成分 30. 氢气 31. 酸与碱		

分科自然科课程内容中化学共涉及十四章：空气、水、盐酸、铁、硫黄、食盐、石膏、二氧化碳、火药、磷、贵金属和合金、石英、人体的营养、元素的概要和分类。下文是对第六章“食盐”内容的规定。可以看出，对需要学习的内容和要求规定得较为细致深入。

第六章　食盐①

（甲）食盐存于海，井，池，水中和矿内，近地的制造食盐法，精制食盐，食盐的结晶形，(在显微镜下)结晶法，结晶面的斜角（面角），结晶体的分裂性。

（乙）食盐含有结晶水的实验，可融性，化气性，溶解性，多种结晶体的溶解度。

（丙）食盐融体的电解——钠和绿二原素，钠的物理性和化学性，养化钠，硫化钠。

（丁）钠投水面的现象——轻养化钠的性状和功用，钠投稀盐酸上的现象，食盐的成分——钠绿直接化合的实验。

课程纲要和暂行课标里高级中学的课程内容中都规定了实验内容。课程纲要共有实验20个，暂行课标共有实验34个（表4–3）。其中涉及化学基本操作

①课程教材研究所．20世纪中国中小学课程标准·教学大纲汇编：化学卷[G]．北京：人民教育出版社，2001：24.

实验，如“天秤的用法”“各种度量的用法”等；还涉及验证实验，如“定比列律的实验”；涉及最多的是物质的性质实验，如“盐酸试验”“硫的试验”“硝酸的试验”“炭酸气的试验”“沼气的试验”“淀粉及糖类的试验”“食盐的试验”等。

表 4-3　高级中学课程内容中对化学实验的规定[①]

1923 年第二组必修的化学课程纲要	1929 年普通科化学暂行课程标准	
以下所列仅二十条，亦但示其范围大概，各条中有非一二次所能作完者，其实际课程可临时酌定。	每学期实验，有十六至二十次，其次序与性质，可随各校状况酌定之。	
1. 天秤的用法 2. 各种度量的用法 3. 溶液的制造与计算 4. 混合物与化合物的鉴别 5. 氧气体的试验 6. 氯气试验 7. 盐酸试验 8. 硫的试验 9. 酸与盐基性质的试验 10. 定比列律的实验 11. 空气中的氮素试验 12. 硝酸的试验 13. 碳酸气的试验 14. 沼气的试验 15. 淀粉及糖类的试验 16. 肥皂的制造 17. 食盐的试验 18. 硬软水的试验 19. 各金属元素性质的试验 20. 单简的化学分析	1. 化学试验法 2. 玻管用法与改造法 3. 化合物混合物与元素之鉴别 4. 物态的变化 5. 氧 6. 氢 7. 水的特性与化合法 8. 蒸溜法 9. 碳与二氧化碳 10. 大气 11. 氯 12. 钠族 13. 氮与硝酸 14. 硫族与硫酸 15. 氯族与盐酸 16. 漂白粉 17. 酸与盐基——附铵的化合物 18. 磷与砷	19. 结晶与结晶水 20. 食盐的精制与计算 21. 硼与硅 22. 铝 23. 铁 24. 铜，汞与银 25. 铅与锡 26. 钙 27. 锰 28. 脂肪与油类 29. 肥皂 30. 碱化 31. 淀粉与糖类 32. 发酵 33. 燃料——火酒，石油，煤气等 34. 普通分析四五项

3. 教学方法

1923 年的课程纲要，除了高级中学公共必修的科学概论课程纲要里有“内容及方法”的条目，其他课程纲要都没有提及相关的教学方法。而 1929 年的暂

① 课程教材研究所．20 世纪中国中小学课程标准·教学大纲汇编：化学卷［G］．北京：人民教育出版社，2001：13-14，28-29.

行课标，都设有“教法要点”。教法要点中强调实验的重要性，建议教师秉承科学学习的严谨性，注重调查（“以启发式、发问式为主体，多用归纳的方法实验的证明”）；建议教师可以引导学生进行分组实验，并且采集学生的实际生活状态，供教学使用等。

暂行课标中的“教法要点”摘编如下。

（初级中学混合自然科）

教法采用启发法，从实地观察与实验起首，然后用归纳法导出自然律。除教室实验外，可试行种种设计与调查，使学生注意环境所习见之物，以养成科学兴趣。所有作业，无论教室及课外的，俱须预定程序，考查优劣。

（初级中学分科自然科）

初中学生，除初级小学四年基本教育不计外，仅受有高级小学的两年补充教育。论其程度原比旧制中学生的相当学年者为低，其年龄亦较幼，因此初中自然科的教材，当然与旧制中学要有显著的分别。故本要目力矫时弊，第一要免去初中教材过多及过深的缺点，第二要避去初中和高中教材重复的缺憾，概以常识为中心，不为科学的本身组织所拘束。但初中程度所应了解的理化教材，实已融化于常识里边，使学生由常识进入于科学方面。（高中教材则以科学的本身组织为经，以日常习见的事物或现象为纬，即以初中为基础段，以高中为发展段，彼此可以互相衔接，教学时间不至浪费，学者兴味，可以增浓。）因此初中理化教学方法，应以启发式，发问式为主体。多用归纳的方法实验的证明，使学者对于寻常习知的事物和现象，得自动的充分了解。即于直接教授时，亦宜使学生分组实验；教师事前当提纲撮要，令学者按纲记目。重在获得实地经验和新旧观念的联络，不应使学者处于被动的地位，作器械式的记忆。教材要目，固有一定的范围，但教师宜就实际上的情形及儿童生活的状态，多方采集，可以供参考，或作教材用的资料，务将教材具体化，务使具体化的教材和学者日常观念相接近，或竟利用其旧观念，则教授的效能自显。

（高级中学普通科化学）

1. 用适当的课文一二种，作学生自修，与教室讨论的基础。

2. 教学法多用讨论的方式。

3. 实验方面，师生之间，多用个人接谈方法。

4. 多注意归纳法。

5. 课程与实验的性质与次第，应大致相符，如感不便，可用油印品补充。

此外，暂行课标中还有“作业要项”“时间支配”“毕业最低限度”等方面的简单规定。可以说，对中学的化学课程内容及课程展开的相关规定，1923年的课标纲要是线条式的勾勒，1929年的暂行课标是逐步的充实和完善。这个暂行课标对于1932年颁布的《中学法》《职业学校法》等法规及正式课程标准都有积极的影响。

三、教科书概貌

20世纪二三十年代，商务印书馆相继出版了一系列符合新学制要求的教科书。这些教科书科目齐全，体系庞大，获得了良好的声誉。1928年、1929年很多新办的小型出版机构也都开始推出符合新学制要求的教科书。

（一）教科书制度

这个时期，无论哪个出版社出版的教科书，只要学校及教师选用，仍需要教育部审定。1922年12月，教育部颁布《学校系统改革案》后，为了配合新学制的课程标准，需要重新编写教材，而教科书内容的选取必须按照由国家教育行政机关制定的各级各类学校课程纲要。1929年1月教育部公布《教课图书审查规章》，制定《暂行教科图书审查办法》《审查教科图书共同标准》等文件。这几个文件充分体现了民国政府统一的教育指导思想，进一步完善了教科书的审定制度。

与以往不同的是，这些文件较为详细地规定了审查程序和方式。需经初审、复审和终审三次审查，审查结果分为四类：（1）全书适宜者准予审定；（2）书中不妥处经修改后即可，发行者不必再审；（3）书中不妥处经修改后仍有再审之必要者须呈送再审；（4）全书毫无价值者径行驳斥，不予审定。同时，规定了编写、出版教材五个方面的基本要求：（1）教材之精神要适合党义、国情和时代精神；（2）教材之实质要内容充实、事理正确、切合实用；（3）教材之组织要分量适宜、深浅有序、轻重适度、条理分明、标题醒目确切，有问题例证、注释插图，适合学习心理，顾及程度衔接和各科联络等；（4）文字要适合程度、流畅通达、不用方言俚语；（5）形式上要字体合适、保证纸质和校对、印刷、装订质量等。[①] 可以说，这些标准更为具体而明确。

（二）化学教科书的出版

在审定制下，教科书编辑出版的积极性被发挥出来，自由竞争、优胜劣汰，促进了教科书质量上的提升、编写上的创新、价格上的下降、印装上的进步和服务商服务质量的提高。这个时期，商务印书馆和中华书局“垄断”中国教科书出版业的局面已经被打破。世界书局、开明书店和大东书局等机构在教科书出版领域迅速崛起。世界书局 1924 年开始出版小学教科书，由于其教科书适应性强、质量较高且售价较低。几年后，世界书局除了改编小学教科书，又增出初高中教科书，逐渐与商务印书馆和中华书局形成三家竞争的局面。壬戌学制对课程的改革，以及胡适等倡导的白话文运动都极大地影响了教科书的编写，化学教科书也不例外。化学教科书的出版较之前有三方面变化。

① 逐步按照壬戌学制的规定，由中学化学分为初级中学化学和高级中学化学。

② 教科书内容由文言文编写逐步变为由白话文编写。

③ 教科书中元素名称逐步统一与规范。化学教科书中元素汉译名基本采用 1915 年《无机化学命名草案》中的译名。一些重要元素如 H、N、O、F、Cl、C、P、Hg 的译名改为“氢、氮、氧、氟、氯、碳、磷、銾”，而不再使用“輕、淡、養、弗、綠、炭、燐、汞”的译名[②]。

根据《中国近代中小学教科书总目》的记载，从 1922 年到 1932 年共有 9 家出版机构出版了 21 本化学教科书[③]。其中商务印书馆 8 本，文化学社 2 本，世

① 毕苑．建造常识：教科书与近代中国文化转型［M］．福州：福建教育出版社，2010：156．

② 何涓．清末民初化学教科书中元素译名的演变——化学元素译名的确立之研究（一）［J］．自然科学史研究，2005（2）：165-177．

③ 王有朋．中国近代中小学教科书总目［G］．上海：上海辞书出版社，2010：709-711．

界书局 2 本，其他出版社各 1 本（表 4-4）。

表 4-4　1922—1932 年出版的中学化学教科书

序号	书名	著（译）者	出版社	出版年	适用于
1	有机化学	杜亚泉 郑贞文	商务印书馆	1922	中等学校
2	现代初中教科书　化学	郑贞文	商务印书馆	1923	初级中学
3	中学校教科书　化学	阎玉振	求知学社	1923	中等学校
4	无机化学	沈溯明	和记印字馆	1923	中等学校
5	初等实用化学教科书	贾丰臻	商务印书馆	1924	初级中学
6	实用教科书　化学	杜就田	商务印书馆	1924	未说明
7	实用有机化学教科书	马君武	商务印书馆	1925	中等学校
8	新中学教科书　化学	钟衡臧	中华书局	1925	初级中学
9	新撰初级中学教科书　化学	郑贞文	商务印书馆	1925	初级中学
10	化学概论	[美] 麦费孙	商务印书馆	1926	高级中学
11	高级中学化学教科书	阎玉振 王鹤清	文化学社	1926	高级中学
12	新时代高级中学教科书　化学	郑贞文	商务印书馆	1929	高级中学
13	初中化学教科书	王鹤清	文化学社	1930	初级中学
14	初中化学	钱梦渭	世界书局	1930	初级中学
15	初中教科书　化学	刘孟真	著者书店	1930	初级中学
16	勃赖克柯能博士实用化学	余兰园 （译）	东北大学	1931	未说明
17	初中化学纲要	陈步青	华北科学社	1931	初级中学
18	实用化学	包墨青	民智书局	1931	初级中学
19	初中化学教本	周毓莘	大东书局	1931	初级中学
20	高级中学教科书　高中化学	吴治民	世界书局	1931	高级中学
21	新中华化学	黄德溥	新国民图书社	1932	高级中学

学制改革对教科书的出版产生了极大的影响。之前中等教育的化学教科书都是一本（或分上下册），壬戌学制施行之后，必须出版两个不同学段的化学教科书，以分别满足初级中学学生和高级中学学生的需要。由于教科书的出版具有滞后性，根据表4–4，可以看出，教科书的适用学校随时间的变化有所变化，适用于“高级中学”或“初级中学”的教科书不断增多，而按照原来学制编写的适用于“中等学校”的化学教科书逐步减少。

（三）代表性教科书及其选择

壬戌学制改革是20世纪二三十年代教育领域的重大事件。所以，选择这个时期的代表性教科书时，首先应该重点关注那些按照新学制编写出版，即区分初级中学与高级中学的化学教科书。其次，要关注那些标明了其已通过教育部审定，且由影响较大的出版机构所发行的教科书。此外，既然区分了初、高中，两个学段衔接较好的教科书应当重点考虑。

商务印书馆编者郑贞文（1891—1969），对我国早期的科学教育、编辑出版及化学名称的统一作出了积极的贡献。他是中国化学会的发起人之一，起草的《化学命名原则》经全国化学讨论会讨论修订后，由当时的教育部于1932年公布实施，供全国使用。这个命名原则影响深远，不仅推动了化学教科书中化学名称的统一，更清除了阻碍我国化学学科发展中的名称障碍。这套命名原则经过修改，在中华人民共和国成立以后，于1951年实施，影响至今。他在化学教科书的编写方面同样作出了重大贡献。早期的商务印书馆编译所的主要工作是编辑小学教科书，郑贞文任职后侧重编辑中学教科书。为了适应当时中等学校的教学需要，他除了组织理化教科书的选编，还亲自编写了一系列中学化学教科书，如这个时期的《现代初中教科书　化学》和《新时代高级中学教科书　化学》，以及后期的《初中化学实验教程》《高中教科书　化学》《化学实验教程》等。尤其是本时期的高中教科书《新时代高级中学教科书　化学》一书，被称为我国化学家自编的第一本高中化学教科书。此外，由文化学社出版，王鹤清编写的《初中化学教科书》和王鹤清、阎玉振共同编写的《高级中学化学教科书》在编辑大意中指明了相互的衔接性，以及与小学自然科基础教材的承接性，值得研究。

下面将对商务印书馆和文化学社这两套（共4本）中学化学教科书（表4–5）

进行详细的介绍。

表 4-5　1922—1932 年的代表性教科书

序号	书名	作者	出版社	出版年	初版年
1	现代初中教科书　化学	郑贞文	商务印书馆	1932	1923
2	新时代高级中学教科书　化学	郑贞文	商务印书馆	1932	1929
3	初中化学教科书	王鹤清	文化学社	1930	1930
4	高级中学化学教科书	王鹤清 阎玉振	文化学社	1931	1926

四、代表性教科书

（一）《现代初中教科书　化学》

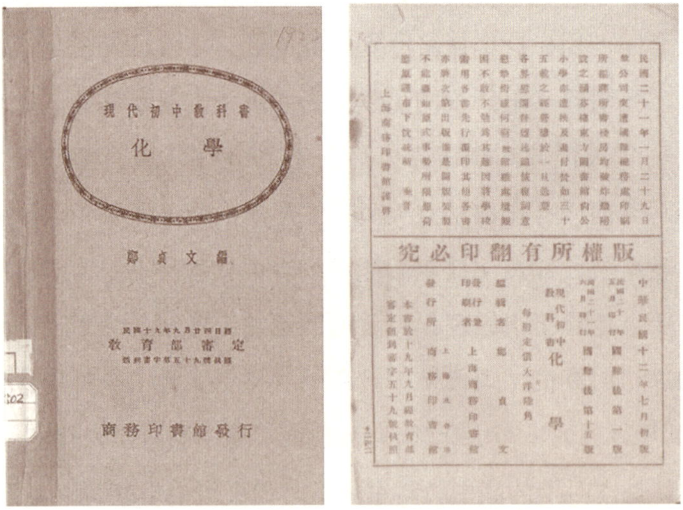

图 4-2 《现代初中教科书　化学》封面及版权页

1. 基本信息

① 出版社：商务印书馆；

② 版次：1932 年（民国二十一年）第 12 版，1923 年初版；

③ 编写人员：郑贞文。

2. 编写指导思想

本书的编写指导思想基本可从其编辑大意中得以了解。

（1）本书鉴于学生的年龄和教授的时数，选择教材和配列次序，特加严密的注意，务使学生能得正确的化学观念，避却繁重的演算和复杂的方程式，以免学生难解以及强记的痛苦。

（2）本书编辑以采用发见的教授法为主，每述一事理，必先由观察自然现象入手，然后征诸实验，由其结果推注论断，更将应用实例，列举一二于后，使学生于明了本书所叙述的事理之外，并得知研究自然科学的方法。

（3）本书教材以和人生最有密切关系的事项为主，一方面在教授最重要的基础原理，一方面在教授最重要的制造工艺理论应用，相辅并进，新发明的事项，如原子数活力素等皆搜罗在内，又有机化合物，和日常生活关系较切，故叙述特详。

（4）本书引用各专家人名，皆将其肖像插入，并附小传，使读者得仰见其丰采和其为人，对于所有事项，当可得更深一层的印象。

（5）本书多取有趣味而易解答的事项，尤以和日常生活有关系的事项，以为问题，以养成科学的常识。

（6）本书所用名词概取有系统的学名，无机有机名词，概准著者所拟之无机化学命名草案和有机化学命名草案。

（7）本书卷末附有索引和译名对照表各一以便检查。

（8）本书和周昌寿君所编现代初中教科书物理学互相联络，已见于该书的教材，如放射能和电化学等部分，本书便不赘述，以节时间，采用本书的学校，务望注意及此。

民国十二年七月　著者识

3. 主要内容

全书分三编，共三十一章，基本按照元素化合物知识线索进行编排。绪论主要介绍了物质及其变化、学习化学的目的。无机物知识分为两篇，分别介绍了非金属和金属。非金属主要介绍了空气、水、碳及其化合物、卤素、臭氧、过氧化氢、硫及其化合物、含氮化合物磷及其化合物、硅、硼等。非金属篇中包含的基本概念和原理有：质量守恒定律、定比定律、倍比定律、气体反应定律、分子、原子、元素、化学式、化学符号、溶液、电离和电解等。金属主要介绍了金属的通性，并分别介绍了铜、银、金、铂、铁、镍、锰、铬、钨、镁、锌、汞、锡、铅、锑、铝，以及碱土金属和碱金属等。此部分内容中还介绍了原子结构和元素周期律。有机化合物内容基本按照学科逻辑进行介绍，包括烃、醇、酸、醚、糖类、蛋白质、煤、植物碱类、肥料等。

目　录

第三编 有机化合物

第一章 碳化氢

第二章 木材干馏

第三章 醇 醚 醢[①]

第四章 脂肪 甘油

第五章 植物酸类

第六章 碳水化物

第七章 煤焦油的生成物及其诱导体

第八章 植物碱类

第九章 精油 松脂油 弹性树胶 樟脑 漆

第十章 蛋白质

第十一章 食物

第十二章 肥料 物质的循环

4. 主要特点

（1）内容选择方面

教材内容的选择关注了学生的发展，重点选择与学生生活关系最密切的内容。教材特别注意将与日常生活有关的内容作为“问题”，以使学生了解科学常识。例如，在介绍一氧化碳后，联系煤气中毒提出问题，引发学生思考，以期引起对此实际问题的重视（图 4–3）。

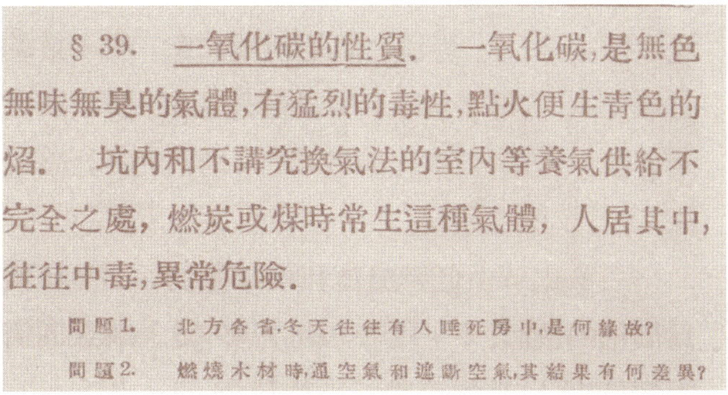
§ 39. 一氧化碳的性質. 一氧化碳,是無色無味無臭的氣體,有猛烈的毒性,點火便生青色的熖. 坑內和不講究換氣法的室內等養氣供給不完全之處，燃炭或煤時常生這種氣體，人居其中，往往中毒,異常危險.

問題1. 北方各省,冬天往往有人睡死房中,是何緣故?

問題2. 燃燒木材時,通空氣和遮斷空氣,其結果有何差異?

图 4–3 《现代初中教科书 化学》中联系日常生活内容的举例

① 醢，意为醇与有机酸或无机酸反应后的产物，包括酯类和卤代烃等。

教材重视化学知识与生产工艺的联系。在重视最重要的基本原理的同时，关注最重要的制造工艺，将理论与应用结合。此外，教材注意选入体现化学新进展的内容；注意与相关学科的区别与衔接，如作者提出物理中已涉及的电化学、核能等知识在本书中不作详细介绍。

（2）体系结构方面

教材以元素化合物知识作为基本结构线索，其中穿插基本概念和原理。无机化合物知识按照周期表分类安排，元素周期律的知识安排在所有无机化合物的后面，只作归纳性的简单描述。有机化合物知识按照由易到难的顺序进行介绍，介绍的种类较为丰富。

（3）呈现方式方面

教材的呈现方式关注教学方法，以发现法为主。在叙述某一事理时，先由观察自然现象入手，然后通过实验结果推出结论；之后再列举一两个应用实例，使学生在理解所述事理的同时，得知研究自然科学的方法。此外，教材很重视化学史教育。例如，通过介绍与所学内容有关的专家（包括人名、肖像、小传），使读者“仰见其丰采和为人”，从而对有关内容留下更深的印象（图 4-4）。

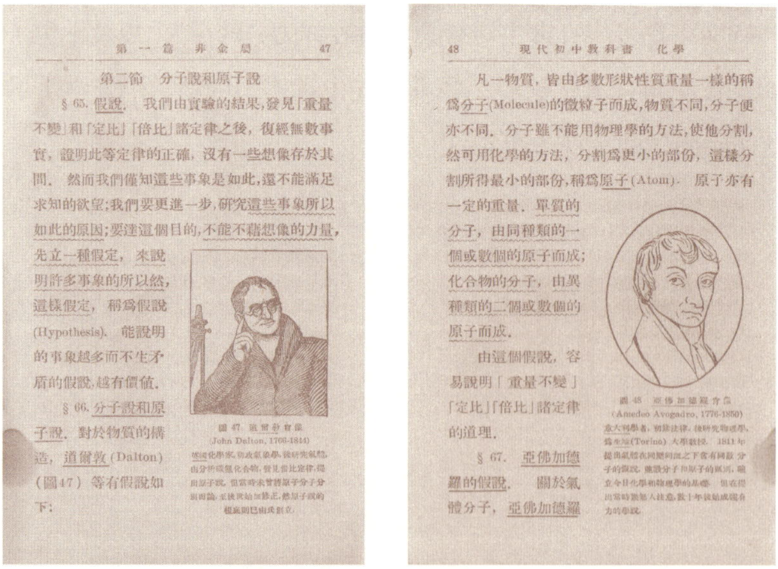
第一篇　非金屬　47

第二節　分子說和原子說

§ 65. 假說. 我們由實驗的結果，發見「重量不變」和「定比」「倍比」諸定律之後，復經無數事實，證明此等定律的正確，沒有一些想像存於其間. 然而我們僅知這些事象是如此，還不能滿足求知的欲望；我們要更進一步，研究這些事象所以如此的原因；要達這個目的，不能不藉想像的力量，先立一種假定，來說明許多事象的所以然，這樣假定，稱爲假說(Hypothesis). 能說明的事象越多而不生矛盾的假說，越有價值.

§ 66. 分子說和原子說. 對於物質的構造，道爾敦(Dalton)（圖47）等有假說如下：

圖47　道爾敦肖像
(John Dalton, 1766-1844)
英國化學家，初攻氣象學，後研究氣體，由分析碳氫化合物，發見倍比定律，提出原子說. 但當時未曾將原子分子分別而論，至後世始加修正，然原子說的根底則已由氏創立.

48　現代初中教科書　化學

凡一物質，皆由多數形狀性質重量一樣的稱爲分子(Molecule)的微粒子而成，物質不同，分子便亦不同. 分子雖不能用物理學的方法，使他分割，然可用化學的方法，分割爲更小的部份，這樣分割所得最小的部份，稱爲原子(Atom). 原子亦有一定的重量. 單質的分子，由同種類的一個或數個的原子而成；化合物的分子，由異種類的二個或數個的原子而成.

由這個假說，容易說明「重量不變」「定比」「倍比」諸定律的道理.

§ 67. 亞佛加德羅的假說. 關於氣體分子，亞佛加德羅

圖48　亞佛加德羅肖像
(Amedeo Avogadro, 1776-1850)
意大利學者，初修法律，後研究物理學，爲生埠(Torino)大學教授. 1811年提出氣體在同壓同溫之下含有同數分子的假說，兼說分子和原子的區別，確立今日化學和物理學的基礎. 但在提出當時未惹人注意，數十年後始成强有力的學說.

图 4-4 《现代初中教科书　化学》中化学史教育举例

5. 修订和使用情况

1930 年 2 月，准备送教育部审查时，根据意见和建议，以及化学的发展，对教科书进行修订。修订的主要情况如下：

（1）删去不重要的常数；

（2）缩小占篇幅较大的插图；

（3）增加几种金属（如钨、锑等）及原子结构等内容；

（4）订正多处文字表述；

（5）体现教学的选择性和灵活性，如从排版上区分必修和选修，四号字为必修，五号字为选修（可以从略）。

修订版于 1930 年 9 月由教育部审定。本书自 1923 年出版后，不到 7 年共印刷 105 版，可见此书在当时受读者欢迎的程度。

（二）《新时代高级中学教科书　化学》

民國二十一年一月二十九日敝公司突遭國難總務處印刷所編譯所書棧房均被炸燬附設之涵芬樓東方圖書館尚公小學亦遭殃及盡付焚如三十五載之經營隳於一旦迭蒙各界慰問督望速圖恢復詞意懇摯銜感何窮敝館雖處境艱困不敢不勉為其難因將學校需用各書先行覆印其他各書亦將次第出版惟是圖版裝製不能盡如原式事勢所限想荷鑒原謹布下忱統祈 垂鑒

上海商務印書館謹啓

版權所有

中華民國十八年九月初版

民國二十一年五月印行國難後第一版

民國二十一年六月印行國難後第二版

新時代高中教科書 化學

每册定價大洋壹元陸角（外埠酌加運費匯費）

編纂者 鄭貞文

發行兼印刷者 上海商務印書館

發行所 上海及各埠 商務印書館

图 4-5 《新时代高级中学教科书　化学》封面及版权页

1. 基本信息

① 出版社：商务印书馆；

② 版次：1932 年（民国二十一年）国难后第 2 版，1929 年初版；

③ 编写人员：郑贞文。

2. 编写指导思想

本书的编写指导思想基本可从其编辑大意中得以了解。

编辑大意

（1）本书供高级中学校、高级职业中学教科书及参考书之用。因初中毕业学生，学力不一，故说明化学现象，由浅显平易处入手，一切定理定义，均从详叙述，循序演进，以确立化学之基础知识。一面将化学上主要反应、基本理论、实际应用及最近进步情形，提纲挈领，悉予纲罗，俾升学时得充分之预备知识。

（2）本书包含无机化学有机化学两部门，不取从来分篇方法，将含碳化合物，各从其类，概括成章，如造盐元素之置换体，列入造盐元素及其化合物章内，磺酸列于硫之含氧酸节中，硇类列于硇精之后等，不特较为合理而说明上亦觉井然有序。

（3）理论化学，陈义较深，本书所采者以说明化学反应之必要范围为度。如原子说、离子说、相则、质量作用定律、热化学、分光化学等，均述其梗概。但亦避去高等数学，俾易理解。

（4）应用化学与日常生活有密切关系，本书尤为注意。如酸、碱、盐类之制造，金属之冶炼，燃料、染料、药品、化学武器及其他有机化合物等，均采最新方法，图示说明。

（5）分析化学，须另定时间教授实验。本书仅开示其原理及计算方法，俾知应用而已。

（6）挽近化学以胶质、新荣养素、放射性物质及原子构造理论等最为进步。本书特加注意，择最新学说之已证实者，详为解释，以引起研究化学之兴趣。

（7）本书编辑以采用发见的教授法为主。先举若干具体实例，而后归纳概括导出一般性质及普遍原理。全书以周期律为中心，将无机有机理论应用各方面教材，适宜配列，使前后五十二章互相衔接，最后以新物质观殿之，以作结束，俾读者得化学之整个观念。（教授时如采用拙编之“原子周期表”挂图，尤为便利。）

（8）本书限于篇幅，记事务从简约，如物质之制法，只举现代最适用者为主，余不悉录。又物质之性质及生成法无特述之必要者，不列专条。

（9）本书之主要教材，以五号字排印，为高中学生必修部分。其次要之教材，或理论较深者，用六号字排印，可以从略。教师视授课时间及学生程度，斟酌损益之可也。

（10）本书所用化学名词，依拙拟之化学命名法，有一定之系统。

（11）本书所用权度从万国通制，温度从摄氏计法。

（12）本书术语，下附注英文，以便对照。主要名词用黑体，重要字句下加波线，以促读者注意。

（13）本书所用原子量，依照1925年万国原子量表。至本年英、德、美各国单独发表之原子量，亦附记于篇首原子量表中，以资参考。

（14）本书篇末附有计算问题集，务令学生演习。至复习问题，则由教师随时举问，兹不赘举。

（15）本书篇末附索引及译名对照表，以便检查。

（16）编者学验浅陋，而混合有机无机之编法，尤为创举，尚望海内明达，不吝指教，俾得随时更正。

民国十八年五月　编者识

3. 主要内容

全书共五十二章，以元素化合物知识为主，涉及元素较多。

在元素周期律前介绍了部分非金属元素，如氧、氢、碳、硫、氮、磷等元素及其化合物，在元素周期律之后介绍了碱金属、碱土金属、铜、银、金、硼、铝、铬、铁、稀有气体及放射性元素等。有机物与无机物穿插编排，不少有机物按照元素内容放入无机物的单元中，单独成章的有机物内容主要按照官能团系统，依次为醇、醚、醛、酮、酸、酯、卤代烃、糖类、蛋白质等。化学基本概念和原理穿插编排在以元素为框架的各章之间，以章编写，相对独立。教材中主要介绍的概念或原理有：元素周期律、化学反应基本定律、分子、原子、气体定律、稀溶液的性质、可逆反应、化学平衡、化学反应速率、电离学说、热化学、相律、电化学、晶体、胶体、催化剂等。教材中专门设置了“容量分析”一章，介绍科学方法。另外，教材中还包含了维生素、酵素、消化、抗生素、染料等与生活相关的内容。

目　录

① 异性体，意为异构体。

第二十三章 砷及其化合物

第二十四章 锑及其化合物

第二十五章 铋及其化合物

第二十六章 固体之性质

第二十七章 硅及其化合物

第二十八章 窑业

第二十九章 锡及其化合物

第三十章 铅及其化合物

第三十一章 胶质化学

第三十二章 生物体内碳之复杂化合物

第三十三章 荣养①化学

第三十四章 元素之周期律

第三十五章 碱族元素

第三十六章 容量分析

第三十七章 铜族元素

第三十八章 合金

第三十九章 碱土族元素

第四十章 分光化学

第四十一章 镁族元素

第四十二章 电化学

第四十三章 土族元素②

第四十四章 稀金属元素

第四十五章 铬族元素

第四十六章 锰

第四十七章 色染化学

第四十八章 铁族元素

第四十九章 铂族元素

---

① 荣养，意为营养。

② 土族元素主要介绍了硼铝，简介铷、铟、铊。

第五十章 氦族元素

第五十一章 元素之放射性

第五十二章 新物质观

4. 主要特点

（1）教材内容的呈现突出化学基础知识，考虑了学生初中知识的基础和学力，对化学现象的描述由浅显入手，对定律、定义的描述，较为详细且循序渐进。对较深的化学理论等，适度描述，如原子学说、离子学说、相律、质量作用定律、热化学、分光化学等，只叙述其梗概，避免运用高等数学的知识，以易于学生理解。同时，编者考虑部分学生会继续学习化学，所以将化学中的主要反应、基本理论、实际应用及最新进展等在教材中提纲挈领地进行概括和网络化，为学生升学提供预备知识。教材关注教学方法，以发现法为主，先列举若干具体实例，再概括推导出一般性质或普遍原理。此外，教材叙述精练、简约。

（2）教材的体系构建，是以元素周期律为中心，搭建元素及其化合物的结构框架，力求全书各章相互衔接。元素周期律编排在第三十二章，“律”前介绍了非金属和部分金属的知识，“律”后介绍的无机物主要是金属（有一章是稀有气体）。第三十二章只是描述性介绍周期律，并无原子结构的内容，其后各族元素的介绍，也很少与周期律相联系。最后一章介绍了原子结构，并从结构的角度解释和说明了元素周期律。教材中原子结构和元素周期律均采用了描述及归纳的呈现方式，作为理论来指导元素化合物知识学习的作用不大。作为全书的结束，最后一章“新物质观”更多的是体现全书体系结构的框架，引导学生对所学化学知识有整体认识。

教材体系构建的另一特点，是将无机化合物与有机化合物穿插编排，并且按“元素”归类成章。例如，将卤代烃编入卤素及其化合物一章，将胺类归入氮及其化合物一章放铵盐之后。这种将有机化合物按“元素”归类的编排方式，有其合理之处，是一种创新。编者在编辑大意中也指出：“不特较为合理而说明上亦觉井然有序”“混合有机无机之编法，尤为创举”。

（3）在内容的选择上，教材重视化学应用与日常生活的密切关系，如介绍了酸碱盐的制备、金属的冶炼、燃料、染料、药品、化学武器及有机合成等，而且都介绍最新的方法，并配有图示加以说明。教材特别注意选择当时已证实的最新学说，以激发学生研究化学的兴趣，如胶体、营养物质、放射性物质、原子结构理论等。教材突出重要内容，如关于物质的制法，只选择现代最适用的方法，不是特别必要的物质的性质及制取等，不单列项。

5. 使用情况及影响

这本《新时代高级中学教科书　化学》注重化学基本知识的同时，反映了当代化学的最新进展，由浅入深，尤其具有将有机与无机化学混合编排的特色，受到中学师生的欢迎。该书连续再版多次，使用年限较长，成为我国当时广泛使用的化学教科书。

（三）《初中化学教科书》

1. 基本信息

① 出版社：文化学社；

② 版次：1930 年（民国十九年），版次未知；

③ 编写人员：王鹤清；

④ 配套资源：《小学自然科之基础教材》（作者不详，年代不详），

《高级中学化学教科书》（王鹤清、阎玉振，1931 年）。

2. 编写指导思想

本书在编写时兼顾学科体系和学生生活，编者希望通过本书使学生由常识入手，顺利地掌握科学知识。本书注重实验，注重民生问题，插图丰富，习题充足，文字力求浅显，取材新颖。编者在编辑大意中提到了与本书上下承接的配套教科书，并且提到了相关的课程安排建议："全书材料，每周教学二小时，适可于一学年内授毕（共四学分）。"通过本书的编辑大意（图 4-6）可以了解其编写指导思想。

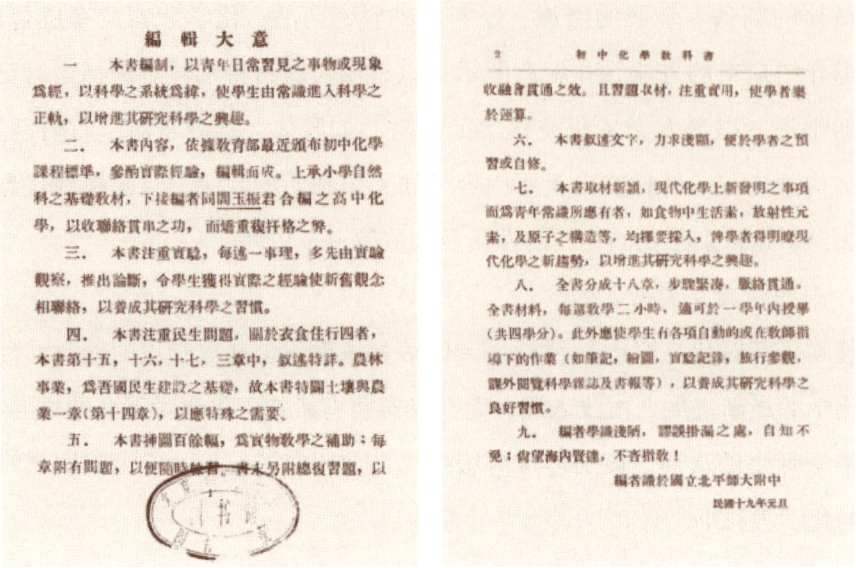

編輯大意

一　本書編制，以青年日常習見之事物或現象爲經，以科學之系統爲緯，使學生由常識進入科學之正軌，以增進其研究科學之興趣。

二．本書內容，依據教育部最近頒布初中化學課程標準，參酌實際經驗，編輯而成。上承小學自然科之基礎教材，下接編者同閻玉振君合編之高中化學，以收聯絡貫串之功，而矯重複扞格之弊。

三．本書注重實驗，每述一事理，多先由實驗觀察，推出論斷，令學生獲得實際之經驗使新舊觀念相聯絡，以養成其研究科學之習慣。

四．本書注重民生問題，關於衣食住行四者，本書第十五，十六，十七，三章中，叙述特詳。農林事業，爲吾國民生建設之基礎，故本書特闢土壤與農業一章(第十四章)，以應特殊之需要。

五．本書插圖百餘幅，爲實物教學之補助；每章附有問題，以便隨時練習。書末另附總復習題，以

收融會貫通之效。且習題取材，注重實用，使學者樂於運算。

六．本書叙述文字，力求淺顯，便於學者之預習或自修。

七．本書取材新頴，現代化學上新發明之事項而爲青年常識所應有者，如食物中生活素，放射性元素，及原子之構造等，均擇要採入，俾學者得明瞭現代化學之新趨勢，以增進其研究科學之興趣。

八．全書分成十八章，步驟緊湊，脈絡貫通。全書材料，每週教學二小時，適可於一學年內授畢(共四學分)。此外應使學生有各項自動的或在教師指導下的作業（如筆記，繪圖，實驗記錄，旅行參觀，課外閱覽科學雜誌及書報等），以養成其研究科學之良好習慣。

九．編者學識淺陋，謬誤掛漏之處，自知不免；倘望海內賢達，不吝指教！

編者識於國立北平師大附中

民國十九年元旦

图 4-6　《初中化学教科书》的编辑大意

3. 主要内容

本书先介绍的是学生较为熟悉的物质：空气、氧气、氮气、水、氢气、盐酸、二氧化碳、一氧化碳。然后以前面的物质为例，较系统地介绍分子原子理论及化学计算法。之后继续介绍具体物质：铁、硫、食盐。接着，分别从金属、矿物、农业、服装业、食物、窑业等角度与领域，介绍相关的化学知识。其中，既有具体物质的知识，也有相关的概念和原理，还有一些生活常识类的内容。最后，介绍了当时前沿知识——镭和原子构造中的新发现。

目　录

第九章 铁

第十章 硫黄

第十一章 食盐

第十二章 金属与合金

第十三章 应用矿物

第十四章 农业与土壤

第十五章 衣服与染料

第十六章 食物与饮料

第十七章 居住与窑业

第十八章 镭及原子构造

4. 主要特点

本书正文216页，共分18章，未分“篇”。与之前的中等学校教材或同时期的高中教材相比，本书减少了元素化合物内容的分量，元素化合物内容与概念或原理内容间的比例基本上是一比一。其中，非金属单质、非金属元素的化合物、金属单质、金属元素的化合物、有机化合物五类内容的占比较均匀。教材注重实验，含有较多与生活、健康联系紧密的内容。

与同时期大部分直接删减高中教材而形成的初中教材不同，本书在章节编排上按照主题，有所突破。

全书文字为横排版，繁体字，有标点符号的半白话文体。氧、氢、氮等元素的汉字已与现代的表达相同。图片数量较多，与早期教材相比，书中插入了黑白照片和手绘的归纳图等形式的图片。每章最后设有若干道习题，习题类型以问答和计算为主。

下面以第十五章“衣服与染料”为例（图4–7），对本书的特点进行具体分析。本章以衣服与染料为核心，将纤维、肥皂、油脂、碱等知识与衣料、洗衣、染布技术等相结合。首先，教材内容与社会、生活、工艺联系紧密。例如，在介绍人造丝制法时，教材说明人造丝虽“不耐洗濯”“但因价廉”应用较为广泛，体现了化工生产的选择与经济效益的关系；在介绍“衣料”之后，自然而然讲到“洗衣”，介绍了肥皂能洗净油脂的化学原理，体现了化学原理的应用与

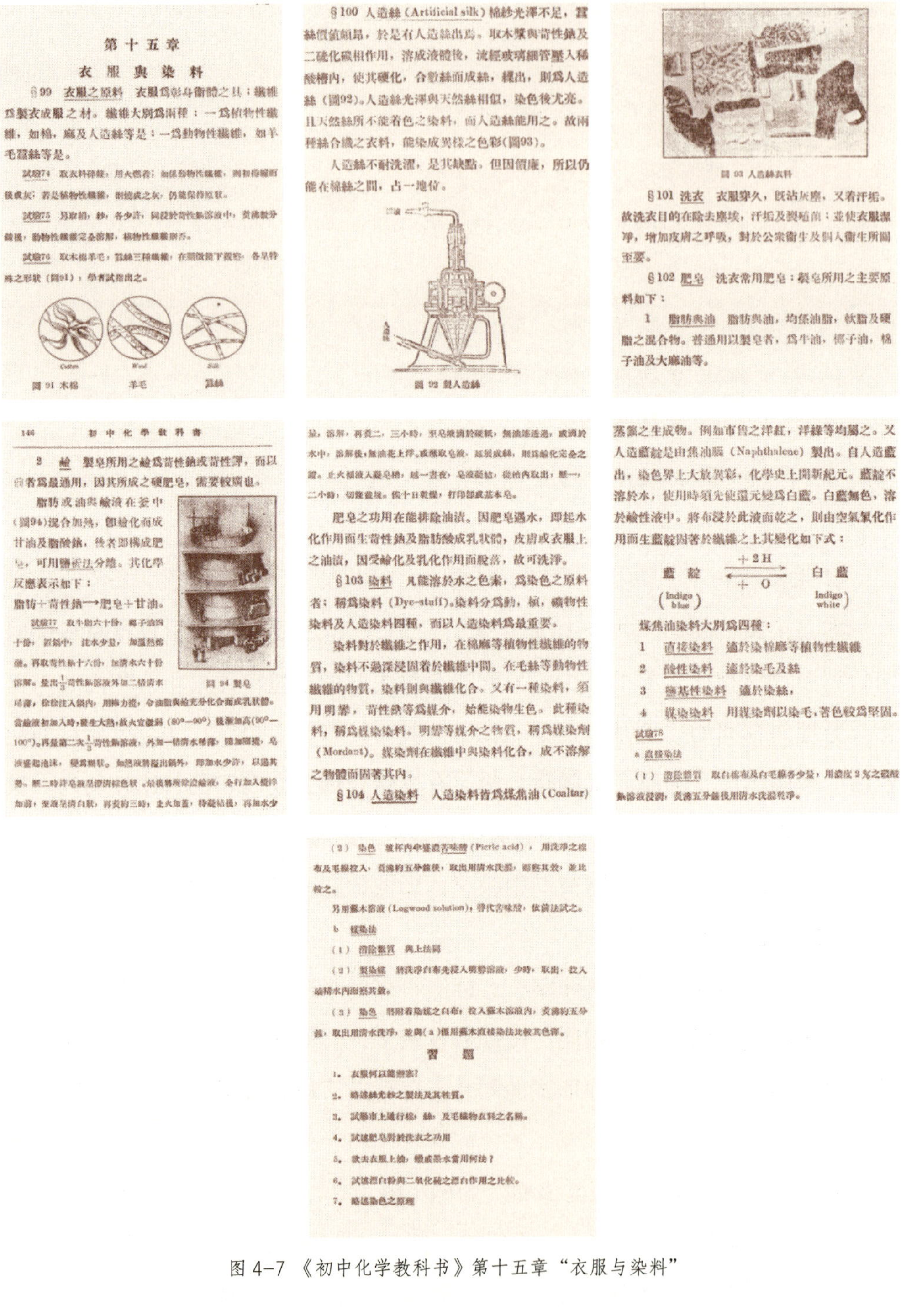

第十五章

衣服與染料

§99 衣服之原料　衣服爲彰身衛體之具；纖維爲製衣成服之材。纖維大別爲兩種：一爲植物性纖維，如棉，麻及人造絲等是；一爲動物性纖維，如羊毛蠶絲等是。

試驗74　取衣料碎縷，用火燃着；如係動物性纖維，則初捲縮而後成灰；若是植物性纖維，則燒成之灰，仍能保持原狀。

試驗75　另取綢，紗，各少許，同投於苛性鈉溶液中，煮沸數分鐘後，動物性纖維完全溶解，植物性纖維則否。

試驗76　取木棉羊毛，蠶絲三種纖維，在顯微鏡下觀察，各呈特殊之形狀（圖91），學者試指出之。

Cotton　Wool　Silk

圖 91 木棉　羊毛　蠶絲

§100 人造絲（Artificial silk）棉紗光澤不足，蠶絲價值頗昂，於是有人造絲出焉。取木漿與苛性鈉及二硫化碳相作用，溶成液體後，流經玻璃細管壓入稀酸槽內，使其硬化，合數絲而成絲，繅出，則爲人造絲（圖92）。人造絲光澤與天然絲相似，染色後尤亮。且天然絲所不能着色之染料，而人造絲能用之。故兩種絲合織之衣料，能染成異樣之色彩（圖93）。

人造絲不耐洗濯，是其缺點，但因價廉，所以仍能在棉絲之間，占一地位。

圖 92 製人造絲

圖 93 人造絲衣料

§101 洗衣　衣服穿久，既沾灰塵，又着汗垢。故洗衣目的在除去塵埃，汗垢及黴菌；並使衣服潔淨，增加皮膚之呼吸，對於公衆衛生及個人衛生所關至要。

§102 肥皂　洗衣常用肥皂；製皂所用之主要原料如下：

1　脂肪與油　脂肪與油，均係油脂，軟脂及硬脂之混合物。普通用以製皂者，爲牛油，椰子油，棉子油及大麻油等。

146　初中化學教科書

2　鹼　製皂所用之鹼爲苛性鈉或苛性鉀，而以前者爲最通用，因其所成之硬肥皂，需要較廣也。

脂肪或油與鹼液在釜中（圖94）混合加熱，卽鹼化而成甘油及脂酸鈉，後者卽構成肥皂，可用鹽析法分離。其化學反應表示如下：

脂肪＋苛性鈉→肥皂＋甘油。

試驗77　取牛脂六十份，椰子油四十份，置鍋中，注水少量，加溫熔融。再取苛性鈉十六份，加清水六十份溶解。量出$\frac{1}{3}$苛性鈉溶液外加二倍清水稀薄，徐徐注入鍋內，用棒力攪，令油脂與鹼充分化合而成乳狀體。當鹼液初加入時，發生大熱，故火宜微弱（80°—90°）後漸加高（90°—100°）。再量第二次$\frac{1}{3}$苛性鈉溶液，外加一倍清水稀薄，隨加隨攪，皂液盛起泡沫，變爲糊狀。如熱液將溢出鍋外，即加水少許，以遏其勢。歷二時許皂液呈渾濁棕色狀。然後將所餘之鹼液，全行加入攪拌加熱，至液呈清白狀，再煮約三時，止火加蓋，待凝結後，再加水少量，溶解，再煮二，三小時，至皂液滴於硬紙，無油漬透過，或滴於水中，溶解後，無油花上浮。或蘸取皂液，延展成絲，則爲鹼化完全之證。止火傾液入凝皂槽，越一晝夜，皂液凝結，從槽內取出，歷一，二小時，切disk成塊。俟十日乾燥，打印卽成基本皂。

圖 94 製皂

肥皂之功用在能排除油漬。因肥皂遇水，卽起水化作用而生苛性鈉及脂肪酸成乳狀體，皮膚或衣服上之油漬，因受鹼化及乳化作用而脫落，故可洗淨。

§103 染料　凡能溶於水之色素，爲染色之原料者；稱爲染料（Dye-stuff）。染料分爲動，植，礦物性染料及人造染料四種，而以人造染料爲最重要。

染料對於纖維之作用，在棉麻等植物性纖維的物質，染料不過深浸固着於纖維中間。在毛絲等動物性纖維的物質，染料則與纖維化合。又有一種染料，須用明礬，苛性鈉等爲媒介，始能染物生色。此種染料，稱爲媒染染料。明礬等媒介之物質，稱爲媒染劑（Mordant）。媒染劑在纖維中與染料化合，成不溶解之物體而固著其內。

§104 人造染料　人造染料皆爲煤焦油（Coaltar）蒸餾之生成物。例如市售之洋紅，洋綠等均屬之。又人造藍靛是由焦油腦（Naphthalene）製出。自人造藍出，染色界上大放異彩，化學史上開新紀元。藍靛不溶於水，使用時須先使還元變爲白藍。白藍無色，溶於鹼性液中。將布浸於此液而乾之，則由空氣氧化作用而生藍靛固著於纖維之上其變化如下式：

$$\underset{(\text{Indigo blue})}{\text{藍靛}} \underset{+\,O}{\overset{+\,2H}{\rightleftharpoons}} \underset{(\text{Indigo white})}{\text{白藍}}$$

煤焦油染料大別爲四種：

1　直接染料　適於染棉麻等植物性纖維

2　酸性染料　適於染毛及絲

3　鹽基性染料　適於染絲，

4　媒染染料　用媒染劑以染毛，著色較爲堅固。

試驗78

a 直接染法

（1）消除雜質　取白棉布及白毛線各少量，用濃度2％之碳酸鈉溶液浸潤，煮沸五分鐘後用清水洗滌乾淨。

（2）染色　燒杯內傘盛濃苦味酸（Picric acid），用洗淨之棉布及毛線投入，煮沸約五分鐘後，取出用清水洗滌，晒乾其放，並比較之。

另用蘇木溶液（Logwood solution），替代苦味酸，依前法試之。

b 媒染法

（1）消除雜質　與上法同

（2）製染媒　將洗淨白布先浸入明礬溶液，少時，取出，投入碳精水內晒乾其放。

（3）染色　將附着染媒之白布，投入蘇木溶液內，煮沸約五分鐘，取出用清水洗淨，並與（a）僅用蘇木直接染法比較其色澤。

習　題

1. 衣服何以能禦寒？

2. 略述絲光紗之製法及其性質。

3. 試舉市上通行棉，絲，及毛織物衣料之名稱。

4. 試述肥皂對於洗衣之功用

5. 欲去衣服上油，蠟或墨水當用何法？

6. 試述漂白粉與二氧化硫之漂白作用之比較。

7. 略述染色之原理

图 4-7 《初中化学教科书》第十五章“衣服与染料”

生活实践之间的关系；在介绍染料的分类、制取及蓝靛色的显色原理时，体现了化学反应的现象与工艺技术之间的关系。其次，教材中实验丰富。短短的几页内容就涉及了 5 个实验，体现了编辑大意中所述的“注重实验”。这 5 个实验中，有 3 个实验是关于绢、纱线、蚕丝、木棉、羊毛等物质在灼烧、碱浸、外观的对比实验，贴近生活；后两个分别是制作肥皂和布料染色，贴近化工生产。再次，教材存在教化公民的内容。在本章内容中，有“洗衣”小标题，编写层级上与“衣料”“肥皂”“染料”等本章重点内容同级别。标题下的文字虽不多，但是介绍了洗衣的目的，穿着洁净衣服的好处，强调了“对于公众卫生及个人卫生所关至要”。这段内容与当时时代背景相契合，与提高国民素质的需求相匹配，具有时代特色。最后，章后习题存在一定的开放性。课后习题共 7 道，并不都是能从本章正文中复述回答的问题。其中，“衣服何以能抗寒？”一问，教材中并没有介绍，似有综合科学课程问题的意味，学生需要综合物理、化学、生物等多学科知识，并结合生活常识进行回答。“试述漂白粉与二氧化硫制漂白作用之比较”一问，则是第五章讲过的内容（对于棉、麻、羊毛、丝等需用不同的物质进行漂白）。将这一问放到本章后提出，即体现了前后知识的联系，又是知识的深化。

5. 使用、地位和影响

书后版权页的“寄售处”信息显示，本书在北京、南京、黑龙江、苏州、天津、武昌、辽宁、厦门、太原、长春、重庆、成都、开封、长沙、济南、上海、广州等多地设有寄售处，这从侧面说明本书使用范围很可能非常广泛。

（四）《高级中学化学教科书》

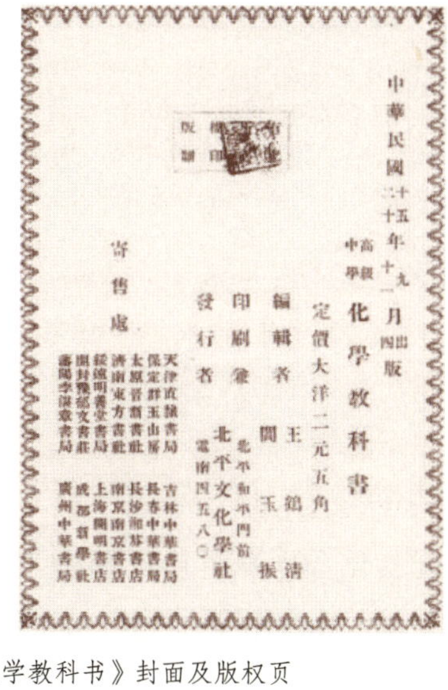

图 4-8 《高级中学化学教科书》封面及版权页

1. 基本信息

① 出版社：文化学社；

② 版次：1931 年（民国二十年）第 4 版，1926 年初版；

③ 编写人员：阎玉振、王鹤清；

④ 配套资源：《初中化学教科书》（王鹤清，1930 年），

《高级中学化学实验》（王鹤清，1925 年）。

2. 编写指导思想

本书在北师大附中使用四年，编辑大意中给出了课程开设建议：“每周四小时，一学年授毕。”在取材方面，编者特意注意了实验与理论并重，工业制法、性质及用途叙述较为详细；注意了与物理、矿物等学科相联系；注意记载本国矿产；还注意了化学前沿知识及化学史料内容的编写。本书的编写指导思想可通过“编辑大意”（图 4-9）有所了解。

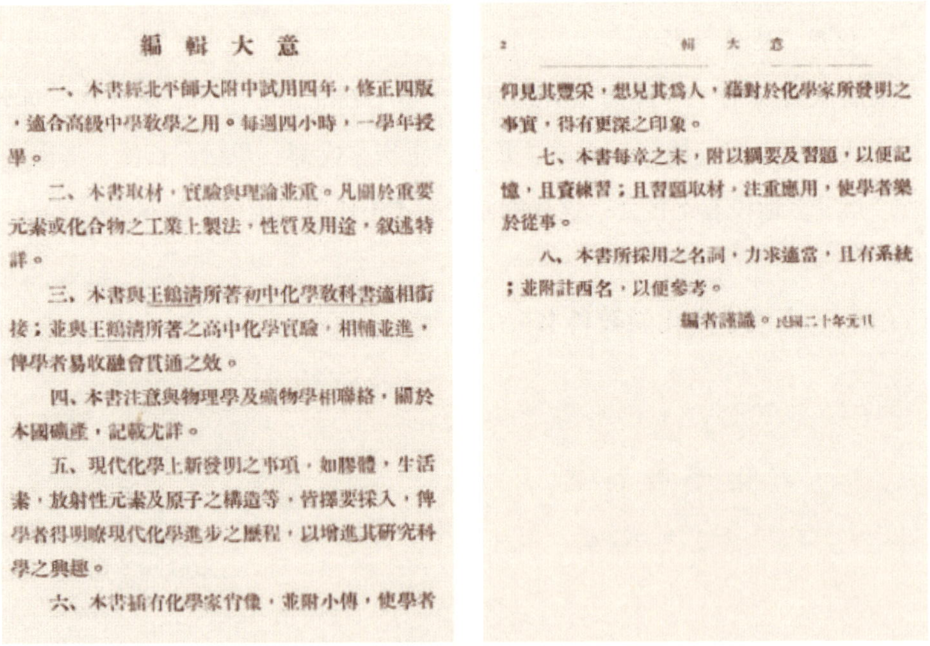

編輯大意

一、本書經北平師大附中試用四年，修正四版，適合高級中學教學之用。每週四小時，一學年授畢。

二、本書取材，實驗與理論並重。凡關於重要元素或化合物之工業上製法，性質及用途，敘述特詳。

三、本書與王鶴清所著初中化學教科書適相銜接；並與王鶴清所著之高中化學實驗，相輔並進，俾學者易收融會貫通之效。

四、本書注意與物理學及礦物學相聯絡，關於本國礦產，記載尤詳。

五、現代化學上新發明之事項，如膠體，生活素，放射性元素及原子之構造等，皆擇要採入，俾學者得明瞭現代化學進步之歷程，以增進其研究科學之興趣。

六、本書插有化學家肖像，並附小傳，使學者仰見其豐采，想見其爲人，藉對於化學家所發明之事實，得有更深之印象。

七、本書每章之末，附以綱要及習題，以便記憶，且資練習；且習題取材，注重應用，使學者樂於從事。

八、本書所採用之名詞，力求適當，且有系統；並附註西名，以便參考。

編者謹識。民國二十年元月

图 4-9 《高级中学化学教科书》的编辑大意

3. 主要内容

本书在元素化合物方面，介绍了空气、氧气、水、氢气、氮气、二氧化碳、食盐、氯气、钠、氢氧化钠、碳、蛋白质、脂肪、糖类、矿物质、维生素等物

质；在概念或原理方面，主要介绍了原子分子学说，化学符号，化学方程式、酸、碱、盐、中和、溶液、电离、周期律等内容。此外，本书还介绍了放射性元素、近代的原子构造理论等当时前沿的知识。

目　录

① 盐基类，意为金属氢氧化物。

第二十三章 金属

第二十四章 碱金属

第二十五章 肥皂 甘油 炸药

第二十六章 钙 锶 钡

第二十七章 镁 锌 镉 铼

第二十八章 铝及其化合物

第二十九章 铁 镍 钴

第三十章 铜 银 金 铂

第三十一章 锡及铅

第三十二章 锰 铬 钨

第三十三章 放射性原质及近代原子之构造论

4. 主要特点

（1）内容方面

本书概念原理内容与元素化合物知识总体比例约为 3∶7。其中，五类物质内容（非金属单质、非金属元素的化合物、金属单质、金属元素的化合物、有机化合物）中，占比最大的是金属元素的化合物，约占元素化合物内容分量的一半。在介绍这些物质时，本书较为侧重物质的物理性质、制备方法和用途等维度。在概念原理方面，教材增加了各类化学反应的总结性知识，并且加入了电离平衡等相对较难理解的内容。在介绍这些概念或原理时，教材不仅仅侧重定义和举例，而且加入了“变化规律”“概念应用的注意事项”，以及概念的“亚级分类”这几个维度。在计算方面，教材加大了计算的难度。教材中与科技、生活相联系的内容侧重工业生产和国防领域。

（2）体系方面

教材共三十三章，没有分篇，将金属、有机化合物的部分内容与无机非金属化合物及化学基本理论穿插编排。全书整体上仍是先将空气、氧气、氮气、二氧化碳等物质的介绍放在原子分子学说、化学符号、化学方程式等内容之前，再对食盐、氯气、钠、氢氧化钠进行介绍。之后以这几种物质为例，讲解酸、碱、盐、中和、溶液、电离等知识。第十五章“碳及燃料”对碳的化合物以及石油等燃料进行介绍，第十六章“食物”对水、蛋白质、脂肪、碳水化合物、矿物质、维生素等与食物相关的化学知识进行讲解。第十七章“氮之化合物”之后插入“原素之分类　周期律”一章。

第十九章至三十二章中，除了第二十五章“肥皂　甘油　炸药”的内容以专题形式出现外，其余基本以周期律为主线，对非金属和金属按顺序进行介绍。最后一章介绍了当时的前沿知识（放射性元素、近代的原子构造理论等）。

（3）呈现方式方面

全书文字为横排版，繁体字，有标点符号的半白话文体。在内容呈现上，主要以学科体系为主线。正文中用不同形式的编号，区别知识点间的包含或并列关系。语言的表述体现教学性：设有括号，括号内提问，如在一段文字描述后加“（何故？）”；或者在实验内容中留出空白，让学生在实验结束后填写；一些内容的标题不再是知识点的名称，而是带有研究性质，如“电解质在溶液中解离之证据”“氢在周期表中位置之研究”（图 4-10）。全书共有图片163 幅，包括手绘实验图和照片，均为黑白色。章节提要内容中部分有树状归纳图。

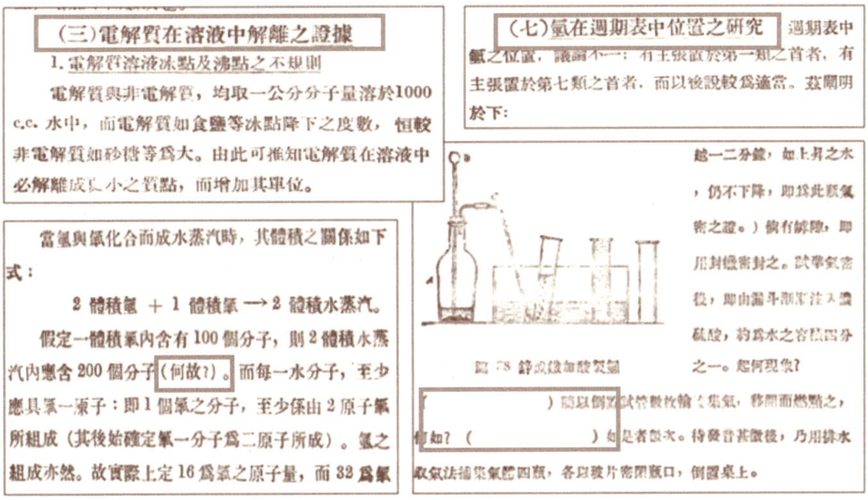
（三）電解質在溶液中解離之證據

1. 電解質溶液冰點及沸點之不規則

電解質與非電解質，均取一公分分子量溶於1000 c.c. 水中，而電解質如食鹽等冰點降下之度數，恒較非電解質如砂糖等爲大。由此可推知電解質在溶液中必解離成較小之質點，而增加其單位。

當氫與氧化合而成水蒸汽時，其體積之關係如下式：

2 體積氫 ＋ 1 體積氧 ⟶ 2 體積水蒸汽。

假定一體積氧內含有 100 個分子，則 2 體積水蒸汽內應含 200 個分子（何故？）。而每一水分子，至少應具氧一原子：即 1 個氧之分子，至少係由 2 原子氧所組成（其後始確定氧一分子爲二原子所成）。氫之組成亦然。故實際上定 16 爲氧之原子量，而 32 爲氧

（七）氫在週期表中位置之研究　週期表中氫之位置，議論不一：有主張置於第一類之首者，有主張置於第七類之首者，而以後說較爲適當。茲闡明於下：

越一二分鐘，如上昇之水，仍不下降，即爲此器氣密之證。）倘有罅隙，即用封蠟密封之。試舉氣密後，即由漏斗管注入稀硫酸，約爲水之容積四分之一。起何現象？

圖 28 鋅或鐵加酸製氫

（　　　　）隨以倒置試管數枚備收集氣，移開而燃點之，何如？（　　　　）如是者數次。待發音甚微後，乃用排水取氣法捕集氫體四瓶，各以玻片密閉瓶口，倒置桌上。

图 4-10 《高级中学化学教科书》中呈现方式举例

下面以第二十六章“钙、锶、钡”的第一节“钙及其化合物”为例，对本书的特点进行具体分析。

本节内容体现了本书在介绍物质时的特点，即以物质分类为主线进行元素化合物知识的学习，物质介绍呈现模式化。本书较多章节如图 4-11 所示的模式对物质进行介绍：首先介绍该元素的单质的产地（以及是否以游离形式存在）、制法、性质、用途，然后对该元素的化合物依次进行讲解，如金属则依次介绍其氧化物、氢氧化物、重要盐、其他化合物。对每个化合物，也是介绍其产地、制法、性质、用途等。本节内容按照此模式，在介绍了钙单质后，共介绍了十三种不同的含钙元素的化合物。此外，本节在介绍钙单质、石灰石和碳化钙 3 处内容时，都利用了工业制取设备的剖面图。全书重视工业生产技术的特点可见一斑。

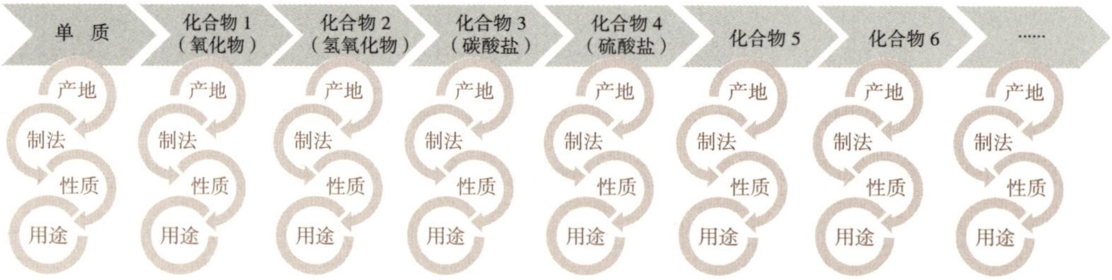

图 4-11 《高级中学化学教科书》中物质介绍模式示意图

5. 修订及其影响

“编辑大意”中提到，本书在北师大附中使用了四年，修正了第四版。也有文献指出本书共出过 6 个版次[①]，可见所用时间较长。从最后的版权页上可以看到“寄售处”有天津、吉林、保定、长春、太原、长沙、济南、南京、绥远、上海、开封、成都、潘阳、广州，可见教材使用较广。不少研究民国时期教科书的文献都提到这本《高级中学化学教科书》，亦可见其在当时有不小的影响。

① 王细荣．清末民初新型知识分子科学中化学实践研究［D］．上海：上海交通大学，2012：67．

第五章　20世纪三四十年代的中学化学教科书（1932—1949）

1927年，南京国民政府成立，随后发动“二次北伐”，实现东北易帜，在形式上基本统一了中国。随后较大规模的国民经济建设逐步开展。我国的农业、工矿业和交通运输业获得了较快发展，国民经济较北洋政府时期有了较大发展。到1936年，工农业总产值、财政收入等国民经济各项指标都达到了中华人民共和国成立之前的最高峰[①][②]。1937年七七事变后，国共再次合作，建立抗日民族统一战线。日本侵略者的破坏和掠夺给我国社会经济造成了极其严重的破坏，大大延缓了中国的现代化和工业化进程。经过全国人民的艰苦抗战，1945年8月15日，日本正式宣布无条件投降，中国人民抗日战争获得了胜利。1946年，国民政府拒绝中国共产党提出的成立联合政府、和平建国的方针，发动全面内战。1949年4月23日，人民解放军占领南京，标志着国民党在大陆统治的结束。1949年10月1日，中华人民共和国成立，中国历史进入新纪元。

20世纪三四十年代，南京国民政府为维护国民党的统治地位，实行“党化教育”政策，后将其改称为“三民主义教育”。在抗日战争时期，国民政府在全国范围内开展了国民精神总动员运动，为振奋民族精神、抗御外侮起到了一定积极作用[③]。与此同时，中国共产党在根据地和解放区开展了具有文化现代化意义的民众教育和移风易俗活动，反对国民党的党化教育与文化专制，反对封建主义思想文化和封建迷信，大力扫除文盲，提高了群众的思想觉悟，促进了根据地和解放区文化事业的发展[④]。

---

① 宗玉梅．1927—1937年南京国民政府的经济建设述评［J］．民国档案，1992（1）：94-100．

② 叶凤刚．简论1930—1937年国民政府经济建设的成就［J］．商业经济，2007（8）：9-10．

③ 周韬．南京国民政府文化建设研究（1927—1949）［D］．长沙：湖南师范大学，2008：48-53．

④ 朱益飞．1927—1937年南京国民政府的文化现代化［J］．重庆工商大学学报（社会科学版），2008（2）：123-126．

我国出版业在本时期得到了相当程度的发展，并在20世纪30年代中期达到了中国近代出版的高峰[①]。与此同时，国民政府为了维护其统治，大大加强了对新闻出版的审查和控制，建立的官方出版机构——正中书局，与商务印书馆、中华书局、世界书局、大东书局和开明书店等共同控制了当时全国教科书和其他图书出版发行的命脉[②]。

一、教育发展与学科背景

（一）教育背景

南京国民政府正式成立至七七事变的10年间，政府加强了对教育的主导权，在教育行政、教育目标和宗旨、教学内容、教育设施和经费等方面建立了比较完备的法规体系。七七事变之前的1936年，全国的学校数量和教育经费投入都达到了民国以来的最高峰[③]，学校制度、教育规模、课程设置、学科标准等方面都有了较大进步，初步建成了一个比较完整的教育体系[④]。

七七事变后，我国教育事业遭受了前所未有的破坏与损失。南京国民政府颁布了《总动员时督导教育工作办法纲领》和《战时各级教育实施方案纲要》，指出了战争时期各级教育的应变措施："在战争迫近时，各级教育务持镇静，以就地维持课务为原则；较安全地区的学校，设法收容战区学生；学校训练要切合国防需要，课程变更须照部定范围，成立战时服务团体须照部定办法；教育经费应照常发放，战区内学校的经费则作财政紧急处理，酌量变更用途。"[⑤]抗日战争胜利后，我国的教育事业得到了一定程度的恢复，但全面内战的爆发又使其发展受到了影响。

---

① 王建辉．1935—1936年：中国近代出版的高峰年代［J］．武汉大学学报（人文社会科学版），2000，53（5）：710-714．

② 周韬．南京国民政府文化建设研究（1927—1949）［D］．长沙：湖南师范大学，2008：74．

③ 李华兴．民国教育史［M］．上海：上海教育出版社，1997：12．

④ 龙琛．南京国民政府前期普通教育发展概况［J］．内蒙古农业大学学报（社会科学版），2010，12（1）：317-321．

⑤ 余子侠．国民政府抗战教育政策的形成及其决策心理［J］．华中师范大学学报（人文社会科学版），1998，37（2）：71-76．

（二）化学科学的发展

1. 化学学科发展概况[①]

20 世纪三四十年代，X 射线晶体结构分析技术获得了很大发展，人们开始能够直观地获得晶体的微观结构，对物质结构的认识更为深入。1932 年，英国实验物理学家查德威克（S. J. Chadwick，1891—1974）发现了不带电的中子，科学家随后用人工方法合成了多种放射性元素。20 世纪 30 年代末，科学家发现了核裂变。1945 年，原子弹问世，对世界军事和政治格局产生了深远影响。人类开启了利用核能的时代，这也大大促进了核化学和放射化学的发展。

伴随着物质结构理论的发展，化学家发现了众多新的反应和试剂，一系列结构新颖的复杂无机化合物和有机化合物被相继合成。例如，格氏试剂的发明促进了新的元素有机化合物和相关反应的发现，极大地促进了有机合成化学的发展。20 世纪 30 年代，德国化学家施陶丁格（H. Staudinger，1881—1965）将其提出的大分子概念进一步发展，发表了关于高分子化合物的总结性论著，奠定了高分子化学的基础。第二次世界大战促进了合成材料的飞跃发展，一系列重要的高分子材料被相继合成，并进行工业化生产，标志着人类进入了合成材料的新时代。

这一阶段也是生物化学大发展的时期。一些重要糖类的结构和一系列重要的维生素被发现；蛋白质结构理论和类固醇化合物的研究都有了重要进展；磺胺类药物开始被广泛使用；可临床应用的青霉素被制成。人们对化学药物的研究和应用极大地提高了人类的健康水平。

在这个时期之前，经典化学热力学的理论体系已经建成，人们对化学动力学的研究已经由宏观层面发展到微观层面。催化理论在 20 世纪三四十年代有了很大发展，过渡态、活性中心等一系列重要概念和理论被相继提出。德拜（D. J. W. Debye，1884-1966）、休克尔（E. Hückel，1896-1980）的电解质溶液理论研究也取得重大进展，为分析化学研究和应用提供了重要的理论基础。同时，随着各种新的试剂和滴定方法的发现，传统的化学分析方法也取得很大进步，分析精度不断提高。在本时期，电分析化学的一些基本理论，如极谱理论

① 郭保章. 20 世纪化学史［M］. 南昌：江西教育出版社，1998：26-36，127，143，179，245，294，346，412，475.

等刚刚问世，大量仪器分析技术处于起步阶段，尚未得到广泛应用。

2. 我国化学发展概况

南京国民政府时期，中央研究院、北平研究院的化学研究所和一些大学中的化学家，如吴宪、庄长恭、萨本铁、高崇熙、黄子卿、曾昭抡等都开展了卓有成效的化学研究工作，取得了不少成果。1932 年，国民政府教育部召开会议，讨论化学译名、国防化学及课程标准。与会代表认为全国化学工作者应当组织起来，为发展我国化学科教事业和抗日救国贡献力量，决定成立中国化学会。学会开办年会，创立刊物，积极开展学术交流，促进了我国化学研究和化学教育的发展①。

七七事变后，全面抗战爆发，此后除少数学校和科研机构（由教会附属或位于租界内）尚能勉强维持外，大多数学术机关或毁于战火，或随政府迁往其他地区。昆明和重庆由于有大量内迁的研究机构和大学，成为当时新的科研中心。这一时期的化学研究由于受仪器、药品和资料等方面限制，大多陷于停顿状态。但不少化学家在艰苦条件下努力设法恢复研究，仍取得了一些成果。抗日战争结束后，我国的化学研究有了一定恢复和发展，但也受到了内战爆发的严重影响。

二、化学课程概要

（一）学制

这一时期基本沿用了壬戌学制及戊辰学制系统，并根据时局需要进行了局部调整。1932 年，国民政府教育部公布了《中学法》《职业学校法》和《师范学校法》，规定普通中学、中等师范和职业中学均为中等教育，明确了各自分设的地位。普通中学仍沿用初、高中“三·三”制分段。针对各地教育实践过程中出现的问题，如“综合中学制存在着泛而不精，杂而不专的弊端，很难贯彻提高教学效果和学科标准的办学原则”，学分制与选课制“虽能调动学生学习的积

① 郭保章．中国化学史［M］．南昌：江西教育出版社，2006：464-470．

极性和主动性，但同时也有分散学生注意力甚至削弱基础学科的负面影响”[①]，国民政府对学制进行了局部修改和完善。1932 年，在普通中学取消学分制，在高中阶段取消选修课。从总体上看，这一时期我国的学制已基本稳定，并维持至 1949 年。

（二）课程设置和课程标准

1932 年颁布的《初级中学化学课程标准》和《高级中学化学课程标准》取消了综合课程，规定化学在初中的二年级和高中的二年级开设。其中，初中第一学期每周 4 小时，第二学期每周 3 小时；高中每周 4 小时，实验第一学期每周 3 小时，第二学期每周 2 小时。与暂行课程标准相比，其内容并无根本性变化，但叙述更为精练，克服了暂行课程标准学科庞杂、基础知识薄弱等不足。高中正式课程标准的“教材大纲”和“实施方法概要”在要求上更为细化，列入了 28 项具体的“实验教材”，在“实施方法概要”中特别指出：“高中化学课程，不应为大学化学之袖珍缩本”；“关于理论方面教材，不得超过全部教材百分之三十”。[②]另外，由于 20 世纪 30 年代后，日本侵略者步步紧逼，民族危机日益严重，正式课程标准中特别要求：“教材应注意本国物产，凡涉及国防化学时，尤宜加意说明。”[③]从 1932 年开始，国家规定对中学毕业生实施会考制度，这对提高中学化学的教学水平起到了重要作用。

国民政府教育部根据此后的实践情况，针对课程标准课程内容繁多、学生负担过重，课程设置过于硬性划一等问题，于 1936 年对其进行了调整：将初中化学改在三年级开设；初中和高中化学每周课时均略有减少，其中初中每两周讲授 5 小时，高中每周讲授 3 小时；初中和高中课程都加强了实验，初中每两周实验 1 小时，高中每周实验 3 小时，初中在“实施方法纲要”中专门列出了 15 项“实验教材”，高中的“实验教材”由 28 个增加到 34 个。[④]

1941 年，南京国民政府教育部又颁布了《修正初级中学化学课程标准》和《修正高级中学化学课程标准》，这两个课程标准带有明显的战时色彩。修正初中课程标准在内容上新增了一些与国防有关的内容，如毒剂、防毒、烟幕、照

① 王友军．清末和民国时期的中学历史教科书研究［D］．杭州：浙江师范大学，2005：28．

②③④ 课程教材研究所．20 世纪中国中小学课程标准·教学大纲汇编：化学卷［G］．北京：人民教育出版社，2001：40，33，38-49．

明剂等；同时注重实用，突出生产生活，“以日常生活为主，关于国防及工业教材，则随时插入，至于抽象理论及复杂计算，初中学生不易了解，则尽量删去，务求整个教材，不至成为高中化学之缩本”[①]；内容上的要求更为具体。修正高级中学课程标准也专门列入了国防化学；内容上对有机化学，以及原子构造、溶液、化学平衡等化学理论有所加强；新增了放射性元素的内容；在形式上进一步具体细化；规定了高中化学实验的不同要求（偏重数理化的甲组每周实验2小时，偏重国文、外语的乙组每两周实验2小时）。

1941年，教育部还公布了六年一贯制中学《六年制中学化学课程标准草案》，只供极少数成绩较好的中学专为升学作准备，试点范围十分有限，这里不进行讨论。之后，1948年教育部颁布的《修订初级中学理化课程标准》将初中物理、化学合并为综合性的理化课程；高中的《修订高级中学化学课程标准》不再分甲、乙组，每周讲授和实验调整为5小时，教材大纲较之前的课程标准基本上没有变化。此时，南京国民政府的统治行将结束，这次修订的课程标准实际上没有来得及在全国施行，也未对当时的化学教科书产生实质性影响。

三、教科书概貌

（一）教科书制度

民国初年，中小学教科书的供应体制基本上承袭清朝末年的审定制。实际上，由于当时军阀割据，中央政权的控制力有限，行政机构更迭频繁，当局对教科书的审定工作几乎处于放任状态[②]。本时期，南京国民政府继承了北洋政府时期的教科书审定制度，但改变了以往政府对教育和教科书较为宽松的政策，开始逐步加强管理和控制力度。

国民政府在不断加强教科书审查力度的同时，也开始着手编撰国定本教科书，于1933年成立了中小学教科用书编辑委员会。由于教育部方面缺乏出版发行

---

① 课程教材研究所．20世纪中国中小学课程标准·教学大纲汇编：化学卷［G］．北京：人民教育出版社，2001：57．

② 贺金林．国民政府时期中小学教科书供应体制的沿革［J］．中山大学学报（社会科学版），2006（5）：44-48．

机构，各大书局又难以放弃自编教科书来发行部编教科书，此次部编教科书在抗日战争前未能印行。抗日战争全面爆发后的1938年，国民党在武昌召开的临时全国代表大会通过了《战时各级教育实施方案纲要》，提出："对于各级学校各科教材须彻底加以整顿，使之成为一贯之体系而应抗战与建国之需要，尤宜尽先编辑中小学公民、国文、史地等教科书及各地乡土教材，以坚定爱国爱乡之观念。"①这为国民政府控制中小学教科书、推行党化教育提供了机会。教育部随后制定了具体的实施方案，成立各级学校各科教材编订委员会，同时规定中小学及师范学校所用的公民、国文、历史、地理教科书应由国家编辑。

由于战争形势严峻，教科书的印刷和发行受到很大影响。不仅国定本推行困难，连战前的审定本也难以保证充分供应。国统区学校出现"书荒"，教科书版本杂乱，印刷质量低劣。社会各界要求改善教科书供应的呼声很高。蒋介石曾多次致函教育部长陈立夫，要求更改教科书供应方法，他在1942年给陈的信函中建议："以后凡中小学教科书应一律限期由部自编，并禁止各书局自由编订。"②因此，1943年4月教育部将部编"国定本"教科书，以及经国立编译馆审定、由正中书局等出版的部分教科书的发行权交给由正中书局、商务印书馆、中华书局、世界书局、大东书局、开明书局、文通书局等7家书局联合组成的"国定中小学教科书七家联合供应处"（简称"七联处"），由该处统筹负责供应。并规定，从该年秋季起，所有小学各科及中学公民、国文、历史、地理各科均采用部编统一教科书，由"七联处"负责供应，其余各科仍由各校自行选用审定本。同年11月，教育部重申，各书局编印的同类教科书，无论其是否在审定有效期内均一律停止发行。至此，民国时期我国的中小学教科书供应体制完成了由审定制向审定本与国定本同时存在的混合制的转变。值得注意的是，化学因为不在规定使用"国定本"教科书的科目内，所以各地仍在使用各书局原有的教科书，实际上仍执行了审定制。

1945年抗日战争胜利后，教育部举行全国教育善后复员会议，规定各级学校教科书应使用国定本教科书，汪伪教科书应予销毁；考虑到各地的实际困难，

---

①② 中国第二历史档案馆．中华民国史档案资料汇编：第五辑第二编：教育（一）[G]．南京：江苏古籍出版社，1997：14，458．

战前的审定本仍可以使用①。但由于此时恰逢秋季开学，光复地区国定本教科书的需求量大增，各地教科书严重不足，导致某些地区的中小学仍使用了汪伪教科书。1946 年后各地教科书的供应情况有所好转，教育部要求“七联处”与省、市教育部门订约，负责供应其所需数量的教科书。1947 年，教育部颁布《印行国定本教科书暂行办法》，允许各地申请印行国定本教科书，开放了国定本教科书的版权。与此同时，国立编译馆重新开始对各出版社自编教科书的审定工作，教科书的审定和供应体制又回到了抗战以前较为自由的状态。

（二）化学教科书的出版

1. 化学教科书出版概况

根据《中国近代中小学教科书总目》，1932—1949 年共有 30 余家机构出版了 76 种化学教科书。这期间存在教科书出版较多的两个时期，一个是 20 世纪 30 年代初期，另一个是抗日战争结束后。图 5-1 反映了本时期历年化学教科书的出版数量。可以看出，近代化学教科书的出版与同时期的课程变化和社会局势的变迁密切相关，并同样体现出影响的滞后性。

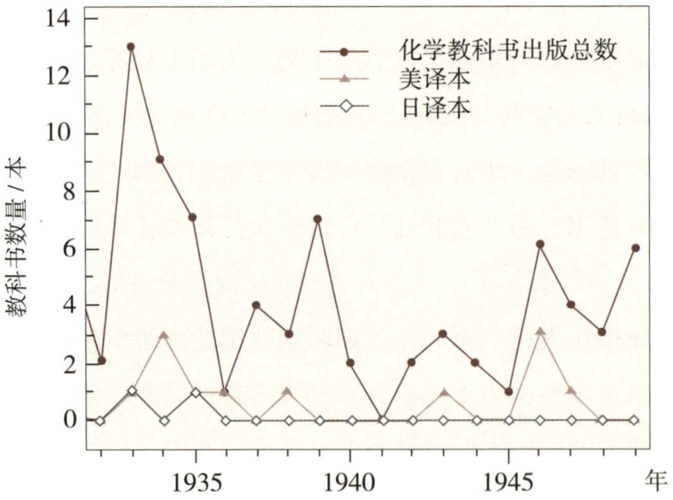

图 5-1　本时期历年的化学教科书出版数量

以 1932 年正式课程标准颁布为直接推动力，各家出版机构在随后几年内竞相推出符合新课程标准的教科书，化学教科书的出版在此时进入了近代的最高

---

① 贺金林．国民政府时期中小学教科书供应体制的沿革［J］．中山大学学报（社会科学版），2006（5）：44-48．

潮[①]。1933年一年之内有13种化学教科书问世，约占近代中国化学教科书出版总数的十分之一，化学教科书发展呈现出一片繁荣景象。短暂的出版高峰时期过后，由于抗日战争，化学教科书的发展受到了严重影响。大规模、成体系的化学教科书编写再也没有出现过。另外，1937年南京失陷后，汪伪政权出于为己正名的政治目的，曾在20世纪30年代末出版了一系列教科书，其中的化学教科书《初中化学》《高中化学》于1937—1943年出版。

如前所述，1943—1947年，“七联处”供应的“国定本”教科书主要是小学各科及中学公民、国文、历史、地理等科目，没有化学教科书。[②] 1948年，出现了由商务印书馆、正中书局、中华书局和“五联社”（大中国图书局、新亚书局、广益书局、北新书局、中联印刷公司）分别出版的“国定本”化学教科书。

20世纪三四十年代的化学教科书，一个显著的特点就是较严格地按照课程标准编撰（外译本除外），大多数教科书在封面和编辑大意中均明确地指出了这一点。例如，1934年蒋拱辰的《初中化学》，1944年张江树、章涛的《新中国教科书　高级中学　化学》等。由于课程标准经多次修订，内容较为科学严谨，所列条目具体细致，对教科书的规范作用日益加强。这一时期的化学教科书在内容上以课程标准为依据，经过教育部审定，因此相比前一时期的教科书，其体系和内容较为系统、规范，编制与设计更为科学与成熟，进入了稳步发展并逐步定型的时期[③]。但也存在教科书形制日益模式化、特色不明显等问题。

出版史研究者汪家熔对这一时期我国教科书发展的整体状况进行过总结[④]，摘编如下。

北伐后国民党执掌中央政权，在课程标准里，它规定必须表达的项目日益细密，因而各家编撰的教科书逐渐失掉了个性。更由于规定得过于细密，民营出版企业无所措手足。……最后，似乎是“因势利导”，

① 毕苑．中国近代教科书研究［D］．北京：北京师范大学，2004：44-46．
②③ 石鸥，吴小鸥．中国近现代教科书史：上［M］．长沙：湖南教育出版社，2012：431-441，416．
④ 汪家熔，民族魂：教科书变迁［M］．上海：商务印书馆，2008：140-141，175．

1934年后的商务印书馆、中华书局、开明书店等民营出版机构干脆不再编撰新教科书。1936年教育部颁发的课程标准全国没有一个出版社根据它编过一整套课本。抗日战争爆发后，民营出版社更无力维持编辑队伍。1942年颁发的课程标准，其本质是国民党政府在教科书领域的全面控制。因为既然新的课程标准颁布了，所有的教科书理应照此改动，按照旧的标准编撰的教科书当然应该淘汰，各民营出版机构只能代印国立编译馆编的课本发卖。

1936年、1941年以及1948年教育部颁布的三个课程标准和民营出版企业已经毫无关系，仅仅是颁布给自己的国立编译馆去执行的标准。

可见，一方面由于抗战爆发、内战持续导致社会动荡，另一方面由于国民政府在教育出版方面的控制日益加强、课标规定日趋细密，化学教科书的出版呈现逐步衰落的态势。

2. 内容来源分析

民国时期，社会对符合我国国情的教科书的需求日益增长，国内化学学科本土化和建制化的过程持续发展，著名学者如杜亚泉、郑贞文、柳大纲、张江树等都参与了当时中学化学教科书的编写。国人自主编写的化学教科书已成为主流。1932—1949年，自编化学教科书在化学教科书出版中所占的比例从清朝末年的22%上升到83%[①]。

20世纪30年代，日本帝国主义对我国的威胁日益明显，政治形势的变化使日本由昔日的西学中转站成为敌国，社会反日情绪日益高涨。而美国已成为世界上科技、经济最为发达的国家，并且相对其他帝国主义强国，美国采取较为积极开放的对华政策。大量中国人赴美留学，回国任职、任教，在政治、经济、教育、科学等诸多领域对近代中国社会产生了广泛而深刻的影响[②]。到20世纪三四十年代，外译的化学教科书几乎均译自美国的趋势更为明显。这期间，日译本教科书仅在20世纪30年代初出版过两种；美译本教科书出版12种，除了

① 郭震．近代中国化学教科书的出版与内容特点分析［J］．课程·教材·教法，2014（2）：101．

② 沈岚霞．20世纪上半叶美国对华教育传播研究［D］．上海：华东师范大学，2010：2-5．

1934 年商务印书馆翻译出版的马克裴松（W. McPherson，生卒年不详）的《今日的化学》[①]，其余 11 种均为美国 20 世纪二三十年代布莱克（N. H. Black，1874—1961，当时音译为“勃拉克”）和科南特（J. B. Conant，1893—1978，当时音译为“康乃德”或“柯能”）[②] 合著的化学教科书《Practical Chemistry: Fundamental Facts and Applications to Modern Life》[③] 的译本（表 5–1）。在近代化学传入中国半个多世纪后，仍有不少中学在使用译自美国的化学教科书，一方面说明当时中国化学的发展仍比较落后，化学要实现本土化还有很长的路要走，另一方面也可以看出当时美国的科学文化对中国的巨大影响[④]。

表 5–1　1932—1949 年出版的外译本化学教科书[⑤]

序号	书名	作者	作者国籍	编（译）者	出版社	出版年
1	化学精义	高田德佐	日	张资模	商务印书馆	1933
2	化学基础	永海佐一郎	日	郭辉南 王若瑶	商务印书馆	1935
3	今日的化学	W. McPherson	美	杨春洲	商务印书馆	1933
4	实用化学	N. H. Black J. B. Conant	美	吴静山	世界书局	1934
5	勃康实用化学	N. H. Black J. B. Conant	美	蒋揖冰	世界书局	1934
6	实用化学	N. H. Black J. B. Conant	美	孙豫寿	商务印书馆	1934
7	最新实用化学	N. H. Black J. B. Conant	美	余兰园	不详	1935

①⑤ 王有朋．中国近代中小学教科书总目［G］．上海：上海辞书出版社，2010：706–718．

② 布莱克，1896 年毕业于哈佛大学，教育家。科南特，化学家、教育家，曾任哈佛大学校长。

③ 该书 1920 年初版，1929 年修订（Practical Chemistry: Fundamental Facts and Applications to Modern Life. New York: Macmillan Co., 1920, 1929），中译本名为《实用化学》或《勃康实用化学》。经增订后改名为《New Practical Chemistry: Fundamental Principles Applied to Modern Life》，于 1936 年出版，1946 年出版修订版（New Practical Chemistry: Fundamental Principles Applied to Modern Life. New York: Macmillan Co., 1936, 1946），译本名为《最新实用化学》或《新订实用化学》《最新实用生活化学》。

④ 张培富，夏文华．书籍史视阈中的中国近代化学发展史考察——基于对“民国”时期出版的化学著作的计量分析［J］．山西大学学报（哲学社会科学版），2007，（4）：124–129．

续表

序号	书名	作者	作者国籍	编（译）者	出版社	出版年
8	最新实用化学	N. H. Black J. B. Conant	美	徐作和 钟良芳	沪江化学社	1936
9	最新实用化学	N. H. Black J. B. Conant	美	顾均正	开明书店	1938
10	最新实用化学	N. H. Black J. B. Conant	美	龚昂云	世界书局	1943
11	最新实用化学	N. H. Black J. B. Conant	美	薛德炯 薛鸿达	中国科学图书仪器公司	1946
12	新订实用化学	N. H. Black J. B. Conant	美	孙豫寿	商务印书馆	1946
13	最新实用生活化学	N. H. Black J. B. Conant	美	周文	上海科学社	1946
14	最新实用化学（改订本）	N. H. Black J. B. Conant	美	顾均正	开明书店	1947

根据《中国近代中小学教科书总目》，这一时期出版化学教科书最多的6家出版机构为世界书局（12种）、商务印书馆（11种）、开明书店（6种）、正中书局（5种）、中华书局（5种）和文化学社（4种）。其他大多数书局因实力所限，没有编写系统成套的各科教科书，只编写了个别学科，出版化学的很少。

与其他时期类似，此时期化学教科书的出版非常明显地集中于上海、北京两地。出版地域分布上的巨大差异，是近代中国经济、文化、科技发展的不平衡性在化学教科书出版中的具体体现，同时也与当时国内政治形势密切相关。较之上海和北京，重庆与南京的化学教科书出版在数量和出版持续时间上虽有局限性，但体现出较多的政治因素影响。

（三）代表性教科书及其选择

在20世纪三四十年代，初、高中成套的化学教科书共有7套，分别由商务印书馆、世界书局、文化学社、正中书局、中华书局5家机构出版[①]（表5-2）。

① 在该时期出版化学教科书数量最多的6家出版机构中，开明书店没有出版成套的初、高中化学教科书。其出版的高中化学教科书为1938年和1947年出版的美国《实用化学》中译本。

这些成套的化学教科书出版后经过多次修订，都持续使用到 20 世纪 40 年代末，使用时间长、使用面广，在当时的影响较大。

表 5-2　1932—1949 年出版的初、高中成套的化学教科书

序号	书名	作者	出版社	初版年	现存最后版次时间	现存最后版次
1	复兴初级中学教科书 化学	韦镜权 柳大纲	商务印书馆	1933	1947	235
		舒重则		1948	1950	29
	复兴高级中学教科书 化学	郑贞文	商务印书馆	1934	1948	67
2	朱氏初中化学	朱昊飞	世界书局	1933	1938	6
	朱吴两氏高中化学	吴冶民 朱昊飞	世界书局	1933	1939	5
				1940	1949	17
3	新课程标准　文化初中教本　初中化学	沈星五	文化学社	1935	不详	不详
	新课程标准　文化高中教科书　高中化学	沈星五	文化学社	1935	不详	不详
4	新标准　文化初中教本　初中化学	王鹤清	文化学社	不详	1947	11
	新标准教材　高中化学	阎玉振 王鹤清	文化学社	1933	1934*	2
5	建国教科书　初级中学化学	王义珏	正中书局	1935	1945	113
	建国教科书　高级中学化学	黄素封	正中书局	1937	1947	64
6	新中国教科书　初级中学化学	李嘉谟 李邵谟	正中书局	1943	1948	171
	新中国教科书　高级中学化学	张江树 章涛	正中书局	1944	1948	2

续表

序号	书名	作者	出版社	初版年	现存最后版次时间	现存最后版次
7	新课程标准适用　初中化学	蒋拱辰	中华书局	1934	1936	13
7	新课程标准适用　初中化学	华襄治	中华书局	1937	1948	52
7	新课程标准适用　高中化学	黄德溥	中华书局	1934	1947	11

*注：在1947年版的《新课程标准　文化初中教本　初中化学》的“编辑大意”中有，本书“上承小学自然科之基础教材，下接编者同阎玉振君合编之高中化学”，故可推断王鹤清、阎玉振的《新标准教材高中化学》在20世纪40年代也有出版，且与初中教科书成套匹配。

表5-2中的复兴教科书是中国近代以来体系最庞大、科目最齐全的一套教科书[①]。其中化学教科书的作者郑贞文，在上一章中已有介绍。另外，从表中可以看出，大多数教科书初版于1933—1934年，20世纪40年代的只有正中书局的《新中国教科书　化学》。本书作者之一张江树，1926年获哈佛大学理学硕士学位，曾任中山大学、武汉大学、中央大学等校教授，国立编译馆化学仪器名词审查委员。综合考虑这7套教科书修订版次、出版年代、出版社和作者影响力等因素，选择《复兴中学教科书　化学》和《新中国教科书　化学》为成套化学教科书的样本。

此外，还有其他一些在文献中涉及较多、在当时影响较大，但不成套的化学教科书（表5-3）[②]。

表5-3　1932—1949年出版的其他影响较大的化学教科书

序号	书名	编（译）者	出版社	初版年	现存最后版次时间	现存最后版次
1	新课程标准适用初中化学教本	赵廷炳	开明书店	1934	1948	13
2	实用化学	N. H. Black J. B. Conant （吴静山 译）	世界书局	1934	1934	初版

① 毕苑．建造常识：教科书与近代中国文化转型［M］．福州：福建教育出版社，2010：123．

② 课程教材研究所．新中国中小学教材建设史（1949—2000）研究丛书·化学卷［M］．北京：人民教育出版社，2010：28-29．

续表

序号	书名	编（译）者	出版社	初版年	现存最后版次时间	现存最后版次
3	更新高级中学教科书　化学	王箴	商务印书馆	1938	1950	25
4	新课程标准世界中学教本　高中新化学	魏福嘉	世界书局	1939	1949	8

其中，前文已经提到的布莱克和科南特的《实用化学》教科书在美国声誉卓著，该教科书在当时的中学化学教学中有较大的影响，很有代表性，故选择其作为外译本教科书的样本。《更新高级中学教科书　化学》作者王箴，于1924年获密歇根大学化学硕士学位，曾任厦门大学、浙江大学等高校化学系教授，以及中国化工学会理事。他编写的这本教科书在本时期经多次修订后，持续使用至20世纪50年代，版次繁多，也被选做样本。

1948年各出版社出版的“国定本”化学教科书内容一致，在“编辑要旨”中均说明：“本书遵照民国三十年四月教育部公布修订中学化学课程标准编辑，共分两册，供初级中学一学年之用。”“本书试用期间，暂以一年为度。期满汇集各方意见，再加修订，以为定本。”国民政府教育部希望该书经试用后再行改进，形成正式的国定本教科书，实际则因政局的变化而未能实现。该书的出现已至民国末年，目前可见的教科书均只有第一版，其代表性较为有限，故不作详细介绍。

根据地和解放区方面，由于印刷条件困难，教科书来源断绝，且旧有教科书与根据地、解放区的实际情况也多有不适应之处，根据地政府开始自行组织出版以小学阶段为主的教科书，中等学校的教科书出版相对较少。根据《中国近代中小学教科书总目》及《民国时期总书目（1911—1949）中小学教材》[①]，根据地出版的化学教科书只收录了苏区中等教材《化学常识》（徐特立，教育人民委员部编审局，1934年），东北解放区高中临时教材及专科学校适用《化学》（顾均正译，东北书店，1949年）和山东解放区中学暂用课本及青年自学读物《实

① 北京图书馆，人民教育出版社图书馆．民国时期总书目（1911—1949）中小学教材［G］．北京：书目文献出版社，1995：281-281．

用化学》（王洪年，新华书店，1949 年）这 3 种。其中，王洪年编写的《实用化学》在山东解放区使用较广，有配套实验教材，并在中华人民共和国成立后被选作代用课本，影响较大，因此被选作根据地和解放区化学教科书的代表性教科书。

四、代表性教科书

（一）复兴中学教科书

1.《复兴初级中学教科书　化学》

图 5-2 《复兴初级中学教科书　化学》封面

（1）基本信息

① 出版社：商务印书馆；

② 版次：上册，1934 年（民国二十三年）第 40 版，1933 年初版，

下册，1934 年（民国二十三年）第 25 版，1933 年初版；

③ 编写人员：韦镜权、柳大纲；

④ 配套资源：《民国时期总书目》中录有韦镜权编写的《复兴教科书化学教员准备书》（商务印书馆，1935 年）。此外，由于复兴化学教科书内较少涉及具体的化学实验，商务印书馆出版了配套

的实验教科书。《复兴初级中学教科书 化学实验》（图 5-3，谭勤余，商务印书馆，1936 年）是依据 1936 年《初级中学化学课程标准》在“实施方法概要”下列出的 15 项“实验教材”编写的，活页装订，可兼作实验报告。该书对每个实验均列出了目的、仪器、药品和详细操作步骤。在最后提出若干问题，从实验原理、操作注意事项、相关背景知识等方面引导学生进行思考，将实验教材与教科书中的内容联系起来。

图 5-3 《复兴初级中学教科书　化学实验》封面

（2）编写指导思想

本套初中教科书依照国民政府教育部颁布的《初级中学化学课程标准》进行编写。其编写指导思想体现于“编辑大意”中。

编辑大意

（一）本书编制，完全依照教育部二十二年所颁布的新课程标准。

（二）本书的教材，都经慎重选择，对于国内情形，学校设备，教学时间，学生智力，均经充分注意，以期切合时代的需要。

（三）本书对于重要术语，基本原理，都在可能的范围内，尽量收罗。并用简明清新的词句，深入浅出，使学生易于领悟。此为进修高深化学的津梁，学者幸勿以其简易而忽之。

（四）本书对于日常生活之有关于化学的事物，皆触类旁通，加以讨论。

（五）本书对于国产和国防，特别注意，一方使学生明了国产材料，和国内的化学工业状况，一方使学生知发展国产之有待于科学，及国防和化学和工业之连带关系。

（六）本书所用度量衡，全依国府颁定的标准制。名词都依教育部新颁的化学命名原则，间附习用旧名，以资参考。书末附有汉英对照表，以便检阅。

（七）本书所列问题，俱能引人入胜，每一问题之解答，更能使学生对于实际事物，切实了解，并增进其运用学理以解决使用问题的经验。

（八）本书所采的教学方法，以实验和发现为主。但鉴于国内各地学校设备情形，故未编实验节目，并避免用繁复器械的教材，务希教者因地制宜，多使学生实验参观，得有充分受科学训练的机会。

（九）本书对于有机化学教材，择其有关日常生活者编入，其余概行省略。对于衣料和食物，都采用最新的学说和研究成绩，使学生有正确的了解。国产的优良材料，尤再三致意。

（十）本书所附插图，不仅清晰美观，且因多附国货工厂照片，兼可明悉我国化学工业实况。

（十一）本书属稿匆促，编者虽力求完善，诚恐心余力拙，如蒙批评指正，极所欢迎。

编者识　中华民国二十二年五月

（3）主要内容

教科书上册正文 174 页，约 7 万字，包含 14 章，121 个专题知识点，51 幅图片，66 道习题。除了第六章分为三节，其余各章不分节，直接进入知识点的介绍。下册页码接续上册，正文共 168 页，约 7 万字，包含 18 章，134 个专题知识点，30 幅图片，70 道习题。各章不分节，直接进入知识点的介绍。

教科书目录如图 5-4 所示。教科书内容以元素化合物知识为主线，包含了常见的金属、非金属元素单质及化合物。有机化学的内容则只选入常见的、与生产和生活关系较密切的醇、酯、醚、糖类、油脂和蛋白质，同时将实用性强、较为重要的燃料和食物单独设章介绍。教科书从最简单、常见的空气、水、氢气、碳等物质入手，再介绍其他金属和非金属元素的单质及化合物，以及放射性元素。上册穿插了物态变化、化学基本定律、相对原子质量、相对分子质量、化学符号、化学平衡等基本概念、原理的内容，下册安排了氧化还原、电解质、

化學目錄

上册

化學目錄

下册

图 5-4 《复兴初级中学教科书 化学》目录

元素周期律等理论性内容。

（4）主要特点

教科书在内容选材上立足当时我国的国情，充分考虑了学校设备、教学时间和学生智力等方面的因素，除了介绍重要的术语和基本原理外，注意了对日常生活中有关化学事物的呈现，使学生能够切实了解实际事物，并增加其运用理论知识解决实际问题的经验。有机化学方面，教科书注意选择与日常生活关系密切的内容，更深入的内容则适当省略。有关衣料和食物的内容，都采用了当时最新的研究结果。教科书还特别注意国产和国防，附有多幅国货工厂的照片，使学生了解国产材料和国内化学工业的实际状况的同时知道国防和化学工业之间的关系。如第十章“铁”，教科书充分落实课程标准对该部分的要求，详细介绍了铁矿石的种类。对炼铁过程的主要原理列出了化学方程式，并配合工业生产设备——炼铁高炉的图片进行说明，对与生产相关的内容进行了详细介绍，体现出编者对生产实际的高度重视。教科书一方面介绍我国铁矿、焦煤的产地和古代的名剑，插入“国立中央研究院工程研究所”电炉炼钢的图片，让学生了解国情，提升民族自豪感；另一方面又结合时局，指出外国资本对我国的经济侵略和“野心国家”对我国的威胁，对学生进行生动、具体的爱国主义教育（图 5–5）。

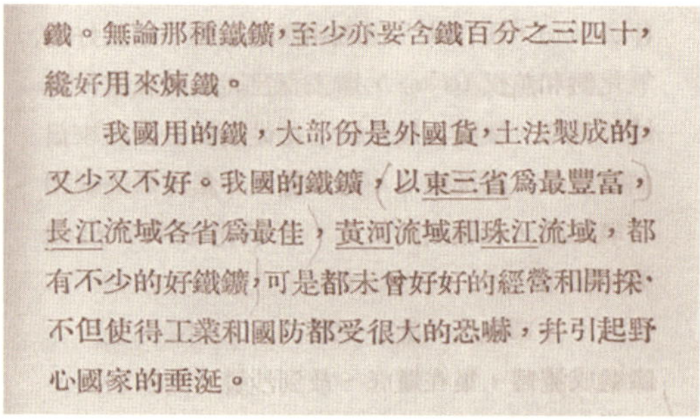
鐵。無論那種鐵鑛，至少亦要含鐵百分之三四十，纔好用來煉鐵。

我國用的鐵，大部份是外國貨，土法製成的，又少又不好。我國的鐵鑛，以東三省爲最豐富，長江流域各省爲最佳，黃河流域和珠江流域，都有不少的好鐵鑛，可是都未曾好好的經營和開採，不但使得工業和國防都受很大的恐嚇，并引起野心國家的垂涎。

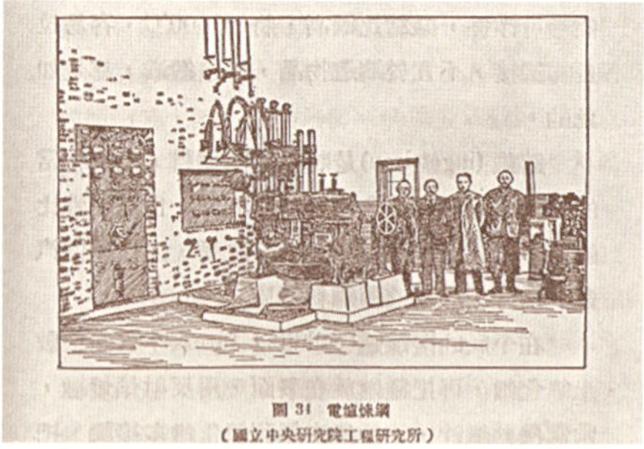
圖 31 電爐煉鋼

（國立中央研究院工程研究所）

图 5–5 《复兴初级中学教科书　化学》中爱国主义教育内容举例

教科书在表述上注意做到深入浅出，使学生易于领悟，采用“以实验和发现为主”的教学方法。但鉴于当时国内各地学校的设备条件，教科书未编入实验，并避免教材中有使用复杂仪器的内容。编者希望教师因地制宜，尽量使学生动手实验，接受充分的科学训练。例如，第四章“水的组成　氢”对氢气实验室制法的介绍，编者认为在配套实验教材《复兴初级中学教科书　化学实验》的“实验七　氢之制法及性质”中对此已有比较详尽的说明，同时考虑到当时初中学校仪器配备的实际情况，故在教科书此处对实验着墨不多，并未将其单独列出。教科书中大量涉及化学实验操作的内容，大多采用实验装置图结合简要文字说明的形式进行示意（图 5-6）。

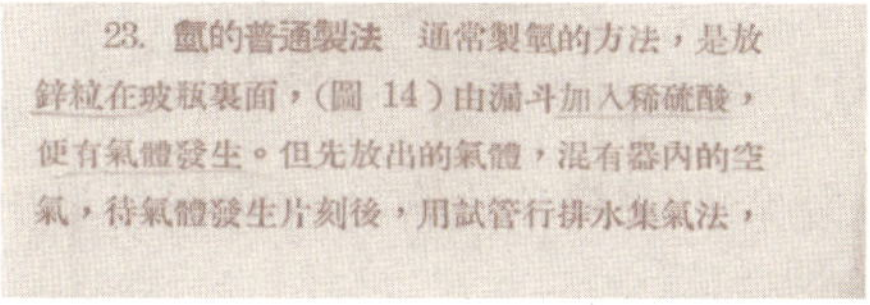
23. **氫的普通製法**　通常製氫的方法，是放鋅粒在玻瓶裏面，(圖 14)由漏斗加入稀硫酸，便有氣體發生。但先放出的氣體，混有器內的空氣，待氣體發生片刻後，用試管行排水集氣法，

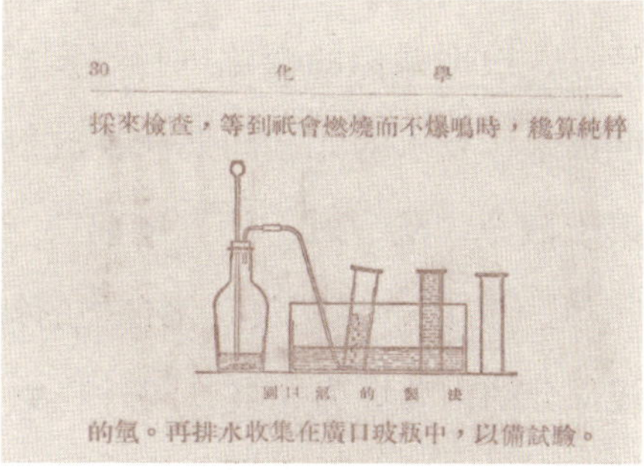
30　　化　　學

採來檢查，等到祇會燃燒而不爆鳴時，纔算純粹

圖14 氫的製法

的氫。再排水收集在廣口玻瓶中，以備試驗。

图 5-6 《复兴初级中学教科书　化学》中实验内容举例

教科书在每一章内将各知识点单独编号列出，并以黑体字标示出重要的名词概念或重要物质，同时附注对应英文（图 5-7）。教材层次清晰，重点突出。书内附有“万国原子量表（1932）”、元素周期表插页和汉英对照表附录，以方便学生在学习时随时查阅。书中的度量衡依照国民政府颁布的标准，化学名词依据教育部颁布的化学命名原则，即国立编译馆 1933 年编订并出版的《化学命名原则》，全书在内容形制上较为规范。

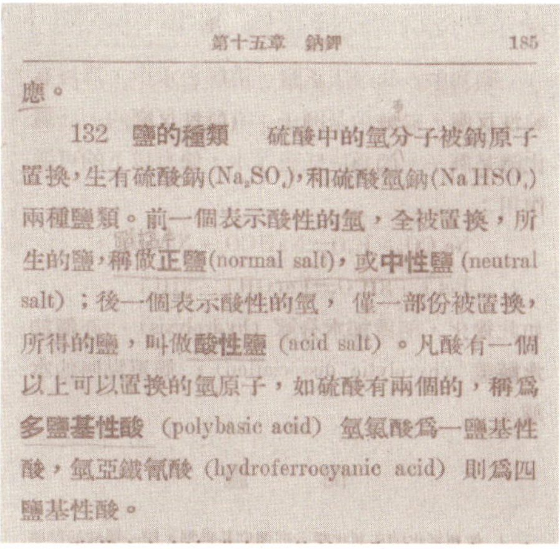
第十五章　鈉鉀　　185

應。

132　**鹽的種類**　硫酸中的氫分子被鈉原子置換，生有硫酸鈉(Na_2SO_4)，和硫酸氫鈉($NaHSO_4$)兩種鹽類。前一個表示酸性的氫，全被置換，所生的鹽，稱做**正鹽**(normal salt)，或**中性鹽**(neutral salt)；後一個表示酸性的氫，僅一部份被置換，所得的鹽，叫做**酸性鹽**(acid salt)。凡酸有一個以上可以置換的氫原子，如硫酸有兩個的，稱爲**多鹽基性酸**(polybasic acid)氫氯酸爲一鹽基性酸，氫亞鐵氰酸(hydroferrocyanic acid)則爲四鹽基性酸。

图 5-7 《复兴初级中学教科书　化学》中中英文对照举例

（5）修订情况

本书出版后至20世纪40年代，编者认为其内容与1941年修正课程标准“不甚相符”，故根据修正课程标准进行了重新编写，于1948年出版。教科书的封面仍显示为“复兴初级中学教科书　化学”，不同之处是编者变为舒重则，同时加注“依照教育部修正课程标准编辑（修订本）”字样。

修订前后两本教科书的内容和顺序基本一致，修订后的教科书保持了原书的特点，根据课标的变化进行了调整。一方面，删去了1936年和1941年课程标准都未作要求的元素周期律、放射性元素两章的内容，同时在上册的最后新增第十四章“酸　碱　盐　电离”，在下册的最后新增第二十八章“化学和国防”。另一方面，将铁及其化合物的知识从上册第十章移至下册第十七章，使非金属部分的内容更为完整，同时避免了较复杂的铁及其化合物的知识过早出现，降低了学习难度。有机化学部分则根据修正课程标准的要求，将“醇、酯、醚、糖类、油脂、蛋白质”这样学科中心式的有机物节名，改为更贴近生活的“酒、醋、酱、油脂和肥皂、食物和营养”等实用性具体物质的节名。

（6）使用、地位与影响

《复兴初级中学教科书　化学》在20世纪40年代经修订重编，现存的最后版本是1950年第29版，其使用贯穿了几乎整个20世纪三四十年代。中华人民共和国成立初期，全国尚无统一的教科书。教育部曾向教师征询意见，推荐合适的教科书作为代用课本，并于1950年7月与新闻出版总署联合发布了《关于1950年秋季中小学教科用书决定》。其中列出的初中化学推荐代用课本中即有本书①。本书及其他复兴系列教科书是我国20世纪三四十年代具有代表性的教科书，对当时的化学教育产生了重要影响。

2.《复兴高级中学教科书　化学》

（1）基本信息

① 出版社：商务印书馆；

② 版次：上册，1934年（民国二十三年）初版，
下册，1934年（民国二十三年）初版；

① 课程教材研究所．新中国中小学教材建设史（1949—2000）研究丛书：化学卷［M］．北京：人民教育出版社，2010：29．

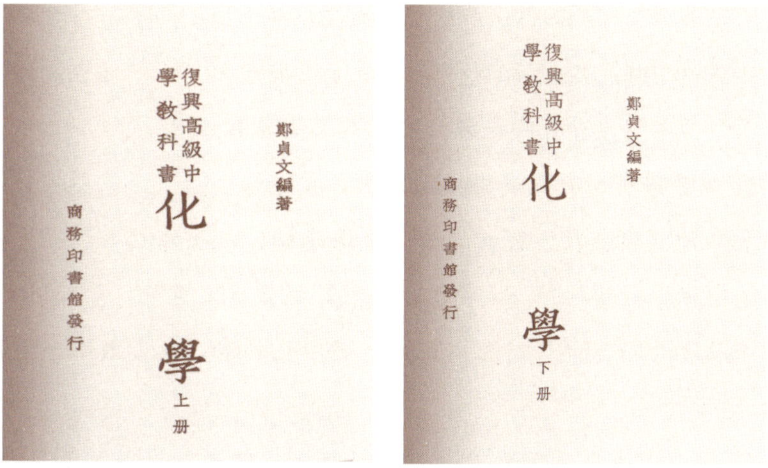

图 5-8 《复兴高级中学教科书　化学》封面

③ 编写人员：郑贞文；

④ 配套资源：《中国近代中小学教科书总目》收录了《复兴高级中学教科书　化学实验教程》（郑贞文、黄开绳，商务印书馆，1934 年），《复兴高级中学教科书　化学实验》（王义珏等，商务印书馆，1934 年），《复兴高级中学教科书　化学实验指导书》（王义珏等，商务印书馆，1935 年），以及《复兴高级中学教科书　化学实验》（赵廷炳，商务印书馆，1930 年）。这 4 本配套用书均根据规定的实验进行编写，并补充了很多参考数据，但编写目的和侧重点各有不同，互相补充，构成了与《复兴高级中学教科书　化学》配套的完整体系。

（2）编写指导思想

郑贞文在 20 世纪 20 年代末曾编写了《新时代高级中学教科书　化学》（商务印书馆，1929 年）。该书出版后颇受欢迎，曾多次重印。他本人在该书的基础上，依照国民政府教育部 1932 年颁布的《高级中学化学课程标准》，删去繁难内容，增加补充了新的内容，同时保持原书特色（编辑大意中称“保全新时代高中化学之精华”），并参照教师使用后的意见进行改编。教科书在编写时充分考虑学生已有的知识基础，编排上循序渐进，选材上注重实用。其编写指导思想体现于“编辑大意”中。

编辑大意

1. 本书编制，依照教育部最近颁行之高中化学课程标准，供高级中学校教科书之用，并作师范学校之教本及参考书之用。

2. 编者前有新时代高中化学出版，重印数十版，深蒙各校采用，并承各方教师以实地教学经验见告，至深感纫，兹改编本书，一方保全新时代高中化学之精华，一方参酌近年实地教授者之意见，删旧编之繁难，益以新收之材料，俾从前采用新时代高中化学者，改用本书，尤见便于教授。

3. 初中毕业生，学力不一，故说明化学现象，由浅显平易处入手，一切定理定义，均从详叙述，循序演进，以确立化学之基础知识。一面将化学上主要反应，基本理论，实际应用，及最近进步情形，提纲挈领，悉予网罗，俾升学时得充分之预备知识。

4. 理论化学，陈义较深。本书所采者以说明化学反应之必要范围为度。如原子说、离子说、质量作用定律、热化学等，均述其梗概。但亦避去高等数学，俾易理解。

5. 应用化学与日常生活有密切关系，本书尤为注意。如酸、碱、盐类之制造，金属之冶炼，燃料、染料、药品、化学兵器及其他有机化合物之合成等，均采最新方法图示说明。

6. 分析化学，须另定时间教授实验。本书仅开示其原理及计算方法，俾知应用而已。

7. 挽近化学，以胶质、新荣养素、放射性物质及原子结构理论等最为进步。本书特加注意，择最新学说之已证实者，详为解释，以引起研究化学之兴趣。

8. 本书编辑以采用发现的教授法为主。先举若干具体实例，而后归纳概括导出一般性质及普遍原理。全书以周期律为中心，将理论应用各方面教材，适宜配列，使前后五十二章互相衔接，而达于新物质观，俾读者得化学之整个观念。（教授时如采用抽编之“原子周期表”挂图，尤为便利。）最后殿以化学应用于战争之知识，使知化学与国防之关系。

9. 本书限于篇幅，记事务从简约。如物质之制法，只举现代最适用者为主，余不备录。又物质之性质及生成法无特述之必要者，不列专条。

10. 本书所用化学名词，均依教育部公布之化学命名原则，有确定完善之系统。

11. 本书于每章之后各附问题若干条，使学生根据所习原理以解释自然现象，命题概重实用，含义亦极浅显。所有计算问题，应用数学方面，亦至为简单，并附有答数，以资检证。

（3）主要内容

本套教科书上册正文247页，约11万字，共23章，56节，节以下列出知识点，共259个，插图42幅，每章后有数量不等的习题，共137道。下册226页，页码接续上册，约11万字，共26章，41节，249个知识点，插图34幅，128道习题。教科书首先介绍空气、氧气、氮气、稀有气体、氢气、水等物质，再集中讲授化学基本定律、原子分子论、气体的性质、化学式、化学方程式、溶液等化学理论、概念。接下来继续介绍其他非金属、金属元素及其化合物，以及有机化合物的知识。其中穿插了质量作用定律、电化学、热化学、固体的性质、营养化学、胶体化学、周期律、容量分析等理论性内容。教科书将元素的放射性、原子结构和国防化学的内容放在全书最后。

表5-4 《复兴高级中学教科书　化学》上册目录

章序号	章标题	节标题
一	绪论	—
二	空气　养气　臭氧	燃烧，空气，养气，臭氧
三	淡气及稀有气体	淡气，稀有气体
四	轻气　水	轻气，水，过氧化氢
五	基本定律　原子　分子	化学反应之基本定律，原子说　分子说，原子量　分子量
六	气体之性质	气体之基础定律，气体分子之运动
七	化学式	分子式　实验式，化学方程式
八	溶液	溶液之性质，溶质之分子量

续表

章序号	章标题	节标题
九	食盐　氢氧化钠　碳酸钠　盐酸	食盐，氢氧化钠，碳酸钠，氯化氢　盐酸
十	卤素及其化合物	卤素，卤素之氢化合物，卤素之氧化合物
十一	质量作用定律	—
十二	电化学	离子说，电解，离子说之应用
十三	硫及其化合物	硫黄，硫化氢，硫之氧化物，硫之酸类，硫之碳化合物，氧族元素
十四	热化学	—
十五	氮之化合物	氮之氢化合物，氮之氧化物，氮之含氧酸，氰　氰酸，空中淡气取留法
十六	燐及其化合物	燐，磷与氢及氯之化合物，磷之氧化物及含氧酸
十七	砷锑铋及其化合物	砷及其化合物，锑及其化合物，铋及其化合物
十八	固体之性质	—
十九	矽及其化合物	矽，矽之化合物，窑业
二十	碳及其氧化物	碳，碳之氧化物
二十一	燃料	—
二十二	碳化氢	饱和碳化氢，不饱和碳化氢，环状碳化氢
二十三	醇　醚　醛　酮	醇，醚，醛　酮

表 5-5 《复兴高级中学教科书　化学》下册目录

章序号	章标题	节标题
二十四	有机酸　羟酸　酯	有机酸，羟酸，酯，醯[①]
二十五	氮磷砷之碳化合物	氮之碳化合物，磷及砷之碳化合物
二十六	异构物	—
二十七	碳水化物	碳水化物，糖类，纤维素及树胶
二十八	蛋白质	蛋白质，蛋白质之分解物
二十九	精油类及樟脑类	精油类，樟脑类
三十	生物碱类及色素	生物碱，色素
三十一	荣养化学	—

① 醯，意为酰。

续表

章序号	章标题	节标题
三十二	胶质化学	—
三十三	元素之周期律	—
三十四	碱族元素	锂 钠，钾，铵盐
三十五	容量分析	—
三十六	合金	—
三十七	铜族元素	铜，银，金
三十八	碱土族元素	钙，锶 钡
三十九	镁族元素	镁 铍，锌 镉，汞
四十	土族元素	硼，铝，镓 铟 铊，稀土族金属
四十一	锡及其化合物	锡，锡之化合物
四十二	铅及其化合物	铅，铅之化合物，碳族元素及钛族元素
四十三	铬族元素	铬，钼 钨 铀
四十四	锰	—
四十五	铁族元素	铁，钴 镍
四十六	铂族元素	—
四十七	元素之放射性	—
四十八	原子结构	—
四十九	化学与国防之关系	各种毒剂，防御方法

（4）主要特点

《复兴高级中学教科书　化学》是与《复兴初级中学教科书　化学》同一时期、同一出版社出版的化学教科书，其体系、内容和编排呈现与初中教科书有诸多相通之处，但也有自己的特点。

① 从全书体系结构上看，初中和高中教科书都是从空气和水出发，以元素化合物知识为纲，将物质按其构成进行分类叙述，按照非金属、金属、有机化合物的顺序进行编排。初中教科书这样安排主要是从学生身边最常见的简单物质入手，将学生引入化学的大门；高中教科书则考虑到当时“初中毕业生，学力不一”，因此注意“从浅显平易处入手”说明化学现象，“一切定理定义，均

从详叙述，循序演进，以确立化学之基础知识”。在非金属部分，穿插化学基本概念、基础理论和化学用语的内容。初中教科书中，周期律作为对元素化合物知识的总结，在教科书最后呈现。而高中教科书中的周期律出现在元素化合物知识的中间部分，“以周期律为中心，将理论应用于各方面教材”，“使前后五十二章互相衔接，而达于新物质观，俾读者得化学之整个观念”。

从内容上看，高中教科书根据课程标准的规定进行编写，元素化合物部分的内容都十分庞杂。无机化学的内容，介绍了60余种元素及其化合物，一般均包含了制备、性质和用途等一整套内容，过于全面；由于元素化合物部分缺乏相关理论指导，内容显得不够系统，比较烦琐。有机化学的内容，在第二十章“碳及其氧化物”之后，集中且系统地介绍了烃类、醇、醚、醛、酮、酸、酯、含氮磷砷元素的有机化合物、碳水化合物、蛋白质、精油类及樟脑类、生物碱类及色素等内容。化学基本概念和基本理论，如化学基本定律、原子分子论、气体的性质、化学式、溶液、质量作用定律、电化学、热化学、固体的性质、胶体、元素周期律、容量分析、放射性元素、原子结构等内容，被穿插编排于元素化合物知识之中。另外，高中教科书编入了“气体之性质”，这一部分内容在20世纪50年代后被纳入物理学课程。

② 教科书知识面较广，重视实用，常识性内容多，特别重视与生产、生活有关的内容。这本高中教科书很好地落实了1932年《高级中学化学课程标准》“目标”的第二、第三条：“阐明化学与国防、工业、农业、医药、卫生、家庭等之关系”，“引起学生对于化学有明确之观念及浓厚之兴趣”[①]；强调：“应用化学与日常生活有密切关系，本书尤为注意。如酸、碱、盐类之制造，金属之冶炼，燃料、染料、药品、化学兵器及其他有机化合物之合成等，均采最新方法图示说明。”

教科书中出现了大量联系生活的知识，对与日常联系紧密的内容进行了专门介绍，将“碳水化物”“蛋白质”“精油类及樟脑类”“生物碱类及色素”“荣养化学”单独成章。其余各章在讲述元素化合物时，也注意随时结合物质的性质介绍其实际用途。例如，高中教科书结合氢气的性质，介绍其在飞艇、氢氧吹管中的应用，并附有实物图或原理图（图5-9）。

① 课程教材研究所．20世纪中国中小学课程标准·教学大纲汇编：化学卷［G］．北京：人民教育出版社，2001：35．

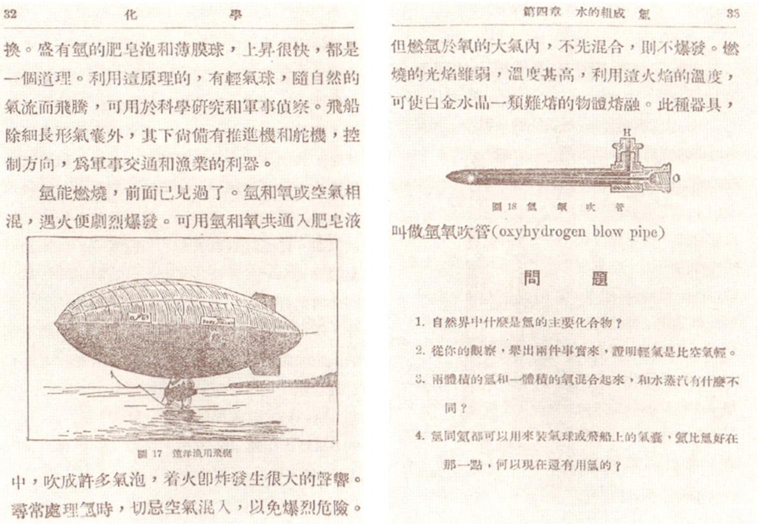

32　　化　　學

換。盛有氫的肥皂泡和薄膜球，上昇很快，都是一個道理。利用這原理的，有輕氣球，隨自然的氣流而飛騰，可用於科學研究和軍事偵察。飛船除細長形氣囊外，其下尚備有推進機和舵機，控制方向，爲軍事交通和漁業的利器。

氫能燃燒，前面已見過了。氫和氧或空氣相混，遇火便劇烈爆發。可用氫和氧共通入肥皂液

圖 17　遠洋漁用飛艇

中，吹成許多氣泡，着火即炸發生很大的聲響。尋常處理氫時，切忌空氣混入，以免爆烈危險。

第四章　水的組成　氫　　35

但燃氫於氧的大氣內，不先混合，則不爆發。燃燒的光焰雖弱，溫度甚高，利用這火焰的溫度，可使白金水晶一類難熔的物體熔融。此種器具，

圖 18　氫　氧　吹　管

叫做氫氧吹管(oxyhydrogen blow pipe)

問　題

1. 自然界中什麽是氫的主要化合物？
2. 從你的觀察，舉出兩件事實來，證明輕氣是比空氣輕。
3. 兩體積的氫和一體積的氧混合起來，和水蒸汽有什麽不同？
4. 氫同氦都可以用來裝氣球或飛船上的氣囊，氦比氫好在那一點，何以現在還有用氫的？

图 5-9 《复兴高级中学教科书　化学》中联系生活、生产的内容举例

对于工业生产所涉及的原理、流程和典型设备，教科书都使用较大篇幅进行详细说明，出现了很多细节性的内容。例如，介绍了硫的开采、氨的合成、氰氨化钙的制法、木材干馏、人造丝的生产、炼钢等内容。

教科书的这一特点与近代中国落后的教育现状有关。1949 年全国大学毛入学率仅为 0.26%，能接受高等教育的人为数极少[①]。这就意味着当时绝大多数中学毕业生将直接进入社会从事生产。普通中学的化学教育就必须在较短时间内给学生搭建起一个化学知识的框架，承担部分职业教育的任务。因此教科书中编入了较多与学生日后工作、生活相关的化学知识，甚至是常识性内容。这可以看作是近代内忧外患下，知识分子“实业救国”的理想在化学教科书中的折射。

③ 教科书在内容呈现方面，编写时以“发现的教授法”为主，先举若干具体实例，而后归纳概括，推导出一般性质和普遍原理，考虑了学生的思维习惯和接受能力，重点突出、条理清晰，可读性好。排版上将重要的名词概念用黑体字印刷，并标注了对应的英文，同时将重要原理和结论等内容用波浪线标出；介绍元素化合物知识时，当某种元素的单质第一次出现，还将其物理参数单独列出放在最前（图 5-10）。与初中教科书不同的是，高中教科书为丰富教材内容、开阔学生的视野，同时不增加教学负担，将部分内容以小号字体印刷，作

① 杨德广，张瑞田. 60 年来中国高等教育大众化进程. 现代大学教育 [J]. 2009 (6): 27-32.

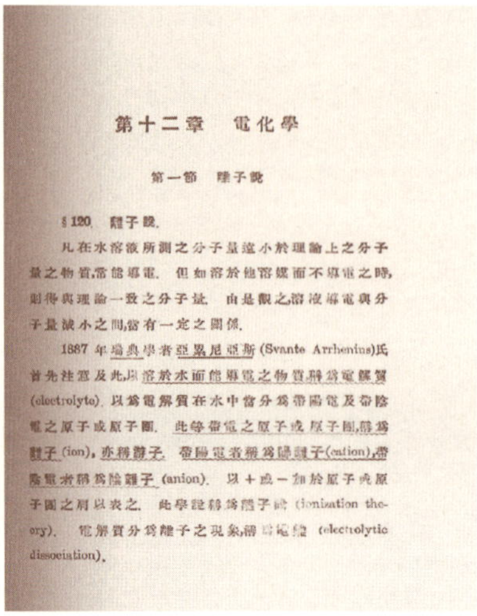

第十二章 電化學

第一節 離子說

§120. 離子說.

凡在水溶液所測之分子量遠小於理論上之分子量之物質,常能導電. 但如溶於他溶媒而不導電之時,則得與理論一致之分子量. 由是觀之,溶液導電與分子量減小之間,當有一定之關係.

1887年瑞典學者亞累尼亞斯(Svante Arrhenius)氏首先注意及此,以溶於水而能導電之物質,稱為電解質(electrolyte). 以為電解質在水中當分為帶陽電及帶陰電之原子或原子團. 此等帶電之原子或原子團,稱為離子(ion),亦稱游子. 帶陽電者稱為陽離子(cation),帶陰電者稱為陰離子(anion). 以+或-加於原子或原子團之肩以表之. 此學說稱為離子說(ionization theory). 電解質分為離子之現象,稱為電離(electrolytic dissociation).

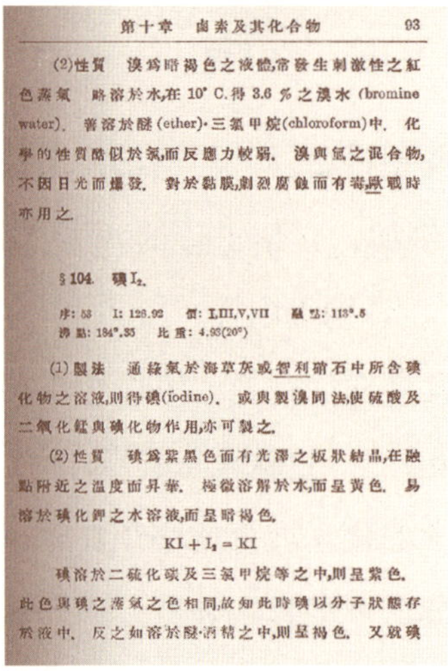

第十章 鹵素及其化合物 93

(2)性質 溴為暗褐色之液體,常發生刺激性之紅色蒸氣. 略溶於水,在10°C.得3.6%之溴水(bromine water). 善溶於醚(ether)·三氯甲烷(chloroform)中. 化學的性質酷似於氯,而反應力較弱. 溴與氫之混合物,不因日光而爆發. 對於黏膜,劇烈腐蝕而有毒,歐戰時亦用之.

§104. 碘 I_2.

序: 53 I: 126.92 價: I,III,V,VII 融點: 113°.5
沸點: 184°.35 比重: 4.93(20°)

(1)製法 通綠氣於海草灰或智利硝石中所含碘化物之溶液,則得碘(iodine). 或與製溴同法,使硫酸及二氧化錳與碘化物作用,亦可製之.

(2)性質 碘為紫黑色而有光澤之板狀結晶,在融點附近之溫度而昇華. 極微溶解於水,而呈黃色. 易溶於碘化鉀之水溶液,而呈暗褐色.

$$KI + I_2 = KI$$

碘溶於二硫化碳及三氯甲烷等之中,則呈紫色. 此色與碘之蒸氣之色相同,故知此時碘以分子狀態存於液中. 反之如溶於醚·酒精之中,則呈褐色. 又就碘

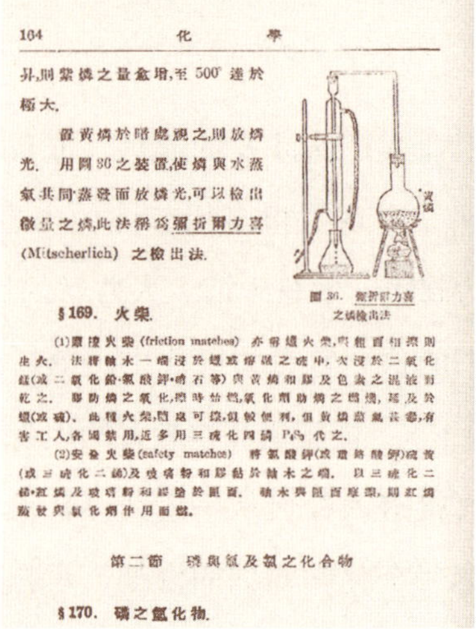

164 化學

昇,則紫燐之量愈增,至500°達於極大.

置黃燐於暗處觀之,則放燐光. 用圖36之裝置,使燐與水蒸氣共同蒸發而放燐光,可以檢出微量之燐,此法稱為密士赫力喜(Mitscherlich)之檢出法.

圖36. 密士赫力喜之燐檢出法

§169. 火柴.

(1)摩擦火柴(friction matches) 亦稱蠟火柴,與粗面相擦則生火. 法將軸木一端浸於蠟或熔融之硫中,次浸於二氧化錳(或二氧化鉛·氯酸鉀·硝石等)與黃燐和膠及色素之混液而乾之. 膠防燐之氧化,擦時始燃,氧化劑助燐之燃燒,延及於蠟(或硫). 此種火柴,隨處可擦,似較便利,但黃燐蒸氣甚毒,有害工人,各國禁用,近多用三硫化四燐 P_4S_3 代之.

(2)安全火柴(safety matches) 將氯酸鉀(或重鉻酸鉀)硫黃(或三硫化二銻)及玻璃粉和膠黏於軸木之端. 以三硫化二銻·紅燐及玻璃粉和膠塗於匣面. 軸木與匣面摩擦,則紅燐微量與氧化劑作用而燃.

第二節 磷與氫及氯之化合物

§170. 磷之氫化物.

图 5-10 《复兴高级中学教科书 化学》中内容呈现方式举例

为拓展性选学内容，供师生灵活选用。

④ 教科书注意结合国情和国防。《高级中学化学课程标准》在附注中规定“关于物产方面应注重本国材料”。这本教科书将“化学与国防之关系”专列一章，介绍了各种毒剂和防御的方法。

⑤ 由于受当时课程标准和化学学科发展的限制，教科书中化学理论部分的内容较少。1932 年《高级中学化学课程标准》规定：“关于理论方面教材，不得超过全部教材百分之三十。”而《复兴高级中学教科书 化学》的理论部分的篇幅占全书的 19%，不到四分之一。20 世纪前半叶，物质结构学说正在发展之中，化学中一些重要理论尚未发现或尚待完善。教科书中化学理论部分的内容与元

素化合物知识结合不够紧密，元素周期律和原子结构出现的位置过于靠后。编者对原子结构理论在构建中学化学知识体系认识上的局限，一定程度上妨碍了原子结构及其他化学理论在教科书中应有作用的发挥。尽管如此，教科书仍比较注意反映化学理论的新进展，原子结构以独立的一章呈现即是一种体现。

⑥ 教科书未单独讲述化学实验，在各章正文中也未设立单独的化学实验栏目，只是通过插图展示物质制备或性质实验的仪器装置，在正文中对相关原理进行简要描述，不涉及具体实验操作和药品用量，对化学实验涉及甚少。其主要原因是编者考虑了当时学校仪器和药品配备不足等国情。

（5）使用、地位和影响

复兴教科书是民国教科书发展史上一座里程碑式的山峰，也是 20 世纪三四十年代教科书的典型代表[①]。《复兴高级中学教科书　化学》是复兴系列教科书的重要组成部分。商务印书馆不仅编写了教科书，还出版了实验教科书和教学指导书，配套资源比较完备。通过复兴高中化学教科书现存的最后版本（1948 年第 67 版）可以了解到该书在整个 20 世纪三四十年代都在不断地出版，使用广泛，具有较大的影响。

（二）新中国教科书

1.《新中国教科书　初级中学　化学》

图 5-11 《新中国教科书　初级中学　化学　上册》封面及版权页

① 毕苑. 中国近代教科书研究［D］. 北京：北京师范大学，2004：46.

（1）基本信息

① 出版社：正中书局；

② 版次：上册，1948 年（民国三十七年）沪 13 版，1945 年初版，

下册，1948 年（民国三十七年）沪 11 版，1943 年初版；

③ 编写人员：李嘉谟、李邵谟；

④ 配套资源：《新中国教科书　初级中学　化学实验教程》（李嘉谟、李邵谟，正中书局，1947 年）选取了步骤简单、结果可靠的 15 个化学实验，与教科书一致。书中既有化学实验的基本操作，也有重要物质，如氧气、氢气、二氧化碳、盐酸、氨等的制取和性质实验，还有联系生活实际的实验内容，如“植物纤维和动物纤维的鉴别法”“去渍法”等。

（2）编写指导思想

本套教科书依照国民政府教育部 1941 年颁布的《修正初级中学化学课程标准》进行编写。其编写指导思想集中体现于“编辑大意”中。

编辑大意

（1）本书完全遵照教育部民国三十年四月颁布的修正初级中学化学课程标准编辑而成，全书共约八万言，分上下两册，专供初级中学二年级上下两学期化学科教学之用。

（2）本书编辑以日常生活所常遇的事物，或用实验所表示的现象为出发点，先使学生对每一事理或每一现象发生浓厚的兴趣，然后徐徐导入主题。

（3）教师于讲授时，可先就日常现象及表演实验的结果，提出问题，然后引入教材，借以引起学生对于学习化学的兴趣（请参阅此次部颁修正初级中学化学课程标准内所列实施方案概要）。

（4）本书对于化学与衣、食、住、行的关系，都随时详加说明；化学与国防和工业的关系，尤特为致意，必要时且列专节叙述。至于抽象理论，复杂计算及初中学生所不必涉及的材料，均尽量删去，以求整个教材不至成为高中化学的缩本。

（5）本书注重科学本国化，对于本国天然物产资源，现有规模较大

及较有希望的化学工业，叙述颇详。

（6）本书叙述均由浅入深，便于教学。全部名词、定义、定律都在适当处随叙述和实验而发见，使学者易于领悟及记忆，并可免去教师讲解时的困难和学者学习时的乏味。

（7）本书中互有关联的教材，于说明上和编排上都特别注意，务使其不失联络，一部分教材并用参考引证法，§表示所应参考的节数。

（8）本书所列实验均简而易行，所用仪器药品，大部分都是实验室里所必备而又易于购置的。

（9）本书所用名词，均依据教育部公布的化学命名原则改订本一书。每册之末，并附有中英名词索引，以便检阅。

（10）本书每章之末均附有习题若干则，使学者能根据所学，解释日常生活里的自然现象，并供课外复习之用。

（11）本书于章末未列纲要，教师可于教完一章后，令学生各自作一份，使其能有概括的观念，而又便于温习。

（12）本书插图丰富，能补文字叙述之不足。

（13）编者又根据部颁标准所列实验教材，编有初级中学化学实验教程一册，专供学生分组实验之用，其内容与讲授教材互相吻合，借以辅助学生对在教室内所授教材之了解。

（14）本书属稿匆促，编者虽已力求完善，但恐心有余而力不足，挂漏之处，在所难免，尚希海内明达，不吝教正。

民国三十一年八月　编者谨识

（3）主要内容

本套教科书上册正文98页，约6万字，书前有“原子量表（1945年）”，有编辑大意，书后附“中英名词索引”，共10章，81幅插图。章以下不分节，直接进入编号的各个知识点，共96个，每章后附几道到十几道不等的习题。下册正文98页，约6万字，书后附“元素周期表（1941）”“中英名词索引”，共18章，106个知识点，38幅插图。教科书在内容上以元素化合物知识为主线，从空气、水开始，依次介绍元素化合物的各个类别。化学概念或理论方面的知识安排在第七章、第八章和其余章内一些独立的知识点中。根据课程标准的要求，有机化学部分没有根据官能团分类进行系统的介绍，而是在下册的最后讲了一些与生活密切相关的具体有机物。

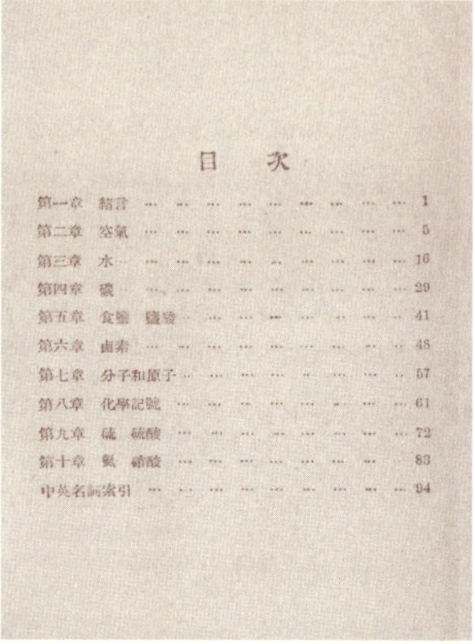
目 次

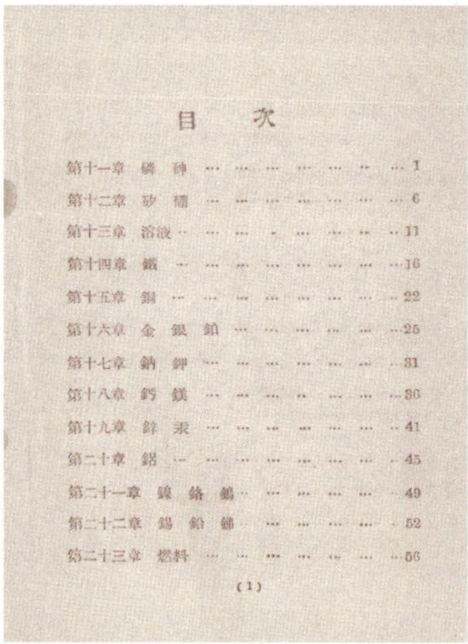
目 次

(1)

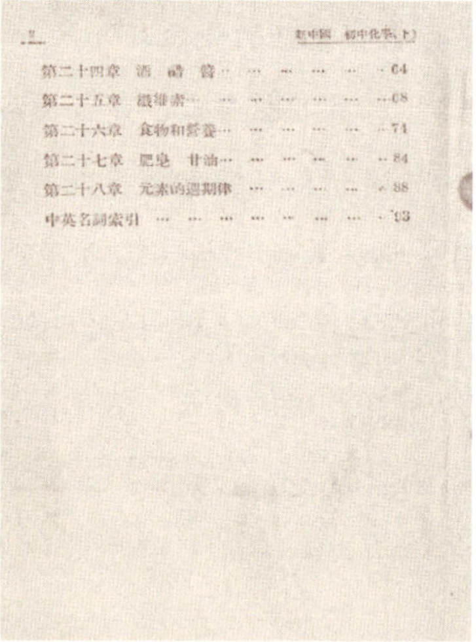
2 新中國 初中化學(下)

图 5-12 《新中国教科书 初级中学 化学》目录

（4）主要特点

本套教科书严格依据修正课程标准进行编写，在内容选材上注意从生活出发，对与生产、生活有关的内容十分重视，对化学与衣、食、住、行的关系随时详加说明，同时对化学与国防和工业的关系尤其注意，进行了专门讲述。相关内容不仅着墨较多，而且加入了很多示意性很强的插图，对生产流程进行详细说明（图 5-13），图文并茂，形象直观，便于学生接受。

76　新中國　初中化學（下）

使易於消化，就是這個緣故。

圖 116　（上）含澱粉的植物　（中）在顯微鏡下所見的澱粉　（下）澱粉的製品

（2）糖　糖的種類很多，其中以蔗糖爲最普通，又叫做砂糖，用甘蔗或甜菜（圖 117）製得．我國廣東、四川、福建、江西、浙江等省都產甘蔗，山東、河北等省有甜菜出產．

製蔗糖時，先榨壓甘蔗的莖或甜菜的根，在所得的糖汁中，

含淀粉的植物、显微镜下的淀粉及淀粉制品的示意图

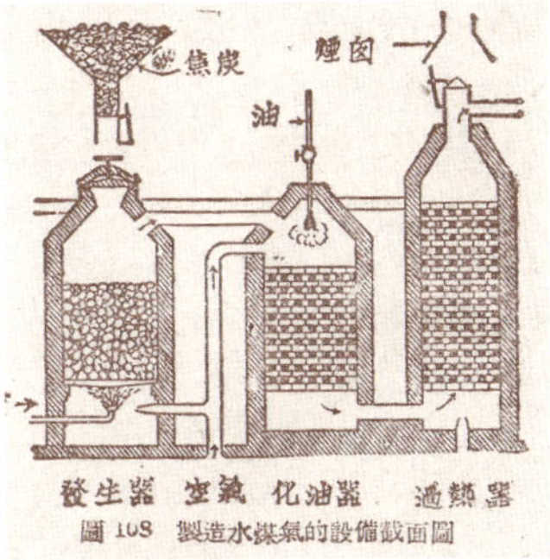

圖 108　製造水煤氣的設備截面圖

制造水煤气的设备截面图

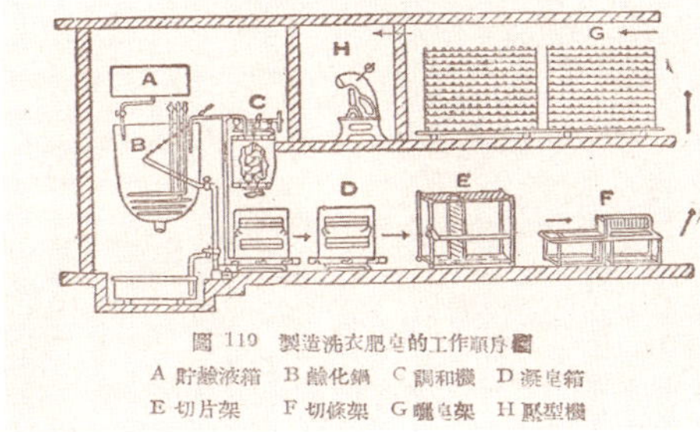

圖 119　製造洗衣肥皂的工作順序圖

A 貯鹼液箱　B 鹼化鍋　C 調和機　D 凝皂箱

E 切片架　F 切條架　G 曬皂架　H 壓型機

制造洗衣肥皂的工作顺序图

图 5-13 《新中国教科书　初级中学　化学》中的插图举例

教科书注意科学的本国化，对我国物产资源及化学工业的叙述比较详细。同时，教科书还注意结合时局对学生进行国情和爱国主义教育。如在介绍人造丝时，指出："我国是世界四大产丝国之一，近来因制造不求改良，人造丝又复充斥市场，在国际市场上的丝业竟为日、意诸国所夺，江、浙丝绸事业，因以逐渐衰退，而人造丝的进口有增无已，实属可慨！"表达了编者对我国民族工业发展的深切关注，期望对学生产生潜移默化的影响。

在体系编排上，这套教科书遵循课程标准的规定，无机元素和化合物部分的内容介绍得比较全面，按照从非金属到金属的顺序进行编排，体现了化学的学科特点。接下来以第二十三章"燃料"作为过渡，进入有机化学部分。对于有机物，没有按照学科分类进行系统描述，而是以生活问题为中心，选取与之密切相关的酒、醋、酱、纤维素、食物、肥皂、甘油等具体的代表性物质进行介绍。化学的基本概念和理论部分，除了分子和原子、化学记号、溶液和周期律单独成章讲述外，其余内容均分散为独立的知识点，在上册的前四章内交替出现。教科书基本不涉及初中生没有必要学习的抽象理论和复杂计算等内容，"以求整个教材不至成为高中化学的缩本"。

教科书对化学实验非常重视，在正文中将实验作为独立栏目，以不同的字号单独列出，描述了详细的操作步骤与注意事项。同时配合插图，显示实验装置或操作方法（图 5-14）。教科书中所列实验均简便易行，仪器、药品大部分都是实验室里所必备而又易于购置的，便于学校开展。

空　氣　11

實驗室裏常用上述方法製氧，單獨用氯酸鉀加熱，須相當高的溫度，始有氧發生。如預先加入少量二氧化錳後，再行加熱，只須較低的溫度，氧即行大量放出。在實驗前後，二氧化錳並未發生變化。它的作用不過促進氯酸鉀分解的速度而已，像這樣，凡一物質能變更他物質的化學變化的速度，而自身並沒有變化的，叫做催化劑，這種因有催化劑存在而發生的化學變化，叫做催化作用。

圖 8　從氯酸鉀與二氧化錳製氧

16. 氧的性質和用途

實驗 1.　取氧一瓶，觀察其色，嗅其氣，嘗其味。

實驗 2.　將燃着的蠟燭，立於燃燒匙上，插入盛氧的瓶中，即見其燃燒較劇烈(圖 9)。

實驗 3.　取硫少許，置於燃燒匙上點燃後，入盛氧的瓶中，即見硫發出美麗的紫藍色火焰而燃(圖 10)。

實驗 4.　取細鐵絲將一端捲於鉛筆上捲成螺旋形，並附以火柴一小段，先點燃火柴，插入氧瓶中，鐵絲即行燃燒，火花四射，……

圖 9　氧中燃燭

圖 10　氧中燃硫

图 5-14 《新中国教科书　初级中学　化学》中化学实验内容举例

在内容呈现上，教科书以日常生活中常见的实物或实验现象为出发点，先使学生对此产生浓厚兴趣，再导入主题，由浅入深进行教学。重要的名词、定义、定律都在书中适当位置随叙述和实验而自然出现，使学生易于领悟和记忆。作者在编写时特别注意互有关联的教材内容，注意前后呼应。在教科书中出现的某些内容，如果在教科书的其他部分存在与之相关联的内容，则使用“参考引证法”，在相应位置用“§”后的数字标注在本书中可参考的节数，方便师生在使用时参考（图 5-15）。

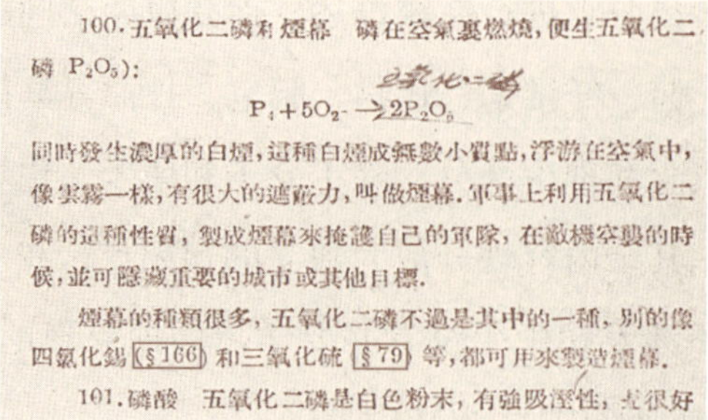
100. 五氧化二磷和煙幕　磷在空氣裏燃燒，便生五氧化二磷 P_2O_5)：

$$P_4+5O_2 \rightarrow 2P_2O_5$$

同時發生濃厚的白煙，這種白煙成無數小質點，浮游在空氣中，像雲霧一樣，有很大的遮蔽力，叫做煙幕。軍事上利用五氧化二磷的這種性質，製成煙幕來掩護自己的軍隊，在敵機空襲的時候，並可隱藏重要的城市或其他目標。

煙幕的種類很多，五氧化二磷不過是其中的一種，別的像四氯化錫 [§166] 和三氧化硫 [§79] 等，都可用來製造煙幕。

101. 磷酸　五氧化二磷是白色粉末，有強吸溼性，是很好

图 5-15 《新中国教科书　初级中学　化学》中内容呈现举例

（5）修订情况及影响

该书版次繁多,《中国近代中小学教科书总目》记载的最后版本为 1948 年 171 版。人民教育出版社图书馆藏样本书上册“1948 年沪 13 版”和下册“1948 年沪 11 版”，书中未提及本书的具体修订情况。本书在出版后的短短几年内多次再版印刷，并在中华人民共和国成立后，教育部和新闻出版总署联合发布的《关于 1950 年秋季中小学教科用书决定》中被选为代用课本[①]，可见其在当时的使用比较广泛，在中学化学教育界具有一定影响。

2.《新中国教科书　高级中学　化学》

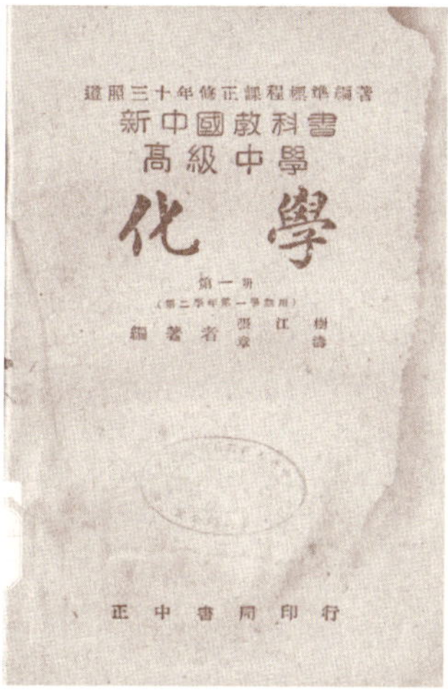

图 5-16《新中国教科书　高级中学　化学　第一册》封面及版权页

（1）基本信息

① 出版社：正中书局；

② 版次：第一册，1948 年（民国三十七年）沪 2 版，1944 年初版，

第二册，1946 年（民国三十五年），版次不详，初版时间不详；

③ 编写人员：张江树、章涛；

（2）编写指导思想

本书编写的指导思想可从“编辑大意”中得以了解。

① 课程教材研究所．新中国中小学教材建设史（1949—2000）研究丛书：化学卷［M］．北京：人民教育出版社，2010：29．

编辑大意

1. 本书教材，完全根据教育部三十年所颁修正高级中学化学课程标准的规定。

2. 凡和本国有关的材料，尽量加入。国外材料于必要时亦加采用。

3. 本书小字和附注材料较多，备作教师调节时间和程度之用。

4. 高中化学是继初中化学而教，故书中往往有叙述在后而引用在前的材料，并非编者前后不相呼应，实予学生以温故的机会，并借以衔接及打通高初中的教材。

5. 本书对化学译名原则，有较详的叙述和实例，并于每一译名的初次应用处，将英文原字注出。

6. 本书习题较多，所以使学生解答时，得较为切实的科学训练，希望教师予以特别注意。

7. 本书用章、节、段三项法编辑，如［1，5，3］即表示第一章第五节第三段，以便学生和教师之查阅。

8. 本书编辑，由中央大学师范学院理化系第一级，黄世明、黄荣显、龚缵廉、许子衍、钱骥、陈为忠诸君襄助，俾与实地教学经验相合。

编者三十一年八月于重庆中央大学

（3）主要内容

本套教科书第一册正文 198 页，约 11 万字，共 16 章 27 节，44 幅插图，书前附“国际原子量表（1941）”，有编辑大意，书后附“水蒸气压力表”“重要气体的密度”“重要气体在水中的溶解度”“重要气体的性质”等 4 个附录。第二册正文 252 页，约 14 万字，共 16 章 23 节，45 幅插图，无附录。全套高中教科书每章后附 20 道左右的习题。

表 5-6 《新中国教科书 高级中学 化学》目录

第一册	第二册
第一章 绪论	第十七章 烃 燃料
第二章 氧和臭氧	第十八章 有机酸 脂肪和肥皂

续表

第一册	第二册
第三章　氢　水和过氧化氢	第十九章　糖　蛋白质　食物和营养
第四章　原子和分子	第二十章　元素的周期性和分类
第五章　空气　氮和稀有气体	第二十一章　碱金属元素
第六章　化学符号　化学式和化学方程式	第二十二章　碱土族元素
第七章　气体通性和物质三态	第二十三章　硼　矽　玻璃和窑业
第八章　溶液	第二十四章　磷族元素
第九章　食盐　钠和氢氧化钠	第二十五章　金属和合金
第十章　氯和盐酸	第二十六章　铜族元素
第十一章　电离和电解	第二十七章　镁族元素
第十二章　酸　碱和盐类	第二十八章　铝及染料
第十三章　卤素及其主要化合物	第二十九章　锡　铅　锰　铬
第十四章　硫和硫酸	第三十章　铁族和铂族元素
第十五章　氨和硝酸	第三十一章　放射元素——铀和镭
第十六章　碳　碳的氧化物和氮化物	第三十二章　国防化学

（4）主要特点

本书遵循课程标准的规定，以化学学科知识为中心，介绍的元素和化合物数量繁多，内容系统而全面。在编排上大体仍按照“非金属—金属”的顺序，从常见的简单物质入手，将化学基本概念或理论穿插编排在第一册的元素化合物知识中。教科书将元素的周期性和分类放在全书中部，既可以使学生在掌握部分元素化合物知识的基础上学习这部分内容，又能发挥相关理论对后续学习的指导功能，起到了承上启下的作用。与同时期我国的其他化学教科书一样，本套教科书在选材上重视实用，特别重视与日常生活和工业生产有关的内容，并尽量加入与我国有关的材料，使学生通过学习能更好地认识国情。

本书的一个特点是小字内容和附注材料较多，这不仅开拓了学生的视野，更可供教师调节授课时间和讲授深度，使其在教学上有较大的灵活性。相对本时期的其他教科书，本书的习题显得较为丰富，且题型多样，能使学生得到较多的训练。教科书对化学实验没有单独设立相应的栏目，且正文中涉及不多。

教科书在每节篇首，以提纲的形式将本节各部分的主要知识点用小号字体列出，便于学生在预习和复习时了解和回顾本节的学习重点。正文采用“章、节、段三项法”编辑，如［9，1，1］表示第九章第一节第一段（图 5-17）。在正文中出现的某些内容，如在教科书其他部分有可供参考之处，便使用上述“三项法”进行注释，以便学生和教师随时查阅。另外，教科书在编排上通过不同的层级符号和字体，将各知识点的主要内容分别列出，显得层次分明，学习和查阅十分方便。对化学译名的原则，教科书中有较详细的叙述和实例，并在每一译名初次出现时将其英文原词同时注出。

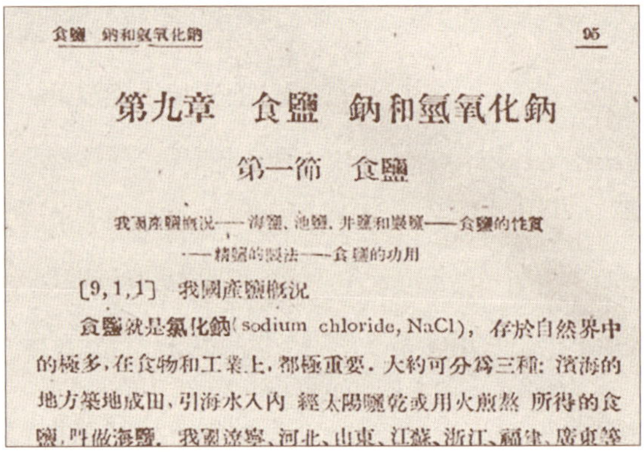
食鹽　鈉和氫氧化鈉　　95

第九章　食鹽　鈉和氫氧化鈉

第一節　食鹽

我國產鹽概況——海鹽、池鹽、井鹽和鹽礦——食鹽的性質——精鹽的製法——食鹽的功用

〔9,1,1〕　我國產鹽概況

食鹽就是**氯化鈉**(sodium chloride, NaCl)，存於自然界中的極多，在食物和工業上，都極重要。大約可分爲三種：濱海的地方築地成田，引海水入內，經太陽曬乾或用火煎熬，所得的食鹽，叫做海鹽。我國遼寧、河北、山東、江蘇、浙江、福建、廣東等

图 5-17　《新中国教科书　高级中学　化学》中“章、节、段三项法”编辑举例

（5）使用情况及影响

本书在中华人民共和国成立时，被选入《关于 1950 年秋季中小学教科用书决定》的高中化学列表，作代用课本。之后，新闻出版总署还特请原编者张江树、章涛两位先生根据教育部印发的《化学精简纲要（草案）》（1950 年）将本书改编，改编后的教科书又作为高中代用课本，列入教育部和新闻出版总署联合发布的《1951 年秋季中小学教科用书表》，成为人民教育出版社出版的第一套通用中学化学教科书中的高中课本①，可见本书在当时影响不小。

① 课程教材研究所．新中国中小学教材建设史（1949—2000）研究丛书：化学卷［M］．北京：人民教育出版社，2010：32．

（三）美译本《实用化学》

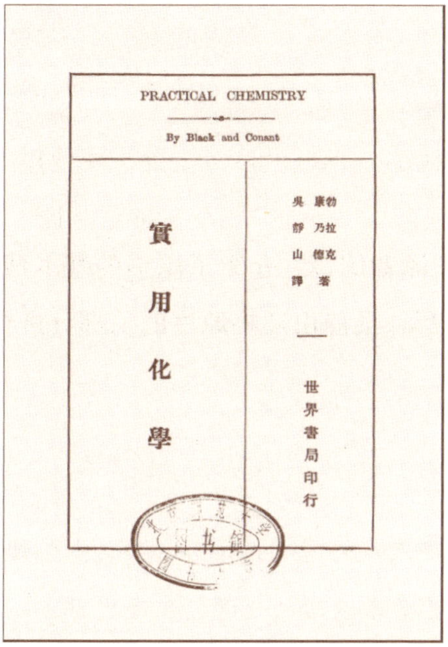

PRACTICAL CHEMISTRY

By Black and Conant

實用化學

勃拉克 康乃德 著

吳靜山 譯

世界書局印行

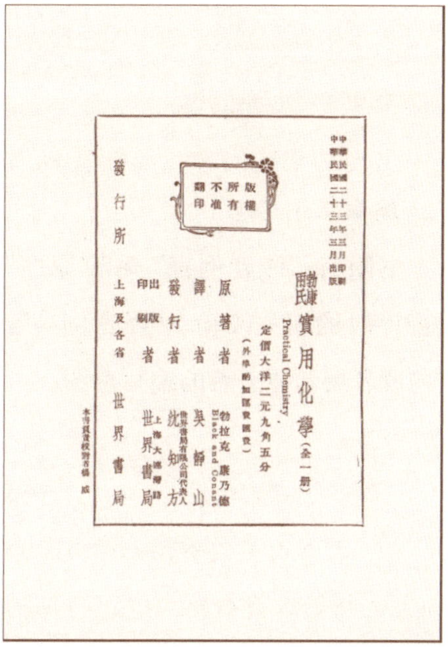

中華民國二十三年三月印刷
中華民國二十三年三月出版

版權所有 不准翻印

勃康兩氏實用化學（全一册）

Practical Chemistry

定價大洋二元九角五分

（外埠酌加匯費匯費）

原著者 勃拉克 康乃德 Black and Conant

譯者 吳靜山

發行者 世界書局有限公司代表人 沈知方

出版印刷者 上海大連灣路 世界書局

發行所 上海及各省 世界書局

图 5–18 《实用化学》封面及版权页

1. 基本信息

① 出版社：世界书局；

② 版次：1934 年（民国二十三年）出版，版次及初版时间不详；

③ 编写人员：布莱克、科南特，译者为吴静山；

④ 配套资源：人民教育出版社和北京师范大学图书馆收录了美版原书的 5 种配套教辅。其中 4 种为配套实验教程，1 种为习题集（表 5–7）。

表 5–7 《实用化学》相关配套资源

序号	书名	译者	出版社	出版年
1	汉译勃康二氏 实用化学实验	袁永清	北平科学社	1936
2	实用化学实验教程	吴静山 钱继	世界书局	1935
3	勃康化学实验	蒋揖冰	世界书局	1946

续表

序号	书名	译者	出版社	出版年
4	实用化学实验教程	孙豫寿	商务印书馆	不详
5	勃康实用化学题解	蒋伯苍	世界书局	1949

2. 编写指导思想

本书附有“译者例言”和“原序”。“译者例言”介绍了原书的基本情况，以及翻译时的相关改动。“译者例言”之后，吴静山还将原序的一部分进行翻译，向读者展示原著者的编写意图。

译者例言

1. 本书由美国哈佛大学教授勃拉克及康乃德二氏合著的改订本翻译而成。原书取材新颖，说理明畅，关于日常生活的化学，叙述尤详，确是近时中等学校化学教科书中不易多得的善本。原书自一九二七年改订以后，内容愈见切实而多精彩，不但全美风行，即我国各省中学，采用其原本的亦不下有数十校，该书价值于此可见一般。

2. 原书本为美国学生而作，所以选取教材特别注重本国出产。译者每遇有我国教材可以引用处，恒就原页下插入附注一节，藉令学者得稍明了国内化学及其联合工业的现状，免致舍己耘人。

3. 本书每章各附提要，目的在使学者在读过课文后，得以短少时间复习全章的精义，藉资领会。

4. 本书每章各附习题，每间数章更附复习题，目的尽在增进学者引用化学原理的能力，俾得运用自如。

5. 本书在章末附有深究指要，书末更附有参考书一览表，俾有志研究化学的学者，得于课暇多读其他读物，藉深造诣。

6. 本书所用元素及化合物名称，悉遵民国二十一年十一月教育部公布的化学命名原则；其他术语，概取最近通行的学名；间有国内尚未见有译名的，亦必推敲再四，而后确定取用。

7. 本书在术语及专门名词下，各加原本注明，主要名词概用方体字排印，主要语句则下加波线表明，藉以引起学生注意。

8. 本书主要教材概用五号字排印，实验及例证等次要教材，实用六号字排印，俾教师得依教授时数的多寡酌量删节。

9. 本书匆促成稿，期间纰缪固所不免，尚希海内学者不吝指教，俾得于再版时修正。

10. 本书在属稿时，备承廖超群君尽力帮助，谨此致谢。

民国二十三年一月　江阴吴静山识

原序（节选）

化学和现代生活，几乎处处有深切关系，所以化学的常识，大有人人必备的情势。……

教授一种学科要得良好效果，必先唤起学者对于该科的趣味：这是教育上公认的原则。幸而在化学一科要达到这种目的不难，只须教法不过于呆板及专门就成。……依据这种见解，所以书内编入许多实验教材，以备在讲桌上实验；又在适当处所，插入种种和日常经验有关的化学现象例题。……

……

碳化合物的化学，本书虽只略述大要，但重要的习见的有机物质，种类极多，势不得不又相当篇幅，以资容纳。……

……

本书企图沟通新旧学理间的隔阂起见，著者深觉支持新理论和假说的几种实验事实，虽是学习初级化学课程的学者，也应得要使他们略为知道一点。不过这种事实，每偏于物理的范围，施教时的困难，当然在所不免。

……

Newton Henry Black

James Bryant Conant

3. 主要内容

本书正文共579页，39章。除了元素化合物和概念原理类知识，中间还有有关生产生活的综合性、应用性的“食与衣”“染料与涂料”两章内容。

目　录

① 达尔顿，现译为道尔顿。

第二十五章 卤素

第二十六章 新周期律及物的构造

第二十七章 磷族元素

第二十八章 碳，煤及气体燃料

第二十九章 醇及汽油

第三十章 食与衣

第三十一章 镁及钙

第三十二章 铝及硅

第三十三章 铁与铜

第三十四章 铁族元素

第三十五章 锌，锡及铅

第三十六章 铜，汞及银

第三十七章 染料与涂料

第三十八章 几种比较稀少的金属及用途

第三十九章 镭与放射性

附录：

关于气体物理性质的几条定律

供进一步研究用的参考书

固体溶解度表

气体溶解度表

水蒸气压力表

重要气体密度表

索引

4. 主要特点

本书突出化学的工业应用内容，并且在译编过程中注意教科书本土化。在内容选取方面最大的特点就是体现书名中的“实用”二字，对化学在工业领域中应用的内容选取较多，使用了较多篇幅的文字及多幅插图介绍某一物质的工业生产方法和工业应用。例如，在讲硫酸时，对硫酸两种工业制法的过程和硫酸的工业应用介绍得非常详细，并配有多张大幅插图。在介绍碳、煤及气体燃料时，用较大篇幅介绍了用电炉制石墨的新、旧方法，陈述了煤的采矿情形和焦炭的生产工艺，并讲解了水煤气的工业制备法等工业化学内容，插图丰富。但是，这些都是两位美国编写者的内容选取，吴静山翻译时，在不打破原版教科书体系结构的基础上，注意对本书的本土化，正如其“译者例言”中提到的“免致舍己耘人”。例如，在介绍玻璃的时候插有附注，介绍了我国的玻璃工业；在介绍磷酸的时候插有附注，介绍了我国化学联合工业的一些情况。

教科书注重概念原理的讲解。本书元素化合物知识与概念原理知识之比约为6∶4。内容上的重要特点是概念原理知识介绍较为详细，小字内容、附注、附录等补充的背景知识较为丰富。书中概念原理内容的数量较多，不仅介绍了原子、分子、化学方程式、溶液等基础内容，还对悬浊液、乳浊液、胶体、化学平衡、离子反应、原子的构造等较难或较新的概念原理内容进行了介绍。教科书对具体物质的介绍相对同时期的教科书来说较少，尤其是有机化合物，分散在第二十八章“碳，煤及气体燃料”、第二十九章“醇及汽油”、第三十章“食与衣”和第三十七章“染料与涂料”四章中。编者在原序中也对此作了说明，认为并不是有机物不重要，而是系统地介绍需要相当大的篇幅，所以本书仅选择重要且常见，或与生物化学、农业等相关的有机物进行介绍。

《实用化学》开篇从化学变化、元素、化合物等化学基本概念开始讲起，之后同其他高中教材基本一致。介绍氧气、氢气、水、二氧化碳、氮气、空气等这些学生较易理解且在化学学科体系中较为简单的无机物。随后根据这些已有物质学习原子分子理论、化学方程式和化学计算法等。之后，侧重概念原理知识，在介绍溶液、胶体、相对分子质量、相对原子质量、化学平衡、电离等内容的中间穿插编排了硫和氨及相关化合物的知识。接下来基本上根据元素周期律进行元素化合物的学习。各章内容相互穿插衔接，关系较为紧密。

本书的插图丰富，全书共269幅插图，包括较多的黑白照片及人物肖像。学习栏目较多，并且不同功能的内容在排版上采用了不同的呈现方式，成为本书一个较为突出的特点。教科书在每章末附有本章内容的总结提要，以及若干道问答形式的习题，最后设置“深究指要”进行知识拓展，若干章之后会有综合性“复习题”。在每章开始，都有小字体的本章内容梗概；重要的名词和段落的主要内容用粗体字突出，在重要名词下加英文原文注明，重要的定义采用波浪线突出；实验内容用小字编排，便于教师酌情使用。

5. 使用、地位和影响

原书作者布莱克和科南特均为美国哈佛大学教授，他们编写的教科书在美国使用广泛，引入我国后，其中译本有 11 种之多，[①] 也有学校直接使用其英文原版书进行教学。原书在 20 世纪三四十年代被广泛使用，在当时的中学中有较大的影响。中华化学工业学会会长曹惠群在《最新实用生活化学》（周文译，上海科学社，1947 年）的“序”中曾指出：“吾国中学化学教科书，坊间颇多善本，而不脱西书之窠臼。良以吾国中等化学教育尚属幼稚，不能不有所师也。其直接用西文原本者，以美国 Black 及 Conant 二氏所编之 New Practical Chemistry 为最著。”

（四）《更新高级中学教科书　化学》

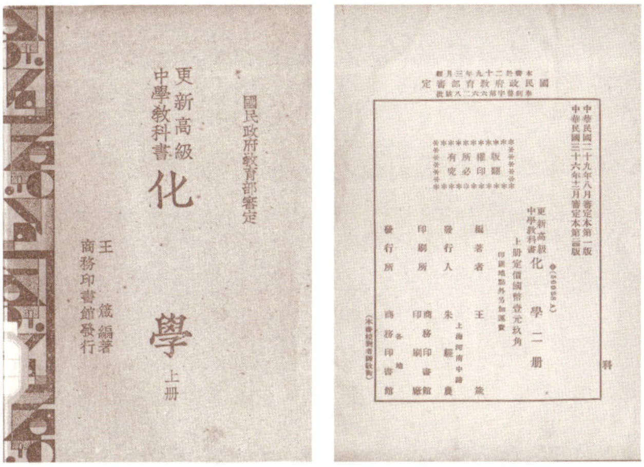

图 5-19 《更新高级中学教科书　化学　上册》封面及版权页

1. 基本信息

① 出版社：商务印书馆；

② 版次：上册，1947 年（民国三十六年）第 24 版，1938 年初版，
　　　　下册，1938 年（民国二十七年）初版；

③ 编写人员：王箴。

---

① 王有朋. 中国近代中小学教科书总目 [G]. 上海：上海辞书出版社，2010：706-718.

2. 编写指导思想

本书编写的指导思想可以从“编著大意”中得以了解。

编著大意

1. 本书编制依照二十五年四月教育部颁行之修正高级中学课程标准，供高级中学教科书之用。

2. 本书教材皆经审慎选择，注重易于明了之理解及适于国情之实用，以期阐明利用自然之方法及养成实际应用之能力。

3. 本书共分四十五章。前二十章（上册）以化学上之基本原理为主，后二十五章（下册）以重要元素及化合物为主，使学生得知化学之根本知识。应详者详，应略者略，并力求材料新颖，意义清晰及文字简明。

4. 本书以周期系为中心，将理论及使用各方面之教材适宜配列而使前后衔接。

5. 本书对于示教特别重视，所选实验（用小字排）务求手续简单，印象深刻及兴趣浓厚，以养成学生敏锐之观察，并引起学生透彻之了解。

6. 本书对于方程式之写法尤为详尽，俾学生能明了反应之内容而免除强记之烦苦。

7. 本书采用参考引证法（§指参考某节），使学生能将所学教材互相比较而收证同辨异之益。

8. 本书分章纯属自然。每章皆附问题，以能引起学生之思考力者为主。其页数较多者，则将问题分列数处，以便学生随时温习。

9. 本书对于化学与人生之关系，不论物质或现象，皆触类旁通，加以叙述。

10. 本书对于化学与国防、工业、农业、医药、卫生、家庭等之关系在相当范围内皆竭力阐明。吾国工厂之情形及原料之产布等亦常涉及。

11. 本书各章大半皆有最新之参考资料附于其末，以辅参考书籍（附录一）之不足。此种材料皆选自高级中学校应有之杂志，程度篇幅不太深长，颇合学生参考之用。

12. 本书对于化学计算法举例详加说明，极易了解使用。

13. 本书将原子之结构提前讨论，使学生对于元素之化合，原子价之来源及离子化之发生等等易得合理之解释及明确之观念。

14. 本书所用之化学名词皆依教育部公布之化学命名原则，有确切之系统。

15. 本书附有插图甚多，或可补充说明不足，或可引起学生之兴趣。并承上海水泥公司，久大精盐公司，天利氮气制品厂，天原电化厂，永利化学工业公司等惠赐照片，特此声明致谢。

16. 本书中次要之教材各有星号（*）附于每节之前，以资识别，俾在教学时因时间关系可以斟酌损益。

17. 本书编著者虽力求完善，但恐心余力拙，挂漏难免，如蒙批评指正，极所欢迎。

编著者谨识

3. 主要内容

《更新高级中学教科书　化学》共分上下两册。上册20章，276页。下册继续上册编号，页码续排。两册共45章，581页。上册将化学基本概念原理与学生较为熟知的无机非金属物质的知识穿插编排。下册内容主要介绍有机化合物和金属，中间穿插介绍了胶体内容，以及与生活生产关系密切的内容，如第二十六章“食物与营养”和第三十四章“土壤与肥料”。对金属的编排基本上是按照周期表的顺序，逐一介绍适合高中学习的金属及其化合物。最后一章对化学与国防之间的关系进行了介绍。

上册目录

下册目录

4. **主要特点**

本书内容选择以元素化合物为主，注重概念原理知识的介绍。全书元素化合物知识和概念原理知识容量之比为 7∶3。本书对于物质的介绍，与同时期教科书类似，相对于物质的“化学性质”，更加侧重介绍物质的“物理性质”。对书中选取的概念原理的介绍较为翔实。

与同时期教科书一样，本书注重本土化学工业生产的介绍和化学与国防的关系，具有鲜明的时代性。对于我国较为先进的工业，配有插图，相关工艺流程等的介绍内容也较为充实。例如，在介绍水泥时，对我国水泥工业的发展状况进行了概述，并配有上海水泥公司的转窑黑白照片。第四十五章“化学与国防之关系”用较大篇幅说明化学对国防事业的影响，并介绍了军事上一些常用概念和知识。

本书以周期律为叙述主线，内容穿插安排合理。一般在一两章具体物质的内容之后就介绍一两章的概念原理，内容安排的逻辑顺序较为合理。例如，第二十七章讲解了硅及其化合物，第二十八章“胶体”中则介绍了偏硅酸等，之后的第二十九章又介绍了与硅性质相似的硼。再如，在等三十六章介绍铝之后紧接着介绍了窑业等相关内容。

知识连接紧密，用前后“参考引证”的方法叙述，与前面提到的《新中国教科书初级中学　化学》做法一致。这样将前后知识相互关联，不仅能使学生对其进行比较，避免内容重复，而且能帮助学生进行复习巩固，建立起知识网络。例如，图 5-20 为第十三章“酸　盐基　盐”中的一页，在“盐的几种制备方法”中，由于“金属与非金属化合”的内容在第 149 号知识点“氯之化性”中介绍过，所以在此没有展开，而是在后面注明知识点编号。

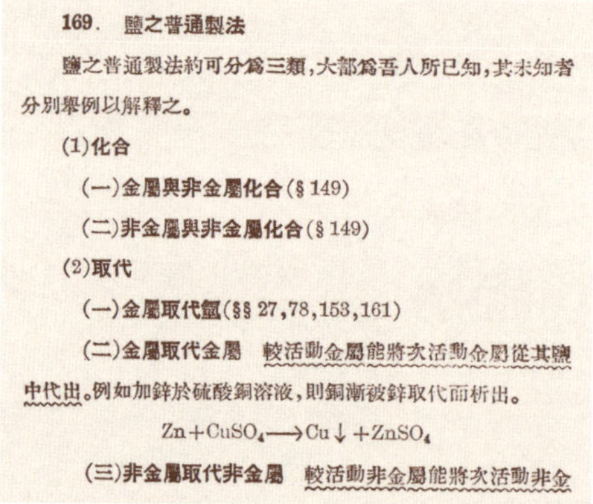
169.　鹽之普通製法

鹽之普通製法約可分爲三類，大都爲吾人所已知，其未知者分別舉例以解釋之。

(1)**化合**

(一)**金屬與非金屬化合**(§ 149)

(二)**非金屬與非金屬化合**(§ 149)

(2)**取代**

(一)**金屬取代氫**(§§ 27,78,153,161)

(二)**金屬取代金屬**　較活動金屬能將次活動金屬從其鹽中代出。例如加鋅於硫酸銅溶液，則銅漸被鋅取代而析出。

$$Zn + CuSO_4 \longrightarrow Cu\downarrow + ZnSO_4$$

(三)**非金屬取代非金屬**　較活動非金屬能將次活動非金

图 5-20 《更新高级中学教科书　化学》前后内容衔接举例

不再将前沿知识放在全书最后，而是考虑知识体系将其编排在合适的位置。原子的结构、放射性元素等内容在 20 世纪二三十年代的化学教科书中，都作为最前沿的知识放在教科书最后，仅作简介。随着相关研究的深入，教科书对这部分内容从简单介绍，发展为较翔实的内容呈现。在本书中，原子结构被安排在上册第十四章，放在常见物质的学习之后，“离子化”内容之前。“编著大意”也提到了这一改变的意图：“使学生对于元素之化合，原子价之来源及离子化之发生等等易得合理之解释及明确之观念。”这说明教科书的发展在不断吸收前沿性知识的同时，也在不断消化，力图体现新知识在学科认识中的价值。

重视化学方程式及计算的作用，例题与习题数量较大。教科书在化学式、物质的量、原子、电子层、离子、相对原子质量、相对分子质量、化学方程式、气体体积的影响等知识点处，都涉及了计算方法的叙述，部分配有例题和公式。在每章后都设有习题，部分节后也有若干练习题，题量较为充足。

内容丰富，区分主次，编排层次清晰。全书有插图 189 幅，表格 25 幅，在合适的位置插有“参考材料”，其中部分有教学指导（图 5-21），书后附有“万国原子量表”、参考书、物理常数、合金用途等五个附录，教材内容较为丰富。书中用“*”号标出次要内容，实验内容用小字排版，这些呈现方式体现了“编著大意”中“应详者详，应略者略”的意图。

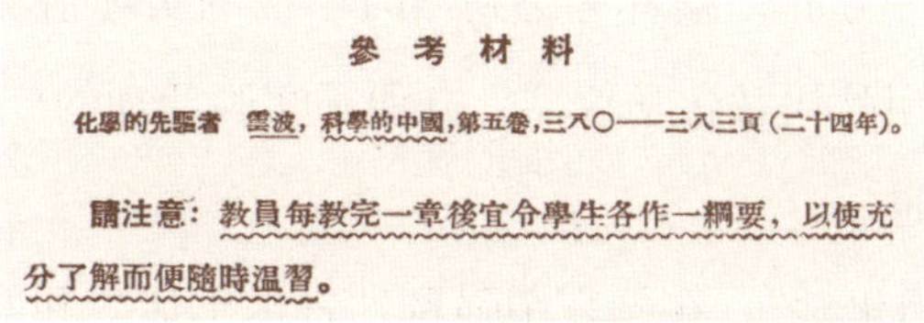
參考材料

化學的先驅者 雲波，科學的中國，第五卷，三八〇——三八三頁（二十四年）。

請注意：教員每教完一章後宜令學生各作一綱要，以使充分了解而便隨時溫習。

图 5-21 《更新高级中学教科书 化学》呈现特点举例

5. 使用、地位和影响

本书通过国民政府教育部审定，由商务印书馆出版，现存最后版次为 1950 年第 25 版，可见在当时得到了较为广泛的使用。

（五）解放区教科书《实用化学》

图 5-22 解放区教科书《实用化学》封面

1. 基本信息

① 出版社：华东新华书店；

② 版次：1949 年（版次未知）；

③ 编写人员：王洪年；

④ 配套资源：王洪年、王振廷、胡善甫编著了《初中化学实验法》（山东新华书店，1949 年）。该书根据教科书的章节顺序编排，收录教师演示实验 11 个，学生活动 28 个（含 19 个实验，5 个采集活动，3 个观察活动，1 个调查活动）。实验的选材，一方面配合教科书，收录了很多实用性强的实验，如制汽水、做豆腐、制蓝墨水、显影与定影、制皂、制糖、制酒等；另一方面，编者考虑到当时学校的实际情况，使用了一些生活用品代替化学仪器，方便了实验活动的广泛开展。

2. 编写指导思想

本书取名“实用化学”，在例言中强调“日常生活”和“从实际出发，理论与实践联系”。编者指出，教学内容可根据实际情况作灵活处理，充分考虑了解放区在教育目的、教学要求和教学条件等方面的实际情况。

例　言

这本化学是供初级中学第三学年使用的，共分二十章，假使把它机械的来划分，那么上学期教完前十章，下学期教完后十章。当然不一定这样，主要还是根据实际情况和学生接受情形来分别灵活处理。

当编写这本书的时候，先确定从实际出发，理论与实践联系，所以全部的叙述，都是以日常生活中的经验与体会做出发点的，慢慢的提升到理论上去。因此要求在教这本书的时候，也要贯彻这个精神，应竭力避免教条注入，死读死背。

因为时间匆促，编写这课本是草率的。在教学时如内容太重，可斟酌情形删节一部分；如内容太少，也可依据需要加以补充。

一九四九年一月　编者

3. 主要内容

教科书是全一册，正文 186 页，约 12 万字，29 幅插图，目录如图 5-23 所示。书前有“例言”，书后附“国际原子量表（1945）”，列有当时已发现的化学元素及其英文名称、元素符号和相对原子质量。每章后均有总结性的“本章提要”和“研究和做”栏目，包含 5 道左右的习题。各章内不分节，直接将知识点进行编号（共 145 个），依次讲授。

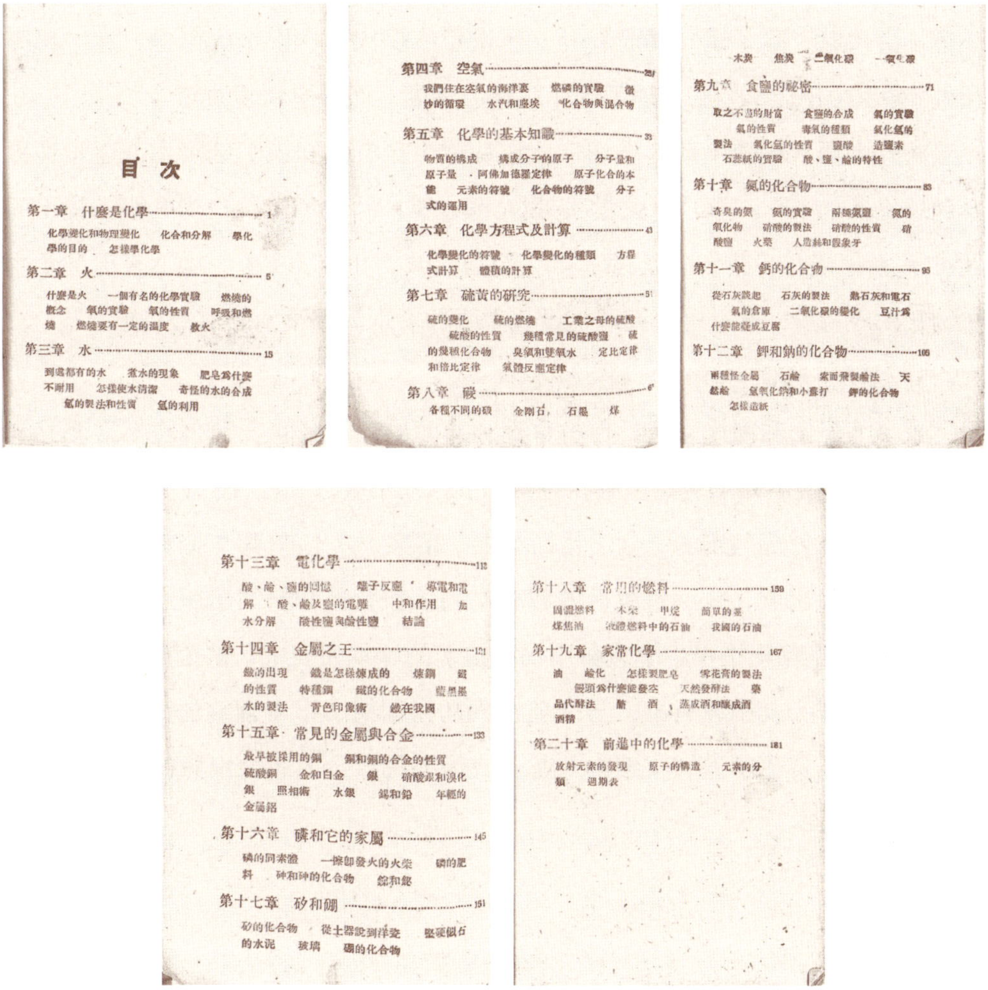
目次

图 5-23　解放区教科书《实用化学》目录

4. 主要特点

解放区《实用化学》的基本内容与同时期其他初中化学教科书一致。不同的是，由于其诞生和使用于解放区，无须国民政府教育部审定，在内容上不受当时课程标准的限制。因此教科书在“前进中的化学”一章里讲了放射性元素的发现、原子构造、元素周期表等较深的高中学段的内容。另外，书中没有出现独立的有机化学章节，以“家常化学”代之，介绍了油、糖类和酒精这些与生活密切相关的代表性有机物，以及制肥皂和雪花膏、发酵、酿酒等实用性内容。

本书十分注意化学在生产、生活中的应用，随时注意联系实际，编入了较多涉及具体化学工艺的内容，[①]突出“实用”特色。例如，讲铁时，介绍了蓝黑墨水的制法、青色印像术；讲溴化银时，介绍了照相术的摄影、显影、定影等环节；讲磷时，除了讲含磷肥料外，还讲了摩擦火柴、安全火柴等；在“研究和做”栏目中还让学生亲自动手制作肥皂、浆糊、面筋泡和酱油精[②]。

教科书语言比较生动、亲切，注意从学生已有的知识基础出发，逐步地提升到理论。如第十三章“电化学”，以“酸、碱、盐的回忆”作为开头，提出问题：“大家记记看，我们已学过了多少酸类，碱类和盐类呢？”接下来引导学生总结其构成特点，通过提出问题、设置思维冲突来激发学生的学习兴趣。

5. 使用、地位和影响

中华人民共和国成立后，在教育部和新闻出版总署联合发布的《关于1950年秋季中小学教科用书决定》中，将本书列入用书表[③]。之后，新闻出版总署请王洪年根据教育部印发的《化学精简纲要（草案）》（1950年）修订本书，由人民教育出版社出版，改编再版后的教科书列入教育部和新闻出版总署联合发布的《关于1951年秋季中小学教科用书决定》的课本列表中，供全国选用为代用课本。该书作为初中教科书，与之前提到的张江树、章涛合编的《新中国教科书　高级中学　化学》的改编本一起，成为人民教育出版社出版的第一套通用的中学化学课本。

---

① 田凤岐．对王洪年编初级中学“实用化学课本”的几点意见[J]．北京：化学通报，1952（2）：57-59．

②③ 课程教材研究所．新中国中小学教材建设史（1949—2000）研究丛书：化学卷[M]．北京：人民教育出版社，2010：31，28．

第四编　中华人民共和国成立后的教科书

第六章　中华人民共和国成立初期的中学化学教科书（1949—1958）

中华人民共和国成立之初，百废待兴，文化教育受到了党中央的高度重视。为了配合党和国家的中心任务，文化教育建设主要面临着两项重要使命：一是适应和推进政治变革，即“从旧中国到新中国”的转变和“从新民主主义到社会主义”的过渡；二是要适应和推进经济建设，即第一个五年计划的准备和实施。[①] 概括而言，就是要建立与新的政治、经济制度相适应的教育制度。

一、教育发展与学科背景

（一）教育改革

1949 年 9 月，中国人民政治协商会议通过了《中国人民政治协商会议共同纲领》(以下简称《共同纲领》)，其中用简要的文字对教育的方针、性质、任务予以明确。《共同纲领》指出：“中华人民共和国的文化教育是新民主主义的，即民族的、科学的、大众的文化教育。人民政府的文化教育工作，应以提高人民的文化水平、培养国家建设人才、肃清封建的、买办的、法西斯主义的思想、发展为人民服务的思想为主要任务。”《共同纲领》中还要求讲“五爱”（爱祖国、爱人民、爱劳动、爱科学、爱护公共财物），培养学生的社会主义公德。12 月，中央人民政府教育部在北京召开了第一次全国教育工作会议。会议进一步提出教育必须为国家建设服务，学校必须向工农开门。建设新教育要以老解放区教育经验为基础，吸收旧教育中某些有用的经验，借鉴苏联教育建设的先进经验。教育工作的发展方针是普及与提高的正确结合。会议特别强调

① 雷国珍，覃正爱．先进文化论［M］．长沙：湖南人民出版社，2002：81．

了教育“为人民服务，首先为工农服务，为当前的革命斗争与建设服务”的思想[①]。中小学教科书建设方面，教育部提出要“以苏联的中学教科书为蓝本”，编辑适合中国需要的新教科书。按照既定方针，我国开始有计划、有步骤地改造旧教育，推进教学改革，改变课程结构和教学方法，改编教材。

1951 年 3 月，教育部召开了第一次全国中等教育会议。会议提出了中学的教育目标，即要使学生德、智、体、美各方面全面发展。会议还讨论通过了中学暂行规程，讨论了中学政治、语文、历史、地理、数学、物理、化学 7 个学科的课程标准草案，为课程教材的改革提供了必要的依据[②]。

1952 年 3 月，教育部颁布了试行的《中学暂行规程（草案）》，提出中学应对学生实施智育、德育、体育、美育等全面发展的教育，得到现代科学的基础知识和技能，养成科学的世界观。并规定中学使用的教科书要按教育部颁布的中学教学计划和课程标准编写，中学所用各种教科书须采用教育部审定或指定者。

1955 年 4 月，中华人民共和国教育部《关于中学教育工作汇报会的通报》再次强调：“改进教学是提高教育质量的基本途径……为了有效地改进教学工作，必须认真学习苏联先进理论和教育经验，并根据各地、各校的具体情况，全面地、有创造性地运用这些经验。”[③]10 月，教育部副部长陈曾固率中国中小学教师代表团访问苏联，重点学习、研究苏联综合技术教育、教学工作等方面的经验。学习苏联教育经验，在提高教学质量、注重基础知识和基本技能等方面，取得了一定成绩，但也存在照搬苏联经验、结合我国实际情况不够等缺点。国家领导人曾对照搬苏联的情况提出了批评。

1956 年 1 月周恩来总理在《关于知识分子问题的报告》中指出：“在学习苏联的问题上，过去也有过于急躁、生硬和机械照搬的缺点。”6 月，中共中央宣传部部长陆定一在部分省、市委宣传（文教）部长座谈会上指出：“我们发现，有些地方生搬硬套过苏联经验，比如教育工作中的五年一贯制、工农速成中学，在中国行不通。”1956 年，社会主义改造基本完成，开始进入社会主义

① 徐凯旋．建国以来党的教育方针演变述论［D］．湖南师范大学，2008：13-14．
② 丁翠娟．新中国成立以来基础教育教材改革的回顾与反思［D］．西南大学，2010：16．
③ 刘英杰．中国教育大事典：1949—1990［M］．杭州：浙江教育出版社，1993：15．

建设阶段。在新的历史时期，需要对教育方针等许多根本性问题进行重新思考和定位。

1957年1月，教育部主办的《教师报》在《进一步提高教学质量》的社论中指出："教学计划、教学大纲和教材还不切合实际……必须认真克服学习外国先进经验中的教条主义。"此外，在总结经验的基础上，教育工作者对当时教育方针诸问题展开了讨论，对全面发展"三育"还是"五育"，以及德、智、体的顺序等，都有各种不同的看法。2月，毛泽东同志在《关于正确处理人民内部矛盾的问题》的报告中指出："我们的教育方针，应该使受教育者在德育、智育、体育几方面都得到发展，成为有社会主义觉悟的、有文化的劳动者。"从此，对教育方针的讨论转到对毛泽东同志这段话的理解上来了。①

（二）化学科学的发展

这一时期，化学科学最为突出的是其与生物科学的联系变得紧密起来。1950年，鲍林（L. Pauling，1901—1994）提出了纤维状蛋白质分子的 α 螺旋结构②；1953年，美国生物学家沃森（J. D. Watson，1928—　）和英国生物学家克里克（F. H. C. Crick，1916—2004）综合了当时的研究成果，并经过他们的努力，发现了DNA分子的双螺旋结构，从而在分子水平上合理解释了生物遗传机制，在揭示生命奥秘的征途中，迈出了重要的一步；1956年，英国化学家桑格（F. Sanger，1918—2013）揭示了牛胰岛素的全部51个氨基酸的排列顺序和两个肽链间的"硫—硫"键。化学在高分子材料方面的贡献也受到了广泛关注。1954年，德国化学家齐格勒（K. Ziegler，1898—1973）和意大利化学家纳塔（G. Natta，1903—1979）发明了用有机金属络合物的定向催聚法，可使高分子链的立体构型获得规整的结构，使人们对高分子的结构、聚合反应的机理与性能的关系有了新的认识③。

我国的化学科学在这一时期的发展，要从成立中国科学院说起。1949年10月，中央人民政府任命郭沫若为中国科学院院长。中国科学院接收了原北平研

① 刘兆伟，马立武，许桂清．中国教育管理史［M］．哈尔滨：黑龙江人民出版社，2002：310．

② 袁翰青，应礼文．化学重要史实［M］．北京：人民教育出版社，2000：475．

③ 袁莉，白蒲婴，郭效军．化学史简明手册［M］．兰州：甘肃科学技术出版社，2006：220-223．

究院总办事处及所属的原子学、物理学、化学、植物学、动物学和史学等六个研究所，其基本任务是服务于国家的工业、农业、保健和国防事业的建设。在这一时期，中国科学院扶助了学术期刊、统一了科学名词，成立了大批包括物理化学、有机化学、生物化学等研究所，并逐步获得研究成果。[①]1955 年药物所完成了氯霉素合成方法的研究；高分子带头人王葆仁等完成了有机玻璃、尼龙 6 合成纤维、耐高温硅胶等生产的军工任务；1957 年，物理化学研究所钱人元等，在高分子化合物相对分子质量测定方面的测试结果达到当时国际先进水平。[②]海外华人在这一期间也贡献斐然。1949 年，虞福春在布洛赫（F. Bloch，1905—1983）教授的支持下与另一位博士后发现了核磁共振谱线的化学位移和自旋耦合劈裂[③]；1950 年，肖伦在美国伊利诺伊大学用 γ 射线从 W（钨）中打出中子或质子，发现了 ^{185m}W、^{183}Ta、^{185}Ta 三个新的同位素[④]。

二、化学课程概要

（一）学制[⑤]

中华人民共和国中央人民政府宣告成立，奠定了对教育进行新民主主义改革的政治基础。1950 年和 1951 年，先后召开了第一次全国高等教育会议、第一次全国工农教育会议、第一次全国中等教育会议和第一次全国中等技术教育会议，商定各级各类教育的具体方针和实施办法。1951 年 8 月通过了《关于改革学制的决定》，标志着中华人民共和国学校教育制度的正式确立。《关于改革学制的决定》中对于中等教育规定："实施中等教育的学校为各种中等学校，即中学、工农速成中学、业余中学和中等专业学校。"中学的修业年限为六年，分初、高两级，单独设立，各三年。初级中学毕业后经过考试升入高级中学或其

①② 郭保章．中国化学史［M］．南昌：江西教育出版社，2006：500-511，517-523．

③ 中国科学技术协会．中国科学技术专家传略：理学编：物理学卷：2［M］．北京：中国科学技术出版社，2001：134．

④ 肖伦．放射性同位素技术［M］．第 2 版．北京：原子能出版社，2005：81．

⑤ 王伦信，曹彦杰，陈绵杰．新中国中学教育改革研究［M］．上海：上海教育出版社，2008：3-9．

他同等的中等专业学校，高级中学毕业后经过考试升入各种高等学校。工农速成修业年限为三至四年，毕业后经过考试升入各种高等学校；业余中学分初、高两级，各三至四年，单独设立，亦可通过考试升学。这样的中学学制设置，保持了民国时期六年的学制年限，并将工农速成中学、业余中学纳入正规学制系统，体现了周恩来所说的新学制要“反映我们政权的性质”的精神。1951 年学制规定基础教育阶段的总年限为 11 年，其中小学的修业年限为五年，实行一贯制。1953 年 12 月，政务院公布《关于整顿和改进小学教育的指示》，提出“关于小学五年一贯制，从执行情况看来，由于师资教材等条件准备不足，不宜继续推行。因此已从本学年起，一律暂行停止推行。”停止推行五年一贯制，小学学制仍沿用“四・二”制，分初、高两级。这样，我国基础教育学制又恢复到“六・三・三”制，总年限恢复到 12 年。

（二）课程设置和课程标准

1951 年颁布的《普通中学化学科课程标准草案》提出了初中化学课程的目标:（1）在小学自然科的基础上，指导学生获得初步的基本化学知识，并为高中阶段学习打下基础;（2）由生活现象的观察及实验的证明，引到物质变化规律性的认识，使学生对一般有关化学的自然现象，有正确的解释，否定一切迷信，建立科学的观点;（3）使学生明了化学知识对日常生活、生产建设及国防建设之密切关系;（4）通过实验教学，培养学生由实际追求理论的兴趣。草案并规定了初中教材内容为 21 章，指明了教学要点和实验设备。

此草案提出的高中化学课程目标有:（1）高中化学教学，乃在初中基础上提高，培养学生较有系统的化学基本知识，以及对化学有明确的基本观念，认识化学对于人类生活、国家经济、生产建设及国防建设的重要;（2）加强学生对物质变化的现象能敏锐观察，细密思考，由实际追求理论，再由理论结合实际，养成辩证唯物观点，以了解客观存在的自然规律;（3）启发学生有浓厚的研究兴趣及创造性，训练学生有基本化学实验的技术及良好习惯，能掌握化学基本知识，准备将来升入大学，作高深研究或服务于有关化学的实际工作。草案规定高中化学教材内容分讲授教材和实验教材：讲授教材为二十五章；实验教材包括基本操作共二十八项，并指明每次实验 2 小时。同时还提出了教学要点和实验设备（含实验室、仪器、药品及挂图、标本、说明）。

1954年7月，教育部颁布《精简中学化学教学大纲（草案）和课本的指示》。文件中明确提出中学化学教学的基本任务是：（1）使学生获得一定的、系统的和巩固的化学基本知识，培养他们能够以辩证唯物主义观点去认识自然界里所发生的化学变化，以便奠定他们从事各种实际工作的准备或继续学习的基础；（2）使学生从理论上、实践上认识各重要部门的化学生产的基本原理，并认识化学在经济建设与国防建设上所起的作用；（3）指明我国化学和化学工业的发展远景与苏联化学的研究和化学工业化的伟大成就，以培养学生爱国主义与国际主义思想。文件还要求在学习化学过程中，使学生获得一些基本技巧，如化学用语及基本的化学实验技能和简单的化学计算等①。

1956年6月，教育部为了使中学化学教育适应我国社会主义建设的迅速发展，更好地贯彻中学教育的目的和任务，使化学教学与生产实际紧密结合，参照苏联新的教学大纲，吸收化学教师教学实践的经验和提出的意见，修改并颁布了《中学化学教学大纲（修订草案）》，并明确提出了实施基本生产技术教育的任务。由于教材体系要逐年加以改变和逐年供应相适应的新课本，1956年起，教育部采取了分年发布教学大纲的办法。先发布1956—1957学年度的《中学化学教学大纲（修订草案）》，其内容主要是新编的大纲说明部分和对大纲原文中初中三年级的改动。1957年又发布了1957—1958学年度的修订部分，其内容主要是对大纲原文中高中一、二年级的改动，后又发布1958—1959学年度的修订部分，其内容主要是对大纲原文中高中三年级的改动。

三、教科书概貌

（一）教科书制度

在1949年10月召开的全国出版会议上，中共中央宣传部部长陆定一强调："教科书要由国家办，因为必须如此，教科书的内容才能符合国家政策，而且技术上可能印刷的更好些，价格也便宜些，发行也免得浪费……教科书对于国计

① 课程教材研究所．20世纪中国中小学课程标准·教学大纲：化学卷［G］．北京：人民教育出版社，2001：203．

民生，影响特别大，所以非国营不可。”[①] 由此，我国确定了中小学教材必须全国统一供应的方针，开始实行“编审合一、一纲一本、统编通用”的国定制教科书制度。“一纲”指由教育部通过的课程方案和教学计划，“一本”指由人民教育出版社编审与出版的教材，在这一阶段不存在独立的教材审定制度[②]。

（二）化学教科书的出版

从中华人民共和国成立到1957年这一段时期，经过不懈的努力，我国共颁布了全国通用的小学教材五套，中学教材七套，出版了全国通用的中小学教材两套和部分教学大纲及教学参考书。这些教材都注重学生基本知识和基本技能的掌握，较好地解决了课程教材的思想性、科学性及系统性的问题，因此形成了合理的教材结构，初步建立了比较完整的教材体系[③]。这一时期教科书的出版和使用，大致可分为三个阶段：

1. 暂用或改编原有课本（1949—1951）

1949年10月，中央人民政府出版总署（以下简称出版总署）设立编审局，集中老解放区和原开明书店部分编辑人员，开始编审中学文、史、地教材，并承担原华北人民政府教育部教科书的编审工作[④]。1950年7月，教育部、出版总署联合发布《1950年秋季中小学教科书表》，以解决各地中小学教科书版本不一、供应紊乱等问题[⑤]，并于1950年12月组建了人民教育出版社。

人民教育出版社成立后，着手研究有关教材，根据使用情况从中选择较通用的课本，出版了王洪年修订后的《初级中学实用化学课本》作为初中暂时代用课本，张江树、章涛改编后的《高级中学化学课本》作为高中暂时代用课本，供全国各地统一使用，这是第一套通用的初、高中改编本化学教材。

2. 以苏联课本为蓝本进行编译（1952—1955）

1952年，中央教育部指定东北人民政府教育部根据苏联化学课本编译的《初级中学课本　化学》和《高级中学课本　化学》（整体简称“东北本”）暂

---

① 中央教育科学研究所．中华人民共和国教育大事记：1949—1982［M］．北京：教育科学出版社，1984：3-12．

② 张惠虹．教材审定制度的法律问题研究［J］．全球教育展望，2019，48（03）：107-116．

③ 丁翠娟．新中国成立以来基础教育教材改革的回顾与反思［D］．西南大学，2010：19．

④ 课程教材研究所．教材制度沿革篇：下册［M］．北京：人民教育出版社，2004：705．

⑤ 何东昌．中华人民共和国教育史：上［M］．海口：海南出版社，2007：113．

供全国1952年秋季开始学习化学的学生用，由人民教育出版社出版。随后政务院批准的《教育部1952年工作计划要点》规定："……加紧学习苏联先进经验，有重点地改编中小学教材。"人民教育出版社积极响应，以苏联最新出版的化学教科书为蓝本，组织力量陆续编译并出版了一套新的初高中化学课本，代替"东北本"。这套书从1952年年底起陆续出版，供全国各地采用。后来在教学实践过程中，发现编译的教科书在思想性、科学性、教材分量和译文方面存在一些错误和缺点。人民教育出版社在广大教师建议的基础上，又对编译本进行了修订。

1954年7月，鉴于仍然存在私营出版社出版教材和教学参考书的情况，教育部、出版总署发布指示，强调"中学、中学师范学校、小学、幼儿园的课本、教材，一律由国家指定的出版社出版，其他出版社不得出版"[①]。

3. 按新教学大纲编辑出版（1956—1958）

1956年起，为了使中学化学教学更好地与生产实际相结合，参照苏联新的教学大纲，教育部修订了中小学的教学计划，并于6月颁布了《中学化学教学大纲（修订草案）》。人民教育出版社根据这个大纲，编写并出版了一套新的初高中化学课本，供全国统一使用。

表6-1　1949—1958年使用的初中教科书

序号	书名	著（译）者	出版社	出版年
1[②]	实用化学	王洪年等	新华书店	—
	复兴初中化学	章镜权等	商务印书馆	
	初中化学教本	赵廷炳	开明书店	
	初中化学	华襄治	中华书局	
	新中国化学	李嘉谟等	正中书局	
	简易师范实用化学	华襄治 蒋伯阳	中华书局	
2	初级中学实用化学课本	王洪年	人民教育出版社	1951

① 课程教材研究所．教材制度沿革篇：下册［M］．北京：人民教育出版社，2004：719．

② 6套教科书供选择。

续表

序号	书名	著（译）者	出版社	出版年
3	初级中学课本　化学（“东北本”）	东北人民政府教育部	人民教育出版社	1952
4	初级中学课本　化学	奚尤什金著，周芬、王悦祖编译	人民教育出版社	1952
5	初级中学课本　化学	奚尤什金著，周芬、王悦祖、梁英豪、程名荣、王世显编译	人民教育出版社	1955
6	初级中学课本　化学	许国培、王世显、周芬	人民教育出版社	1956

表 6-2　1949—1958 年使用的高中教科书

序号	书名	著（译）者	出版社	出版年
1①	最新实用化学	顾均正译	开明书店	—
	更新高中化学	王箴	商务印书馆	
	高中新化学	魏福嘉	世界书局	
	新中国化学	张江树等	正中书局	
	师范适用化学	储润科	中华书局	
2	高级中学化学课本	张江树、章涛	人民教育出版社	1951
3	高级中学课本　化学（“东北本”）	东北人民政府教育部	人民教育出版社	1952
4	高级中学课本　化学	列夫钦科等著，周芬、王悦祖编译	人民教育出版社	1953
5	高级中学课本　化学	列夫钦科等著，周芬、王悦祖、许印章、许国培、刘遂生、王世显编译	人民教育出版社	1955
6	高级中学课本　化学	许印章、梁英豪、许国培	人民教育出版社	1957—1958

（三）代表性教科书及其选择

在这一特殊历史时期，我国“旧化学课本有许多缺点，新的又没有编好”，因此将教科书定位于学习苏联，借鉴苏联教科书的长处，逐渐形成符合我国实际的

① 5 套教科书供选择。

教科书。从这一阶段使用时间、应用范围和对教科书发展的影响，以及“过渡”的特点来看，其中两套教科书——“东北本”和人民教育出版社 1952 年年底开始新编译的初、高中化学教科书——更具有代表性。“东北本”大体可以看作是“照搬苏联”，新编译的教科书可以看作是“中苏结合”。此后的很长一段时间，化学课本则都可以看作是“参考苏联”。所以，这两套教科书为化学新课本的编写和出版奠定了重要基础，避免从零起步，可将编写的主要精力用在结合我国实际上。

在编译苏联教科书的过程中，人民教育出版社资深化学编辑、特约编审、全国“三八”红旗手周芬，以及老一辈教材专家克服了时间紧、任务重、语言障碍和国情差异等诸多困难，努力吸收苏联教科书中的经验，并利用自己丰富的一线教学经验，结合我国教育实际，对许多内容进行了合理调整。在这些教科书的编译和编写过程中，这些教材专家起到了不可磨灭的作用，为我国中学化学教科书的奠基和发展作出了突出贡献。

四、代表性教科书

（一）《初级中学课本　化学》（“东北本”）

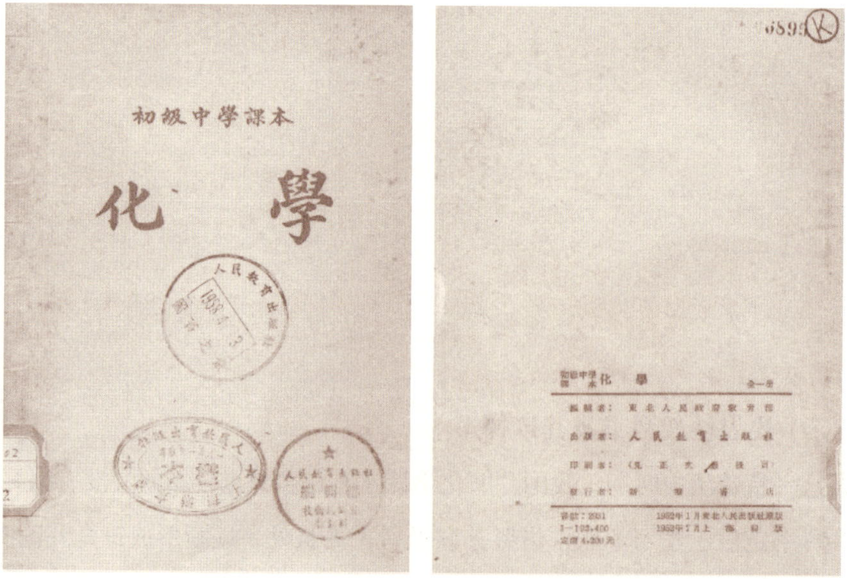

图 6-1 《初级中学课本　化学》封面及版权页

1. 基本信息

① 出版社：人民教育出版社；

② 版次：1952 年 7 月上海初版，1952 年 1 月东北人民出版社原版；

③ 编译人员：东北人民政府教育部。

2. 编写指导思想

原书为东北人民政府教育部根据苏联十年制中学的教科书编译而成，1950 年起在东北各地中学试用。“编译者声明”中提道：“由于时间和人力的不足，书中存在错误和不妥之处。”1950 年下半年，又进行了进一步修改。

书中“出版者的话”中的部分段落大体说明了编译本书的指导思想。

初、高级中学代数、平面几何和化学三科的课本，旧的有许多缺点，新的又没有编好，经中央人民政府教育部指定暂以东北人民政府教育部根据苏联中学教科书编译的课本，供一九五二年秋季开始学习这三科的班次采用。

苏联教科书的优点是内容精简，理论与实际结合，教材的排列能兼顾科学的系统和教学的原则。东北各地试用这一套编译的课本以后，凡能体会这些优点的教师，教学上都有很好的成绩。用惯了旧课本的教师倘能虚心体会新课本的优点，学习新的教学方法，当然可以得到同样的成绩。

这套编译的课本也还有某些缺点，如“编译者声明”中所说的理论与实际结合不如原书，这是最显著的。因为原书是给苏联学生读的，必然要结合苏联社会主义社会的实际，这和我国当前的情况是有距离的。因此，怎样根据这套课本的理论体系来结合我国新民主主义社会的实际，是教师们应该在教学实际中仔细研究的问题。希望大家积累经验，为编好一套我国的自然科新课本作准备。

3. 主要内容

全书共 11 章，学科概念原理内容和联系社会生活实际的元素化合物内容穿插编排。其中，学科概念原理内容共 5 章，元素化合物内容共 6 章。

目录如图 6-2 所示。

目　錄

图 6-2 《初级中学课本　化学》的目录

4. 主要特点

在内容的设置和编排，以及呈现方式等方面，本书具有如下特点。

（1）从框架结构来看，全书由正文和习题两部分组成。正文均采用陈述式，用平铺直叙的语言介绍知识，知识的来龙去脉有比较强的逻辑顺序，学科知识结构严谨。实验内容融入正文之中。每章之后附有少量习题，基本是针对学科知识的一句话简答题，如“蜡烛燃烧时，都生成什么”“试说明物质不灭定律”

等。书后半部分附有针对各章、各节的习题，题量较大，也都是简答式的问题，用以巩固和落实学科知识。这些习题存在缺乏开放度，与生产生活实际缺乏联系等明显不足。

（2）从内容选取来看，本书重视理论知识，强调理论对实践的指导作用。书中5章概念原理内容为“物质及其变化”“元素”“物质不灭定律”“化合物的组成中各元素间的重量比”“物质的构造”。由于概念原理知识所占比重较大，且要求并不低，教科书在使用时会有一定的难度。另外，本书强调学科知识的系统性和完整性，强调“双基”，以学科为中心。例如，“碳·燃烧”一章的内容中既包含了碳的同素异形体、碳单质的化学性质、碳的化合物、燃烧、氧化还原等基础知识，还包含了10个实验，训练学生的实验基本技能。但是，每章内容容量差别较大，使教科书的教学功能有所降低。

（3）从联系实际的角度来看，本书选取了一些贴近生活、生产实际的事例，初步体现出“从生活走向化学”的理念（图6-3①），保留了不少与苏联实际相结合的事例（图6-3②），同时还补充了少量与我国实际相结合的事例（图6-3③）。

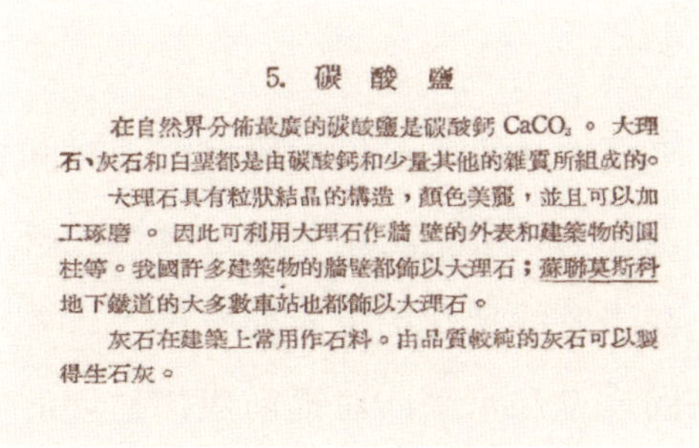

5. 碳酸鹽

在自然界分佈最廣的碳酸鹽是碳酸鈣 $CaCO_3$。大理石、灰石和白堊都是由碳酸鈣和少量其他的雜質所組成的。

大理石具有粒狀結晶的構造，顏色美麗，並且可以加工琢磨。因此可利用大理石作牆壁的外表和建築物的圓柱等。我國許多建築物的牆壁都飾以大理石；蘇聯莫斯科地下鐵道的大多數車站也都飾以大理石。

灰石在建築上常用作石料。由品質較純的灰石可以製得生石灰。

① 贴近生活、生产实际的内容

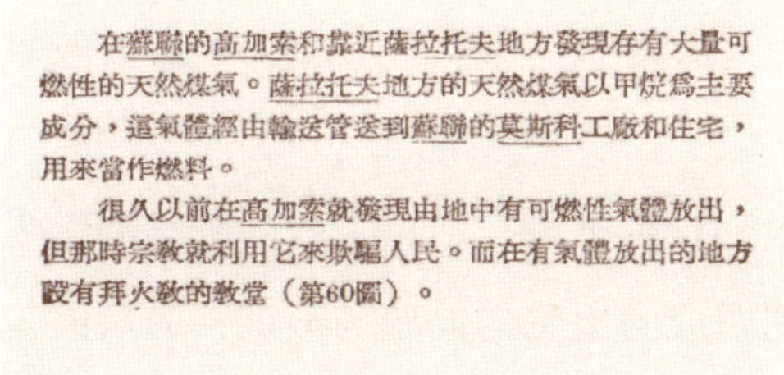

在蘇聯的高加索和靠近薩拉托夫地方發現存有大量可燃性的天然煤氣。薩拉托夫地方的天然煤氣以甲烷爲主要成分，這氣體經由輸送管送到蘇聯的莫斯科工廠和住宅，用來當作燃料。

很久以前在高加索就發現由地中有可燃性氣體放出，但那時宗教就利用它來欺騙人民。而在有氣體放出的地方設有拜火教的教堂（第60圖）。

② 与苏联实际相结合的事例

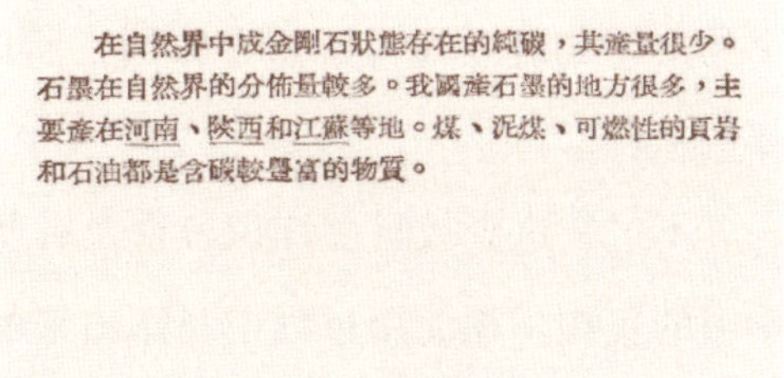

在自然界中成金剛石狀態存在的純碳，其產量很少。石墨在自然界的分佈量較多。我國產石墨的地方很多，主要產在河南、陝西和江蘇等地。煤、泥煤、可燃性的頁岩和石油都是含碳較豐富的物質。

③ 与我国实际相结合的事例

图6-3《初级中学课本　化学》中联系生产、生活实际的内容举例

（4）从科学教育的角度来看，本书在一定程度上具有注重哲学思想培养的优点。1952 年第 2 期《化学通报》刊文《为采用东北版化学教科书和提高教学质量而努力》，认为初、高中“东北本”教科书“最突出的特点是贯彻了辩证唯物主义的观点，对培养青年辩证唯物主义的世界观提供了丰富的材料”；“编排系统贯彻了由浅入深，由已知到未知，由具体到抽象，步步深入，循序渐进的教育原则，是切合青年的智力和要求的”；“内容是密切联系着实践的”并且“贯穿着爱国主义教育的精神”。

（5）从学科实践的角度来看，本书提供的实验很多是用来验证已给出的结论的，且一些实验现象、结论都包含在实验过程的描述中，折射出当时“重传授轻探究”的教育理念。例如：

> 不仅在水中通以电流，可以确定水是化合物，利用水和各种金属的相互作用，也能证明水是化合物。
>
> ［实验］在盛有 1—2 立方厘米纯水的试管中，放入少许的钙粉，则有气体发生。此气体能自燃，因此知道它是氢。

5. 地位和影响

虽然“东北本”使用的时间并不长，而且由于时间仓促，编译时来不及充分结合我国国情，但作为“应急之用”的过渡性教科书，又是第一套全国统一使用的教科书，在当时的特殊历史时期发挥了重要作用。一是它在较短时间内提升了教科书的质量和水平，对提高建国初期的中学化学教学质量发挥了重要作用；二是它注重学科知识的系统性，其内容选择和编排思路对后来的教科书编写有重大影响；三是为巩固和发展中华人民共和国成立后教科书的集中与统一发挥了重要作用。所以，“东北本”在教科书历史上占有较重要的地位。

不过，这套教科书知识容量及有些内容难度过大，加重了教师教学和学生学习的负担。在使用过程中暴露出来的问题成为宝贵的经验与教训，为后续编写出具有我国特色、适合我国国情的教科书奠定了基础。

（二）《高级中学课本　化学》（“东北本”）

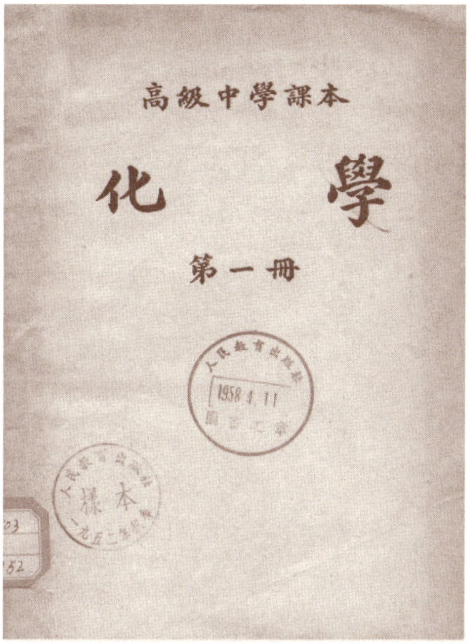

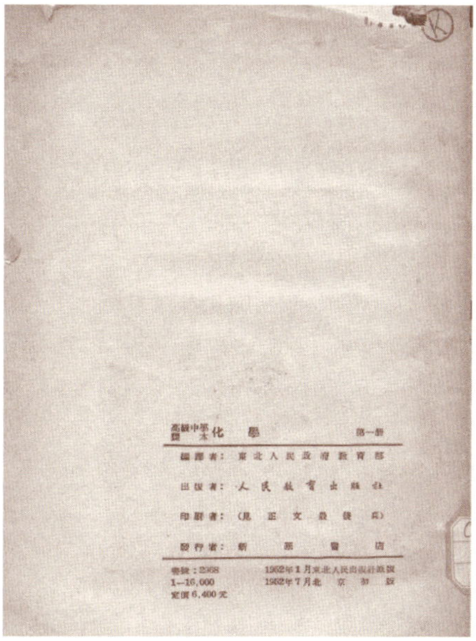

图 6-4 《高级中学课本　化学（第一册）》封面及版权页

1. 基本信息

① 出版社：人民教育出版社；

② 版次：第一册，1952 年 7 月北京初版，1952 年 1 月东北人民出版社原版，
第二册，1952 年 11 月北京初版，1951 年 10 月东北人民出版社原版，
第三册，1953 年 4 月北京第一次印刷，1952 年 5 月东北人民出版社原版；

③ 编译人员：东北人民政府教育部。

2. 编写指导思想

本套教科书的编译背景、编译指导思想与《初级中学课本　化学》大体一样，此处不再赘述。

3. 主要内容

本套教科书共分 3 册，合计 31 章内容。第一、二册为无机化学，第二册章序号接第一册章序号编号，第三册为有机化学，章序号重新编号。其主要内容可通过章目录有所了解。

第一册

第一章 盐及其制法

第二章 卤素

第三章 硫

第四章 氮

第五章 磷

第六章 碳

第七章 矽

第二册

第八章 元素周期表及原子构造

第九章 溶液

第十章 电离学说

第十一章 分散系 胶体溶液

第十二章 金属的一般性质

第十三章 碱金属

第十四章 铜

第十五章 碱土金属

第十六章 铝

第十七章 铬和锰

第十八章 铁

第三册

第一章 分子式和构造式

第二章 饱和烃（烷烃）

第三章 不饱和烃·橡胶

第四章 环烃

第五章 石油

第六章 醇和醚

第七章 醛和酮

第八章 有机酸

第九章 酯

第十章 糖（碳水化物）

第十一章 硝基化合物和胺

第十二章 蛋白质

第十三章 有机合成的发展

4. 主要特点

本套教科书在内容设置和编排上具有以下特点。

（1）从内容选取和编排来看，三册教科书注重内容的连贯性和系统性。

第一册的内容，除了第一章“盐及其制法”是初、高中学习的过渡和衔接，其他章按元素周期表顺序介绍了几种主族非金属元素，包括卤素、硫、氮、磷、碳、硅。值得一提的是，在介绍氮元素时插入了“化学能”理论知识。第二册包括四章概念原理内容，其余为主族金属元素及典型过渡元素的介绍，理论内容与元素化合物内容都各自相对集中。第三册内容均为有机化学，内容较全面、丰富，涉及主要的有机物质类型。可以看出，三册教科书板块结构分明、层次清晰，有利于学生从学科整体进行把握，但在实际教学中可能稍显呆板。此外，可能由于过分追求章内容的完整性和系统性，高中教科书中存在与初中教科书内容重复之处，如都有二氧化碳、炼铁等内容。

（2）知识容量总体偏大，较突出学科系统性。

三册教科书在知识安排上，存在追求“一步到位”的倾向，而忽略了学生在认知过程中的循序渐进和螺旋上升等特点。例如，“硫”这一章中包含 14 节内容，分别是：硫的性质、硫的用途、自然界的硫、硫化氢和金属硫化物、二氧化硫和亚硫酸、硫酐和硫酸、硫酸的性质、结晶水合物、制造硫酸的接触法、亚硫酸氧化成硫酸、制造硫酸的铅室法和塔式法、硫酸和化学工业、联合的工业生产、硫与氧以及与其他氧族元素的相似点。再如，介绍酸时罗列了大量学生不熟悉的酸类物质（图 6-5）。在知识的呈现方面，以叙述为主（图 6-6）。相较之前的教科书而言，概念原理内容深度有所增加，但相较现在的教科书，概念原理内容仍不够全面。

下列爲重要酸的名稱：

硝　酸（氮酸）	HNO_3	亞硝酸（亞氮酸）	HNO_2
氫溴酸	HBr	偏矽酸	H_2SiO_3
高錳酸	$HMnO_4$	偏磷酸	HPO_3
蟻　酸	$H(HCO_2)$	正磷酸	H_3PO_4
氫氟酸	H_2F_2	硫　酸	H_2SO_4
亞硫酸	H_2SO_3	氫硫酸	H_2S
氫氰酸	HCN	鹽　酸（氫氯酸）	HCl
硬脂酸	$H(H_{35}C_{18}O_2)$	碳　酸	H_2CO_3
醋　酸	$H(H_3C_2O_2)$	亞氯酸	$HClO_2$
次氯酸	$HClO$	氯　酸	$HClO_3$
過氯酸	$HClO_4$	鉻　酸	H_2CrO_4
草　酸	$H_2C_2O_4$		

图 6-5《高级中学课本　化学》
中列举的酸类物质

1. 硫的性質

在實驗室中我們通常可以見到兩種形狀的硫：黃色粉狀的硫，常稱爲「硫華」；另外一種是棒形的硫，常稱爲「硫棒」，很容易把它敲成碎塊。市售最純的硫是晶形硫，它是黃色半透明的結晶。硫的正確結晶形爲八面體，好像兩個四面稜錐體的底面合在一起所形成的（第25圖），這樣的結晶可由硫的二硫化碳 CS_2 溶液製得。即將硫的二硫化碳溶液倒在錶玻璃上，二硫化碳漸漸蒸發，則看到錶玻璃中生成很多細小的結晶，然後再把溶液從已生結晶的錶玻璃中倒出來，則其中常常可以找到一些整齊的晶體。這些晶體的晶形在擴大鏡下，或在通過與擴大鏡具有同樣效能的盛水燒瓶來看時，則能看得很清楚（第26圖）。

第25圖
斜方硫的結晶。

图 6-6《高级中学课本　化学》
中语言叙述方式的举例

（3）从实验设置来看，该教科书较注重实验，安排了数量较多的实验，并以醒目的栏目呈现。一些实验中还设置问题，引导学生思考，如图 6-7 所示。

※實驗 1. 在磁坩堝或蒸發皿中，滴入一滴硫酸溶液，然後加熱，則首先看到蒸發出水蒸汽，最後才看到出現濃厚的白煙。※

問題 1. 取 1：5（1體積的酸與5體積的水）的硫酸溶液，將木條一端在此溶液中浸濕，再在燈火上將木條烘乾，但不要使它燃着，試說明所看到的現象。

問題 2. 把木條的一端浸入 1：5 的硫酸溶液中，然後拿這木條在普通紙上隨便寫幾個字或畫一些畫。這時在紙上看不出所寫的或所畫的痕跡。再將這張紙放在火焰上烘乾，注意所發生的現象，並說明其理由。

图 6-7《高级中学课本　化学》中的实验举例

教科书对实验的细节交代得比较清楚和细致，有利于加强学生学科实验技能的规范训练。虽然注意启发学生“做”与“思”的结合，但留有的空间不足，实验现象描述详细，容易让学生照方抓药地机械完成，这不利于学生主动性、创造性的发挥，也不利于批判质疑等科学精神的培养。

（4）从联系实际的角度来看，该套教科书在编译时保留了一些与苏联实际结合的例子，同时适当补充了联系我国国情的内容（图 6-8）。但由于编译的时间仓促，后者的比重偏小。

9. 我國的鋼鐵工業

我們知道，鋼鐵工業是一切工業的基礎，因之也就是發展經濟與鞏固國防的基礎。

我們中國，雖然有着豐富的鑛產，但過去長期在反動勢力的統治下，並未能建立起比較像樣的鋼鐵工業來。而且，就已有的微弱的鋼鐵工業來說，也是很不合理的，例如，日本軍閥曾經強迫過中國工人在鞍山、撫順、本溪等地開鑛和鍊鐵，結果在這些地方建立了相當規模的鍊鐵工業。但是，在這些地方的鍊鋼工業，却遠落後於鍊鐵工業，而機械製造工業，又更落後於鍊鋼工業。原來，日本軍閥想要永遠奴役我們，他根本就不允許在我們的國土上有一整套的鋼鐵工業系統，他把東北的鐵運回日本去鍊成鋼和製成機械。

图 6-8《高级中学课本　化学》中联系我国国情的内容举例

（5）从科学教育的角度来看，与初中课本一样，教科书体现了一定的思想教育，渗透了一些辩证唯物主义的教育。如前所述，此套教科书被认为具有“贯彻了辩证唯物主义的观点”“编排系统贯彻了循序渐进的教育原则”“密切联系实践”“内容贯穿爱国主义教育的精神”等突出优点。

5. 修订情况和影响

与初中课本一样，该套教科书在教科书历史上占有较重要的地位，当完成其特定历史时期的使命后，被新编《高级中学课本　化学》所替代。

（三）新编译《初级中学课本　化学》

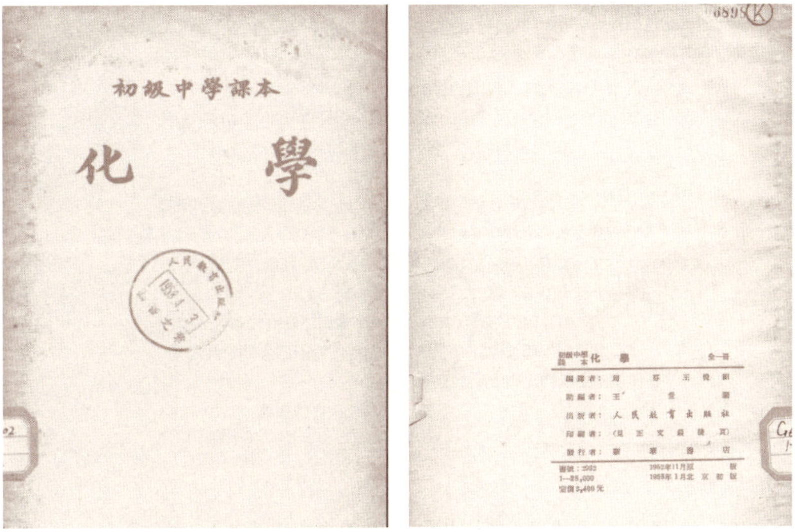

图 6-9　新编译《初级中学课本　化学》封面及版权页

1. 基本信息

① 出版社：人民教育出版社；

② 版次：1953 年 1 月北京初版，1952 年 11 月原版；

③ 编译人员：周芬、王悦祖；

④ 配套资源：人民教育出版社化学组组织力量，编写、出版了相应的化学教学参考书，如王希通编写的《初级中学课本　化学　教学参考书》等。

2. 编写指导思想

应急之用的过渡性编译课本存在一些缺点，突出表现在没有把课本的理论体系与我国新民主主义社会的实际相结合。根据教育部指示，人民教育出版社以苏联最新出版的化学教科书为蓝本，参照 1952 年 4 月的《中学化学课程标准（草案）》要求，在发行“东北本”的同时，组织力量陆续编译并出版了包括此教科书在内的一套新的初、高中化学课本，代替“东北本”。正如“出版者的话”所述（图 6–10），“因为编译的时间匆促，这个课本对于贯彻爱国主义教育和中国化方面都做得很不够”，可见编写的指导思想是希望突出中国化的。这一点在该书编译时，考虑到“锑和钨是我国的特产金属，因此在最后一章里添了一节来讲述”也可以看出。

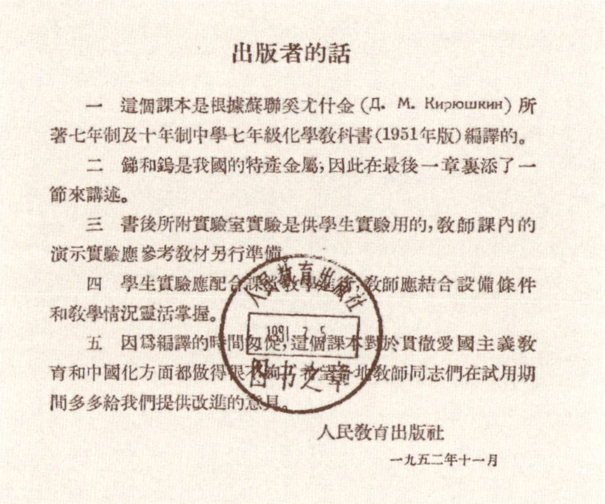

出版者的話

一　這個課本是根據蘇聯奚尤什金（Д. М. Кирюшкин）所著七年制及十年制中學七年級化學教科書（1951年版）編譯的。

二　銻和鎢是我國的特產金屬；因此在最後一章裏添了一節來講述。

三　書後所附實驗室實驗是供學生實驗用的，教師課內的演示實驗應參考教材另行準備。

四　學生實驗應配合課堂教學進行，教師應結合設備條件和教學情況靈活掌握。

五　因爲編譯的時間匆促，這個課本對於貫徹愛國主義教育和中國化方面都做得很不夠，希望各地教師同志們在試用期間多多給我們提供改進的意見。

人民教育出版社

一九五二年十一月

图 6–10　新编《初级中学课本　化学》中“出版者的话”

3. 主要内容

该书共有 9 章，从章目录大体可以知道其主要内容。书后附有单独的 11 个“实验室实验”，包括：粗盐的提纯、制取蒸馏水、碱式碳酸铜的分解、从硫酸铜制取铜、氧气的制法和性质、氢气的制法和性质、酸类和它的性质、碱类和它的性质、木材的干馏、火焰和它的构造、金属和它的性质。

绪言

第一章　物质及其性质、分子

第二章　化学反应、原子

第三章 氧、空气

第四章 氢

第五章 重要的化学定律

第六章 水和溶液

第七章 最重要的几种酸、碱、氧化物和盐

第八章 碳、燃烧

第九章 铁和其他金属

4. 主要特点

（1）内容框架方面，该教科书由正文、习题、实验三部分组成。正文均采用陈述式，用平铺直叙的语言介绍知识。知识的叙述有较强的逻辑顺序，学科知识结构严谨。这样的方式有利于教师传授知识，也有利于学生接受式学习[①]。习题均为问答题或简答题，针对具体的知识点，缺乏开放度。例如，“什么叫做木材的干馏？”“怎样防止铁的生锈？”等。该教科书的实验部分较突出。书后提供了包括“粗盐的提纯”等11个较重要的基本实验。每个实验从“实验用品”“实验目的”“实验手续”三个方面展开，内容较详细，有利于学生进行动手实践。在正文中也提供了很多用于教师的演示实验内容，但未以栏目呈现。

相比起“东北本”初中化学，本书对相关内容进行了适度整合，使内容结构相对合理，各章的知识容量也更趋均匀。丰富了部分章的内容，如加入的第六章“水和溶液”以及第七章“最重要的几种酸、碱、氧化物和盐”，从教科书的发展来看，这些扩充的内容很有必要。有些章的内容进行了缩减，如删除了“东北本”中第七章“化合物的组成中各元素间的重量比”。原来安排的知识对刚接触化学的学生来说难度过大，这样的调整也是合理且必要的。此外，还删除了书后大量的习题，突出了教科书的主要功能。

（2）在理论和元素化合物内容的编排上，呈现出两者穿插安排的特点，但是仍相对集中。相比“东北本”初中化学，较突出的变化是将原子分子论提前，

① 李俊．新中国化学教科书发展简述［J］．中学化学教学参考，2005（07）：7-9．

在第一、二章就安排理论内容，体现出追求教学效率的导向。难点相对集中，对学生学习要求较高，可能不利于学生学习兴趣的培养，对教师教学也提出了更高的要求。

（3）该教科书努力体现“中国特色”。例如，安排了“我国和苏联钢铁工业的发展”“我国的特色金属——锑和钨”等内容，并有在介绍苏联实际情况时介绍我国相应实际情况的特点。但相关内容覆盖面及所占的比重并不很大。

（4）在思想教育方面，由于以苏联教科书为蓝本，在学习和借鉴的基础上，该教科书同样以学科为中心，强调学科知识的系统性，政治思想教育重视不足，特别是辩证唯物主义教育、爱国主义教育和社会主义政治方向教育的内容不够多[①]。

5. 修订情况

这一时期，由于政务院责令教育部“有计划地修订中学教学计划，修改教学大纲和教科书”。同时，全国各地教师在教学实践中发现，教科书在思想性、科学性、教材分量和译文方面存在一些错误和缺点，并提出了许多具有建设性的意见，人民教育出版社对这套编译课本作了修订。修订的主要原则是：① 加强政治思想教育，贯彻社会主义思想，并进一步贯彻理论与实际结合的原则；② 根据指示精简教材，并对由于精简而引起的其他问题，如系统性和连贯性等做适当的调整；③ 修正科学性、译文、名词和文字上的错误和缺点[②]。1955 年起，人民教育出版社陆续出版了修订后的《初级中学课本　化学》。

6. 使用、地位和影响

尽管该教科书存在很多不足，但不可否认，它在我国教科书起步阶段的特殊时期发挥了重要作用。通过学习苏联的教育经验，在提高教学质量，特别是加强基本知识和基本技能等方面，取得了很大成绩。同时，不同于“东北本”，该教科书为编写适合我国国情的教材进行了有益的探索与尝试。

① 李俊．新中国化学教科书发展简述［J］．中学化学教学参考，2005（07）：7-9．

② 课程教材研究所．新中国中小学教材建设史（1949—2000）研究丛书：化学卷［M］．北京：人民教育出版社，2010：52-53．

（四）新编译《高级中学课本　化学》

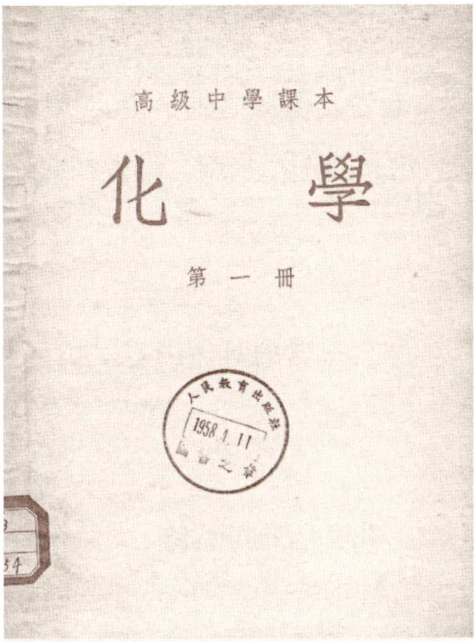

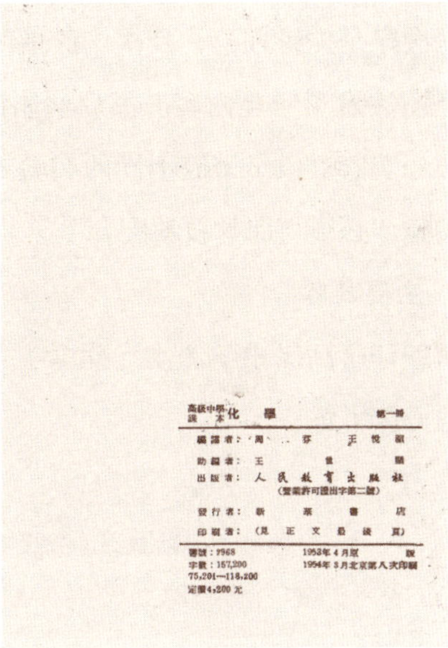

图 6-11　新编译《高级中学课本化学（第一册）》封面及版权页

1. 基本信息

① 出版社：人民教育出版社；

② 版次：第一册，1953 年 4 月初版，

第二册，1953 年 7 月初版，

第三册，1953 年 12 月初版；

③ 编译人员：周芬、王悦祖；

④ 配套资源：人民教育出版社化学组组织力量，编写、出版了相应的化学教学参考书，如北京、上海有关教研单位编写的《高级中学课本　化学　教学参考书》等。

2. 编写指导思想

这套教科书是根据苏联列夫钦科等所著十年制 8～10 年级所用的化学教科书（1952 年版），同时依照中央人民政府教育部当时编订的《中学化学教学大纲（草案）》编译而成，用以代替之前东北人民政府教育部编译的化学课本。

在编译过程中，对每章所叙述的元素及其化合物的理论部分，注意根据同一方式进行编写。目的是帮助学生认识到，一种物质不但具有其同类物质的通性，而且具有特性，使学生系统地掌握和牢固地记忆所学习的知识。

另外，编者在“出版者的话”中指出，本书注意理论与实际结合，“每章的编写次序是先讲理论，其次广泛地演示实验，最后列举习题”。编译时在一定程度上还注意了实验内容。书后所附的“实验室实验”是供学生实验用的。其中一部分实验提供了繁简不同的实验方法，供教师选择采用。编者在此处强调，这些实验“必须与课堂教学配合”。

3. 主要内容

新编译《高级中学课本　化学》第一、二、三册的具体内容安排可通过各章标题得以了解。

表 6-3　新编译《高级中学课本　化学》各册章标题

册次	章标题
第一册	绪言 第一篇 第一章　物质和它的结构（复习初中教材并加以补充） 第二章　无机物的分类（复习初中教材并加以补充） 第三章　溶液 第二篇　非金属元素和它们的化合物（一） 门捷列夫的元素周期表和周期律（初步认识） 第一章　卤族元素 第二章　氧族元素
第二册	第三章　氮族元素 第三篇　非金属元素和它们的化合物（二） 第一章　碳和它的简单化合物 第二章　有机化合物总论 第三章　烃（碳氢化合物） 第四章　烃的衍生物
第三册	第五章　糖类（碳水化物） 第六章　含氮的有机化合物 第七章　有机合成的发展（简述） 第八章　硅和它的化合物 第九章　惰性气体 第四篇　门捷列夫的元素周期律和元素周期表　原子结构　电离学说 第一章　元素的周期律和周期表 第二章　放射性元素 第三章　原子的结构 第四章　电离学说

续表

册次	章标题
第三册	第五篇 金属 第一章 金属的通性 第二章 碱金属 第三章 碱土金属 第四章 铝和它的化合物 第五章 铁和它的化合物

三册教科书共单独设置了28个实验，包括：实验总则，氧化物、碱、酸和盐的实验，溶液的实验，氯的实验，溴的实验，碘的实验，氧的实验，硫的实验，氮的实验，磷的实验，碳的实验，有机化合物的定性分析实验，烃类的实验，醇类的实验，醛类和酸类的实验，醚类和酯类的实验，糖类的实验，硝基化合物的实验，蛋白质的实验，硅的实验，有关“元素周期律和元素周期表”的实验，电离的实验，金属的实验，碱金属的实验，镁的实验，钙的实验，铝的实验，铁的实验。

4. 主要特点

这套新编《高级中学课本　化学》在内容选择、安排和呈现方式等方面具有以下特点。

（1）内容框架方面，该教科书由正文、问题和习题、实验三部分组成。正文采用陈述式，用平铺直叙的语言介绍知识。知识的逻辑性较强，学科知识结构严谨。每章后的问题均是巩固概念原理的简答题，习题形式则相对丰富。

这三册教科书内容以专题形式划分为五篇，如“非金属元素和它们的化合物”“金属”等，力图使内容的结构更加清晰。

（2）从内容编排来看，一是注意初高中教学的衔接。在第一册的前两章明确说明是初中内容的温习和提升，第三章也包含复习的内容，复习内容容量接近第一册的一半。二是原子分子论的位置相对靠前，体现了这一理论对学习溶液、酸、碱、盐的指导作用。三是在绪言及元素化合物的介绍时联系了我国国情，既介绍了部分物质在我国的分布，也介绍了我国化工产业等的现状。四是仿照苏联严格按周期律各族进行编排，把有机化合物也纳入“非金属元素和它们的化合物”篇章里。其中，第四点也是与“东北本”高中化学相比存在的较大区别，不再完全按照先无机化学后有机化学的顺序介绍。但这样编排的不足是碳元素部分内容容量较大，给教学带来不便。

（3）从实验设计和呈现方式来看，课文中未编演示实验，但书后安排了一定数量的学生实验，实验内容丰富翔实，体现出对学生动手实践的重视。这些实验都附有习题，可以帮助学生巩固基本实验技能和操作规范，同时引导学生在动手的过程中进行思考，培养观察、分析和质疑的能力。但不足的是，实验的做法很大程度上仍照搬苏联，片面强调简便易行，如学生实验都采用曲管和玻璃片来进行（图 6–12）[①]。

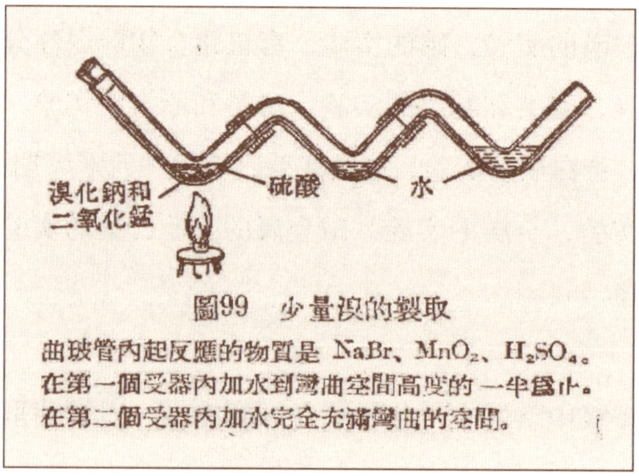

图 6–12　新编《高级中学课本　化学》中采用曲管进行学生实验

5. 修订情况及影响

1954 年 7 月，教育部颁布“精简中学化学教学大纲（草案）和课本的指示”。按照指示要求，这套教科书分别在 1955 年、1956 年修订了两版。在修订时，注意了贯彻政治思想教育，培养学生的辩证唯物主义世界观，加强爱国主义教育和劳动教育，并结合我国社会主义建设实际。

这套教科书引进了国外先进教科书的内容，结合了我国当时的国情。与过去使用过的化学课本比较，该教科书在思想性、科学性和系统性等方面优点较突出，较符合当时中学化学教学的需要，对化学教学质量和学生知识水平的提高起到了重要作用，对后续的教科书编写影响较大。

① 课程教材研究所．新中国中小学教材建设史（1949—2000）研究丛书：化学卷［M］．北京：人民教育出版社，2010：67．

第七章　全面建设社会主义时期的中学化学教科书（1958—1966）

这一时期，是中国开始全面建设社会主义的时期。1958年5月，中共八大二次会议制定“鼓足干劲、力争上游，多快好省地建设社会主义”的总路线。号召在继续进行经济战线、政治战线、思想战线上的社会主义革命的同时，积极地进行技术革命和文化革命，争取在十五年或者更短的时间内，赶上或超过英国，争取提前实现“全国农业发展纲要”的要求。[①]毛泽东主席在会上讲话，强调破除迷信、解放思想，发扬敢想、敢说、敢做的精神。在“总路线”的指引下，全国城乡、各条战线迅速掀起“大跃进”的高潮。“大跃进”推动了“大批判”，催生了教育大革命。

1959年，中国共产党第八届第八次会议（庐山会议）之后，全国各地普遍开展了一场“反右倾”斗争。在政治上，使阶级斗争扩大化的错误在理论和实践上进一步升级；在组织上，使中国共产党党内从中央到基层的民主生活遭到严重损害；在经济上，打断了纠“左”的积极进程，许多已被指出的、有待纠正的错误重新发展起来。[②]

1960年7月，中共中央在北戴河召开工作会议，研究国际问题和国内经济调整问题。同年9月，中央批转了经周恩来审定的国家计委党组《关于1961年国民经济计划控制数字的报告》，报告中首次提出“调整、巩固、充实、提高”的八字方针。

---

① 中国共产党历届代表大会全纪录编委会．中国共产党历届代表大会全纪录——“一大”到“十七大”［M］．北京：中共党史出版社，2007：697．

② 中共中央党史研究室．中国共产党的九十年：社会主义革命和建设时期［M］．北京：中共党史出版社，党建读物出版社，2016：509-510．

一、教育发展与学科背景

（一）教育的曲折发展

在全面建设社会主义的时期，教育战线进行了旨在适应我国社会主义建设需要的教育改革实践，逐步总结和积累了新中国成立以来的教育经验，整顿和发展了各级各类教育。

1.“大跃进”时期，开展教育大革命（1958—1960）

在“总路线”的指引下，全国教育战线开展了教育大革命。

1958 年 8 月，中共中央、国务院发布了《关于教育事业管理权力下放问题的规定》①，指出“小学、普通中学、职业中学、一般中等专业学校和各级业余学校的设置与发展，无论公办或民办，由地方自行决定。”这是我国第一次尝试教育行政权力下放，对于调动地方办学的积极性起到了一定作用。

1958 年 9 月，中共中央、国务院发布的《关于教育工作的指示》② 指出：“教育工作在一定的时期内曾经犯过教育脱离生产劳动、脱离实际，并且在一定程度上忽视政治、忽视党的领导的错误。”此指示还提出：“党的教育工作方针，是教育为无产阶级的政治服务，教育与生产劳动相结合；为了实现这个方针，教育工作必须由党来领导。”要求调动中央和地方的积极性，下放教育权力，贯彻党委领导下的群众路线，主张办学形式的多样化，在全日制学校之外，大力发展半工半读学校和各种形式的业余学校。在“大跃进”的影响下，教育战线掀起了“教育大革命”，持续到 1960 年，虽然遇到了一些困难和问题，但仍在全国范围内掀起了教学改革的浪潮。③

1959 年，中共中央书记处会议做出了有关教育的几项决定，其中之一是，体制下放后，中央该管的事，如学制、课程设置和课本等，必须管起来。周恩来总理在二届全国人大一次会议上作政府工作报告中说：“去年一年，各级学校都有了很大发展，现在需要在这个发展的基础上进行整顿、巩固和提高工作，在各级全日制的正规学校中，应该把提高教学质量作为一个经常的基本

---

①② 关保英. 教育行政法典汇编：1949—1965［G］. 济南：山东人民出版社，2016：319-320，321-326.

③ 课程教材研究所. 新中国中小学教材建设史（1949—2000）研究丛书：化学卷［M］. 北京：人民教育出版社，2010：103.

任务。”[①]

庐山会议后，当时的教育部部长杨秀峰等发表讲话和文章，认为“大跃进”的经验证明，要“多快好省”地进行文化革命，必须彻底反对右倾，应该检查教育工作中的右倾思想，鼓足更大干劲，继续跃进[②]。

2.“大跃进”后期，教育工作进行“调整、巩固、充实、提高”（1961—1966）

1960年年底，中共中央文教小组召开全国文教工作会议。会后向中共中央写了《关于1961年和今后一个时期文化教育工作安排的报告》。[③]此报告指出：“建国以来，特别是1958年大跃进以来，文化教育工作在党的领导下，取得了巨大的成绩。”同时指出，工作中还存在着不少问题和缺点。所以，当前的文化教育工作必须贯彻执行“调整、巩固、充实、提高”的方针。此外还提出，在学制改革方面，今后不再进行九年一贯制的试验。1961年2月，中共中央批转了中央文教小组的这份报告。

1961年上半年，中共中央书记处举行会议，由邓小平总书记主持讨论文教工作。会议认为，科学教育水平并不决定于数量，主要是质量。这几年不管从哪几方面都要步子放慢，进行调整。每级都要抓重点学校。[④]

1963年3月，中央印发了《全日制中学暂行工作条例（草案）》[⑤]，在全国试行。7月，颁发了《关于实行全日制中小学新教学计划（草案）的通知》。[⑥] 11月，教育部部长杨秀峰在第二届全国人大第四次会议上的讲话中指出：“虽然在教育革命的初期，由于缺少经验，曾经一度发生了劳动和社会活动偏多的缺点；但是从1961年开始，我们认真总结了经验，制定了执行方针政策的各项具体办法。”[⑦]

1964年2月，毛泽东主持召开教育工作座谈会（后被称为“春节座谈会”），提道：“课程多、压得太重是很摧残人的。学制、课程、教学方法、考试方法都要改。”“我看课程可以砍掉一半，学生要有娱乐、游泳、打球、课外自由阅读的时间。”随后各地传达、贯彻毛泽东主席“春节座谈会”的讲话精神。

1965年年初，全国选定43所中小学为“大改”试点学校，进行全面的大胆改革试验。同时，中央研究两种教育制度，进行半工（农）半读试点工作。

---

①②④⑦ 课程教材研究所．新中国中小学教材建设史（1949—2000）研究丛书：化学卷[M]．北京：人民教育出版社，2010：103，102-104，125-126．

③⑤⑥ 何东昌．中华人民共和国重要教育文献：1949~1975[G]．1998：1027，1149，1180．

（二）化学科学的发展

在我国轰轰烈烈地开展全面建设社会主义的同时，国内外在化学科学研究方面得到了较大的发展。

1959 年，在国际纯粹与应用化学联合会（IUPAC）于德国慕尼黑的会议上，德国物理学家马陶赫（J. H. Mattauch，1895—1976）建议改用 ^{12}C 原子质量的十二分之一作为相对原子质量的基准，征得了国际纯粹与应用物理联合会（IUPAP）的同意，于 1961 年 8 月正式采用。同年发布了新的相对原子质量表。

1959 年，自组织现象在著名的 B-Z 实验中被发现，该现象即反映分子在宏观上仿佛接到某种统一命令，自己组织起来，形成宏观的空间和时间上的一致行动。

1960 年，美国伍德沃德（R. B. Woodward，1917—1979）领导的实验室合成了叶绿素 α。

1962 年，英国青年化学家巴特莱特（N. Bartlett，1932—2008）成功地制得六氟合铂酸氙，使稀有气体元素发生了化学变化，这项研究震惊了整个化学界。

在国内，化学研究得到了国家的重视。1956 年我国制定了“十二年科学技术发展规划”，采取了一系列重大措施加强化学的研究，在培养大量专业人才的同时，增设各种专门性的研究机构。到 20 世纪 60 年代初，中国已形成了一支以优秀老科学家为学术带头人，大批中、青年科技人员为主体的初具规模的专业队伍，有力地促进了化学的发展。1965 年 9 月，中国科学院生物化学研究所等单位经过 6 年多的艰苦工作，第一次用人工方法合成了一种具有生物活性的蛋白质——结晶牛胰岛素。这是世界上第一个人工合成的蛋白质，为人类认识生命、揭开生命奥秘迈出了可喜的一大步。

二、化学课程概要

（一）学制

1958 年 9 月，中共中央、国务院发布的《关于教育工作的指示》中明确提出：“现行的学制是需要积极地和妥当地加以改革的，各省、市、自治区的党委和政府有权对新的学制进行典型试验。”随后，各地纷纷进行缩短学制（如中小学实行七年、八年或九年一贯制，中学实行五年或四年一贯制）的试验。

1959 年 5 月，中共中央、国务院发布的《关于试验改革学制的规定》指出，未经批准的学校不得进行试验；在规定新学制以前，各级各类全日制学校一般应当执行现行学制和修业年限①。

1960 年 4 月，陆定一在全国人大二届二次会议上作“教学必须改革”的报告，指出：“我们的教学还存在少、慢、差、费的现象，因此必须进行教学改革。”还提出：“从现在起，进行规模较大的试验，在全日制的中小学教育中，适当缩短年限，适当提高程度，适当控制学时，适当增加劳动（简称“四个适当”）。我们准备以十年到二十年的时间，逐步地分期分批地实现全日制中小学教育的学制改革……初步设想是全日制中小学的年限能够缩短到十年左右，程度能够提高到大约相当于现在大学一年级。”“我们一定要改变‘一穷二白’的面貌，在生产上超过英国，在教育事业上超过一切资本主义国家。”② 此后，试验学制改革的学校迅速增加，据 27 个省、自治区、直辖市的统计，试验学制改革的中学，占这些地区中学的 18.67%。③

1964 年，根据“春节座谈会”的意见，中央决定成立学制问题小组，并指出，我国现在的学校教育修业年限长，课业负担重，学制有改革的必要。

总体上看，从 20 世纪 50 年代末到 60 年代初，我国学制基本上形成了两种教育制度（全日制学校和半工半读学校并行的教育制度），三类主要学校［全日制学校、半工（农）半读学校、业余学校］，多种形式办学（面授、函授、广播、电视等）的体系。

（二）课程设置和课程标准

1963 年 5 月，教育部颁布了《全日制中学化学教学大纲（草案）》。这次制定的新大纲，较全面地总结了新中国成立 14 年来中学化学教学的经验，对教学目的、确定教学内容的原则、教学内容的安排、实验的地位和作用，以及教学方法等，都作了明确的规定和阐述。7 月，颁发了《关于实行全日制中小学新教

①② 中央教育科学研究所．中华人民共和国教育大事记：1949—1982［M］．北京：教育科学出版社，1984：247，271．

③ 聂劲松：浅析新中国特点教研制度的历史成就与基本经验［J］．当代教育论坛（上半月刊）．2009（09）：12-15．

学计划（草案）的通知》，提到“物理和化学两门课程的上课时间也有所增加，目的是加强实验和课堂练习”。该计划规定了化学每周的课时数：初三是 3 课时，总计 102 课时，占初中总课时数的 5.58%；高一、高二、高三每周分别是 2、3、4 课时，合计 304 课时，占高中总课时数的 9.73%（不包括选修课），或 9.07%（包括选修课）①。

1964 年 7 月，教育部颁发了《关于调整和精简中小学课程的通知》。初步调整的原则为：适当减少课程门类，能集中在一年学完的就不两年学；适当减少每周上课总课时数，使学生有较多的课外活动时间；比较有把握调整的课程先调整，有些课程研究不够，把握不大的，暂不调整；教材只作必要的小修改②。

三、教科书概貌

（一）教科书制度

教育大革命对过去搬用的苏联教育模式产生了巨大的冲击，并持续开展了对教材的批判。根据总路线的精神，人民教育出版社编写的通用中小学教材被批判：一是“三脱离”，即脱离政治、脱离生产、脱离中国实际，违背党的教育工作方针，不能培养有社会主义觉悟、有文化的劳动者；二是严重“少慢差费”，背离了“多快好省”的总路线精神。1958—1959 年，全国各地教育部门在“大跃进”时代，在“总路线”指引下，发动群众组织力量，采取砍、换、补方案，自编课本或编写通用课本等各类补充教材。

1958 年 8 月，中共中央、国务院发布的《关于教育事业管理权限下放问题的规定》中指出：“各地方根据因地制宜、因校制宜的原则，可以对教育部和中央主管部门颁发的各级各类学校指导性教学计划、教学大纲和通用教材、教科

① 课程教材研究所．新中国中小学教材建设史（1949—2000）研究丛书：化学卷［M］．北京：人民教育出版社，2010：125-126.

② 课程教材研究所．20 世纪中国中小学课程标准·教学大纲汇编：课程（教学）计划卷［G］．北京：人民教育出版社，2001：300.

书，领导学校进行修订和补充，也可以自编教材和教科书。”[①] 根据这一规定，9月，教育部发出通知，今后各地可以自编教材，教育部自 1958 年秋季起，停止颁发统一的中小学教学用书表。

1959 年 5 月，中共中央转发教育部党组《关于编写普通中小学和师范学校教材的意见》，指出：“鉴于 1958 年各地自编教材中存在的问题，中共中央 1 月召开的教育工作会议曾经提出，普通中小学教材应该保持全国必要的统一性和应有水平，建议由教育部编写普通中小学和师范学校的指导性教学大纲……编写通用教材供各地采用，地方可因地制宜做适当变动，并编写补充教材和乡土教材。”[②]

1961 年，教育部通过调查研究、总结经验，在向中央上报的《编写中小学教材的概况和意见》中指出，这些教材“程度偏高，内容偏深，在结合实际和政治方面有片面性，有的学科在改变科学体系方面也有缺点”。[③] 同年，中共中央文教小组指示，要在总结过去编写教材经验的基础上，重新编写一套加强基础知识和基本训练的全日制十二年制中小学教材。根据中央的指示精神，人民教育出版社代教育部起草《全日制中学化学教学大纲（草案）》初稿。

（二）化学教科书的出版

1958—1966 年，在中央有关精神的指导下，人民教育出版社、各地方纷纷编写、出版了各种版本的中学化学教材，数量众多；但多数使用范围较小，使用时间也很短。在这个曲折的过程中，虽然出现了这样和那样的问题，但它是教育改革实践和探索的过程。在这个过程中，教育者们逐渐系统地总结并积累了符合我国实际情况的教材编写经验。

（三）代表性教科书及其选择

根据本时期不同阶段化学教科书的编写情况选择代表性教科书。

1. 结合生产实际砍、换、补教材

全国各地教育部门在“总路线”的指引下，发动群众，组织力量，采取砍、换、补的方案，自编课本或编写通用课本的工、农补充教材。例如，上海市教

---

① 中央教育科学研究所．中华人民共和国教育大事记：1949—1982［M］．北京：教育科学出版社，1984：228．

② 课程教材研究所．新中国中小学教材建设史（1949—2000）研究丛书：化学卷［M］．北京：人民教育出版社，2010：103．

③ 课程教材研究所．课程教材改革之路［M］．北京：人民教育出版社．2000：59．

育局、湖南省教育厅等出版的《化学与农业》；湖北省教育厅教研室出版的高中《化学工艺基础知识》。人民教育出版社也编写了《初级中学课本　化学补充教材》，内容包括土壤、化学肥料、农药及钢铁四部分。这些砍、换、补的教材，学科体系基本缺失，均为1个版次，使用范围很小，不具有代表性。

2. 各地编写缩短年限、提高程度的化学教材

在1958年教育大革命以来的调查研究和实际工作经验的基础上，北京师范大学组织部分师生，以毛泽东思想为指导，根据“总路线”和“大跃进”的精神，用三个月时间编写了一套达到大一水平的（中小学）九年一贯制化学课本，1960年5月由人民教育出版社出版。同时，上海华东师范大学等几所高等院校的师生用不到一个月的时间编成了一套（中学）五年制化学课本，1960年4月由上海教育出版社出版。这两套教科书都提高了理论水平和工农业知识占比等。上海教育出版社出版的五年制化学课本，采用了新体系，增加了新内容，且可以反映除人民教育出版社之外，其他出版社教科书的出版情况，故选其作为代表性教科书。

3. 人民教育出版社编写缩短年限、不提高程度的化学教材

鉴于缩短年限、提高程度的教材难以推行，从1960年下半年开始，人民教育出版社根据当时的形势和中央指示精神，组织力量赶编“缩短年限、不提高程度”的中小学十年制通用教材。这套教科书在编写时，遵循了“不提高程度、不改变体系”以及“基本一贯、适当分段”的原则，于1962年陆续出版，供开始学习化学的初中三年级（即十年制学校八年级）及后续年级选用。由于此套教科书为“赶编”，且“十年制”的学制很快又被“十二年制”所取代，故不作为代表性教科书。

4. 探索新编全日制十二年制学校中学化学教材

1961年，人民教育出版社在广泛调查研究、总结经验的基础上，根据教育部颁发的新教学计划和教学大纲的精神，开始编写新的十二年制中小学教材。该套书结合了我国中学化学教学实际，参考了古今中外编写化学课本的某些经验，特别是总结了新中国成立以来化学教师的教学经验和部分地区编写化学教材的经验。从1963年秋季起出版初中化学课本，逐年出版新编的化学课本，并编写出版了相应的教学指导书。从1964年起，在“砍一半”精神的指导

下，每册课本都在不断地进行精简。这套教科书只用到高中化学第二册，第三册（1966 年出版）因“文化大革命”的开始而“夭折”，成了“绝版”书，未及使用[①]。十二年制化学课本更切合我国化学教学实际，故选此套课本作为代表性教科书。

四、代表性教科书

（一）《五年制中学课本　化学》

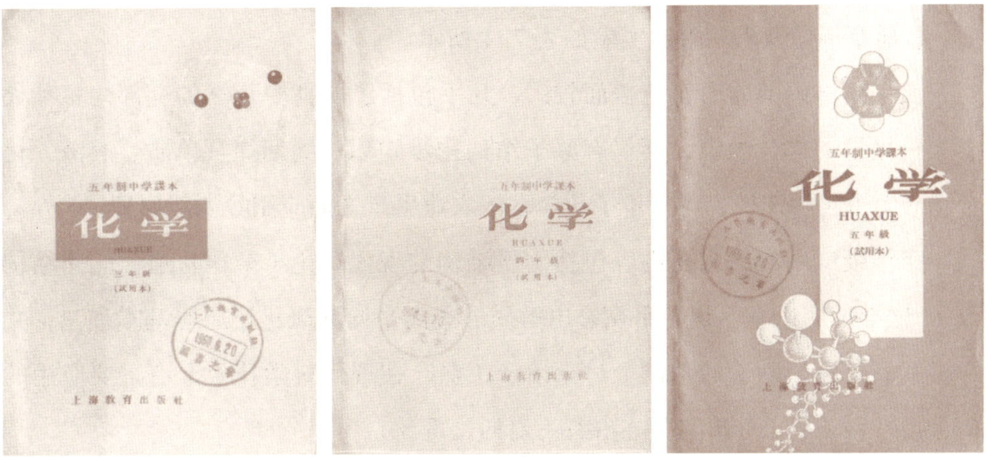

图 7–1 《五年制中学课本　化学》封面

1. 基本信息

① 出版社：上海教育出版社；

② 版次：三年级试用本，1960 年 4 月第 1 版，

四年级试用本，1960 年 4 月第 1 版，

五年级试用本，1960 年 5 月第 1 版；

③ 编写人员：华东师范大学化学系师生、华东化工学院部分师生、复旦大学及上海师范学院部分师生，以及部分中学化学教师

① 课程教材研究所．新中国中小学教材建设史（1949—2000）研究丛书：化学卷［M］．北京：人民教育出版社，2010：135．

2. 编写指导思想

教科书中的“说明”指出，本套书“是根据上海市‘关于全日制中学化学课程革新的建议’（修订草案）编写的”，“采用以现代物质结构理论为基础的新体系”，“增加反映现代科学技术和生产的新成就内容”；且重视实验，“增加了实验总时数，严格要求学生独立操作”。本套教科书在编写时，“力求体现由简到繁、由浅入深、事实材料与理论密切结合的原则”，但由于增加了大量新的内容和采用了新的体系，使用时需要相应的改变教学方法。编者强调“运用新的教学工具——如电影、幻灯、模型等进行教学”。

3. 主要内容

全书共十九章，分三册，对应三个年级。共设有 28 个独立的实验，附于书后。各册章标题及书后附的实验如表 7-1 所示。

三年级试用本的内容覆盖面较广，几乎包括了初高中化学的全部内容和大学无机化学的部分内容，不仅有原子结构初步知识、周期律、单质、溶液、化合物等无机化学知识，还安排了化学在工农业生产方面应用等一般原理。

四年级试用本的主要内容包括物质结构的现代理论（杂化轨道、晶体结构等）、化学反应速率、化学平衡、电解质、电离平衡和氧化还原等基本理论，并在讲解氧化还原理论的基础上讨论冶金工业。在现代科学技术上有重要应用的配合物另列一章，分析实验亦占有一定的比重。

五年级试用本的主要内容包括有机化学、应用于现代科学技术中的一些重要元素及化合物。在国民经济中有重要意义的高分子化合物单列一章进行全面介绍。最后“展望”部分指出了化学发展的方向。

表 7-1 《五年制中学课本　化学》各册章标题及书后附的实验

册次	章标题	书后附的实验
三年级试用本	绪论 第一章 原子结构和元素周期律 第二章 单质 第三章 溶液 第四章 化合物 第五章 基本无机化学工业	实验总则 1. 简单仪器的认识和使用 2. 溶解、加热、过滤、蒸发、结晶、干燥——粗盐的提纯 3. 氢气的制法和性质 4. 氯气的制法、性质、活性炭的吸附

续表

册次	章标题	书后附的实验
三年级试用本	第六章 钢铁工业 第七章 化学在农业上的应用	5. 钠与铝的性质 6. 溶液的配制（实习作业课） 7. 胶体的制备及性质 8. 金属活动性顺序 硫酸性质 9. 酸碱滴定 10. 酸、碱、盐的相互反应（一） 酸、碱、盐的相互反应（二） （实习作业课） 11. 离子的检验
四年级试用本	第八章 反应速度和化学平衡 第九章 电解质及电离平衡 第十章 氧化还原 第十一章 物质结构的现代理论 第十二章 络合物	12. 离子鉴定 13. 定量分析基本操作 14. 中和法 15. 氧化还原滴定 16. 重量法 17. 比色法测硅、锰、锗 18. EDTA 测定水的总硬度
五年级试用本	第十三章 烃 第十四章 烃的衍生物 第十五章 高分子化学 第十六章 天然有机化合物 第十七章 现代新技术中应用的某些元素和重要化合物 第十八章 原子能化学 展望	19. 烃的性质 20. 石油的分馏 21. 乙酸乙酯的制取 22. 苯的硝化、还原、重氮化和耦合 23. 乙酰苯胺的制取、重结晶、测定熔点 24. 苯乙烯的聚合 25. 玻璃钢的制取 26. 碳水化合物和蛋白质的性质 27. 从阳极泥中提粗硒 28. 同位素的应用

4. 主要特点

（1）内容选取最突出的特点是提高了理论水平，突出了物质结构和化学原理的内容。例如，介绍了许多原来在大学阶段才会学习的内容，如电子云、四个量子数、晶体结构、σ 键、π 键、大 π 键、轨道杂化（图 7-2），以及电离平衡及平衡常数等。同时，增加了反映最新成就和尖端科学的基础知识，如稀有元素、配合物、放射化学、高分子化合物、元素有机化合物等[1]。

① 梁英豪．建国以来我国中学化学教育的回顾［J］．化学教育，1982（04）：5-15．

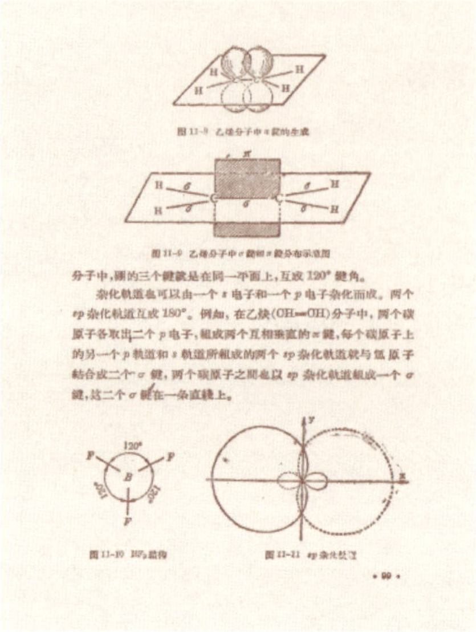

图 11-8 乙烯分子中π键的生成

图 11-9 乙烯分子中σ键和π键分布示意图

分子中，硼的三个键就是在同一平面上，互成 120° 键角。

杂化轨道也可以由一个 s 电子和一个 p 电子杂化而成。两个 sp 杂化轨道互成 180°。例如，在乙炔(CH≡CH)分子中，两个碳原子各取出二个 p 电子，組成两个互相垂直的π键，每个碳原子上的另一个 p 軌道和 s 軌道所組成的两个 sp 杂化軌道就与氫原子結合成二个 σ 键，两个碳原子之間也以 sp 杂化軌道組成一个 σ 键，这二个 σ 键在一条直綫上。

图 11-10 BF_3 結构

图 11-11 sp 杂化軌道

· 99 ·

图 7-2《五年制中学课本　化学》四年级试用本中有关物质结构的内容举例

（2）此外加强了化工和农业生产的知识：介绍了硫酸工业、氯碱工业、合成氨工业、石油工业、纯碱工业和钢铁工业等（生产设备和工业流程介绍得都很详细）；土壤、肥料、农药等都有专门一节进行介绍，但没有采取“以生产为纲”的编写方法。

（3）在内容编排上，采用了以现代物质结构理论为基础的新体系。例如，第一册第一章介绍原子结构、分子成键、化学方程式和元素周期律等基本概念和原理，然后将非金属单质、金属、稀有气体等整合在了“单质”一章；介绍了溶液之后，又将氧化物、酸、碱、盐等内容和几种有机化合物整合在了“化合物”一章。其他的元素化合物知识则是结合化学工业、农业形成了“基本无机化学工业”“钢铁工业”和“化学在农业上的应用”这三章内容。第二册是以化学反应原理等内容为基础，元素化合物内容仅从物质结构角度介绍了配合物。第三册前几章系统介绍了有机化合物，后两章介绍现代科学技术发展中应用到的化学知识，其中涉及几种金属元素。可以看出，本套教科书在元素化合物内容的安排上较为分散，并没有按照元素周期表等规律系统介绍。

5. 修订情况和影响

1963 年前后，编者对本套教材进行修订，删减了部分大学教材的内容。

这套《五年制中学课本　化学》是缩短年限、提高程度的化学课本，它并不是以苏联教科书为蓝本，而是在“大跃进”形势下，根据“总路线”和“四个适当”的精神，对编写新的中学化学教材的尝试。这套教材打乱了原有统编教材的体系，把大学教材中的部分内容下放到了中学，忽视了理论联系实际的原则和学生的生理、心理规律，过多地介绍了工农业生产知识，削弱了基础知识[①]。虽然之后进行了较大程度的调整，但是这套五年制中学化学课本依然是理论知识程度过高，总体上脱离中学实际。

（二）新编全日制十二年制学校中学化学课本

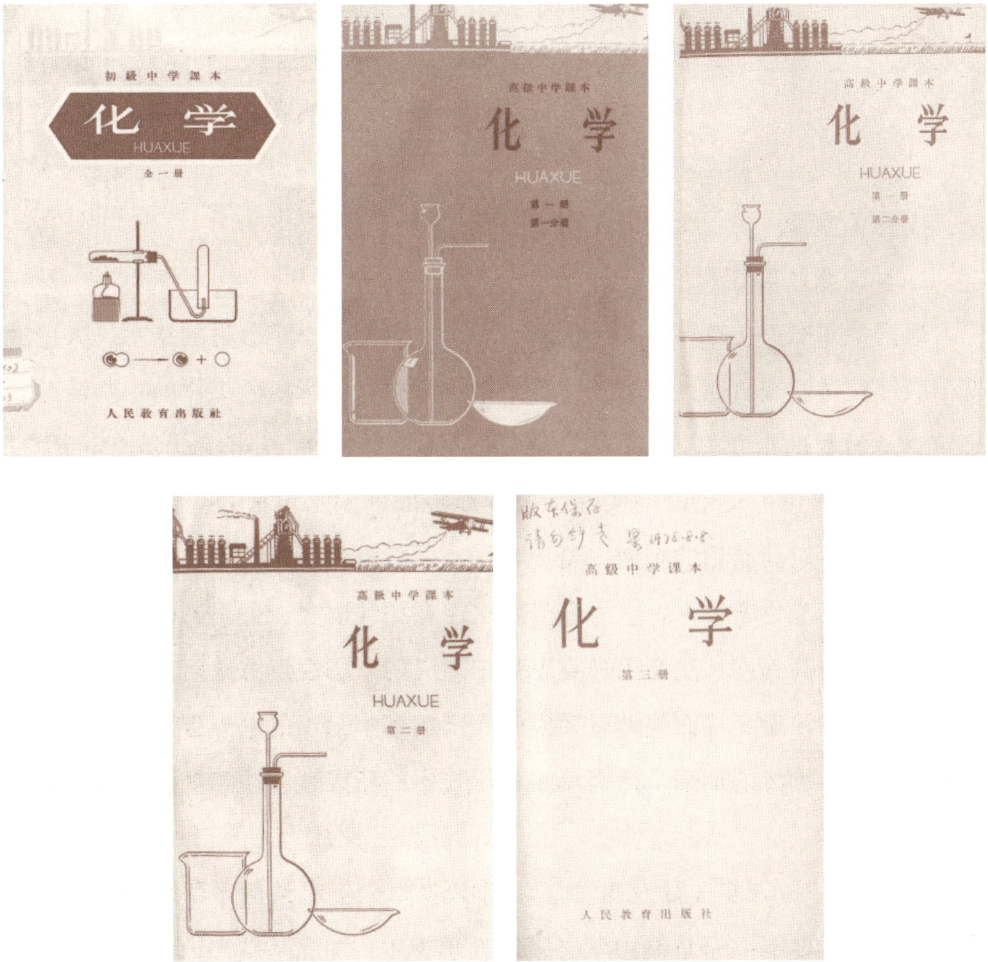

图 7-3　新编全日制十二年制学校中学化学课本（初中、高中）封面

① 课程教材研究所．新中国中小学教材建设史（1949—2000）研究丛书：化学卷［M］．北京：人民教育出版社，2010：112．

1. 基本信息

① 出版社：人民教育出版社；

② 版次：初级中学课本，1963 年初版，

高级中学课本，第一册（第一分册）1964 年初版，

第一册（第二分册）1964 年初版，

第二册 1965 年初版，

第三册 1966 年初版；

③ 编写人员：《初级中学课本　化学（全一册）》的编写人员有梁英豪、周芬、程名荣、许国培、王世显、喻敬纯等；《高级中学课本　化学》的编写人员有梁英豪、周芬、王世显、蒋秉铨、陆涉之、严秀珍等，经张江树、戴安邦、张青莲、严志弦、徐光宪等同志审阅；

④ 配套资源：各册配套教学指导书。

2. 编写指导思想

根据中共中央文教小组关于重新编写十二年制中小学教材的指示，人民教育出版社经过调查研究，整理了《关于中小学教材编辑出版工作的一些情况》，确定这套教材的指导思想是：“力求根据党的教育方针，结合我国教育的优良传统和当前社会主义建设的实际，合理地吸取外国（包括社会主义国家和资本主义国家）对我有用的东西，希望在中小学教材编辑工作中，摸索出一条具体地贯彻执行毛主席教育思想的道路。”“注意加强语文、外语、数学几门主要课程，适当提高程度；注意用马克思列宁主义的立场观点方法阐述社会现象和自然现象，力求避免片面强调联系实际而削弱基本知识的缺点；注意基本知识的充实和基本训练的加强，适当反映科学技术的新成就，注意切合当前的教学实际。”

中共中央 1963 年 3 月发布《全日制中学暂行工作条例（草案）》，在“总则”第 3 条中规定：“全日制中学必须以教学为主，加强基础知识的教学和基本技能的训练，为学生毕业后就业和升学打好必要的文化基础。”①

① 课程教材研究所，20 世纪中国中小学课程标准·教学大纲汇编：课程（教学）计划卷[G]. 北京：人民教育出版社，2001：282.

3. 主要内容

（1）《初级中学课本　化学（全一册）》

本书共分七章，书后附化学实验注意事项、仪器、基本操作等内容及 12 个学生实验。第一章主要介绍了分子、原子、元素、纯净物、混合物、单质、化合物、分解反应、化合反应等概念。之后的概念原理类内容主要是第五章有关溶液的知识，如溶解度、结晶、溶液的浓度等。其余各章均介绍元素化合物知识，内容，主要有氧气、氢气、水、碳、酸、碱、盐、铁等。

（2）《高级中学课本　化学》

高中课本共三册，书后共附 31 个学生实验。

第一册由两个分册组成。第一分册安排了两章内容。“克分子　克原子”一章主要介绍了与物质计量相关的知识，如“气体克分子体积”、阿伏加德罗定律、求气态物质的相对分子质量等；“卤素”一章主要介绍了氯气、盐酸的工业制法，以及卤族元素性质的比较等。第二分册安排了三章内容。“氧族”一章主要介绍了硫及其化合物、硒的性质和用途、氧族元素性质的比较等；“碱金属”一章对钠、锂、钾都进行了较为详细的介绍，并进行了对比；“元素周期律和元素周期表”一章包含的节有“门捷列夫元素周期表”“元素周期表”“元素周期表里元素性质递变的规律”“元素周期律在科学上和生产上的意义”。

第二册中有四章内容。“原子结构”一章内容较多，介绍了放射现象、原子的结构、原子核的组成、核素、原子核外电子排布、用原子结构学说解释元素的金属性和非金属性、化学键、分子结构、用原子核外电子排布来说明化合价、用核外电子转移来说明氧化还原反应等内容。“氮和磷”一章除介绍了氮气及氮的化合物、磷及其化合物，还介绍了化学平衡的理论知识。“电解质的电离”一章包含了电解质和非电解质、电解质的电离、弱电解质和强电解质、离子反应、离子方程式、盐类的水解、电解及其在工业上的应用等内容。第四章“硅”，除了硅及其化合物外，还介绍了胶体、土壤、玻璃、陶瓷、水泥等内容。

第三册共有九章内容，主要介绍了金属和有机化合物，内容涉及金属的物理性质和化学性质，冶炼金属的一般方法，以及铝、铜、铅、锌、铁、烃、烃的衍生物、有机高分子等化合物知识。还另设与生活相关的两章内容——“硬水和它的软化”及“农药”。

新编全日制十二年制学校中学课本初、高中的章标题及书后附的实验如表7-2所示。

表7-2　新编全日制十二年制学校中学课本章标题及书后附的实验

册次	章标题	书后附的实验
初中 （全一册）	第一章　物质和物质的变化 分子和原子 第二章　氧 第三章　氢　水 第四章　碳 第五章　溶液 第六章　碱　酸　盐 氧化物 第七章　铁	学生实验应该注意的事项 初中化学实验应用的仪器 化学实验基本操作 实验1　粗盐的提纯 实验2　制取蒸馏水 实验3　氧气的制法和性质 实验4　氢气的制法和性质 实验5　木材的干馏 实验6　二氧化碳的制法和性质 实验7　硫酸铜的再结晶 实验8　配制一定百分比浓度的溶液 实验9　碱的性质 实验10　酸和盐的性质 实验11“碱、酸、盐、氧化物”的实验习题 实验12　铁的化合物的制法和性质
高中第一册 第一分册	第一章　克分子　克原子 第二章　卤素	实验1　玻璃管的加工和简单装置的装配 实验2　氯化氢和盐酸的制法和性质 实验3　配制一定克分子浓度的溶液 实验4　氯、溴、碘的实验
高中第一册 第二分册	第三章　氧族 第四章　碱金属 第五章　元素周期律和元素 周期表	实验5　硫化氢的制法和性质 实验6　二氧化硫的制法和性质 实验7　硫酸的性质 实验8　中和滴定法 实验9　钠及其化合物的性质　焰色反应 实验10　关于“元素周期律和元素周期表”
高中第二册	第一章　原子结构 第二章　氮和磷 第三章　电解质的电离 第四章　硅	实验1　氨的制法和性质 实验2　铵盐的制取和性质 实验3　硝酸和硝酸盐的性质 实验4　磷酸和磷酸盐的性质　过磷酸钙的制备 实验5　化学肥料的鉴定的实验习题 实验6　电解质溶液 实验7　离子鉴定的实验习题 实验8　胶体溶液 实验9　土壤的酸碱性

续表

册次	章标题	书后附的实验
高中第三册	第一章 金属概论 第二章 铝 第三章 铜 铅 锌 第四章 铁和钢 第五章 硬水和它的软化 第六章 烃 第七章 烃的衍生物 第八章 有机高分子化合物 第九章 农药	实验 1 金属的化学性质 实验 2 黄铜成分的简单鉴定 实验 3 铅锡合金的制备 焊接 实验 4 “金属”的实验习题 实验 5 硬水及其软化法 实验 6 乙炔 苯和甲苯 实验 7 醇 酚 醛 实验 8 酯和油脂 实验 9 “烃的衍生物”的实验习题 实验 10 几种有机高分子化合物 实验 11 几种含量不同的六六六粉剂的简易鉴别法 实验 12 实验习题

4. 主要特点

1963 年起出版的新编全日制十二年制学校中学化学课本，是在研究《全日制中学化学教学大纲（草案）》的基础上，花了两三年时间编写的，其特点集中体现了教学大纲的要求。以下分初、高中介绍本套教科书的具体特点[①]。

（1）《初级中学课本　化学（全一册）》

① 由浅入深，由个别到一般，逐渐扩大、加深

这本初中课本在概念原理方面，一开始从具体的物质和现象引出分子、原子、原子分子论（图 7-4）、元素、单质、化合物等基本概念，之后陆续讲述化合价、氧化还原、质量守恒定律、定组成定律、溶液、化学反应类型等。在元素化合物知识方面，从氧气、空气、氢气、水、碳等常见的具体物质讲起，逐渐过渡到酸、碱、盐、氧化物等某类物质。总之，全书是从简单、常见的物质和现象讲起，逐渐讲到比较复杂的物质和原理，而且始终都是用原子分子论来阐述[②]。

① 杨冰．介绍新编化学课本［J］．人民教育，1963（06）：23-27．（杨冰系人民教育出版社化学编辑室主任梁英豪的笔名。）

② 何征．介绍新编初中化学课本［J］．人民教育．1963（08）：44-47．

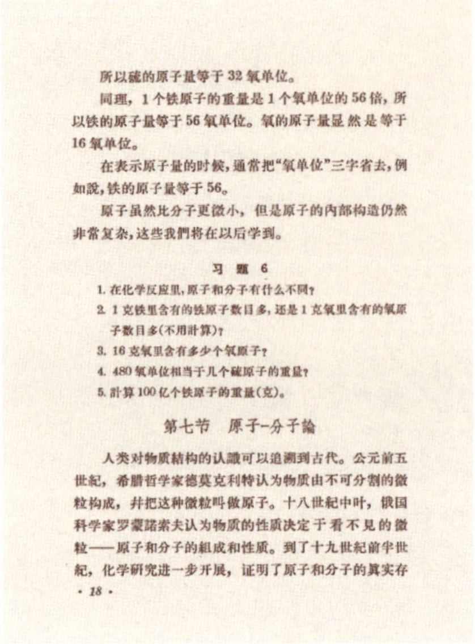

所以硫的原子量等于32氧单位。

同理，1个铁原子的重量是1个氧单位的56倍，所以铁的原子量等于56氧单位。氧的原子量显然是等于16氧单位。

在表示原子量的时候，通常把“氧单位”三字省去，例如說，铁的原子量等于56。

原子虽然比分子更微小，但是原子的内部构造仍然非常复杂，这些我們将在以后学到。

习　题　6

1. 在化学反应里，原子和分子有什么不同？
2. 1克铁里含有的铁原子数目多，还是1克氧里含有的氧原子数目多（不用計算）？
3. 16克氧里含有多少个氧原子？
4. 480氧单位相当于几个硫原子的重量？
5. 計算100亿个铁原子的重量（克）。

第七节　原子-分子論

人类对物质結构的认識可以追溯到古代。公元前五世紀，希腊哲学家德莫克利特认为物质由不可分割的微粒构成，并把这种微粒叫做原子。十八世紀中叶，俄国科学家罗蒙諾索夫认为物质的性质决定于看不見的微粒——原子和分子的組成和性质。到了十九世紀前半世紀，化学研究进一步开展，证明了原子和分子的真实存

·18·

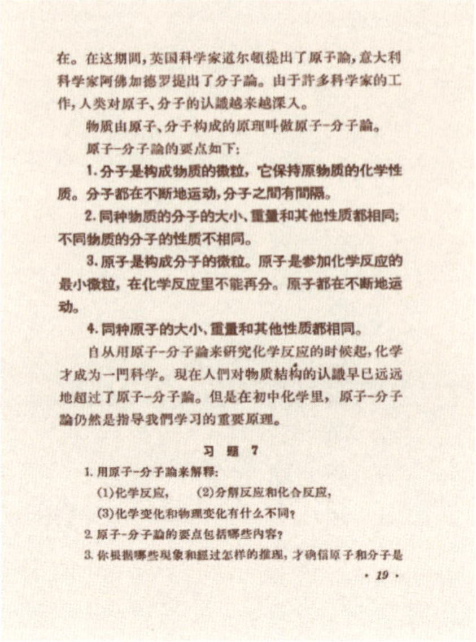

在。在这期间，英国科学家道尔頓提出了原子論，意大利科学家阿佛加德罗提出了分子論。由于許多科学家的工作，人类对原子、分子的认識越来越深入。

物质由原子、分子构成的原理叫做原子-分子論。

原子-分子論的要点如下：

1. 分子是构成物质的微粒，它保持原物质的化学性质。分子都在不断地运动，分子之間有間隔。

2. 同种物质的分子的大小、重量和其他性质都相同；不同物质的分子的性质不相同。

3. 原子是构成分子的微粒。原子是参加化学反应的最小微粒，在化学反应里不能再分。原子都在不断地运动。

4. 同种原子的大小、重量和其他性质都相同。

自从用原子-分子論来研究化学反应的时候起，化学才成为一門科学。现在人們对物质結构的认識早已远远地超过了原子-分子論。但是在初中化学里，原子-分子論仍然是指导我們学习的重要原理。

习　题　7

1. 用原子-分子論来解釋：
   (1)化学反应，　(2)分解反应和化合反应，
   (3)化学变化和物理变化有什么不同？
2. 原子-分子論的要点包括哪些内容？
3. 你根据哪些现象和經过怎样的推理，才确信原子和分子是

·19·

图7-4 《初级中学课本　化学（全一册）》中原子分子论的内容

② 概念原理与元素化合物知识穿插编排

从全书来看，第一章讲基本概念、原子分子论，第二、第三、第四章分别介绍有关氧、氢、碳三种元素的单质及化合物，第五章“溶液”的概念原理内容之后又安排了第六章“碱、酸、盐、氧化物”的元素化合物知识，以及第七章“铁”的元素化合物知识。从各章内部来看，“氧”“氢　水”两章中穿插介绍了质量守恒定律、化学方程式、置换反应、氧化还原反应、定组成定律、化合价等概念原理。“碱　酸　盐　氧化物”一章在介绍三种碱、四种酸、七种盐的性质和用途的同时，也介绍了物质分类的概念，以及各物质间相互反应的规律。概念原理与元素化合物知识穿插编排，可以使这两种知识结合得更紧密，使学生理解得更深刻，同时也可使教材的难点适当分散[①]。

③ 加强了化学实验

全书共编写了80多个演示实验，实验内容用小字穿插排印在正文里（图7-5左）。在学生实验之前，比较详细地介绍了实验注意事项和化学实验基本操作，增加了初中化学实验所用的仪器图（图7-5右），适当充实了学生实验的内容[②]。

①② 何征．介绍新编初中化学课本［J］．人民教育．1963（08）：44-47．

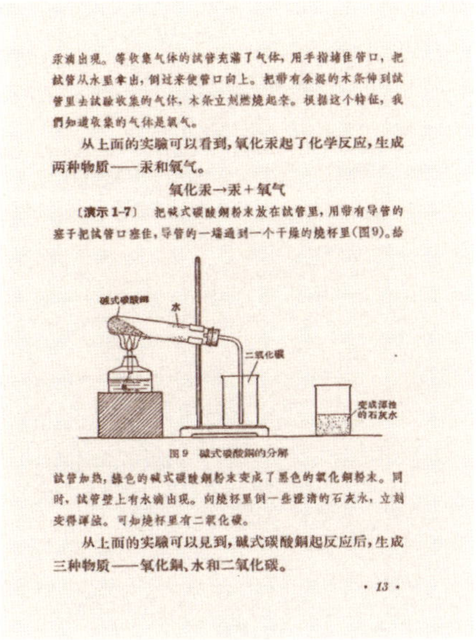

汞滴出现。等收集气体的試管充滿了气体，用手指堵住管口，把試管从水里拿出，倒过来使管口向上。把带有余燼的木条伸到試管里去試驗收集的气体，木条立刻燃燒起來。根据这个特征，我們知道收集的气体是氧气。

从上面的实驗可以看到，氧化汞起了化学反应，生成两种物质——汞和氧气。

氧化汞→汞＋氧气

〔演示 1-7〕 把碱式碳酸銅粉末放在試管里，用带有导管的塞子把試管口塞住，导管的一端通到一个干燥的燒杯里(图9)。给

图 9　碱式碳酸銅的分解

試管加热，綠色的碱式碳酸銅粉末变成了黑色的氧化銅粉末。同时，試管壁上有水滴出现。向燒杯里倒一些澄清的石灰水，立刻变得浑浊。可知燒杯里有二氧化碳。

从上面的实驗可以見到，碱式碳酸銅起反应后，生成三种物质——氧化銅、水和二氧化碳。

· 13 ·

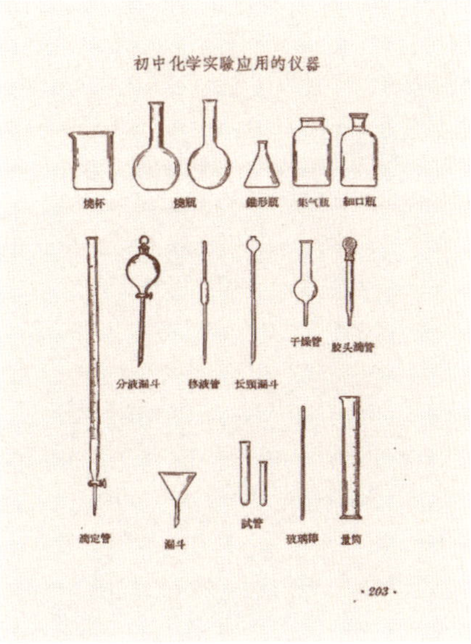

初中化学实驗应用的仪器

· 203 ·

图 7-5 《初级中学课本　化学（全一册）》中化学实验的内容举例

（2）《高级中学课本　化学》

① 适当充实了知识容量。在这套教科书中，元素化合物知识以介绍主族元素为主（图 7-6），除了重点介绍氯、氧、硫、氮、磷、碳、硅、钠、钾、钙、镁、铝及铁等主族元素外，增加了锂、铍、硼、硒、锗、砷、锡、铅等 8 种主族元素（图 7-7）和铬、锰、铜、银、金、锌、镉、汞、铀、钍等 10 种副族元

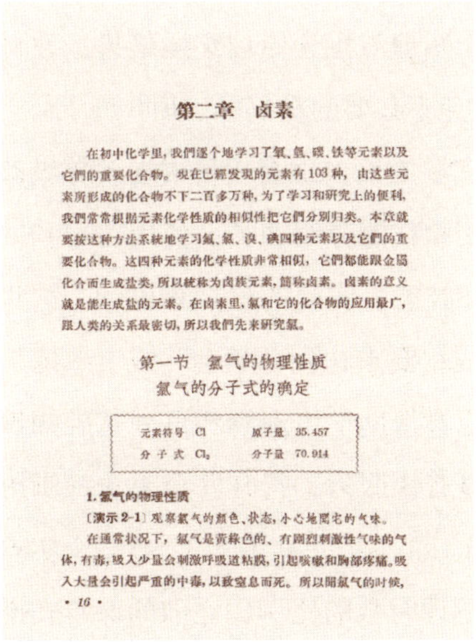

第二章　卤素

在初中化学里，我們逐个地学习了氧、氫、碳、铁等元素以及它們的重要化合物。现在已經发现的元素有 103 种，由这些元素所形成的化合物不下二百多万种，为了学习和研究上的便利，我們常常根据元素化学性质的相似性把它們分別归类。本章就要按这种方法系統地学习氟、氯、溴、碘四种元素以及它們的重要化合物。这四种元素的化学性质非常相似，它們都能跟金屬化合而生成盐类，所以統称为卤族元素，簡称卤素。卤素的意义就是能生成盐的元素。在卤素里，氯和它的化合物的应用最广，跟人类的关系最密切，所以我們先来研究氯。

第一节　氯气的物理性质
氯气的分子式的确定

元素符号 Cl	原子量 35.457
分 子 式 Cl_2	分子量 70.914

1. 氯气的物理性质

〔演示 2-1〕观察氯气的顏色、状态，小心地聞它的气味。

在通常状况下，氯气是黄綠色的、有剧烈刺激性气味的气体，有毒，吸入少量会刺激呼吸道粘膜，引起咳嗽和胸部疼痛。吸入大量会引起严重的中毒，以致窒息而死。所以聞氯气的时候，

· 16 ·

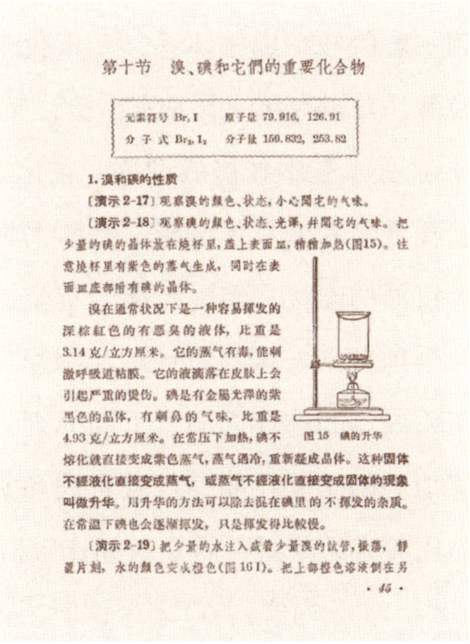

第十节　溴、碘和它們的重要化合物

元素符号 Br, I	原子量 79.916, 126.91
分 子 式 Br_2, I_2	分子量 159.832, 253.82

1. 溴和碘的性质

〔演示 2-17〕观察溴的顏色、状态，小心聞它的气味。

〔演示 2-18〕观察碘的顏色、状态、光泽，并聞它的气味。把少量的碘的晶体放在燒杯里，盖上表面皿，稍稍加热(图15)。注意燒杯里有紫色的蒸气生成，同时在表面皿底部附有碘的晶体。

溴在通常状况下是一种容易揮发的深棕紅色的有恶臭的液体，比重是 3.14 克/立方厘米。它的蒸气有毒，能刺激呼吸道粘膜。它的液滴落在皮肤上会引起严重的灼伤。碘是有金屬光泽的紫黑色的晶体，有刺鼻的气味，比重是 4.93 克/立方厘米。在常压下加热，碘不熔化就直接变成紫色蒸气，蒸气遇冷，重新凝成晶体。这种固体不經液化直接变成蒸气，或蒸气不經液化直接变成固体的現象叫做升华。用升华的方法可以除去混在碘里的不揮发的杂质。在常温下碘也会逐渐揮发，只是揮发得比較慢。

图 15　碘的升华

〔演示 2-19〕把少量的水注入盛着少量溴的試管，振荡，静置片刻，水的顏色变成橙色(图 16 I)。把上部橙色溶液倒在另

· 45 ·

图 7-6 《高级中学课本　化学（第一册第一分册）》中元素化合物内容举例

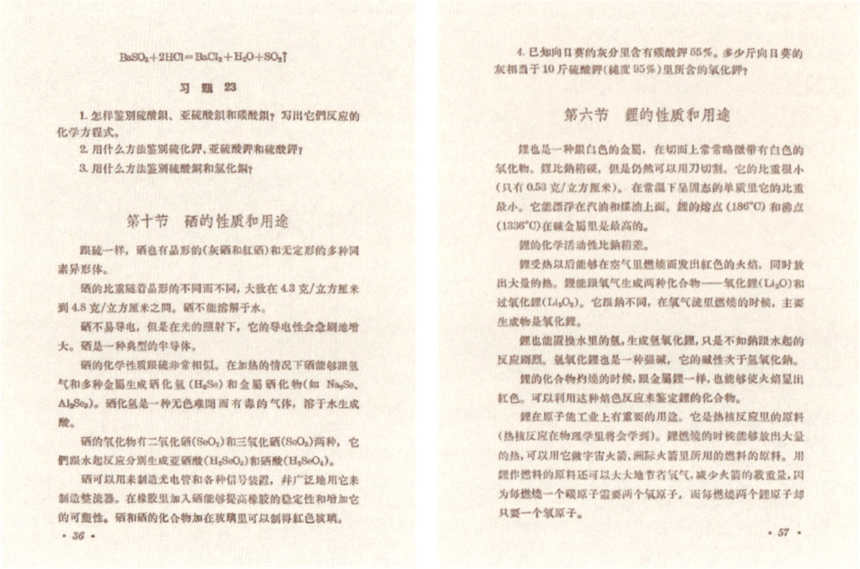

$BaSO_3+2HCl=BaCl_2+H_2O+SO_2\uparrow$

习 题 23

1. 怎样鉴别硫酸鋇、亚硫酸鋇和碳酸鋇？写出它們反应的化学方程式。

2. 用什么方法鉴别硫化鉀、亚硫酸鉀和硫酸鉀？

3. 用什么方法鉴别硫酸銅和氯化銅？

第十节 硒的性质和用途

跟硫一样，硒也有晶形的（灰硒和紅硒）和无定形的多种同素异形体。

硒的比重随着晶形的不同而不同，大致在 4.3 克/立方厘米到 4.8 克/立方厘米之間。硒不能溶解于水。

硒不易导电，但是在光的照射下，它的导电性会急剧地增大。硒是一种典型的半导体。

硒的化学性质跟硫非常相似。在加热的情况下硒能够跟氢气和多种金屬生成硒化氢（H_2Se）和金屬硒化物（如 Na_2Se、Al_2Se_3）。硒化氢是一种无色难聞而有毒的气体，溶于水生成酸。

硒的氧化物有二氧化硒（SeO_2）和三氧化硒（SeO_3）两种，它們跟水起反应分别生成亚硒酸（H_2SeO_3）和硒酸（H_2SeO_4）。

硒可以用来制造光电管和各种信号装置，并广泛地用它来制造整流器。在橡胶里加入硒能够提高橡胶的稳定性和增加它的可塑性。硒和硒的化合物加在玻璃里可以制得紅色玻璃。

· 36 ·

4. 已知向日葵的灰分里含有碳酸鉀 55%。多少斤向日葵的灰相当于 10 斤硫酸鉀（純度 95%）里所含的氧化鉀？

第六节 鋰的性质和用途

鋰也是一种銀白色的金屬，在切面上常常略微带有白色的氧化物。鋰比鈉稍硬，但是仍然可以用刀切割。它的比重很小（只有 0.53 克/立方厘米）。在常温下呈固态的单质里它的比重最小。它能漂浮在汽油和煤油上面。鋰的熔点（186°C）和沸点（1336°C）在碱金屬里是最高的。

鋰的化学活动性比鈉稍差。

鋰受热以后能够在空气里燃烧而发出紅色的火焰，同时放出大量的热。鋰能跟氧气生成两种化合物——氧化鋰（Li_2O）和过氧化鋰（Li_2O_2）。它跟鈉不同，在氧气流里燃烧的时候，主要生成物是氧化鋰。

鋰也能置换水里的氫，生成氫氧化鋰，只是不如鈉跟水起的反应剧烈。氫氧化鋰也是一种强碱，它的碱性大于氫氧化鈉。

鋰的化合物灼烧的时候，跟金屬鋰一样，也能够使火焰显出紅色。可以利用这种焰色反应来鉴定鋰的化合物。

鋰在原子能工业上有重要的用途。它是热核反应里的原料（热核反应在物理学里将会学到）。鋰燃烧的时候能够放出大量的热，可以用它做宇宙火箭、洲际火箭里所用的燃料的原料。用鋰作燃料的原料还可以大大地节省氧气，減少火箭的载重量，因为每燃烧一个碳原子需要两个氧原子，而每燃烧两个鋰原子却只要一个氧原子。

· 57 ·

图 7-7 《高级中学课本　化学（第一册第二分册）》中元素化合物内容举例

素。新增加的元素中，除了硼、铜、锌、铅 4 种元素介绍得稍详细，其他元素都介绍得比较简单。有机化合物中除常见的几种以外，增加了甲酸、草酸、甲醇、二烯烃等化合物的介绍，但也介绍得比较简单。

课本里的化学原理知识旨在符合“科学上是正确的；在中学化学里应用较广，能够用来阐明讲到的一般化学现象；学生能够接受”等三个原则。

② 改进了教材的编排体系。与初中教科书相同，大体上采取由浅入深、由个别到一般的知识编排体系；元素化合物知识与概念原理穿插编排；教材内容自成段落，与初中化学既紧密衔接，又避免不必要的重复。

③ 加强了基本技能的训练。在化学实验方面，这套教科书在各年级都考虑了实验技能培养的具体要求。教科书把实验技能分为四类：使用仪器和试剂的技能、仪器的连接和装配技能、实验操作技能、实验的记录和设计。这些技能被有计划地分别安排在不同的年级里完成，要求达到“学会”或“熟练”的程度。实验内容的选择遵循了下列原则：能够帮助学生理解和巩固基础知识，能够培养他们的实验技能，现象直观和明显有说服力，符合安全要求，所用仪器和药品比较容易获得，需要时间比较恰当。课本中一共编入了 50 多个实验习题（图 7-8），实验内容占 60 多个课时，占总课时数的比例比之前的课本安排略有增加。在化学用语方面，课本对化学用语主要做了以下改进：规定了某些化学

的符号表达方式，如离子化合物的电子式；统一了化学方程式反应条件的写法；加强书写化学用语的训练。在化学计算方面（图 7-9），课本里把化学计算技能分为四类：根据分子式的计算；根据化学方程式的计算；有关溶解度和溶液浓度的计算；求相对分子质量及分子式的计算。① 其中，初三、高一学习的化学计

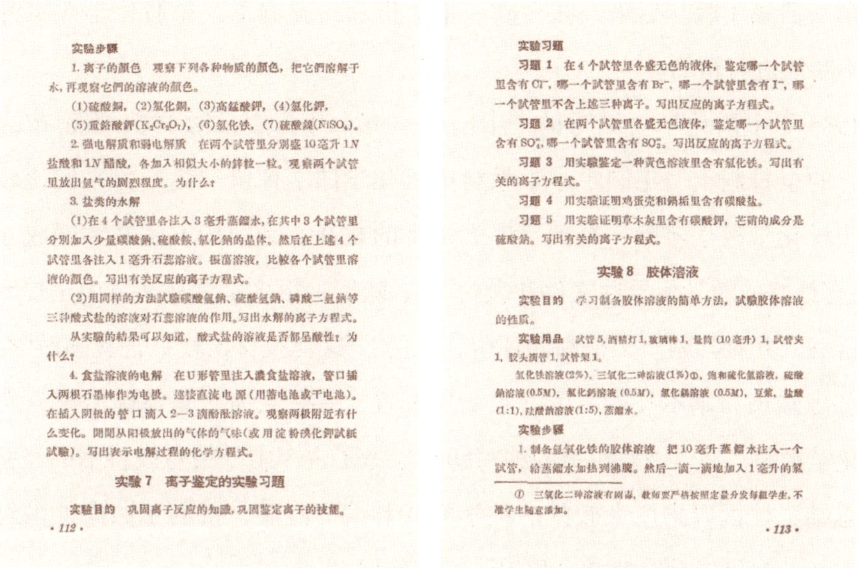

实验步驟

1. 离子的颜色　观察下列各种物质的颜色，把它們溶解于水，再观察它們的溶液的颜色。

(1)硫酸銅，(2)氯化銅，(3)高錳酸鉀，(4)氯化鉀，

(5)重鉻酸鉀($K_2Cr_2O_7$)，(6)氯化铁，(7)硫酸鎳($NiSO_4$)。

2. 强电解质和弱电解质　在两个試管里分别盛10毫升1*N*盐酸和1*N*醋酸，各加入相似大小的鋅粒一粒。观察两个試管里放出氢气的劇烈程度。为什么？

3. 盐类的水解

(1)在4个試管里各注入3毫升蒸餾水，在其中3个試管里分别加入少量碳酸鈉、硫酸銨、氯化鈉的晶体。然后在上述4个試管里各注入1毫升石蕊溶液。振蕩溶液，比較各个試管里溶液的颜色。写出有关反应的离子方程式。

(2)用同样的方法試驗碳酸氫鈉、硫酸氫鈉、磷酸二氫鈉等三种酸式盐的溶液对石蕊溶液的作用。写出水解的离子方程式。

从实驗的結果可以知道，酸式盐的溶液是否都呈酸性？为什么？

4. 食盐溶液的电解　在U形管里注入濃食盐溶液，管口插入两根石墨棒作为电极。連接直流电源(用蓄电池或干电池)。在插入阴极的管口滴入2—3滴酚酞溶液。观察两极附近有什么变化。闻聞从阳极放出的气体的气味(或用淀粉碘化鉀試紙試驗)。写出表示电解过程的化学方程式。

实驗7　离子鉴定的实驗习题

实驗目的　巩固离子反应的知識，巩固鉴定离子的技能。

·112·

实驗习題

习題1　在4个試管里各盛无色的液体，鉴定哪一个試管里含有Cl^-，哪一个試管里含有Br^-，哪一个試管里含有I^-，哪一个試管里不含上述三种离子。写出反应的离子方程式。

习題2　在两个試管里各盛无色液体，鉴定哪一个試管里含有$SO_4^=$，哪一个試管里含有$SO_3^=$。写出反应的离子方程式。

习題3　用实驗鉴定一种黄色溶液里含有氯化铁。写出有关的离子方程式。

习題4　用实驗証明鸡蛋壳和鍋垢里含有碳酸盐。

习題5　用实驗証明草木灰里含有碳酸鉀，芒硝的成分是硫酸鈉。写出有关的离子方程式。

实驗8　胶体溶液

实驗目的　学习制备胶体溶液的簡单方法，試驗胶体溶液的性质。

实驗用品　試管5，酒精灯1，玻璃棒1，量筒(10毫升)1，試管夹1，胶头滴管1，試管架1。

氯化铁溶液(2%)，三氧化二砷溶液(1%)①，饱和硫化氢溶液，硫酸鈉溶液(0.5*M*)，氯化鈣溶液(0.5*M*)，氯化鎂溶液(0.5*M*)，豆浆，盐酸(1:1)，硅酸鈉溶液(1:5)，蒸餾水。

实驗步驟

1. 制备氫氧化铁的胶体溶液　把10毫升蒸餾水注入一个試管，給蒸餾水加热到沸騰。然后一滴一滴地加入1毫升的氯

① 三氧化二砷溶液有剧毒，教师要严格按照定量分发每組学生，不准学生随意添加。

·113·

图 7-8 《高级中学课本　化学（第二册）》中实验习题举例

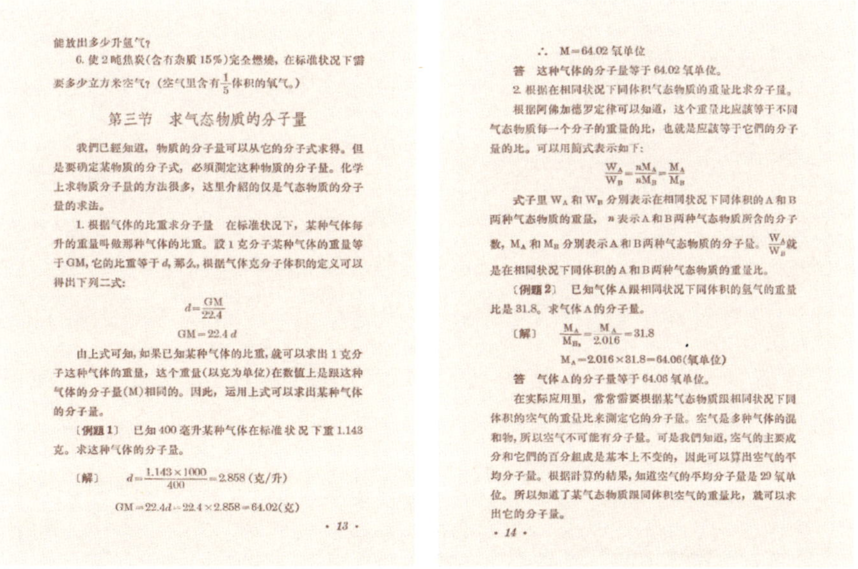

能放出多少升氫气？

6. 使2吨焦炭(含有杂质15%)完全燃燒，在标准状况下需要多少立方米空气？(空气里含有$\frac{1}{5}$体积的氧气。)

第三节　求气态物质的分子量

我們已經知道，物质的分子量可以从它的分子式求得。但是要确定某物质的分子式，必須測定这种物质的分子量。化学上求物质分子量的方法很多，这里介紹的仅是气态物质的分子量的求法。

1. 根据气体的比重求分子量　在标准状况下，某种气体每升的重量叫做那种气体的比重。設1克分子某种气体的重量等于GM，它的比重等于*d*，那么，根据气体克分子体积的定义可以得出下列二式：

$$d=\frac{GM}{22.4}$$

$$GM=22.4\,d$$

由上式可知，如果已知某种气体的比重，就可以求出1克分子这种气体的重量，这个重量(以克为单位)在数值上是跟这种气体的分子量(M)相同的。因此，运用上式可以求出某种气体的分子量。

〔例題1〕　已知400毫升某种气体在标准状况下重1.143克。求这种气体的分子量。

〔解〕　$d=\frac{1.143\times1000}{400}=2.858$ (克/升)

$$GM=22.4d=22.4\times2.858=64.02(\text{克})$$

·13·

$\therefore$ M=64.02氧单位

答　这种气体的分子量等于64.02氧单位。

2. 根据在相同状况下同体积气态物质的重量比求分子量。

根据阿佛加德罗定律可以知道，这个重量比应該等于不同气态物质每一个分子的重量的比，也就是应該等于它們的分子量的比。可以用简式表示如下：

$$\frac{W_A}{W_B}=\frac{nM_A}{nM_B}=\frac{M_A}{M_B}$$

式子里W_A和W_B分别表示在相同状况下同体积的A和B两种气态物质的重量，*n*表示A和B两种气态物质所含的分子数，M_A和M_B分别表示A和B两种气态物质的分子量。$\frac{W_A}{W_B}$就是在相同状况下同体积的A和B两种气态物质的重量比。

〔例題2〕　已知气体A跟相同状况下同体积的氫气的重量比是31.8。求气体A的分子量。

〔解〕　$\frac{M_A}{M_{H_2}}=\frac{M_A}{2.016}=31.8$

$$M_A=2.016\times31.8=64.06(\text{氧单位})$$

答　气体A的分子量等于64.06氧单位。

在实际应用里，常常需要根据某气态物质跟相同状况下同体积的空气的重量比来测定它的分子量。空气是多种气体的混和物，所以空气不可能有分子量。可是我們知道，空气的主要成分和它們的百分組成是基本上不变的，因此可以算出空气的平均分子量。根据計算的結果，知道空气的平均分子量是29氧单位。所以知道了某气态物质跟同体积空气的重量比，就可以求出它的分子量。

·14·

图 7-9 《高级中学课本　化学（第一册）》中的化学计算举例

① 课程教材研究所．新中国中小学教材建设史（1949—2000）研究丛书：化学卷［M］．北京：人民教育出版社，2010：151-153.

算技能种类较多，高二、高三学习的种类较少。

5. 主要修订情况及影响

教师们普遍反映，这套新编全日制十二年制学校中学化学课本是中华人民共和国成立后较好的一套教材。1964 年，高中第一册第一分册和第二分册合并，形成第一册第 1 版。后来，在“砍一半”指示的影响下，每册化学课本都在修订中不断地进行精简。

1985 年中国化学会编写的《中国化学五十年》中，对 1961 年颁布的大纲和推行的全日制十二年制中小学教材中的化学课本评价很高，称它们比较切合中国中学化学教学实际，受到了广大师生的欢迎，是中华人民共和国成立以后“第一套最好的教学指导性文件和教材”[①]。随后，很多学者在文章中也提到了这套教科书，并对其做出了很高的评价，认为：“这套教材比较结合我国教学实际，重视基础知识和基本技能，就‘双基’来看，一般认为它是建国后第一套比较好的化学教材。”[②]“该教科书的编写初步参考了古今中外编写教科书的经验，特别是总结了建国以来广大教师的教学经验和编写经验，批判了照搬外国经验的教条主义，为我国自编教科书积累了一些经验。”[③]

---

① 中国化学会《中国化学五十年》编辑委员会. 中国化学五十年：1932—1982［M］. 北京：科学出版社，1985：337.

② 刘一兵. 新中国成立以来我国中学化学教科书发展中的问题审视［J］. 化学教育，2013，34（01）：11-15.

③ 李俊. 新中国化学教科书发展简述［J］. 中学化学教学参考. 2005（07）：7-9.

第八章 “文化大革命”时期的中学化学教科书（1966—1976）

1966 年 5 月，中共中央政治局扩大会议通过了《中国共产党中央委员会通知》，标志着“无产阶级文化大革命”的正式开始。

1969 年，中国共产党第九次全国代表大会以后，“斗、批、改”运动在全国展开，运动包含“教育革命”等内容。“九一三事件”后，周恩来在毛泽东支持下，主持中央日常工作，各方面工作有了转机，[①] 但遭到江青等人的反对。

1975 年，邓小平主持中央日常工作，对各方面工作开始了大刀阔斧地整顿。科研和教育工作拨乱反正，分别起草了《科学院工作汇报提纲》和《教育工作汇报提纲》。1975 年 11 月“四人帮”发起“反击右倾翻案风”运动，整顿被迫中断。但由于广大干部、群众对“四人帮”的倒行逆施早已深恶痛绝，此次运动受到民众有形或无形的抵制。1976 年，“文化大革命”长达十年的内乱结束。

一、教育发展与学科背景

（一）“教育革命”

“教育革命”的进程大致可分为下面几个阶段。

1. 1966 年 5 月至 1968 年 7 月，“教育革命”兴起，原教育体制被废除

1966 年 8 月《中国共产党中央委员会关于无产阶级文化大革命的决定》提出：“改革旧的教育制度，改革旧的教学方针和方法。”“彻底改变资产阶级知识分子统治我们学校的现象。”“学制要缩短。课程设置要精简。教材要彻底改革，有的首先删繁就简。学生以学为主，兼学别样。也就是不但要学文，也要学工、

① 金冲及．二十世纪中国史纲：第三卷［M］．北京：社会科学文献出版社，2009：1057.

学农、学军，也要随时参加批判资产阶级的文化革命的斗争。”[①] 大、中、小学逐步全面停课，掀起大串连高潮。直至 1968 年 7 月“工人毛泽东思想宣传队”（简称“工宣队”）进驻学校，中、小学停课时间长达两年之久。这期间全国的教育行政机构陷于瘫痪；招生考试制度被废除；学校的规章被废弃；教师作为“资产阶级知识分子”，成为批判和改造的对象；原有通用教材被批判和停用。

2. 1968 年 7 月至 1971 年 9 月，“教育革命”新体制逐步成型

自 1968 年 7 月至 9 月全国各大、中、小学陆续进驻了“工宣队”“军宣队”，农村中、小学则进驻了“贫宣队”，开始教育领域的“斗、批、改”。这一方面延续了前一阶段中对 1949 年后 17 年教育的否定，打击、贬损知识分子；另一方面，建立了学校新秩序和“工宣队”领导权，放手发动群众搞教改。怎样改，中央没有统一规定，各地各行其是。教改的方案、课程、教学内容师生自定，教材自编[②]。

这个时期的教改总体特点是缩短学制、精减课程、突出政治、强调生产劳动。例如，1969 年 6 月上海市革委会通过《上海市中、小学教育革命纲要》，学制上将原中、小学 12 年缩短为 9 年（9 年一贯或 5 年小学、4 年中学分段）；师资上提出工农兵讲师团和工农兵专、兼职教师；教学方法上提出自学、讨论、讲用和现场教学；此外还有秋季始业改春季始业、考试改考核等条款。该方案后为全国各地中、小学所效仿，被后来的研究者视为“教育革命”新体制初步形成的标志。[③]

在全国通用教材被废除的情况下，“复课闹革命”亟需编写相应的教学用书。对此中央同样没有统一规定，各地相继成立了中小学教材编写组，着手自编教材，甚至一些中、小学也组织人员编写了教材。1969 年，北京、上海、辽宁等地自编的中、小学暂用教材开始发行试用。1970 年后，省一级的统编教材逐步取代各市县的自编教材。

1971 年，《全国教育工作会议纪要》经毛泽东亲笔圈阅，由中共中央转发。其中提到了“上好社会主义文化课”和“要重视基础理论课教学”。该纪要是这

① 胡化凯. 20 世纪 50—70 年代中国科学批判资料选：下［M］. 济南：山东教育出版社，2009：374.

② 陈学恂. 中国教育史研究：现代分卷［M］. 上海：华东师范大学出版社，2009：358.

③ 周全华. “文化大革命”中的“教育革命”［M］. 广州：广东教育出版社，1999：100.

“10年中唯一一个法定的教育大纲”①，被研究者视为“文化大革命”中“教育革命”新体制成型的标志。

3. 1972年至1976年，对“教育革命”的整顿与反整顿

“九一三事件”之后，教育方面的极左思潮受到批判。周恩来总理多次提到提高教学质量、加强基础理论教学和研究的问题。1972年3月起一年间，《人民日报》《光明日报》上连续发表了十多篇文章，呼吁加强教育、教学质量，学好文化课。各地纷纷响应。各学科课程增加了教学时数，学科基础知识有大幅度增加，学科知识体系也有所加强。教育的恢复虽是有限的，但意义重大，为后来教育回归正轨打下了基础。

1973—1974年，教育领域的“四人帮”势力对1972年教育领域批判极左思潮的努力进行了全面的反扑，大造舆论，否定17年教育，否定知识分子的作用，否定教育领域成果，使全国各地学校增设实用的专业课，同时精减文化课。教学计划经常变动，文化学习没有严格要求，学校秩序再度混乱。对于因学制和课程变化而带来的教科书问题，各地通常是文化课采用省统编教科书（但要适当删减），专业课另编补充教科书。

1975年，周恩来病重，邓小平主持中央日常工作。他多次明确指出教育领域的问题，鲜明、深刻、尖锐地批判极左思潮的各种表现。教育领域又开始重视教育质量，以课堂教学为主，强调基础课教学及基础知识、基本技能的训练。此次教育领域的整顿虽然开始较晚，但深得民心，又有1972年整顿的基础，很快学校教育局面出现很大转变。这次全面整顿从一开始就受到“四人帮”的顽固阻挠和抗拒，教育领域的全面整顿被迫停止。

（二）化学科学的发展

20世纪伴随科学技术的迅猛发展，化学学科同样获得较大发展，不仅形成了完整的化学理论体系，还在理论的指导下，解释了物质结构并为人类创造了丰富的物质。例如，1968年，美国吉奥索（A. Ghiorso，1915—2010）等人人工制成104号元素铲（Rf），苏联弗廖罗夫（G. N. Fliorov，1913—1990）等人制成105号元素𬭊（Db）。1974年，弗廖罗夫和吉奥索的团队分别制得106号

---

① 周全华．“文化大革命”中的“教育革命”［M］．广州：广东教育出版社，1999：100．

元素𬭳（Sg），1976 年弗廖罗夫等人宣布发现第 107 号元素𬭛（Bh）。1976 年，美国利普斯科姆（W. N. Lipscomb, Jr.，1919—2011）对硼烷结构的研究取得成功。此外，有机合成化学与生物学的联系日益紧密。1972 年，美国伍德沃德（R. B. Woodward，1917—1979）等人合成维生素 B_{12}，美国科学家使用模板技术合成了具有 77 个核苷酸片的 DNA。

“文化大革命”十年中，在努力排除动乱造成的严重干扰的情况下，我国科学技术也取得了巨大成就。例如，1967 年，中国首次氢弹试验成功[①]；1973 年，化工冶金散式流态化理论创立，猪胰岛素晶体结构的测定工作完成[②]；1974 年 2 月起，中科院有机所测定了抗疟新药青蒿素的结构和绝对构型，并全合成了青蒿素及青蒿乙素和类青蒿素等一系列化合物[③]。

二、化学课程概要

（一）学制

1968 年复课后，根据《中国共产党中央委员会关于无产阶级文化大革命的决定》中关于“学制要缩短，课程设置要精简”等改革纲领，全国大、中、小学普遍缩短了学制。此后中小学学制随着“教育革命”的进程不断变化。1971 年《全国教育工作会议纪要》中提出：“争取在第四个五年计划期间，农村普及小学五年教育，有条件的地区，普及七年教育”；城市“学制要缩短”“中小学学制，暂不统一规定，各地可以继续按当地情况进行试验”。

据统计，全国有 14 个省、自治区、直辖市实行了“五・二・二”分段的九年制学校教育；7 个省、自治区、直辖市实行了“五・三・二”分段或“六・四”分段的十年制学校教育；9 个省、自治区、直辖市在农村学校实行九年制，在城市学校实行十年制；西藏自治区实行小学五年制或六年制，初中实行三年制[④]。即使同一地区也往往几种方案并存。不同时期，不同地区的中学学制各不相同，但化学课程的开设大致相同，一般是初中最后一学年和高中第一、

①②③ 郭保章．中国化学史［M］．南昌：江西教育出版社，2006：575，592，595.
④ 何东昌．当代中国教育：上［M］．北京：当代中国出版社，1996：94.

第二学年开设。

（二）课程设置和课程标准

“文化大革命”期间，全国的中小学教育没有统一的课程设置和课程标准，课程设置一直在不断变化中，随着“教育革命”和教育整顿的阶段性交替，各地的课程设置也呈现出阶段性的特点。

1968年全面复课之后，各地自定课程方案和教材。《上海市革命委员会关于工人宣传队进入中、小学情况的报告》中介绍了中学只设三门知识课的经验：“有少数学校开始试复知识课，如××区××中学已把化学和生物合并为农业基础课，数学和物理合并为工业基础课，还有一门文艺课。”① 与上海的情况类似，全国大多数地区取消了单独的物理、化学、生物课，改设“工业基础知识”“农业基础知识”或“工农业基础知识”课。工农业基础课强调“典型产品带教学”“以生产为主线安排教学内容”。化学内容多被纳入“工业基础知识”，作为其中的“化工部分”；而化肥、农药等相关化学内容会出现在有些地区的“农业基础知识”中。

1972年教育领域批判极左思潮的过程中，多数地区恢复了物理、化学、生物课，如广西初、高中学制各二年，初二至高二开设化学课，每周2课时。

1974—1975年，文化知识课程再度受到冲击。教学计划经常变动，文化学习没有严格要求，阶级斗争又成为学校中的主课，劳动又成为中心。② 各地学校纷纷增设实用的专业课，如机电、水电、机械、蚕桑、果树、医卫、兽医等。此外，每学期都要安排一定时间从事生产劳动。除了专业课、生产劳动的时间，许多教学计划外的政治活动常常会无条件占用教学课时。因此，教学时间没有保障。

总体来说，“文化大革命”时期化学课程具有当时所有文化类课程的特点，即突出无产阶级政治、突出生产实践，精简基础理论和基础知识，减少内容、减少课时。

---

① 卓晴君，李仲汉．中小学教育史［M］．海口：海南出版社，2009：237.

② 程晋宽．教育革命的历史考察1966—1976［M］．福州：福建教育出版社，2001：456.

三、教科书概貌

（一）教科书制度

中华人民共和国成立后的教科书制度体系在“文化大革命”开始时即遭摧毁。

1966 年 6 月，中共中央、国务院批转教育部党组《关于 1966—1967 学年度中学政治、语文、历史教材处理意见的请示报告》。中央批示指出：目前中学所用教材，没有以毛泽东思想挂帅，没有突出无产阶级政治，违背了毛主席关于阶级和阶级斗争的学说，违背了党的教育方针，不能再用。教育部党组的请示报告在指出原有的政治、语文、历史教材存在的问题后提出：未印的均停止印刷，已印的停止发行。[①] 此后全国统一的教科书被废弃，统一的教科书编制、出版和发行工作处于停顿状态，直至“文化大革命”结束。这期间教科书的选用、编写依据中央文件，根据具体地区、学校的“教育革命”实际情况各行其是。

1972 年全国大部分地区恢复了化学学科课程，并编写出版了相应的试用教材，学科知识明显加强。如山东省 1972 年版化学教科书中的学科知识容量，尤其是理论部分，已接近 1963 年版的化学教科书（图 8-1）。

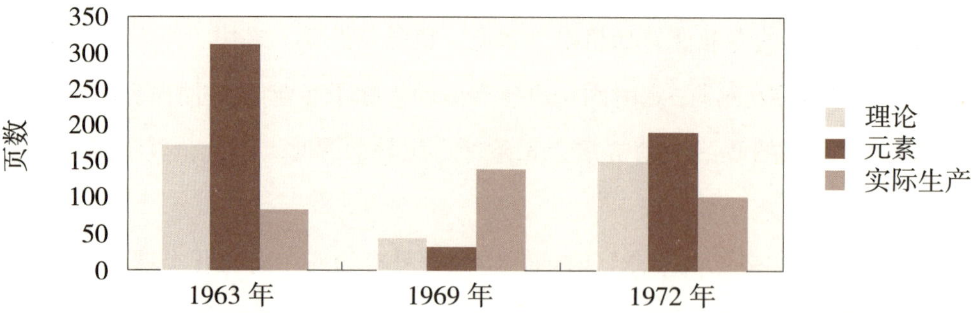

图 8-1　山东省 1963 年、1969 年、1972 年出版的三套化学教科书中知识容量比较

1974 年，教科书相关政策再次反复。国务院科教组召开了部分省市教材改革座谈会，会议要求各地教育部门和学校，遵照毛主席关于“教育要革命”“教

① 中央教育科学研究所．中华人民共和国教育大事记：1949—1982［M］．北京：教育科学出版社，1984：401．

材要彻底改革”的指示，对现行教材进行一次认真的检查、修订，有的要重写。

这时期教科书制度基本上是开门编书，走群众路线。由各省、自治区、直辖市的中小学教材编写组编写教材，地方（包括中小学校）可对现有省编教材进行“增删补换”或编乡土教材，致使教材门类不尽相同，内容五花八门。

（二）化学教科书的出版

“文化大革命”期间，课程设置和教科书制度的特殊性，使得化学教科书的数目非常庞大。这一时期的中学化学教科书可分为两类，一类是《工业基础知识（化工部分）》，主要是1968—1971年出版的；另一类是《化学》，主要是1972—1976年出版的。

1.《工业基础知识（化工部分）》出版总体情况

1968年复课之后，教科书中化学内容的安排主要有两种方式：一种是与机械、电工内容混编成册，如山东省中学试用课本《工农业基础知识（工业部分）》（1969年）（图8-2左），内容分别为第一编——机械、第二编——化学、第三编——电工基础；另一种是化学内容单独成册，多注明为“化工部分”，如湖南省中学试用课本《工业基础知识（高中化工部分）》（1970年）（图8-2右）。为方便起见，本文中以《工业基础知识（化工部分）》通指“文化大革命”期间体现此类课程的教科书。

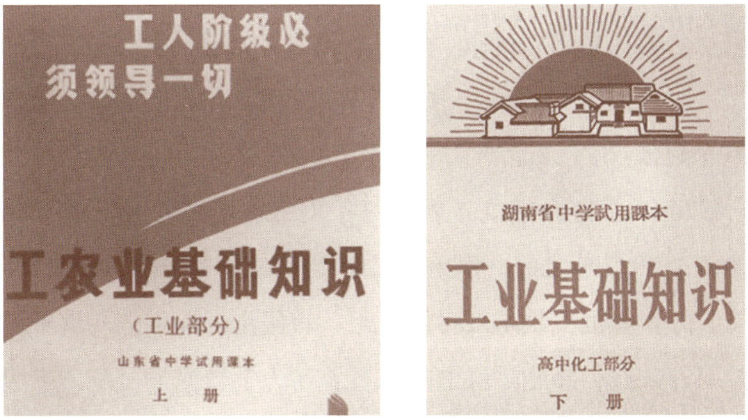

图8-2 《工农业基础知识》和《工业基础知识》举例

此阶段的《工业基础知识（化工部分）》出版地分布于华北、东北、西北、华东、华中、华南和西南七个区域，共23个地区，共计31套（87册）。出版的时间跨度是 1968—1976 年，其间除 1973 年外，每年均有出版，但出版高峰期是 1969 年和 1970 年。

《工业基础知识（化工部分）》的作者基本不署个人名字，署名多是各地区教材编写组、教育局、研究室、编辑室及文教局等。出版机构大体分为三类（图 8-3）：第一类是各地区人民出版社，第二类是革命委员会出版发行局或省市教材编写组，第三类出版机构未标明。

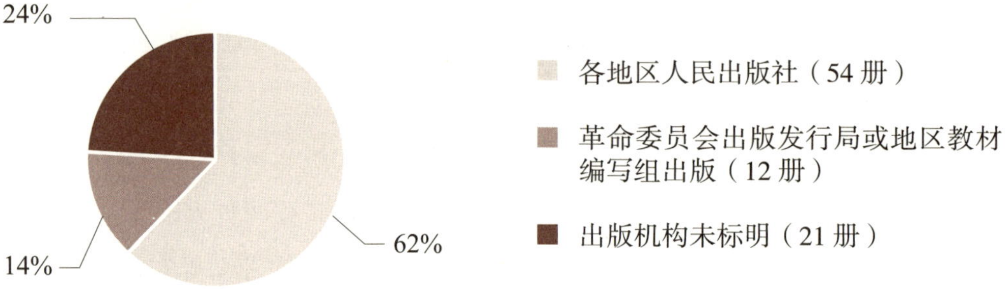

图 8-3 1968—1976 年《工业基础知识（化工部分）》出版机构分布情况示意图

2.《化学》出版总体情况

1972 年后化学恢复独立设课，大多数地区的化学教科书也恢复为《化学》，少数地区如上海、河北等地仍为《工业基础知识》，但在教科书内容的选择和安排上，趋同于《化学》。

目前可找到的“文化大革命”时期单独的《化学》教科书共计 45 套（206 册）。这些教科书的出版地遍布华北、东北、西北、华东、华中、华南和西南七个区域，29 个地区。

1966—1976 年，除了 1967 年外，每年均有《化学》出版。1972 年以后出版册数明显多于 1972 年之前，而出版高峰期出现于 1972 年和 1973 年。各地区自编《化学》的作者也多数是教材编写组、教研室、编审室、编辑组、教育局和文教局。另外，有小部分教科书的作者署名为学校或学习班。出版机构大体可分为四类（图 8-4）：第一类是各地区人民出版社，第二类是地区教育出版社，第三类是教材编写组出版，第四类出版社未标明。

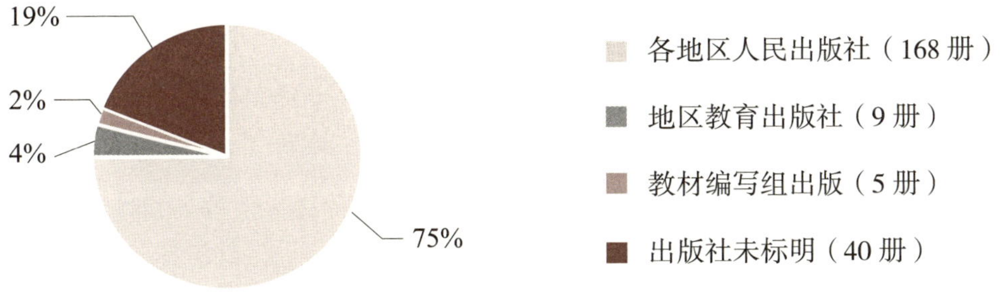

图 8-4　1966—1976 年《化学》出版机构分布情况示意图

（三）代表性教科书及其选择

《工业基础知识（化工部分）》和《化学》两类教科书在编写指导思想、教科书体系、内容上均有显著差别，但同类教科书在上述几方面又具有明显趋同性。在选择代表性教科书进行具体分析时应当两类均有选择，以较完整地反映“文化大革命”期间化学教科书的状态及变化。此外，还应当考虑以下几个方面。

第一，要考虑全国不同地区经济、文化发展的差异性，代表性教科书的选择在地域上要有较广的覆盖面，以研究地域性差别。

第二，代表性教科书要具有当时主流教科书的特点。例如，《工业基础知识（化工部分）》的特点是突出工业生产实际，以生产需要带学科知识；而《化学》则强调学科基础，以学科内容联系实际应用。

第三，要根据历史发展背景，选取典型时间段的主流教科书。例如，《工业基础知识（化工部分）》和《化学》的出版高峰期分别在 1969—1970 年和 1972—1973 年，这两类代表性教科书应尽量分别在这两个时间段内选取。

第四，所选教科书一方面初、高中要成套、完整，以便保证教科书内容分析、研究的全面性；另一方面要求与“文化大革命”前期、后期所出版教科书具有一定的连续性，以便研究教科书发展变化的脉络。

第五，要考虑教科书的作者在化学教育、教学领域的影响力。河北中学化学教材编写组的王希通先生，广西壮族自治区中小学教材编写组化学组的张健如、许国培先生，均是长期从事中学化学教科书编写、研究的专业人员，他们在中学化学教育、教材研究领域具有一定的威望。

最终根据以上五个原则选取了河北省中学试用课本《工业基础知识（化工部分）》（1970 年）和广西壮族自治区中学试用课本《化学》（1972 年）作为本

时期代表性教科书。

四、代表性教科书

（一）《工业基础知识（化工部分）》（河北省）

图 8-5　河北省初中（高中）试用课本《工业基础知识（化工部分）》封面

1. 基本信息

① 出版社：河北人民出版社；

② 版次：1970 年 8 月第 1 版；

③ 编写人员：北京师范学院和河北师范大学两所学校的八位教师和四位大二学生。

2. 编写指导思想

“必须毛泽东思想挂帅，理科必须以工业生产为主要内容。什么题目都必须与当前的化工生产相联系，基础知识服务于生产内容”是当时教科书编写的指导思想。[①] 相较于 1963—1966 年编写出版的全日制十二年制学校中学化学课本的编写指导思想，本套教科书存在巨大变化，蕴含“把旧学校的课程打翻，重

① 引自王希通访谈文字资料。

新来一套”[①]之意。

3. 主要内容

元素化合物：初中主要介绍了空气、水、溶液、碱、酸、盐、金属等内容；高中则介绍了氨、卤素、纯碱、硫酸等无机物，以及烷烃、烯烃、炔烃、高分子化合物等有机物。

基本概念和原理：初中部分主要涉及物质和物质的变化有关内容，如化合价、化学方程式、分子、原子、化学变化和物理变化、化学性质和物理性质、物质的分类等相关概念。高中涉及了物质结构、元素周期律、氧化还原反应、化学平衡、盐类水解及电化学的相关内容。

化学计算：主要包含了化合价的计算、相对分子质量的计算、溶质的质量分数的计算、化学方程式的计算等基本计算。

学生实验：初中实验主要有“氧气的实验室制法，泡沫灭火器的原理，配制一定百分比浓度的溶液，粗盐的提纯，酸、碱、盐的性质，铁的锈蚀和防锈，钢的回火和淬火”等；高中实验主要有“氮肥的鉴别，溶液酸碱度的测定，溶液比重的测定，硫酸亚铁的制取，塑料制品简易修补法”等。

初、高中目录如图 8-6、图 8-7 所示。

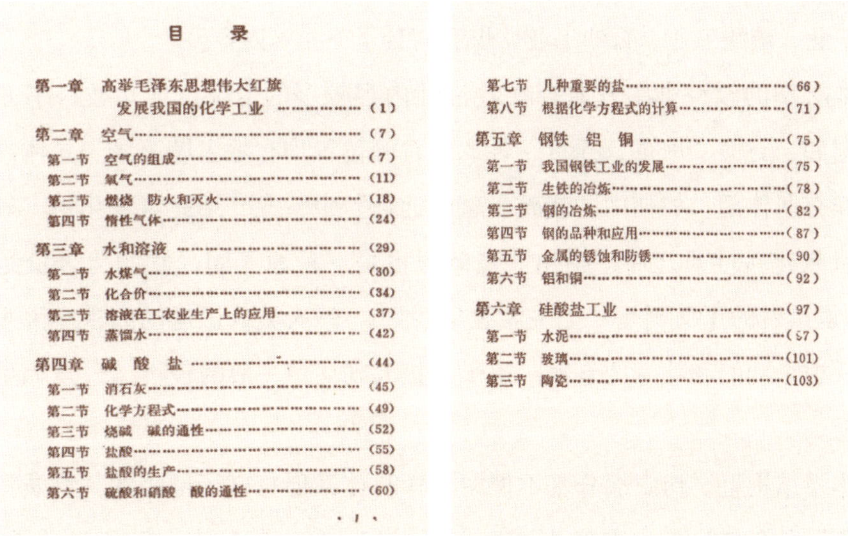
目　录

第一章　高举毛泽东思想伟大红旗发展我国的化学工业……（1）
第二章　空气……（7）
第一节　空气的组成……（7）
第二节　氧气……（11）
第三节　燃烧　防火和灭火……（18）
第四节　惰性气体……（24）
第三章　水和溶液……（29）
第一节　水煤气……（30）
第二节　化合价……（34）
第三节　溶液在工农业生产上的应用……（37）
第四节　蒸馏水……（42）
第四章　碱　酸　盐……（44）
第一节　消石灰……（45）
第二节　化学方程式……（49）
第三节　烧碱　碱的通性……（52）
第四节　盐酸……（55）
第五节　盐酸的生产……（58）
第六节　硫酸和硝酸　酸的通性……（60）

· 1 ·

第七节　几种重要的盐……（66）
第八节　根据化学方程式的计算……（71）
第五章　钢铁　铝　铜……（75）
第一节　我国钢铁工业的发展……（75）
第二节　生铁的冶炼……（78）
第三节　钢的冶炼……（82）
第四节　钢的品种和应用……（87）
第五节　金属的锈蚀和防锈……（90）
第六节　铝和铜……（92）
第六章　硅酸盐工业……（97）
第一节　水泥……（97）
第二节　玻璃……（101）
第三节　陶瓷……（103）

图 8-6　河北省初中试用课本《工业基础知识（化工部分）》目录

① 引自王希通访谈文字资料。

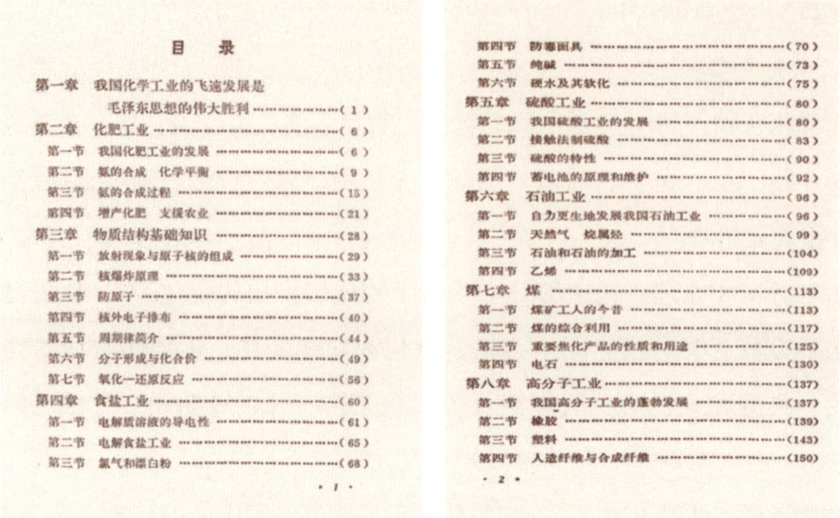

目　录

· 1 ·

· 2 ·

图 8-7　河北省高中试用课本《工业基础知识（化工部分）》目录

4. 主要特点

与人民教育出版社 1963—1966 年新编的全日制十二年制学校中学化学课本相比，该套教科书主要呈现以下特点。

联系工农业生产非常紧密。初中删减少量内容，保留了基本的学科知识，并将这些学科知识与盐酸的生产、钢铁工业和硅酸盐工业等内容相联系。高中部分删减了大量学科知识，只保留了少量元素化合物知识，突出了化肥工业、食盐工业、硫酸工业、石油工业、煤和高分子工业等内容。

本时期的教科书中普遍存在政治性内容较多的情况，本套教科书亦不例外。例如，封面、扉页、插页、各章章首等位置均有毛主席语录。具体内容中也同样有所体现，如初中“烧碱　碱的通性”中，在介绍完氢氧化钠、氢氧化钾、氢氧化铵性质之后，指出“氢氧根也是一种原子团，它的化合价是负一价”，紧接着的正文则是“毛主席教导我们：‘就人类认识运动的秩序说来，总是由认识个别的和特殊的事物，逐步地扩大到认识一般的事物。’”从而引出碱的概念。

体系结构上，初中部分基本保留了学科体系但打破了原来的“物质→物质的应用”的编排顺序，多章内容将应用提前；高中部分完全破坏了学科体系，以工农业生产实践为主要目的来安排化学学科内容，与初中的衔接关系不明显，且章节之间结构较乱。从目录中也可以看出，无论初中还是高中，章节标题和顺序都较十二年制的课本有所变化，高中部分变化相对明显。

习题难度降低、习题形式改变。本套教科书中，习题以学和用的形式出现，主要体现该时期“开门办学”的特点，习题部分编排为“去工厂学习化学知识”等实践内容。由于教材知识容量减少，习题难度降低。

与本时期其他同类教科书相比，本套教科书的演示实验较多，大多为教师演示实验。对于重要概念的陈述，都用比较鲜明的下划线标出。版式设计上，和“文化大革命”之前的教科书无太大变化，但是多了一些插图（图 8–8）及表格。插图中包含一些工厂、设备的照片，如“河北化肥厂外貌”“我省某县化肥厂”“河北化肥厂合成氨的新工艺、新设备”“大庆炼油厂一角”等。

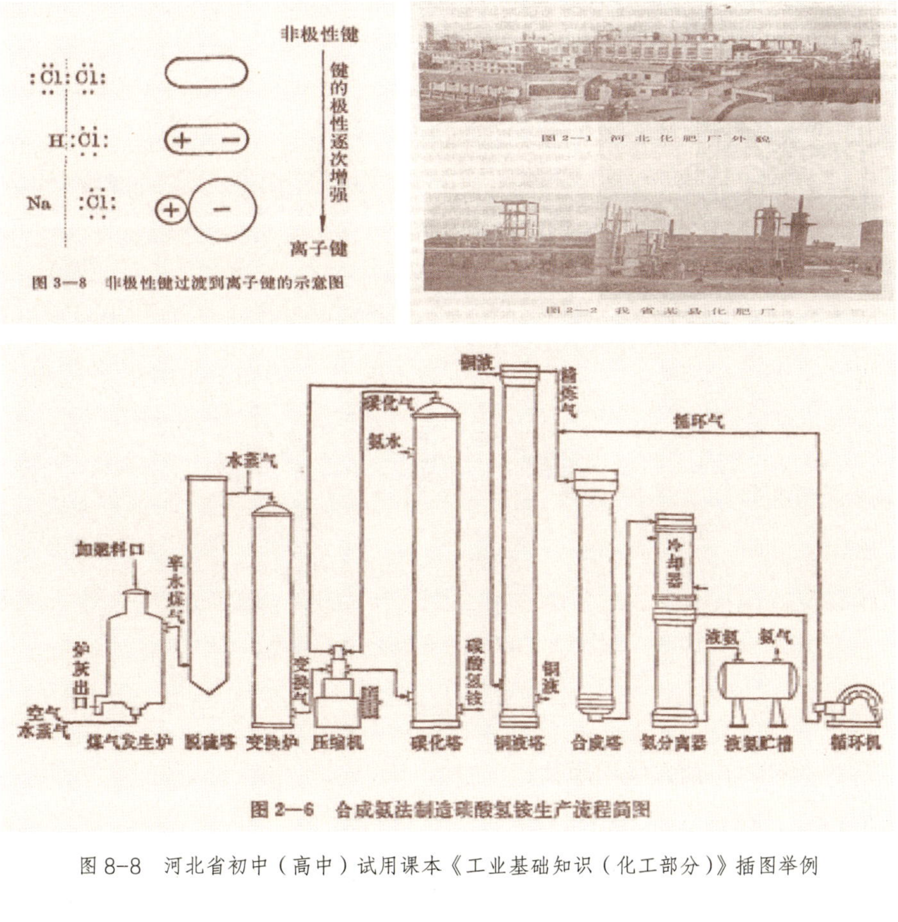

图 8–8 河北省初中（高中）试用课本《工业基础知识（化工部分）》插图举例

5. 修订情况

该套教科书在 1970 年出版、使用后，河北省中小学教材编写组根据形势的发展，做了部分修改，改动不大，于 1972 年出版，供河北省中学继续使用。1975 年，根据省革委教育局的部署，河北省各地区普遍开展了中小学教材改革试点工作，新出了一套《工农业生产知识（化学部分）》。这套教科书改动较大，其中初中教科书更加体现工农生产，于 1976 年出版，供河北省中学使用。

6. 地位和影响

在当时的社会背景和教育背景下，这套教科书“政治挂帅”和“偏重工业生产”的特点较为明显，但在主要编写者的努力下，初中试用课本较多地保留了化学学科的内容，与该时期同类教科书相比，化学学科内容的删减相对较少。在特殊的历史时期，这在一定程度上对河北省初中化学教育的倒退起到了缓解作用。

（二）《化学》（广西壮族自治区）

图 8-9 广西壮族自治区中学试用课本《化学》封面

1. 基本信息

① 出版社：广西人民出版社；

② 版次：1972 年 7 月第 1 版；

③ 编写人员：广西壮族自治区中小学教材编写组化学组；

④ 配套资源：《简明化学手册》（广西人民出版社，1973 年），

《中学化学参考资料》（内部发行），

《农业化学参考资料》（内部发行）。

2. 编写指导思想

本套教科书的编写指导思想也是突出无产阶级政治，结合工农业生产实际。但是，从当时的社会背景、课程设置到教材的变化中，很容易看出其指导思想已从《工业基础知识（化工部分）》的“以毛主席有关工业基础建设的一系列指示为指导思想，教学内容侧重与我区（指广西壮族自治区）三大革命实践运动的实际相结合的基础知识和基本技能”[①]逐步向侧重学科基础知识和基本技能转移。教科书编写时“根据当时的形势，认真研究、否定了《工业基础知识》体系，借鉴‘文化大革命’前较好的通用化学课本的经验，注意基础知识和基本技能训练，按元素周期系编排，加强了物质结构的内容，注意理论与实际的联系”，[②]同时注意处理好政治挂帅与文化知识学习的关系。

3. 主要内容

元素化合物知识：初中主要有氧气、氢气、水、酸、碱、盐、氧化物、铁等内容；高中有硫及其化合物、氮及其化合物、硅及其化合物、氯气、铝、铜、合金、烃、烃的衍生物、糖类、高分子化合物等内容。

基本概念和原理：初中主要有基本反应类型，酸、碱、盐和氧化物之间的转化，溶液和溶解度，反应速度和催化剂等内容；高中有原子结构，元素周期表和周期律，电离，金属的腐蚀，化学平衡及其移动等内容。

化学计算：主要有根据化学方程式的计算，溶质质量分数的计算，物质的量浓度的计算。

实验：初、高中学生实验共有 20 个，涉及的实验操作有药品取用、加热、过滤、蒸发、气体的收集、酸碱滴定和溶液配制等。

本套教科书目录如图 8-10、图 8-11、图 8-12 所示。

4. 主要特点

本套教科书“政治挂帅”时代特点仍很突出，书前、书中不时出现毛主席语录。与广西壮族自治区前一套教科书——《工业基础知识（化工部分）》相比，主要呈现以下特点。

---

① 引自张健如访谈文字资料。

② 课程教材研究所．新中国中小学教材建设史（1949—2000）研究丛书：化学卷［M］．北京：人民教育出版社，2010：186.

目　录

1

2

图 8-10　广西壮族自治区中学试用课本《化学　初中全册》目录

目　录

1

图 8-11　广西壮族自治区中学试用课本《化学　高中第一册》目录

目　录

1

图 8-12　广西壮族自治区中学试用课本《化学　高中第二册》目录

工农业生产知识内容比重仍较大，初中突出了化肥、炼钢、炼铁的内容，高中涉及了硫酸的工业制法与农业应用、合成氨工业、氯碱工业、硅酸盐工业、甘蔗的综合利用、油漆生产、农药、炸药等内容。

学科性知识章节和学生实验大幅度增加。如初中《化学》减少了联系生产实际的内容，增加了学科知识章节；学生实验由原来的3个增至9个，并增加了常用仪器和基本操作的介绍。但是，从本套教科书容量及习题来看，深、难度并不大，基本在认识、了解和简单理解的水平。在化学计算方面，本套教科书涉及一些简便的化学计算方法，实用性强（图8–13）。

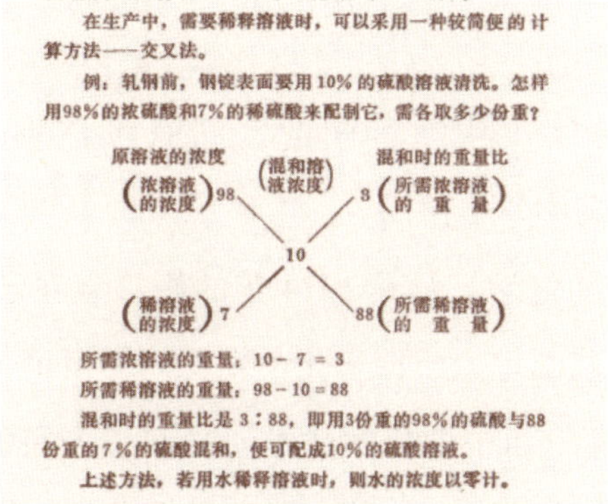
在生产中，需要稀释溶液时，可以采用一种较简便的计算方法——交叉法。

例：轧钢前，钢锭表面要用10%的硫酸溶液清洗。怎样用98%的浓硫酸和7%的稀硫酸来配制它，需各取多少份重？

所需浓溶液的重量：10－7＝3

所需稀溶液的重量：98－10＝88

混和时的重量比是3∶88，即用3份重的98%的硫酸与88份重的7%的硫酸混和，便可配成10%的硫酸溶液。

上述方法，若用水稀释溶液时，则水的浓度以零计。

图8–13　广西壮族自治区中学试用课本《化学》中简便化学计算方法举例

编排顺序综合考虑了学生生理、心理发展顺序和教科书的逻辑顺序。初中以原子、分子论为基础，循序渐进地安排化学基本概念和原理；高中以元素周期律、周期表为线索，非金属元素分族安排，金属元素按周期表中的分区安排。初、高中的元素化合物知识与基本概念和原理均采取穿插安排方式；工农业生产知识穿插安排于相关章节中学科知识之后，是一种先学理论学习、再联系实际的方式。

章名更体现学科知识。《工业基础知识（化工部分）》均以“××工业”冠以章名。本套教科书在原四个工业章名中分别增加了相应的学科知识元素——“硫”“氮”“电离”和“硅”，突出了学科内容。

此外，练习题安排在节后，题量较少，一般为3~4题。版式设计较传统，插图多为示意图（说明实验、概念或用途）。教科书中有一些供选学或阅读的内容，以“阅读材料”的形式安排，如钢的热处理，盐类水解和硬水软化、松脂等。

5. 修订情况

这套教科书在1972年出版、使用后，教材编写组主要成员根据“开门编书”的精神，到城乡中学、工厂及农村进行调查研究，于1974年5月出版了修订后的初、高中《化学》课本，共三册。修订后的教科书在联系生产和生活实际的同时，加强了化学基础知识的学习，适当增加了实验，还对更新理论知识作了尝试，试编了“电子云及电子运动状态”等较新的内容[①]。修订后的教科书学科体系更加突出，内容大幅度增加，全套总篇幅增加近200页，所增内容主要是学科知识和学生实验。

6. 使用、地位和影响

此套教科书于1972年秋季开学起，同时供广西“三·二”制中学和“二·二”制中学初、高中学生使用。

这套1972年版的《化学》及其1974年的修订版在学科知识方面有所回归和发展。“在加强化学基础理论或探索化学知识间的辩证关系等方面，作了有益的改革尝试”，“对提高广西中学化学教学质量起了一定的推动作用”。[②]另外，该教科书面向工农业生产、面向教学、紧密联系实际的编书方式，对以后的教科书编写工作有一定借鉴之处。

---

①② 课程教材研究所．新中国中小学教材建设史（1949—2000）研究丛书：化学卷［M］．北京：人民教育出版社，2010：186，186-188.

第九章　拨乱反正，重新编写中学化学教科书（1977—1981）

1976 年，“文化大革命”结束。1978 年 12 月，中国共产党召开十一届三中全会，确定了“解放思想，开动脑筋，实事求是，团结一致向前看”的指导方针，开始全面、认真地纠正“文化大革命”中及以前的“左”倾错误，作出了“把工作重点转移到社会主义现代化建设上来”的战略决策。党的十一届三中全会的胜利召开，标志着党重新确立起正确的路线、方针和政策，是具有深远意义的伟大的转折。此后，党和政府拨乱反正，实行了一系列改革开放的政策，国民经济迅速恢复并发展，教育事业也有了长足的进步[①]。

一、教育发展与学科背景

1976 年后，邓小平同志首先抓了科学教育工作，并自告奋勇要为教育工作当“后勤部长”。1977 年 5 月，他在一次谈话中指出：“我们要实现现代化，关键是科学技术要能上去。发展科学技术，不抓教育不行。靠空讲不能实现现代化，必须有知识，有人才，没有知识，没有人才，怎么上得去？科学技术这么落后怎么能行？要承认落后，承认落后就行了。现在看来，同发达国家相比，我们的科学技术和教育整整落后了 20 年。抓科技必须同时抓教育。从小学抓起，一直到中学、大学。我希望从现在开始做起，5 年小见成效，10 年中见成效，15 年 20 年大见成效。”[②]1978 年 4 月，邓小平在全国教育工作会议上再次明确指出：“我们要在科学技术上赶超世界先进水平，不但要提高高等教育的质量，而且首先要提高中小学教育的质量，按照中小学生所能接受的程度，用先进的科

① 陈学恂．中国教育史研究：现代分卷［M］．上海：华东师范大学出版社，2009：353．
② 李忠杰．邓小平理论全书：上［M］．北京：中共中央党校出版社，1998：810．

学知识来充实中小学的教育内容”。

20世纪70年代以后，由于电子计算机和计算技术的迅速发展，量子化学和计算化学的方法已渗透到化学的各个角落，广泛地用来计算分子、原子的结构、性能和反应活性等，为化学科学的发展提供了理论工具。在化学的实验手段方面，近代物理提供了许多可靠的、快速的和精确的实验方法，如质谱、红外光谱、紫外光谱、核磁共振谱、气相色谱等，这些现代物理方法的广泛应用，为化学科学的发展提供了大量的实验数据。因此，这一时期化学科学发展的主要特点有三个：一是从基本上是描述性的过渡到推理性的；二是从主要是定性的过渡到定量的；三是从主要是宏观的过渡到微观的[①]。

二、化学课程概要

（一）学制

1978年1月，教育部颁布《全日制十年制中小学教学计划试行草案》，规定全日制中小学学制为十年制，小学五年、中学五年。中学五年按初中三年、高中两年分段。统一为秋季开学。

（二）课程设置和教学大纲

根据《全日制十年制中小学教学计划试行草案》的规定，在五年制中学里，化学分别在初三、高一、高二年级开设。初三化学每周3课时、高一化学每周3课时、高二化学每周4课时，三年合计306课时。

1978年2月，教育部颁布了《全日制十年制学校中学化学教学大纲（试行草案）》（以下简称“化学教学大纲”）。化学教学大纲由“中学化学教学的目的和要求”“确定教学内容的原则”“教学内容的安排”“教学中应注意的几个问题”“各年级教学内容”等五部分组成，其主要特点如下。

（1）强调化学教学内容现代化

为了适应实现四个现代化的需要，化学教学大纲在“确定教学内容的原则”

① 蒋明谦．当代化学的发展趋势［J］．化学通报，1979（3）：1-4．

中提出“努力实现教学内容现代化”，其中指出“努力从微观的、定量的角度来研究物质的结构和变化规律”“随着科学技术和生产的发展，中学化学的基础知识和基本技能应当相应地逐步更新”“要适当反映现代化学及其应用的新成就和发展趋势”“适当选入一些应用新方法和内容先进的实验”等。

根据上述原则，化学教学大纲大幅度提高了化学理论知识的水平。例如，物质结构理论中增加了电子云、元素的电负性、电子亚层和轨道概念等内容；酸碱理论中增加了酸碱的质子理论；化学平衡理论中增加了化学平衡常数；等等。

此外，化学教学大纲在初中增加了卤素、碱金属和铁的相关知识，还选入了一些以前中学没有做过的、使用新的方法的实验，如纸上层析等。

（2）强调对学生进行辩证唯物主义教育

化学教学大纲强调通过化学教学对学生进行辩证唯物主义教育，引导学生树立辩证唯物主义观点。例如，在“中学化学教学的目的”中提出“培养辩证唯物主义观点”；在“中学化学教学的要求”中提出“能用辩证唯物主义观点认识一些简单的化学问题”；在“确定教学内容的原则”中提出“要根据中学化学学科的特点，紧密结合化学基础知识和基本技能的教学对学生进行政治思想教育，特别是进行辩证唯物主义教育”。

（3）对化学实验和化学计算的技能要求有所提高

化学教学大纲要求学生“学会和熟练地掌握一些常用的化学实验和计算技能”。

对于化学实验，化学教学大纲从初中到高中共安排了 41 个学生实验，学生实验课时数为 45，约占总课时数的 15%。为了更好地从定量的角度培养学生的实验技能，大纲中选入了测定溶解度、绘制溶解度曲线、测定相对分子质量、阿伏加德罗常数、中和热，以及测定土壤中氮、磷、钾的含量等定量实验，提高了对化学实验技能训练的定量要求。

对于化学计算，化学教学大纲提出：“进行化学计算能使学生从量的方面来理解物质及其变化的规律，并获得化学计算的基本技能。在教学中教师要有目的、有计划地布置适当数量、富有启发性的综合题，并加强解题指导，严格要求学生独立完成，使学生在理解化学原理和化学知识的基础上进行计算，要注意计算的准确性。”与“文化大革命”前 1963 年的化学教学大纲相比，该大纲对化学计算的要求有较大幅度的提高。

三、教科书概貌

“文化大革命”结束后，全国教育几乎处于瘫痪状态，各地中小学学制混乱，课程标准不一，教材五花八门，教育质量低下。

针对中小学教材建设遭到严重破坏的实际情况，邓小平指出：“关键是教材。教材要反映出现代科学文化的先进水平，同时要符合我国的实际情况。”① 他还提出由我国驻外机构直接购买美国、英国、苏联等国的中小学教材。这项措施不仅极大地充实了我国的教材资源，还使教材编者了解到世界不同国家的教材编写水平，以及教育发展的实际情况，大大开阔了教材编者的视野和眼界。

（一）教科书制度

这个时期，国家采取了统一学制和教学大纲，统一编写和使用教材的政策。教育部制定了中小学课程教材工作的有关政策和措施②：

（1）成立“教材编审领导小组”，教育部副部长浦通修为组长，领导教材编写工作；

（2）重建人民教育出版社，组织“全国中小学教材编写工作会议”，编写中小学各科教材；

（3）确定中小学十年制为基本学制，制定、颁布统一的教学大纲，编写全日制中小学教材；

（4）确定 1978 年秋，开始使用新教材，即第五套全国通用中小学教材。

（二）化学教科书的出版

根据邓小平同志“要组织一个很强的班子编写大、中、小学教材”的指示，1977 年 9 月，教育部组织已调回人民教育出版社的部分编辑，以及从大学、中学、小学和教育科学研究部门选调的部分优秀教师、研究人员，共二百余人，

---

① 邓小平．关于科学和教育工作的几点意见［M］// 中共中央文献编辑委员会．邓小平文选：第二卷．北京：人民出版社，1994：55.

② 课程教材研究所．课程教材改革之路［M］．北京：人民教育出版社，2000：145.

研究、起草和编写中小学各科教学大纲、教材。

在教材编写会议期间，成立了以浦通修任组长，由浦通修、肖敬若、戴伯韬、叶立群、张玺恩等五人组成的教材编审领导小组。各学科组成教材编写组。其中，化学编写组由以下人员组成：人民教育出版社编辑梁英豪、程名荣、周芬，借调至广西教育学院教材编写组的许国培（原人民教育出版社编辑）、张健如（原教育部干部，后调入人民教育出版社，退休前任社长，编审），河北师范学院武永兴（后调入人民教育出版社，离休前任副总编辑兼课程教材研究所首任所长，编审），安徽芜湖师专冷如松（原教育部干部，后调入人民教育出版社）、北京师范大学何少华、北京教育学院刘尧、哈尔滨科技大学韩文鑫、上海大同中学王元莹等（图 9-1）[①]。

图 9-1　化学编写组成员在教材编写会议驻地香山公园门前合影
（前排左起：王元莹、周芬、冷如松、梁英豪；后排左起：许国培、武永兴、韩文鑫、程名荣、张健如）

为了提高教材质量，教育部聘请了一批专家分别担任各科教材顾问。化学教材顾问有唐敖庆、张青莲、蒋明谦、徐光宪、严梅和等五位专家。这些教材顾问对编好教材提出了宝贵的意见。例如，他们希望将编写教材的重点放在“使学生牢固地、系统地掌握化学基础知识、基础理论和基本技能”上，引进一些近代化学概念，但不要忽视应用科学，要加强实验教学等[②]。

根据教育部的指示，在一年多的时间里，化学编写组先后编写出全日制十

①② 课程教材研究所．新中国中小学教材建设史（1949—2000）研究丛书：化学卷［M］．北京：人民教育出版社，2010：192-193，194．

年制学校初中、高一、高二化学教材的初稿。之后，化学编写组把高中化学两册教材的初稿印成征求意见稿，征求全国各地教师意见。根据各地反馈的意见对教材初稿进行了修改。修改稿作为试用本，由人民教育出版社出版，从 1978 秋季起陆续供全国中学使用。

（三）代表性教科书及其选择

全日制十年制学校中学化学课本是“文化大革命”后第一套全国通用的中学化学教材。

这套教材是在总结新中国成立以来化学教材编写经验教训的基础上，初步吸收了国外中学化学教材的一些经验，试图努力适应四个现代化建设的需要，力求做到正确处理理论与实际、传统内容与现代科学内容、思想教育与学科知识教育等关系[①]。教材注意用先进的科学知识充实教学内容，加强了物质结构等理论知识，坚持理论联系实际，强调基础知识和基本技能的教学。

四、代表性教科书

全日制十年制学校化学课本

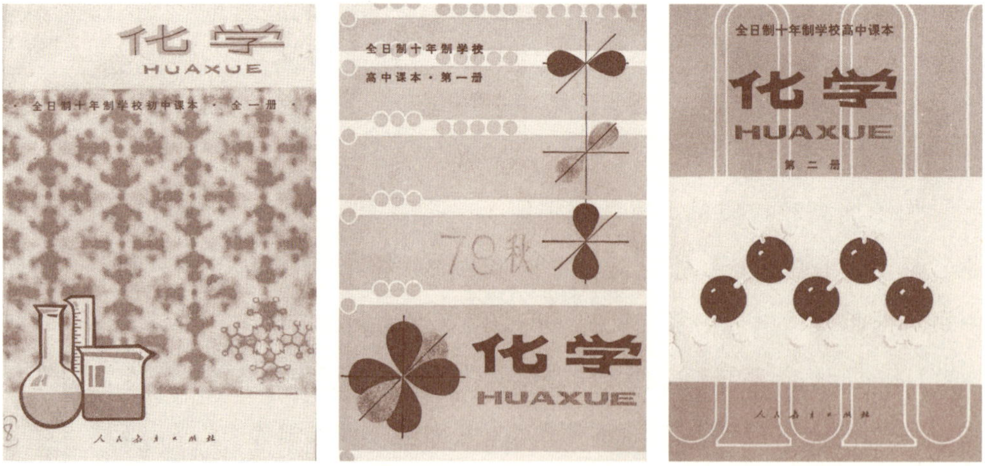

图 9-2　全日制十年制学校化学课本封面

① 许国培，胡美玲．全日制十年制学校初、高中化学课本（试用本）的初步分析［J］．课程·教材·教法，1985（3）：12-17．

1. 基本信息

① 出版社：人民教育出版社；

② 版次：初中全一册，1978 年 2 月第 1 版，
高中第一册，1979 年 1 月第 1 版，
高中第二册，1980 年 1 月第 1 版；

③ 编写人员：中小学通用教材化学编写组编，成员包括梁英豪、程名荣、周芬、许国培、张健如、武永兴、冷如松、何少华、刘尧、韩文鑫、王元莹，顾问有唐敖庆、张青莲、蒋明谦、徐光宪、严梅和；

④ 配套资源：《全日制十年制学校　初中化学全一册　教学参考书》，
《全日制十年制学校　高中化学第一册　教学参考书　上册》，
《全日制十年制学校　高中化学第一册　教学参考书　下册》，
《全日制十年制学校　高中化学第二册　教学参考书》。

2. 编写指导思想

这套教材的编写，遵循《全日制十年制学校中学化学教学大纲（试行草案）》中规定的“确定教学内容的原则”：坚持无产阶级政治挂帅、努力实现教学内容现代化、坚持理论联系实际和认真做到精简教学内容等。

3. 主要内容

初中化学课本共有 5 章，40 节，13 个学生实验（表 9-1）。

表 9-1 《全日制十年制学校初中课本　化学　全一册》章标题及主要内容

章标题	主要内容
第一章　氧　分子和原子	空气，氧气的性质和用途，氧气的制法，分子，原子　原子量，元素　元素符号，分子式　分子量，化学方程式
第二章　氢　分子的形成	水的成分，氢气的实验室制法，氢气的性质和用途，核外电子排布的初步知识，分子的形成，化合价，化合价与分子式，根据化学方程式的计算
第三章　溶液	悬浊液　乳浊液　溶液，溶解的过程，溶解度，物质的结晶，混和物①的分离，溶液的浓度

① 混和物，意为混合物。

续表

章标题	主要内容
第四章　卤素和碱金属	食盐，氯气，氯化氢和盐酸，氧化还原反应，卤族元素，海水的综合利用（阅读教材），钠，钠的化合物，碱金属元素
第五章　酸　碱　盐　化学肥料	电解质和非电解质，酸、碱、盐是电解质，硫酸，酸的通性　pH 值，氢氧化钙　碱的通性，盐，化学肥料，氧化物，单质、氧化物、酸、碱和盐的相互关系
学生实验	1. 化学实验基本操作　2. 氧气的制取和性质　3. 氢气的制取和性质　4. 粗盐的提纯　5. 测定硫酸铜晶体里结晶水的含量　6. 测定硝酸钾在水里的溶解度并绘制它的溶解度曲线图　7. 配制一定百分比浓度的溶液和悬浊液、乳浊液　8. 氯、溴、碘的性质　9. 碱金属及其化合物的性质　10. 酸的性质　11. 碱和盐的性质　12. 土壤酸碱性的测定　几种化肥的性质　13. 酸、碱、盐、氧化物的实验习题

高中化学课本第一册供高一学生使用，其内容有 6 章，38 节，11 个学生实验（表 9–2）。

表 9–2 《全日制十年制学校高中课本　化学　第一册》章标题及主要内容

章标题	主要内容
第一章　硫　硫酸	硫，硫的氢化物和氧化物，硫酸的工业制法——接触法，硫酸　硫酸盐，离子反应　离子方程式，氧族元素
第二章　摩尔　反应热	摩尔，气体摩尔体积，摩尔浓度，反应热
第三章　物质结构　元素周期律	原子核，核外电子的运动状态，原子核外电子的排布，元素周期律，元素周期表，离子键，共价键，非极性分子和极性分子，分子间作用力，氢键
第四章　氮族	氮族元素，氮气，氨　铵盐，硝酸的工业制法，硝酸　硝酸盐，氧化还原反应方程式的配平，磷　磷酸　磷酸盐
第五章　化学反应速度和化学平衡　合成氨	化学反应速度，化学平衡，影响化学平衡的条件，合成氨工业
第六章　碳族　胶体	碳族元素，碳的同素异形体，碳的化学性质　碳的氧化物，碳化物　碳酸和碳酸盐，硅及其重要化合物，硅酸盐工业简述，胶体

续表

章标题	主要内容
学生实验	1. 硫酸的性质　硫酸根离子的检验 2. 阿佛加德罗[①]常数的测定　3. 配制一定摩尔浓度的溶液　4. 中和热的测定　5. 同周期、同主族元素性质的递变　6. 氨的制备和性质　铵离子的检验　7. 硝酸的性质　8. 化学反应速度　化学平衡　9. 胶体的性质　10. 分子量的测定　11. 实验习题

高中化学课本第二册供高二学生使用，包括7章，44节，15个学生实验（表9-3）。

表9-3 《全日制十年制学校高中课本　化学　第二册》章标题及主要内容

章标题	主要内容
第一章　电解质溶液	强电解质和弱电解质，电离度和电离常数，水的电离和溶液的pH值，盐类的水解，酸碱中和滴定，原电池　金属的腐蚀和防护，电解和电镀
第二章　镁　铝	金属键，镁和铝的性质，铝的重要化合物　铝的冶炼，硬水及其软化
第三章　过渡元素	过渡元素概述，络合物，铁，炼铁和炼钢，铜，钛（阅读教材）
第四章　烃	有机物，甲烷，烷烃　同系物，乙烯，烯烃，乙炔　炔烃，苯　芳香烃，石油和石油产品利用，煤和煤的综合利用
第五章　烃的衍生物	卤代烃，乙醇，苯酚，醛和酮，乙酸，羧酸，酯，油脂，硝基化合物，胺　酰胺
第六章　糖类　蛋白质	单糖，二糖，多糖，氨基酸，蛋白质
第七章　合成有机高分子化合物	概述，加聚反应和缩聚反应，合成材料
学生实验	1. 中和滴定　2. 原电池　金属的电化腐蚀　3. 电镀　4. 铝和氢氧化铝的化学性质　5. 络合物　6. 实验习题　7. 甲烷的制取和性质　8. 乙烯、乙炔的制取和性质　9. 苯和甲苯的性质　10. 乙醇和苯酚的性质　11. 乙醛的性质　12. 葡萄糖、蔗糖、淀粉和纤维素的性质　13. 蛋白质的性质　14. 酚醛树脂的制取　15. 实验习题

① 阿佛加德罗，现译为阿伏加德罗。

4. 主要特点①

（1）注意以先进的科学知识充实教材，教材的理论水平和起点较高

物质结构理论的初步知识得到加强。例如，教材从过去的玻尔的原子结构理论发展为包括电子云概念、电子亚层概念、轨道概念等现代物质结构的初步知识，并在此基础上学习元素周期律、化学键和分子结构，以及有机化合物的结构等。

能量的观念得到加强。教材中增加了燃烧热、中和热和活化能的概念，同时引入了物质的量的单位——摩尔，使燃烧热和中和热的计算更为方便。

化学反应规律性的知识得到加强。例如，教材中反应热、化学反应速率、化学平衡、电离平衡等内容都得到加强。同时，由于引入了化学平衡常数和电离平衡常数的概念，在定量研究方面也有所加强。

此外，教材对某些概念进行更新，并适当提高了起点，如元素、酸、碱、盐等；增加了一些在现代科学技术中有广泛应用或发展前途的元素化合物知识，如分子筛、聚丙烯、顺丁橡胶、酶等；选入了一些内容或方法较新的实验，如用离子交换树脂软化硬水、配合物的性质、合成树脂的制取等；增加了一定数量有定量要求的实验，如结晶水合物中结晶水含量的测定等（图 9-3）。

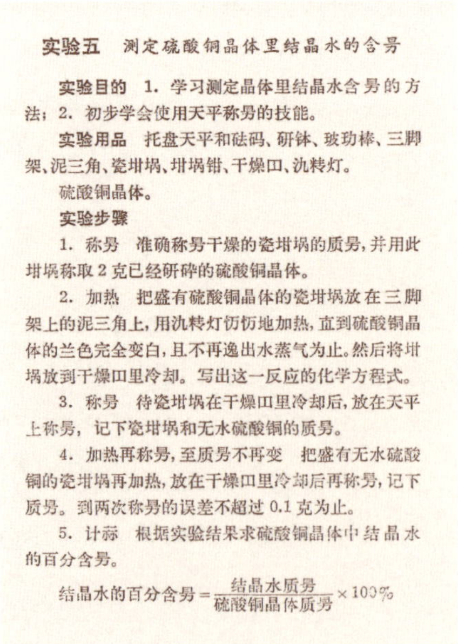

实验五 测定硫酸铜晶体里结晶水的含量

实验目的 1. 学习测定晶体里结晶水含量的方法；2. 初步学会使用天平称量的技能。

实验用品 托盘天平和砝码、研钵、玻璃棒、三脚架、泥三角、瓷坩埚、坩埚钳、干燥皿、酒精灯。

硫酸铜晶体。

实验步骤

1. 称量 准确称量干燥的瓷坩埚的质量，并用此坩埚称取 2 克已经研碎的硫酸铜晶体。

2. 加热 把盛有硫酸铜晶体的瓷坩埚放在三脚架上的泥三角上，用酒精灯徐徐地加热，直到硫酸铜晶体的兰色完全变白，且不再逸出水蒸气为止。然后将坩埚放到干燥皿里冷却。写出这一反应的化学方程式。

3. 称量 待瓷坩埚在干燥皿里冷却后，放在天平上称量，记下瓷坩埚和无水硫酸铜的质量。

4. 加热再称量，至质量不再变 把盛有无水硫酸铜的瓷坩埚再加热，放在干燥皿里冷却后再称量，记下质量。到两次称量的误差不超过 0.1 克为止。

5. 计算 根据实验结果求硫酸铜晶体中结晶水的百分含量。

$$结晶水的百分含量=\frac{结晶水质量}{硫酸铜晶体质量}\times 100\%$$

图 9-3 《全日制十年制学校初中课本 化学 全一册》中的定量实验举例

---

① 许国培，胡美玲．全日制十年制学校初、高中化学课本（试用本）的初步分析［J］．课程·教材·教法，1985（3）：12-17．

（2）编排体系较为严密，强调以物质结构理论作为主线

因为和教材对应的学制是十年一贯制，所以教材内容基本上是直线上升，很少有重复。非金属各族元素是按元素周期系一族一族地介绍的，金属则以过渡元素概论代替了过去偏重于物理性质的金属总论。

教材的编排体系采用基础理论和元素化合物知识穿插编排的方式，并强调以物质结构理论作为主线。初中介绍了物质结构的初步知识——物质由原子、分子、离子构成，电子云的初步概念，离子化合物和共价化合物形成的初步知识等。高一介绍了核外电子的运动状态和电子排布规则；介绍了随着元素核电荷数的递增，原子最外层电子数和原子半径的周期性变化等，并引出了元素周期律；再从初中的分子形成的初步知识上升到化学键的有关理论和晶体结构知识，从本质上解释了各族元素及其化合物的一些性质。高二从物质结构角度介绍了强、弱电解质的概念和电离过程，进一步分析了氧化还原反应的本质和原电池、电解池的原理。这样，教材就在一定程度上体现了物质结构理论的主线作用。

分析这三个年级教材的有关理论知识的安排，可以发现，由于原子结构理论的加强，各部分教材的内在联系比过去更紧密，教材更为精练、紧凑，减少了不必要的循环，节省了教学时间。

（3）思想政治教育以辩证唯物主义为重点

这套教材改变了“文化大革命”期间生搬硬套、牵强附会、把语录塞进教材、贴政治标签的做法，注意对学生进行思想政治教育，特别是辩证唯物主义教育。因此，教材在编写时努力以辩证唯物主义观点、方法来阐述教材，使学生在学习化学时受到潜移默化的教育。例如，在讲原子结构时提到了原子内部粒子间的吸引和排斥作用；在讲化学键时，提到分子中原子间的吸引和排斥作用，这种吸引和排斥作用的相对平衡是形成稳定化学键的条件。在讲氧化还原反应时，提到了氧化和还原这对矛盾的对立和统一，氧化剂和还原剂都不能孤立地存在等。

对于爱国主义教育，教材改变了以往编入我国大量矿产资源和工业发展历史的方法，而采取了实事求是的态度，针对不同情况采取了不同的叙述，或详或略，或删或存。例如，教材着重介绍了我国古代造纸和中华人民共和国成立

后石油生产的发展和现状，以培养学生的民族自豪感等。

（4）教材具有一定的弹性

为了扩大学生的眼界，教材改变了以往严格划定知识范围与深度的做法，编入了一些不作为要求、仅供学生阅读的内容，使得教材具有一定的弹性，有利于因材施教。这部分内容主要包括：一些较深的基础理论，如氢键的本质、杂化轨道理论（图 9-4）等；某些有关的生产知识，如金属防腐等；一些新的科技成就，如化学模拟生物固氮等。

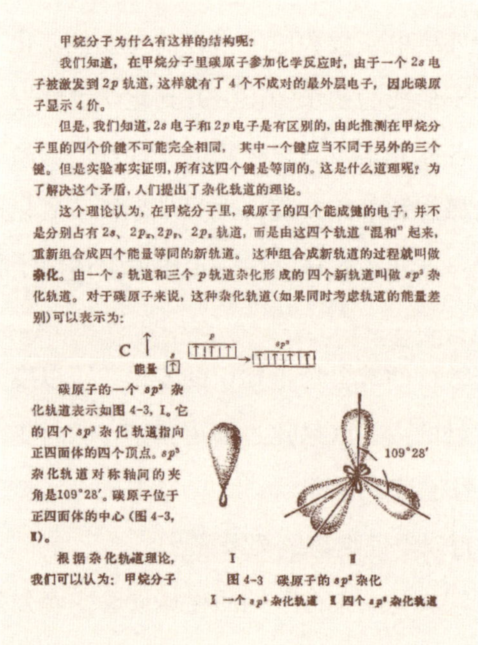

甲烷分子为什么有这样的结构呢？

我们知道，在甲烷分子里碳原子参加化学反应时，由于一个 $2s$ 电子被激发到 $2p$ 轨道，这样就有了 4 个不成对的最外层电子，因此碳原子显示 4 价。

但是，我们知道，$2s$ 电子和 $2p$ 电子是有区别的，由此推测在甲烷分子里的四个价键不可能完全相同，其中一个键应当不同于另外的三个键。但是实验事实证明，所有这四个键是等同的。这是什么道理呢？为了解决这个矛盾，人们提出了杂化轨道的理论。

这个理论认为，在甲烷分子里，碳原子的四个能成键的电子，并不是分别占有 $2s$、$2p_x$、$2p_y$、$2p_z$ 轨道，而是由这四个轨道“混和”起来，重新组合成四个能量等同的新轨道。这种组合成新轨道的过程就叫做**杂化**。由一个 s 轨道和三个 p 轨道杂化形成的四个新轨道叫做 sp^3 杂化轨道。对于碳原子来说，这种杂化轨道（如果同时考虑轨道的能量差别）可以表示为：

碳原子的一个 sp^3 杂化轨道表示如图 4-3，I。它的四个 sp^3 杂化轨道指向正四面体的四个顶点。sp^3 杂化轨道对称轴间的夹角是109°28′。碳原子位于正四面体的中心（图 4-3，II）。

根据杂化轨道理论，我们可以认为：甲烷分子

图 4-3 碳原子的 sp^3 杂化
I 一个 sp^3 杂化轨道 II 四个 sp^3 杂化轨道

图 9-4 《全日制十年制学校高中课本 化学 第二册》中的阅读材料举例

5. 修订情况

全日制十年制学校化学教材中，初中教材自 1978 年秋季试用，高一教材自 1979 年秋季试用，高二教材自 1980 年秋季试用。

这套全日制十年制学校化学教材，编写时间比较紧迫，研究不够，教材中还存在不少需要进一步研究的问题。因此，1978 年作为“试用本”出版发行。在教材试用了一段时间后，在各地教学实践的基础上，教育部于 1979 年 10 月和 1980 年 11 月，分别召开了中学化学教材改革座谈会，征求广大教师对教材修改的意见。为了更广泛地听取教师的意见，编写组还把《初中化学课本中关

于化学式和氧化还原反应教材的编写方案》刊登在《化学教育》杂志上，发往全国各省、自治区、直辖市化学教研部门征求意见。同时派人到各地了解教材使用情况，征求对教材修改的意见①。

根据教学的实际情况，教育部在1980年5月对1978年化学教学大纲做了一些修改，主要是删减了某些教学内容，如删去了生成热、质量作用定律、酸碱的质子理论等；降低了某些理论知识的难度，如将sp杂化、sp^2杂化、sp^3杂化等内容改为学生阅读；缩小了元素化合物知识的范围，如删去了硫单质的结构、过磷酸钙的生产等；适当降低了实验要求，如删去了缓冲溶液、硬水的软化、亚铁离子和铁离子的性质、铬和锰的化合物的性质等。

根据1980年化学教学大纲的变化，人民教育出版社对原初中和高中的化学教材进行了删减和修订，供全国中学使用。在此后的几年时间内，编写组对这套教材进行了多次修改，直到1985年秋季停止使用。

6. 使用中发现的问题与影响

全日制十年制学校化学教材，是拨乱反正后，由恢复后的人民教育出版社编写的第一套中学化学教材，全国通用。教材编者曾指出这套教材在试用过程中暴露出的一些不足②。

（1）教材的适用面较窄

考虑到当时中学的发展趋势是将四年制改为五年制，因此，这套教材主要是针对那些师资水平、教学设备、学生基础知识都基本上合乎要求的学校编写的。但是，“文化大革命”给教育战线造成了极其严重的破坏。第一是师资力量薄弱，尤其是初中。大学本科毕业教初中化学的教师很少。第二是学校设备差。从全国范围来看，当时除了重点中学和少数办学条件较好的学校，大多数学校没有化学实验室和相应的实验仪器设备。第三是中等教育生源情况不理想。由于搞一贯制教育，一部分不合格的小学生或初中生升入初中或高中，给教和学都带来很大的困难。因此，全国大多数学校对这套教材难以适应，普遍反映教材理论部分偏深，内容偏多，化学课时不够等。

① 课程教材研究所．新中国中小学教材建设史（1949—2000）研究丛书：化学卷［M］．北京：人民教育出版社，2010：195．

② 许国培，胡美玲．全日制十年制学校初、高中化学课本（试用本）的初步分析［J］．课程·教材·教法，1985（3）：12-17．

（2）教材的编写不够通俗易懂，有些内容的编写与学生的智力发展情况不相适应

总的来说，这套教材在编写时更多考虑如何适应四个现代化建设，而较少考虑如何适应学生的接受能力。从科学技术的发展来看，提高中学化学教材的理论水平是大势所趋，一些旧概念、旧理论必然要被新概念、新理论所代替。但是，如何使这些新概念、新理论被中学生所接受，在教材编写时研究不够。因此，教材在写法上不够通俗易懂，尤其是理论内容写得不通俗、过简，有浓缩现象。教材中还有一些内容与学生的智力发展情况不相适应，如初中的电子云概念等。由于初中生的空间想象力和理解力相对较弱，学习电子云概念很困难，费时多而收效少。此外，三册教材的内容编排也不尽合理。比较而言，初中概念太集中，高一理论太集中。

（3）教材在编写时对培养学生的能力、科学方法和科学态度重视不够

总体来看，教材中描述多，分析推理少；验证性实验多，探究性实验少；要求学生按规定的实验步骤“照方抓药”多，指导观察少。习题编写存在着单一性习题多，综合性习题少，解法单一，对循序渐进注意不够等问题。教材中对各年级培养学生的实验操作技能和计算技能的要求缺乏统筹安排，未能从多角度培养学生的思维能力。此外，教材对科学方法和科学态度的培养注意不够，未能更多地介绍一些化学发展史和科学家研究化学时的态度和方法等。

（4）教材在编写时联系日常生活实际不够

教材侧重联系工农业生产实际，尤其是联系工业生产实际，而对于学生身边经常发生的生活现象联系很少，对能源、食品、卫生、健康、环境保护等的联系也很不够，不利于激发学生的学习兴趣。

另外，由于这套教材理论要求过高，在以后的十多年里，新编写的教材基本上都是在此基础上不断地压缩、精简教学内容，降低、限制教学要求等。

虽然这套教材存在以上不足，但是在“文化大革命”后的短短两年时间内，教材编写人员在教育几乎瘫痪的状况下，克服许多难以想象的困难，团结协作，完成了教材编写任务，解了当时的燃眉之急。从教材内容来看，编写人员在加强基础知识和基本技能、提高教材质量方面做了很多努力，以适应我国四个现代化建设的需要，改革的方向是值得肯定的，对后续教材编写的影响也是积极的。

第十章　调整课程和教学要求，编写新的中学化学教科书（1981—1991）

党的十一届三中全会以后，随着国家工作重点转向社会主义现代化建设，教育的重要地位越来越为人们所认识。1982年9月，中国共产党第十二次全国代表大会确定："一定要牢牢抓住农业、能源和交通、教育和科学这几个根本环节，把它们作为经济发展的战略重点。""我们在建设高度物质文明的同时，一定要努力建设高度的社会主义精神文明。""普及教育是建设物质文明和精神文明的重要前提。"

一、教育发展与学科背景

1983年国庆前夕，邓小平为北京景山学校题词："教育要面向现代化，面向世界，面向未来。"这三个面向指明了新的历史时期教育发展的战略方向。1985年1月，六届全国人大常委会第九次会议正式确定每年9月10日为"教师节"。尊师重教、尊重知识、尊重人才的社会风气逐步形成。[①]"文化大革命"后编写的《全日制十年制学校课本》使用几年后，全国的教育情况发生了很大的变化。例如，随着中等教育结构的改革，普通高中学校数量逐步减少，中专、中技和职业学校逐渐增多。为了适应这种情况，初中即要为高中学习打基础，也要为中专、中技和职业学校的学习打基础。[②]

此时期化学发展的一个特点是积极向一些与国民经济和人民生活关系密切的学科渗透，最突出的是与能源科学、环境科学、生命科学和材料科学的相互渗透。例如，之前化学家从分子水平研究了重要生命物质（如蛋白质和核酸）

---

① 陈学恂．中国教育史研究：现代分卷［M］．上海：华东师范大学出版社，2009：360-363.

② 程名荣．五年制中学高一化学课本（改编本）简介［J］．化学教育，1983（3）：41-43.

的结构，这一时期化学家又在更深的层次上（即分子与分子集合体水平上）了解和认识更为复杂的生命现象。化学对于生物物质的研究对象已由常量、稳定的物质发展到微量、不稳定的物质；由单一分子发展到分子集合体；由静态研究发展到动态研究，对生命化学过程的研究已深入飞秒级（1×10^{-15} s）的快速过程[①]。

二、化学课程概要

（一）学制

1981 年 4 月，教育部颁发了《全日制六年制重点中学教学计划试行草案》和《全日制五年制中学教学计划试行草案的修订意见》，规定："中学学制定为六年。由五年制向六年制过渡，各省、市、自治区教育厅（局）应从各地实际条件出发，结合中等教育的调整和结构改革，做出具体规划，有计划、有准备、有步骤地进行。多数地区争取在 1985 年以前，把中学学制改为六年。"因此，在中学阶段五年制和六年制两种学制并存。1986 年，高中尚有两年制和三年制两种学制[②]。1990 年以后，高中均改为三年制。

（二）课程设置和教学大纲

1. 课程设置

（1）1981 年五年制和六年制中学的教学计划中的课程设置

在五年制和六年制两种学制的中学教学计划中，各年级的化学课程设置及教学总课时数如表 10-1 所示。

① 唐有祺，王夔．化学与社会［M］．北京：高等教育出版社，1997：31，244-248，325.

② 课程教材研究所．20 世纪中国中小学课程标准·教学大纲汇编：化学卷［G］．北京：人民教育出版社，2001：334.

表 10-1 五年制和六年制中学教学计划中的化学课时安排

			每周课时				教学总课时
			初三	高一	高二	高三	
五年制中学			3	3	4	无	304
六年制重点中学	单科性选修		3	3	3	3	372
	分科性选修	侧重理科	3	3	4	4	432
		侧重文科	3	3	3	无	288

可以看出，两种学制教学计划中的初中化学课时相同，即初三每周 3 课时，总计 96 课时。

五年制中学高中阶段的化学课时安排为：高一每周 3 课时，高二每周 4 课时。两年合计 208 课时。

六年制重点中学教学计划提供了“单科性选修”和“分科性选修”两个教学计划。单科性选修的教学计划规定：在高中二、三年级每周各开 3 课时选修课，即高一、高二、高三每周的化学课时分别为 3、3、3，三年合计 276 课时。分科性选修的教学计划规定：侧重文科的，化学课只在高一、高二开设，每周 3 课时，两年 192 课时；侧重理科的，高一、高二、高三每周的化学课时分别为 3、4、4，三年合计 336 课时。

（2）1990 年普通高中教学计划调整后的课程设置

1990 年 3 月，国家教育委员会（简称“国家教委”）印发《现行普通高中教学计划的调整意见》的通知，对高中教学计划进行调整。调整后的高中学科课程在必修课为主的原则下，适当增加选修课。选修课分为两种。一种为单科性选修，主要安排在高一、高二年级。高一、高二年级单科性选修课的开设可根据学校的条件、学生的要求和社会的需要而定。可以另设新课程，也可以就必修课的某一门或几门开设加深加宽的选修课，还可以开设职业技术选修课，供学生自由选择。另一种是分科性选修，即在文科、理科、外语、艺术、体育、职业技术等方面有所侧重的选修，主要安排在高三年级。这种分科性选修，也是将原来全体学生必修三年的高中化学课程，分为必修和选修两个阶段。必修课在高一、高二年级开设，都是每周 3 课时，每学年上课 34 周，共 204 课时；分科性选修在高三年级开设，每周为3～5课时，高三年级上课24周，共72～120课时。这种两年必修课、一年选修课的安排后来被称为“二·一”分段。

2. 教学大纲

（1）1982年六年制和五年制中学化学教学大纲（草稿）

根据《全日制六年制重点中学教学计划试行草案》和《全日制五年制中学教学计划试行草案的修订意见》，1982年，人民教育出版社起草了《全日制六年制重点中学化学教学大纲（草稿）》和《全日制五年制中学化学教学大纲（草稿）》（以下将二者简称“大纲草稿”）①。

大纲草稿提出了培养学生的爱国主义精神，培养学生观察能力、思维能力、实验能力和自学能力等，并提出大力改进教学方法等。关于教学内容，大纲草稿对五年制中学、六年制重点中学共四套教材的理论内容的水平作了不同的要求。五年制中学的教材适当降低了要求。六年制重点中学单科选修教材基本上保持了原教材水平；六年制重点中学侧重理科的选修教材基本上保持了原教材的正文及课外延伸的水平，另外充实了实验内容；六年制重点中学侧重文科的高二选修教材内容作了较多的精简。大纲草稿修改了各年级培养的化学实验技能项目，并把原来“熟练”“学会”的两级要求分别改为“学会”和“初步学会”，新增加了“各年级培养的化学计算技能”。大纲草稿对化学实验进一步提出严格的要求。例如，在“教学内容的安排”中，把实验明确地分为演示实验、边讲边做实验和学生实验三种；在“加强实验教学”一项中，提出“化学是一门以实验为基础的学科”，要求“条件具备的学校可以将一些演示实验改为边讲边做实验”；教师要有“具体指导学生独立进行实验操作的能力”，“把化学实验作为考查内容”，学校及教师“要大力防止那种只重讲授而轻视实验技能的偏向”。

在大纲草稿的基础上，教育部发布了《全日制六年制重点中学化学教学大纲（征求意见稿）》和《全日制五年制中学化学教学大纲（征求意见稿）》。

（2）1983年《高中化学教学纲要（草案）》

1983年11月，教育部颁发了《关于颁发高中数学、物理、化学三科两种要

① 梁英豪．关于中学化学教学大纲的几个问题［J］．课程·教材·教法，1983（2）：17-20．

求教学纲要的通知》，适当调整了高中数学、物理、化学的教学要求，指出："当前对高中数、理、化适当调整内容，实行两种教学要求，一是为了从实际出发，区别要求，使不同文化程度的学生都能在原有基础上真正学有所得，逐步提高；二是为了减轻学生过重的学习负担，注重发展学生智力，培养能力，使学生能够生动活泼主动地学习；三是为了使中学教育全面地面向社会主义现代化建设，为学生就业和升学打下必要的基础。"其中的《高中化学教学纲要（草案）》把高中化学教学要求分为"基本要求"和"较高要求"。对基本要求部分除了规定教学内容，还对部分章节增加了说明。

（3）1986 年《全日制中学化学教学大纲》

1986 年 12 月国家教委颁布了《全日制中学化学教学大纲》，这次大纲是从当时的教学实际情况出发，在保持当时教材的内容、体系基本不变的前提下修订的。修订的主要原则有：① 减轻学生过重的学习负担；② 适当降低难度；③ 教学要求更加明确、具体；④ 适当地反映中学化学教学改革的某些成果。

（4）1990 年《全日制中学化学教学大纲（修订本）》

1990 年国家教委发布了《全日制中学化学教学大纲（修订本）》，对 1986 年的教学大纲进行了修订。对于高中部分，修订说明中明确提出："大纲修订后分为必修课和选修课两部分，这两部分教学大纲的总要求相当于或略低于现行教学大纲。"

这份修订本大纲指出："高中必修课在卤素、硫和碱金属等元素化合物知识的基础上，介绍物质结构和元素周期律，然后以这些理论作指导来介绍氮和磷、硅及有关金属方面的知识。最后，介绍有机化合物知识。"与 1986 年大纲相比，必修课的教学内容适当降低了要求，并适当限制了深广度。

必修课的无机部分由"卤素""摩尔　反应热""硫　硫酸""碱金属""物质结构　元素周期律""氮和磷""硅""镁　铝""铁"九部分组成。其中只有"卤素"和"碱金属"两部分内容没有做修改，其他部分在教学要求方面均增加了一些限制。例如，第五部分"物质结构　元素周期律"中，删去了"原子核外电子的运动状态和由氢到氩的电子层排布""离子的结构"等知识点，增加了部分说明："在化学键概念的基础上，只要求从键长、键角和键能的角度来了解水、氮气等分子的结构。不要求计算键长和键能。""只要求用原子结构示意图来介绍原子核外电子排布的周期性。”必修课的有机部分由“烃”和“烃的衍生物”两部分组成，“糖类和蛋白质”移到高三选修中。教学内容中删去了乙炔与氯化氢的反应、卤代烃的性质等知识点。

选修课在必修课有关理论和元素化合物知识的基础上，介绍化学反应速率、化学平衡、电解质溶液、胶体，以及有机化合物中的糖类、蛋白质等。

三、教科书概貌

（一）教科书制度

随着我国改革开放和教育的发展，全国统一的课程教材管理制度已经不适应形势发展的需要，也不利于课程教材质量和教育质量的提高。1981—1985 年是教材国定制到审定制的过渡时期，课程教材的多样化政策正在酝酿之中[①]。

1985 年 1 月，教育部颁布了《全国中小学教材审定委员会工作条例（试行）》，指出：“今后中小学教材的建设，把编写和审查分开，人民教育出版社负责编写，各省、直辖市、自治区教育部门，学校、教师和专家可以编写；全国中小学教材审定委员会负责审定，审定后的教材由教育部推荐，供各地选用。”但此时，中小学教材审定委员会尚未正式成立。

（二）化学教科书的出版

针对上一时期全日制十年制学校化学课本在使用过程中暴露出的一些问题，如内容较多，难度偏大，要求偏高，造成教学课时不足，师生负担较重等，教育部多次组织调查研究，对课程设置、教学计划、教学大纲进行调整，对教学内容进行精简、调整，降低教学要求。相应地，人民教育出版社在全日制十年制学校化学课本的基础上，多次精简教学内容和降低教学要求，编写、修订和出版了一系列供全国通用的化学教科书（表 10-2）。

① 课程教材研究所．课程教材改革之路［M］．北京：人民教育出版社，2000：146.

表 10-2　1981—1991 年人民教育出版社在全日制十年制学校化学课本的基础上编写、出版的教科书

序号	书名	作者	出版时间
1	初级中学课本　化学　全一册	梁英豪、张健如、何少华、武永兴、冷如松、程名荣、王起云、胡美玲等	1982 年 2 月
2	初级中学课本　化学　全一册	李文鼎、夏致远等	1987 年 3 月
3	五年制中学高中课本　化学　第一册	许国培、张健如、程名荣、冷如松、胡美玲等	1982 年 12 月
	五年制中学高中课本　化学　第二册	程名荣、张健如、李文鼎等	1983 年 11 月
4	六年制重点中学高中课本　化学　第一册	许国培、程名荣、张健如、胡美玲、王存志、何少华等	1983 年 1 月
	六年制重点中学高中课本　化学　第二册	程名荣、张颂培、李文鼎、何少华等	1983 年 12 月
	六年制重点中学高中课本　化学　第三册	许国培、程名荣、冷燕平、何少华等	1984 年 12 月
5	高级中学课本（乙种本）化学　上册	许国培、张健如、程名荣、胡美玲、李文鼎、冷如松、王存志、冷燕平等	1983 年 12 月
	高级中学课本（乙种本）化学　下册		1984 年 12 月
6	高级中学课本（甲种本）化学　第一册	许国培、程名荣、张健如、胡美玲、王存志、李文鼎、冷燕平、张颂培等	1983 年 11 月
	高级中学课本（甲种本）化学　第二册		1984 年 11 月
	高级中学课本（甲种本）化学　第三册		1985 年 10 月
7	高级中学课本　化学　上册	李文鼎、夏致远等	1987 年 5 月
	高级中学课本　化学　下册		1987 年 5 月
8	高级中学课本　化学（必修）第一册	戴健、李志刚、李文鼎、陈晨、胡美玲、王晶等	1990 年 10 月
	高级中学课本　化学（必修）第二册		1990 年 10 月
	高级中学课本　化学（选修）第三册		1991 年 10 月

（三）代表性教科书及其选择

1. 初中代表性教科书的选择

教育部 1981 年 4 月发布的教学计划试行草案基本保持了初中的教学计划，重点改革了高中的学制与课程设置。

人民教育出版社在《全日制十年制学校初中课本　化学　全一册》（1978 年，以下简称“十年制初中课本”）的基础上，吸收了各地教师试用的意见和建议，改编为《初级中学课本　化学　全一册》，于 1982 年出版，供全日制五年制中学和六年制重点中学通用。改编后的课本除了对教学内容进行较大幅度的调整，在提高学生学习兴趣，培养学生能力、科学态度和科学方法，加强实验和改进习题等方面进行了许多有益的尝试。因此，选择 1982 年出版的《初级中学课本　化学　全一册》作为代表性教科书。

2. 高中代表性教科书的选择

根据 1981 年发布的课程设置，并依据《全日制五年制中学化学教学大纲（征求意见稿）》和《全日制六年制重点中学化学教学大纲（征求意见稿）》的要求，同时吸收了教师在十年制高中课本使用过程中积累的经验和提出的建议，人民教育出版社研究和编写了《五年制中学高中课本　化学》和《六年制重点中学高中课本　化学》，从 1983 年秋季开始在全国使用。这两套课本按照两种学制的不同情况和要求，对化学理论水平进行了不同的设计。考虑到五年制中学的师资、设备、学生水平一般比较差，因此，五年制中学课本的程度低于原全日制十年制高中化学课本。对于六年制重点中学来说，由于原来两年的课程现在分为三年完成，总课时有所增加，因此侧重理科的课本的教学内容也略有增加，在内容和深度上略多于和高于原全日制十年制高中化学课本。

由于 1990 年高中教学计划有所调整，教学大纲也进行了修订，人民教育出版社 1990—1991 年出版的《高级中学课本　化学》是以 1987 年版《高级中学课本　化学》的部分内容为蓝本，根据修订后的大纲编写的。这套教材体现了新的教学大纲的精神和要求，从 1991 年秋季开始在全国使用。

因此，高中阶段选择《五年制中学高中课本　化学》《六年制重点中学高中课本　化学》和《高级中学课本　化学》（1990—1991 年）三套教科书作为代表性教科书。

四、代表性教科书

（一）《初级中学课本　化学　全一册》

图 10-1 《初级中学课本　化学　全一册》封面

1. 基本信息

① 出版社：人民教育出版社；

② 版次：1982 年 2 月第 1 版；

③ 编写人员：梁英豪、张健如、何少华、武永兴、冷如松、程名荣、王起云、胡美玲等；

④ 配套资源：《初级中学　化学　全一册　教学参考书》。

2. 编写指导思想

考虑到初中学生毕业后各种不同出路的需要，以及原十年制初中课本分量较重，本时期仍然保持原来课时的情况，编者对初中化学教学内容加以调整，[①]力求使教材内容自成段落，具有一定的普及性和完整性，减轻学业负担，为学生就业或升学打好基础。

---

① 课程教材研究所．新中国中小学教材建设史（1949—2000）研究丛书：化学卷［M］．北京：人民教育出版社，2010：237．

3. 主要内容

初中化学共有 5 章，38 节，12 个学生实验。课本的主要内容如表 10-3 所示。

表 10-3 《初级中学课本　化学　全一册》章标题及主要内容

章标题	主要内容
绪言	—
第一章　氧　分子和原子	空气，氧气的性质和用途，氧气的制法，分子，原子　原子量，元素　元素符号，分子式　分子量，化学方程式
第二章　氢　核外电子的排布	水，氢气的实验室制法，氢气的性质和用途，核外电子排布的初步知识，离子化合物和共价化合物，化合价，化合价与分子式，根据化学方程式的计算
第三章　碳	金刚石和石墨　同素异形现象，无定形碳，碳的化学性质，二氧化碳，一氧化碳，碳酸钙，甲烷
第四章　溶液	悬浊液　乳浊液　溶液，溶解的过程，溶解度，物质的结晶，混和物的分离，溶液的浓度
第五章　酸　碱　盐	电解质和非电解质，酸、碱、盐是电解质，常见的酸，酸的通性　pH 值，常见的碱　碱的通性，盐，化学肥料，氧化物，单质、氧化物、酸、碱和盐的相互关系
学生实验	1. 粗盐的提纯　2. 制取蒸馏水　3. 氧气的制取和性质　4. 氢气的制取和性质　5. 二氧化碳的制取和性质　6. 配制一定浓度的溶液　7. 酸的性质　8. 碱和盐的性质　9. 土壤酸碱性的测定　几种化肥的性质　10. 酸、碱、盐、氧化物的实验习题 选做实验 1. 测定硝酸钾在水里的溶解度并绘制它的溶解度曲线图 选做实验 2. 制取硫酸铜晶体

4. 主要特点

《初级中学课本　化学　全一册》的主要特点如下[①]。

（1）对某些教学内容进行调整

针对十年制初中课本在试用过程中内容较多、要求较高、负担较重的实际情况，此课本为了适应大多数初中生的接受能力，对某些教学内容进行了调整，

① 张健如. 关于初中化学课本改编中的几个问题［J］. 课程·教材·教法，1982（2）：54-58.

对难度大的少数教学内容进行删除或降低其难度，以便教和学。

例如，删去了十年制初中课本中内容较多的“卤素和碱金属”一章（移到了高中）；增加了生产和生活中应用广泛的“碳”一章；将有关金属的知识分散在绪言、第一章、第二章、第三章和第五章中介绍；在讲到反应中的能量变化时，介绍了吸热反应和放热反应的概念等。又如，不讲电子云，删去了氢原子电子云的示意图；降低对氧化还原反应的要求（不要求学生掌握氧化还原反应中电子得失的关系等）；不讲溶解平衡的概念；删去离子反应和离子方程式及其写法的内容；适当降低学生实验中对定量的要求（删去“测定硫酸铜晶体里结晶水的含量”的实验，把“测定硝酸钾在水里的溶解度并绘制它的溶解度曲线图”的实验改为选做）；降低有关溶液的计算要求；“混合物的分离”一节中只讲过滤、结晶和蒸馏，萃取和纸上层析等方法移到高中化学课本中讲授；等等。

（2）在培养学生能力方面有所改进

鉴于大纲草稿提出了培养学生的观察能力、思维能力、实验能力和自学能力等，此课本在这方面做了有益的尝试，在课堂实验中明确要求观察什么，怎样观察，并引导学生分析、比较实验现象，得出结论。例如，对于硫分别在空气和氧气中燃烧的实验，此课本的呈现方式是：在燃烧匙中放入少量硫，加热，直到发生燃烧，要求学生观察硫在空气中燃烧时发生的现象；然后把盛有燃着的硫的燃烧匙伸入盛有氧气的集气瓶中，再观察硫在氧气中燃烧时发生的现象；同时，要求学生比较硫在空气中和氧气中燃烧有什么不同。这样的呈现方式有利于培养学生的观察能力（图 10−2）。

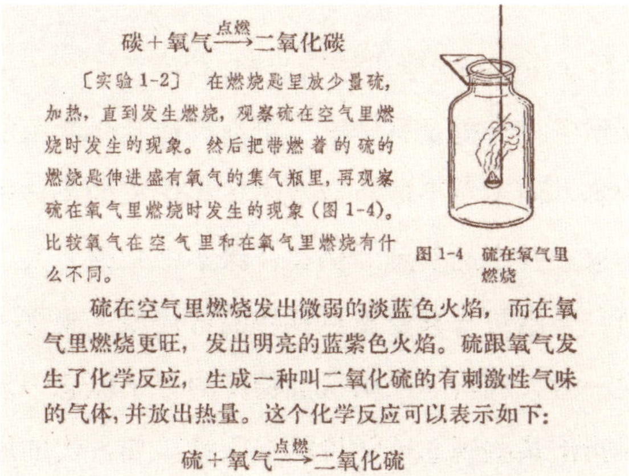
碳＋氧气 $\xrightarrow{点燃}$ 二氧化碳

〔实验 1-2〕 在燃烧匙里放少量硫，加热，直到发生燃烧，观察硫在空气里燃烧时发生的现象。然后把带燃着的硫的燃烧匙伸进盛有氧气的集气瓶里，再观察硫在氧气里燃烧时发生的现象（图 1-4）。比较氧气在空气里和在氧气里燃烧有什么不同。

图 1-4 硫在氧气里燃烧

硫在空气里燃烧发出微弱的淡蓝色火焰，而在氧气里燃烧更旺，发出明亮的蓝紫色火焰。硫跟氧气发生了化学反应，生成一种叫二氧化硫的有刺激性气味的气体，并放出热量。这个化学反应可以表示如下：

硫＋氧气 $\xrightarrow{点燃}$ 二氧化硫

图 10−2 《初级中学课本　化学　全一册》中实验的呈现方式举例

此课本在正文、实验等方面注意加强对学生思维能力的培养。例如，在正文中共安排了 5 个“讨论”栏目，这些栏目内容丰富、形式多样。有的要求从燃烧的条件得出灭火的条件，使学生能够举一反三；有的要求从元素化合价升降联系电子得失，了解氧化还原反应的本质；有的要求抓住概念的本质，分析、对比并总结出有关溶解度和质量分数的计算应注意的问题等。在学生实验中，此课本增加了“问题和讨论” 栏目（图 10-3），要求学生结合实验内容进行讨论、分析和总结。

图 21　氢气的可燃性　　图 22　氢气还原氧化铜

置好。把导管 3 换成直导管 5。注意把试管口稍略微向下倾斜。通入经检验已证明是纯净的氢气，大约过一分钟，再加热试管里铺有氧化铜的部位。观察试管里发生的现象，写出这个反应的化学方程式。

问题和讨论

1. 根据上面所做的实验，叙述氢气的物理性质和化学性质。

2. 根据氢气的性质，可以采用哪些方法收集氢气？

3. 点燃氢气前，为什么要检验氢气的纯度？怎样检验？

4. 做氢气的还原性实验时，当氢气刚通入盛有氧化铜的试管时，能不能立即给试管加热？为什么？

· 253 ·

图 10-3《初级中学课本　化学　全一册》中学生实验后的“问题和讨论”栏目举例

（3）增加有关科学态度和科学方法培养的内容

十年制初中课本中没有提及科学家，更没有涉及科学家的研究。此课本中增加了这方面的内容，但不是平铺直叙地讲述科学家的小传或生平，而是结合重点内容介绍科学家在其中的贡献。例如，课本中介绍了人类对物质结构认识的历史（图 10-4）：希腊哲学家德谟克利特的古代原子观念→英国科学家道尔顿的近代原子学说→意大利科学家阿伏加德罗的分子概念→现在人们对物质结构的认识等，同时指出某些观念或学说的局限性（如古代的原子观念是人们想象和推测出来的，没有经过实践的验证；道尔顿的近代原子学说没有把原子和分子区别开等）。这样既介绍了科学家的贡献，又介绍其贡献的局限性，从而引导学生体会：人的认识是有阶段性的，科学是发展的，也是没有止境的。以期培养学生对待科学的正确态度。

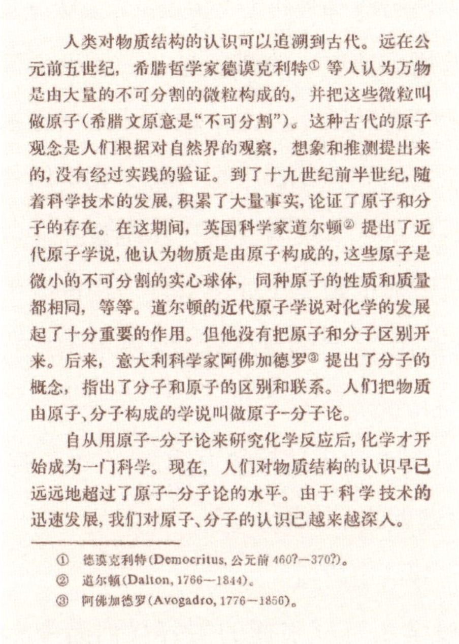
人类对物质结构的认识可以追溯到古代。远在公元前五世纪，希腊哲学家德谟克利特[1]等人认为万物是由大量的不可分割的微粒构成的，并把这些微粒叫做原子(希腊文原意是“不可分割”)。这种古代的原子观念是人们根据对自然界的观察，想象和推测提出来的，没有经过实践的验证。到了十九世纪前半世纪，随着科学技术的发展，积累了大量事实，论证了原子和分子的存在。在这期间，英国科学家道尔顿[2]提出了近代原子学说，他认为物质是由原子构成的，这些原子是微小的不可分割的实心球体，同种原子的性质和质量都相同，等等。道尔顿的近代原子学说对化学的发展起了十分重要的作用。但他没有把原子和分子区别开来。后来，意大利科学家阿佛加德罗[3]提出了分子的概念，指出了分子和原子的区别和联系。人们把物质由原子、分子构成的学说叫做原子-分子论。

自从用原子-分子论来研究化学反应后，化学才开始成为一门科学。现在，人们对物质结构的认识早已远远地超过了原子-分子论的水平。由于科学技术的迅速发展，我们对原子、分子的认识已越来越深入。

① 德谟克利特(Democritus，公元前460?—370?)。
② 道尔顿(Dalton，1766—1844)。
③ 阿佛加德罗(Avogadro，1776—1856)。

图 10-4 《初级中学课本　化学　全一册》中科学态度培养内容举例

又如，课本中介绍了法国化学家拉瓦锡运用天平作为研究化学的工具，在实验中重视化学反应中物质质量的变化。他在研究空气成分的实验中，根据实验中气体体积的变化等科学事实，得出了空气是由氧气和氮气组成的结论。这些内容能够使学生体会定量研究等科学方法的重要性。

（4）加强实验，改进习题，培养学生的实验和计算技能

此课本强调化学是一门以实验为基础的科学。学生实验由15课时增至17课时，实验基本操作的训练有所加强。例如，把“化学实验基本操作”单独列出，并在药品的取用、物质的称量、液体的量取、物质的加热、液体过滤等项目内增加“学生练习”栏目，要求练习操作技能。这些练习目的明确，简便易行，如用沙子代替药品进行取用药品的操作练习，用水代替溶液进行量取液体的操作练习等。在学生实验的编排顺序上，把溶解、过滤、加热、蒸发、蒸馏等基本操作较多的“粗盐的提纯”“制取蒸馏水”两个实验分别安排为实验一、实验二，为后面有关物质的制取和性质等实验打基础，基本操作技能经多次练

习后，可以达到初步学会或学会等目的。

在习题方面，课本精选习题，改进类型，有利于培养学生的计算技能。除了节后习题，改编本在每章之后编入了复习题，全书最后编入了总复习题，使习题能够逐步提高，体现层次和梯度。复习题或总复习题供学校选用。在习题类型上，包括问答、选择、填空、改错、是非、鉴别、计算、图解、课外小实验题等九种。为了揭示解题思路，正文中增加了某些例题，有些习题增加了提示，删去了只需复述原文的问答题。根据“初中化学培养的化学计算技能”的要求，改编本将计算题分章、节统筹安排，注意难点分散，使学生逐步掌握计算技能。有些计算题所需要的数据（如溶解度、密度等）未一一列出，而是要求学生自己看书查表（或图），目的是培养学生获取信息的能力。

5. 修订情况

根据 1986 年《全日制中学化学教学大纲》，人民教育出版社对 1982 年版此课本进行修订，主要有以下两个方面。

① 把部分内容调整到高中阶段

把一些在初中阶段学生难以掌握的内容移到高中。例如，把初中教材中“用化合价升降的观点分析氧化还原反应”的内容，有关“反应物中有一种有剩余时的计算（简称过量计算）”的内容，两性氧化物的内容等均移到高中。

② 把部分内容改为选学

初中教材中的燃素、稀有气体、氧气的发现、氯化钠的晶体结构、电子式、木材干馏、活性炭和焦炭制法、放热反应和吸热反应、蒸馏、食盐的电离过程、磷肥制法、可溶性和不溶性磷酸盐的转化等内容均改为选学。

另外，教材一律采用法定计量单位。例如，将压强的单位由标准大气压改为帕斯卡（Pa）等。

6. 使用、地位和影响

教学内容作了调整以后，《初级中学课本　化学　全一册》的分量比十年制初中课本有所减轻。这对于减轻学生的学习负担、增强学习信心起到了一定的作用。但总的来看，全书的基础知识和基本技能并没有削弱。全书出现了化学方程式 95 个、电离方程式 10 个，讲了 78 个重要的或比较重要的化学基本概念。对实验技能、书写化学用语（元素符号、分子式和化学方程式）的技能和计算技能的训练都有所加强。[①] 在巩固“双基”的同时，此课本在培养学生能力、科学态度，训练科学方法等方面的尝试，对于提高全民族素质，培养现代化建设所需要的各级各类人才奠定了一定的基础。

（二）《五年制中学高中课本　化学》

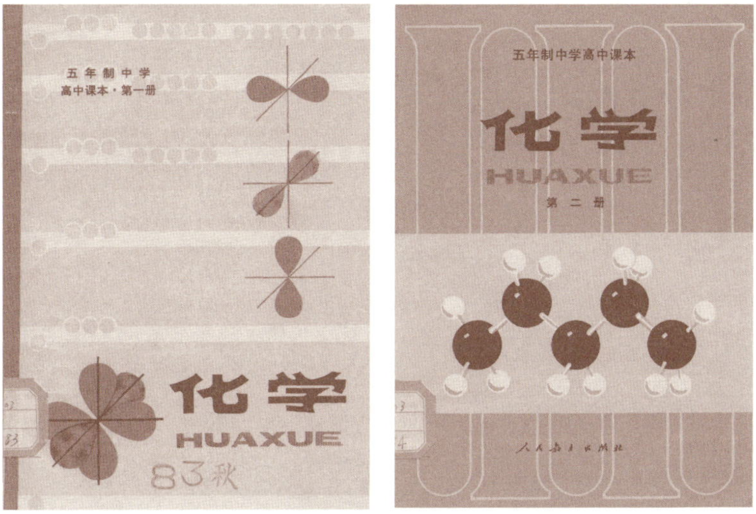

图 10-5 《五年制中学高中课本　化学》封面

1. 基本信息

① 出版社：人民教育出版社；

② 版次：第一册，1982 年 12 月第 1 版，

第二册，1983 年 11 月第 1 版；

③ 编写人员：参加第一册编写的有许国培、张健如、程名荣、冷如松、胡美玲等，参加第二册编写的有程名荣、张健如、李文鼎等。

2. 编写指导思想

在教材内容做到基本稳定，系统不作大的变动的前提下，针对十年制高中化学课本在试用中存在的问题，努力使教材做到适合教学[②]。

---

① 张健如. 关于初中化学课本改编中的几个问题 [J]. 课程·教材·教法，1982 (2)：54-58.

② 梁英豪. 努力把教材编得适于教学，修改和新编 1982 年版五年制中学和六年制重点中学化学课本的几个原则 [J]. 课程·教材·教法，1982 (2)：50-53.

3. 主要内容

五年制中学高中化学教材第一册供高一使用，共有 6 章，32 节，书后附有学生实验 9 个，具体内容如表 10-4 所示。

表 10-4 《五年制中学高中课本 化学 第一册》章标题及主要内容

章标题	主要内容
第一章 卤素	氯气，氯化氢，氧化还原反应，卤族元素
第二章 摩尔 反应热	摩尔，气体摩尔体积，摩尔浓度，反应热
第三章 硫 硫酸	硫，硫的氢化物和氧化物，硫酸的工业制法——接触法，硫酸 硫酸盐，离子反应 离子方程式，氧族元素
第四章 碱金属	钠，钠的化合物，碱金属元素
第五章 物质结构 元素周期律	原子核，核外电子的运动状态，原子核外电子的排布，元素周期律，元素周期表，离子键，共价键，非极性分子和极性分子，离子晶体、分子晶体和原子晶体
第六章 氮族	氮族元素，氮气，氨 铵盐，硝酸 硝酸盐，氧化还原反应方程式的配平，磷 磷酸 磷酸盐
学生实验	1. 氯、溴、碘的性质 2. 配制一定摩尔浓度的溶液 3. 硫酸的性质 硫酸根离子的检验 4. 碱金属及其化合物的性质 5. 同周期、同主族元素性质的递变 6. 氨的制备和性质 铵离子的检验 7. 硝酸的性质 8. 测定硫酸铜晶体里结晶水的含量 9. 实验习题

五年制中学高中化学教材第二册供高二使用，共有 8 章，40 节，书后附有学生实验 17 个，具体内容如表 10-5 所示。

表 10-5 《五年制中学高中课本 化学 第二册》章标题及主要内容

章标题	主要内容
第一章 化学反应速度和化学平衡	化学反应速度，化学平衡，合成氨工业
第二章 电解质溶液	强电解质和弱电解质，电离度，水的电离和溶液的 pH 值，盐类的水解，酸碱中和滴定，原电池 金属的腐蚀和防护，电解和电镀
第三章 硅 胶体	碳族元素，硅及其重要的化合物，硅酸盐工业简述，胶体

续表

章标题	主要内容
第四章　镁　铝	金属键，镁和铝的性质，镁和铝的重要化合物　铝的冶炼，硬水及其软化
第五章　铁	铁和铁的化合物，炼铁和炼钢
第六章　烃	有机物，甲烷，烷烃　同系物，乙烯，烯烃，乙炔　炔烃，苯　芳香烃，石油和石油产品利用，煤和煤的综合利用
第七章　烃的衍生物	卤代烃，乙醇，苯酚，醛，乙酸，酯，油脂
第八章　糖类　蛋白质	单糖，二糖，多糖，蛋白质
学生实验	1. 化学反应速度　化学平衡　2. 中和滴定　3. 原电池　金属的电化腐蚀　4. 胶体的性质　5. 铝和氢氧化铝的化学性质　6. 实验习题　7. 甲烷的制取和性质　8. 乙烯、乙炔的制取和性质　9. 乙醇和苯酚的性质　10. 乙醛的性质　11. 酚醛树脂的制取　12. 葡萄糖、蔗糖、淀粉和纤维素的性质　13. 蛋白质的性质　14. 实验习题 选做实验 1. 电解质溶液　电解　电镀 选做实验 2. 苯和甲苯的性质 选做实验 3. 乙酸乙酯的制取

4. 主要特点

五年制中学高中化学教材在十年制高中化学课本的基础上进行修订，其水平和要求要低于试用本。这些修订主要体现在以下几个方面[①]。

（1）初高中统筹考虑，调整内容

例如，将十年制初中课本中的“卤素和碱金属”一章移到了高一；原高一课本中的“碳”移到了初中，而“硅　胶体”的内容则移到了高二。根据晶体类型部分内容的变化，高一课本第五章“物质结构　元素周期律”增加第九节“离子晶体、分子晶体和原子晶体”，金属晶体仍然在高二课本第四章“镁　铝”中介绍。

又如，将十年制初中课本的离子反应和离子方程式安排在高一课本第三章“硫　硫酸”中着重讲解；初中课本中“碳”一章只从化合价升降的角度来介绍

① 程名荣. 五年制中学高一化学课本（改编本）简介［J］. 化学教育，1983（3）：41-43.

氧化还原反应，而高一课本第一章“卤素”在初中基础上再从电子转移的角度来介绍氧化还原反应。这样经过一次循环，减小了概念上升的坡度，学生比较容易接受。

（2）适当降低化学理论知识水平

例如，高一课本第五章“物质结构　元素周期律”中删去了电离能、能级交错、氢键和分子间作用力等；通俗地介绍原子核外电子排布遵循的三条规律，没有出现泡利不相容原理、洪特规则等名称，同时删去了电子排布为全充满、半充满或全空时比较稳定的规律。

又如，高一课本第二章“摩尔　反应热”中只介绍反应热的概念，删去了燃烧热和中和热的概念；高二课本第一章“化学反应速度和化学平衡”中删去了有效碰撞、活化能、催化原理和平衡常数等。

（3）适当精简元素化合物知识

例如，高一课本第三章“硫　硫酸”中删去了从废气回收二氧化硫的反应；第六章“氮族”精简了硝酸盐分解的规律；高二课本中的过渡元素、络合物和铜等内容删去，增加第五章“铁”。

（4）适当降低学生实验的要求

例如，删去了阿伏加德罗常数的测定、中和热的测定和相对分子质量的测定等定量实验。

（5）既减轻学生负担，又保持一定的弹性

课本给学生提供了一些阅读材料（图10-6），如换热器、氨合成塔、钢铁的防护、铝热反应的应用、刚玉、乙醚、乙酸的制法、肥皂的去污作用、合成洗涤剂等，在书内用小号楷体字排版，并在全书最后编排了“土壤”和“合成材料”两个附录供阅读。这样既减轻了学生负担，又使教材保持一定的弹性。

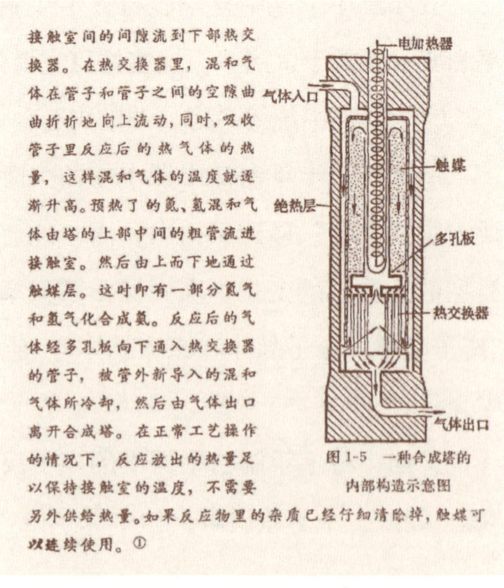
接触室间的间隙流到下部热交换器。在热交换器里，混和气体在管子和管子之间的空隙曲曲折折地向上流动，同时，吸收管子里反应后的热气体的热量，这样混和气体的温度就逐渐升高。预热了的氮、氢混和气体由塔的上部中间的粗管流进接触室。然后由上而下地通过触媒层。这时即有一部分氮气和氢气化合成氨。反应后的气体经多孔板向下通入热交换器的管子，被管外新导入的混和气体所冷却，然后由气体出口离开合成塔。在正常工艺操作的情况下，反应放出的热量足以保持接触室的温度，不需要另外供给热量。如果反应物里的杂质已经仔细清除掉，触媒可以继续使用。①

图1-5　一种合成塔的内部构造示意图

图10-6《五年制中学高中课本　化学第二册》中的阅读材料举例

此外，教材还删去了一些较难的习题，在教材中逐步推行国际单位制等。

5. 修订情况

（1）根据 1983 年《关于颁发高中数学、物理、化学三科两种要求教学纲要的通知》进行修订

根据这一次调整，人民教育出版社以《高中化学教学纲要（草案）》（1983 年）为依据，把五年制教材改编为乙种本（供基本要求用）（图 10–7），并从 1984 年秋季起供高中教学使用。

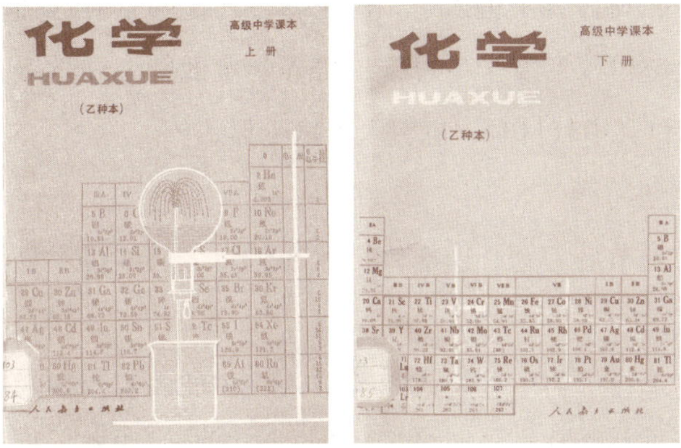

图 10–7 《高级中学课本　化学（乙种本）》封面

（2）根据 1986 年《全日制中学化学教学大纲》进行修订

根据 1986 年《全日制中学化学教学大纲》，人民教育出版社对 1983—1984 年出版的《高级中学课本　化学　（乙种本）》上、下册进行修订。修订后，高中课本称为《高级中学课本　化学》，仍分为上、下两册（图 10–8），从 1987 年秋季起供全国高中使用。

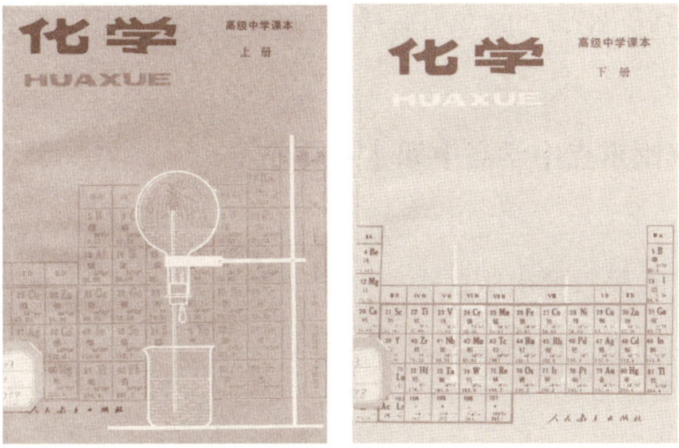

图 10–8 《高级中学课本　化学》封面

修订时，教材体系和主要内容不动，只是调整、修改了部分教学内容，主要有以下几个方面[①]。

① 把部分内容改为选学

改为选学内容的有：锂、钾、铷、铯的用途，金属或金属离子的焰色试验（除了钠、钾外），共价键的方向性和饱和性，金属的电化学保护法，环烷烃的性质和用途，烯烃、芳香烃的命名，醇的命名。

② 适当增加“讨论”栏目

由于在初中教材修订中编入了“讨论”栏目，师生对这种形式表示认可和欢迎，认为讨论题可以启发学生思维，培养学生的能力和学习方法，也可以活跃学习气氛。修订高中教材时，也引入了这一形式。

③ 完善和改进习题

原教材中只有节后习题。这次修订时在每章之后编排章复习题，在全书最后编排总复习题。

修订时，还承接了初中教材改编需移入高中的内容，如两性氧化物、可溶性氯化物和可溶性硫酸盐的检验等；增加了一些紧密联系生产、生活实际的内容，如在高中教材上册第三章中充实了关于环境保护的知识等；采用统一的法定计量单位；等等。

6. 使用、地位和影响

可以看出，在内容基本保持稳定的前提下，这套课本考虑了五年制中学的实际情况，降低了理论知识水平，精简了元素化合物知识，适当降低了教学要求，减轻了学生负担。这次修订，为解决教材理论部分偏深、内容分量较多的问题，为使教材适合教学，以及为后续的教材修订工作均打下了一定的基础。

（三）《六年制重点中学高中课本　化学》

1. 基本信息

① 出版社：人民教育出版社；

② 版次：第一册，1983 年 1 月第 1 版，

---

① 李文鼎. 关于修订全国通用中学化学课本的几点说明［J］. 化学教育，1988（2）：37-40.

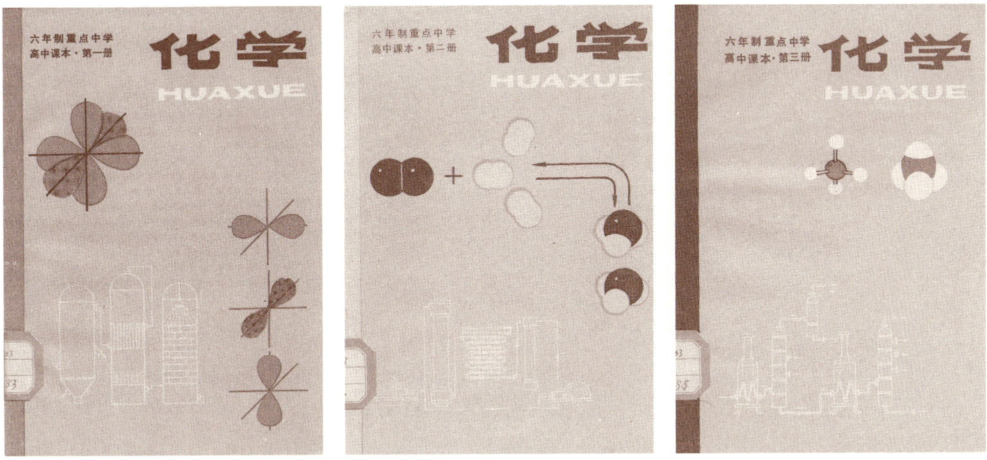

图 10-9 《六年制重点中学高中课本　化学》封面

第二册，1983 年 12 月第 1 版，

第三册，1984 年 12 月第 1 版；

③ 编写人员：参加第一册编写的有许国培、程名荣、张健如、胡美玲、王存志、何少华等，参加第二册编写的有程名荣、张颂培、李文鼎、何少华等，参加第三册编写的有许国培、程名荣、冷燕平、何少华等。

2. 编写指导思想

与《五年制中学高中课本　化学》的编写指导思想相同。

3. 主要内容

全书分三册，共 16 章。第一册 5 章，23 节，书后附有学生实验 10 个；第二册 6 章，32 节，书后附有学生实验 13 个；第三册 5 章，33 节，书后附有学生实验 14 个。全书各册的具体内容如表 10-6、表 10-7 所示。

表 10-6 《六年制重点中学高中课本　化学》各册章标题及主要内容

册次	章标题	主要内容
第一册	第一章　摩尔	摩尔，气体摩尔体积，摩尔浓度，反应热
	第二章　卤素	氯气，氯化氢，氧化还原反应，卤族元素
	第三章　硫　硫酸	硫，硫的氢化物和氧化物，硫酸的工业制法——接触法，硫酸　硫酸盐，离子反应　离子方程式，氧族元素

续表

册次	章标题	主要内容
第一册	第四章　碱金属	钠，钠的化合物，碱金属元素
	第五章　原子结构　元素周期律	原子核，核外电子的运动状态，原子核外电子的排布，元素周期律，元素周期表，元素周期律的发现和意义
第二册	第一章　化学键和分子结构	离子键，共价键，非极性分子和极性分子，分子间作用力，氢键
	第二章　氮族	氮族元素，氮气，氨　铵盐，硝酸的工业制法，硝酸　硝酸盐，氧化还原反应方程式的配平，磷　磷酸　磷酸盐
	第三章　化学反应速度和化学平衡	化学反应速度，化学平衡，影响化学平衡的条件，合成氨工业
	第四章　硅　胶体	碳族元素，硅及其重要的化合物，硅酸盐工业简述，胶体
	第五章　电解质溶液	强电解质和弱电解质，电离度和电离常数，水的电离和溶液的 pH 值，盐类的水解，酸碱的当量浓度，酸和碱的中和反应，原电池　金属的腐蚀和防护，电解和电镀
	第六章　镁　铝	金属键，镁和铝的性质，铝的重要化合物　铝的冶炼，硬水及其软化
第三册	第一章　过渡元素	过渡元素概述，络合物，铁，炼铁和炼钢，铜，钛（阅读教材）
	第二章　烃	有机物，甲烷，烷烃　同系物，乙烯，烯烃，乙炔　炔烃，苯　芳香烃，石油和石油产品概述，煤和煤的综合利用
	第三章　烃的衍生物	卤代烃，乙醇，苯酚，醛和酮，乙酸，羧酸，酯，油脂，硝基化合物，胺　酰胺
	第四章　糖类　蛋白质	单糖，二糖，多糖，氨基酸，蛋白质
	第五章　合成有机高分子化合物	概述，加聚反应和缩聚反应，合成材料

表 10-7《六年制重点中学高中课本　化学》各册学生实验

第一册	第二册	第三册
1. 化学实验基本操作 2. 配制一定摩尔浓度的溶液 3. 重结晶法提纯硫酸铜　测定硫酸铜晶体里结晶水的含量 4. 氯、溴、碘的性质	1. 氨的制备和性质　铵离子的检验 2. 硝酸和硝酸盐的性质 3. 化学反应速度　化学平衡 4. 实验习题 5. 胶体的性质	1. 铜和它的化合物的性质 2. 实验习题 3. 甲烷的制取和性质 4. 乙烯、乙炔的制取和性质 5. 苯和甲苯的性质 6. 乙醇和苯酚的性质

续表

第一册	第二册	第三册
5. 硫酸的 性质　硫酸根离子的检验 6. 实验习题 7. 碱金属及其化合物的性质 8. 同周期、同主族元素性质的递变 9. 实验习题 选做实验．阿佛加德罗常数的测定	6. 电解质溶液 7. 中和滴定 8. 中和热的测定 9. 原电池　金属的电化腐蚀 10. 电解　电镀 11. 铝和氢氧化铝的化学性质 12. 分子量的测定 13. 实验习题	7. 乙醛的性质 8. 乙酸乙酯的制取 9. 葡萄糖、蔗糖、淀粉和纤维素的性质 10. 蛋白质的性质 11. 酚醛树脂的制取 12. 有机物熔点、沸点的测定 13. 实验习题 选做实验．纸上层析

4. 主要特点

根据教学大纲，六年制重点中学教材的体系和基本内容的范围、深广度基本上没有太大的变化。因此，教材是在总结经验的基础上，根据历次中学化学教材的会议中教师所提出的意见和建议，在十年制高中化学试用本的基础上进行修订，并新编排部分内容。主要特点如下①。

（1）对教材编排顺序进行调整

考虑到这是重点中学使用的教材，教学条件和教学水平相对较高，因此教材在编排顺序上进行了有益的尝试。

例如，高一教材把摩尔放在第一章，卤素放在第二章。这样的编排主要是考虑摩尔放在第一章可以复习初中的原子、分子、离子、化学式、化学方程式等概念，复习溶液的知识等。但考虑到摩尔编在第一章会给学生带来某些接受上的困难，如计算较难，教材在编排时把有关的计算分散到后面的章节中。

又如，对物质结构的理论知识，采用了先介绍原子结构，后介绍元素周期律的编排顺序。这样的编排主要是考虑元素周期律的引入，不但要有单质、化合物的性质作基础，而且要有原子的某些性质作铺垫，如原子半径、电离能、化合价等。

① 许国培．介绍六年制重点中学高中化学课本第一册（试用本）[J]．化学教育，1983（3）：43-46．

（2）对个别内容进行充实和调整

在基本保持十年制高中化学课本水平的基础上，教材对个别内容进行充实。例如，高二教材把原来的“酸碱中和滴定”分为两节，分别是“酸碱的当量浓度”和“酸和碱的中和反应”，这样处理更加科学，也便于教学，可以使学生对中和反应的认识更加全面。

对个别的理论知识进行适当拓展。例如，教材在“金属键”一节的最后指出：“我们解释了金属的一些共同的性质，但不同金属之间，在某些性质（如密度、硬度、熔点等）方面，又表现出很大的差别。这些性质与金属原子本身的性质，金属原子的堆积方式等因素有关。”这样处理，对重点学校一些潜力较大的学生进行进一步学习是有益的。

调整个别内容的教学要求。例如，把原课本中炼铁和炼钢一节中的小字（炼钢生铁、铸造生铁、球墨铸铁、合金生铁、碳素钢和合金钢等）改成了大字，作为正文要求。

（3）化学实验有所加强

总的来看，教材中的化学实验有所加强，增加了一些学生实验，如电解质溶液、铜和它的化合物的性质、乙酸乙酯的制取、有机物熔点、沸点的测定等，但对较难的实验也降低了要求（如将阿伏加德罗常数的测定规定为选做实验）。

全套教材学生实验的数量统计如表 10-8 所示。

表 10-8 《六年制重点中学高中课本　化学》中学生实验的数量统计

年级	学生实验	其中包括实验习题	其中包括选做实验
高一	10	2	1
高二	13	2	0
高三	14	2	1
总计	37	6	2

在实验内容方面，增加了基本操作的训练，加强了实验习题和选做实验，保留了定量实验。例如，高一教材中比较复杂的基本操作，包括容量瓶的使用、分液和萃取等，都作为基本操作先加以训练；编入 6 个实验习题，对于学生化

学知识的复习和巩固，化学知识和实验技能的应用都是很有意义的。又如，与初中教材一样，每个学生实验中都引入了“问题和讨论”栏目（图 10–10），这有利于启发学生思维、培养学生能力等。

> 6. 卤化物跟硝酸银的反应　取三个试管，分别注入少量氯化钠溶液、溴化钠溶液、碘化钾溶液，然后在每个试管里各加入 2—3 滴硝酸银溶液。再分别向每个试管里加入少量稀硝酸。观察发生的现象，加以解释，并写出有关反应的化学方程式。
>
> **问题和讨论**
>
> 碘化钾淀粉试纸常用来检验氯气，能不能用这种试纸来检验氯化钠或氯化钾里的氯，为什么？

图 10–10 《六年制重点中学高中课本　化学》学生实验中的“问题和讨论”栏目举例

（4）习题训练有所加强

教材加强了习题训练，主要体现在习题数量增多、层次分明、综合性提高和类型更加丰富等。从习题层次来看，除了原有的节后习题，教材增加了章后复习题和全书总复习题。从习题类型来看，除了原有的问答、计算、制备、鉴别物质、分析实验现象、书写化学方程式和热化学方程式等类型，还增加了选择、改错、填空、辨别正误等类习题。

（5）保持十年制课本的弹性

原课本中的很多小字教材，如汽油抗震性、卤代烃分子的结构与化学性质的关系、乙醇分子的结构、聚烯烃纤维和线型、体型高分子等，在教材中多以楷体小字的形式予以保留，使得教材具有一定的弹性。

5. 修订情况

根据 1983 年 11 月教育部《关于颁发高中数学、物理、化学三科两种要求教学纲要的通知》，人民教育出版社以《高中化学教学纲要（草案）》为依据，把六年制教材改编为甲种本（供较高要求用）（图 10–11），从 1984 年秋季起供高中教学使用。1987 年秋季起甲种本不再使用。

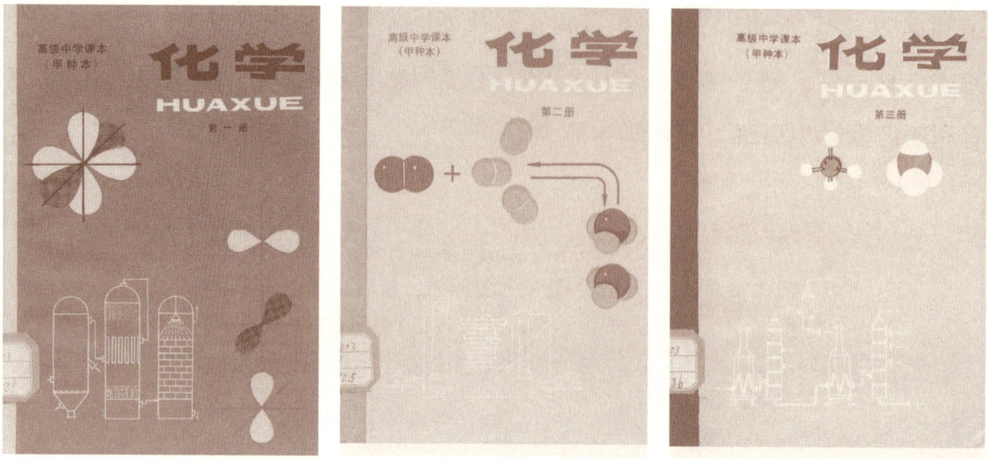

图 10-11 《高级中学课本　化学（甲种本）》封面

6. 使用、地位和影响

六年制教材基本上保持了原十年制高中化学试用本的水平，对理论内容的编排顺序进行了一些调整，加强了化学实验，对个别内容进行了充实，符合学生的学习基础、师资水平、办学条件较好的重点中学的教学需要。

六年制与五年制教材及其修订后的甲种本与乙种本，对分类编写教材进行了有益的尝试。我国地域辽阔，各地社会、经济和教育发展不平衡。如何使教材内容的深广度与我国的实际情况、学生所能接受的程度等更好地结合，是一个需要长期研究和实践才能逐步解决的问题。

（四）《高级中学课本　化学》

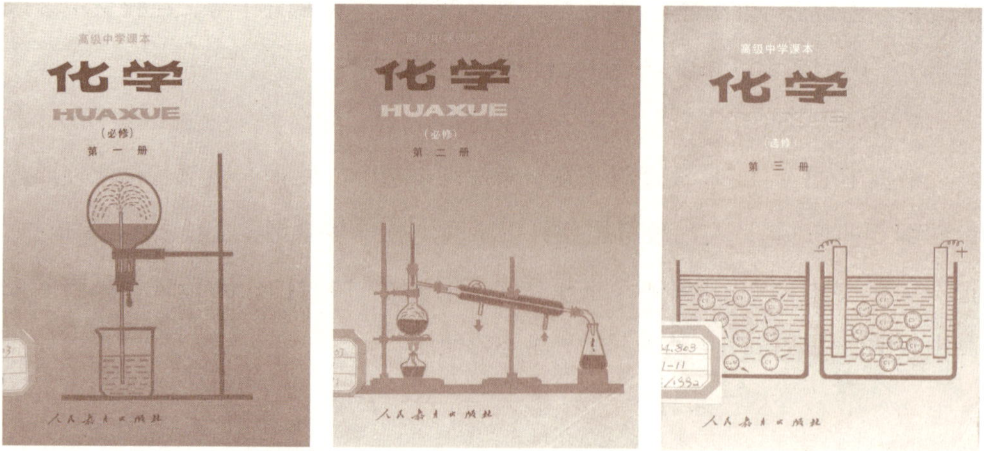

图 10-12 《高级中学课本　化学》封面

1. 基本信息

① 出版社：人民教育出版社；

② 版次：第一册，1990 年 10 月第 1 版，

第二册，1990 年 10 月第 1 版，

第三册，1991 年 10 月第 1 版；

③ 编写人员：戴健、李志刚、李文鼎、陈晨、胡美玲、王晶等；

④ 配套资源：《高级中学　化学第一册（必修）教学参考书》，

《高级中学　化学第二册（必修）教学参考书》，

《高级中学　化学第三册（选修）教学参考书》。

2. 编写指导思想

根据 1990 年高中教学计划和化学教学大纲的调整，把 1987 年版《高级中学课本　化学》（上册、下册）中的教学内容分成必修和选修两部分，适当删减教材内容，适当降低教学要求，适当限制内容的深广度，适当增加与现代社会生产、生活的联系。

3. 主要内容

必修化学课本两册共 11 章，54 节，选修化学课本有 3 章，15 节。书后所附学生实验数量：第一册有 10 个，其中包括 1 个选做实验；第二册有 9 个，其中包括两个选做实验和 1 个实验习题；第三册有 9 个，其中包括两个选做实验和 1 个实验习题。具体内容如表 10–9 所示。

表 10–9 《高级中学课本　化学》各册章标题及主要内容

册次	章标题	主要内容
第一册（必修）	第一章　卤素	氯气，氯化氢，氧化还原反应，卤族元素
	第二章　摩尔　反应热	摩尔，气体摩尔体积，摩尔浓度，反应热
	第三章　硫　硫酸	硫，硫的氢化物和氧化物，硫酸的工业制法——接触法，硫酸　硫酸盐，离子反应　离子方程式，氧族元素
	第四章　碱金属	钠，钠的化合物，碱金属元素
	第五章　物质结构　元素周期律	原子核，原子核外电子的排布，元素周期律，元素周期表，离子键，共价键，非极性分子和极性分子，离子晶体、分子晶体和原子晶体

续表

册次	章标题	主要内容
第一册（必修）	第六章　氮和磷	氮族元素，氮气，氨　铵盐，硝酸　硝酸盐，氧化还原反应方程式的配平，磷　磷酸　磷酸盐
	学生实验	1. 化学实验基本操作　2. 氯、溴、碘的性质　3. 配制一定摩尔浓度的溶液　4. 硫酸的性质　硫酸根离子的检验　5. 碱金属及其化合物的性质　6. 同周期、同主族元素性质的递变　7. 氨的制取和性质　铵离子的检验　8. 硝酸的性质　9. 实验习题 选做实验．硫酸铜晶体结晶水含量的测定
第二册（必修）	第一章　硅	碳族元素，硅及其重要的化合物，硅酸盐工业简述
	第二章　镁　铝	金属的物理性质，镁和铝的性质，镁和铝的重要化合物，硬水及其软化
	第三章　铁	铁和铁的化合物，炼铁和炼钢
	第四章　烃	有机物，甲烷，烷烃　同系物，乙烯，烯烃，乙炔　炔烃，苯　芳香烃，石油和石油产品概述，煤和煤的综合利用
	第五章　烃的衍生物	乙醇，苯酚，醛，乙酸，酯，油脂
	学生实验	1. 铝和氢氧化铝的化学性质　2. 甲烷的制取和性质　3. 乙烯、乙炔的制取和性质　4. 乙醇和苯酚的性质　5. 乙醛的性质　6. 酚醛树脂的制取　7. 实验习题 选做实验 1. 苯和甲苯的性质 选做实验 2. 乙酸乙酯的制取
第三册（选修）	第一章　化学反应速度和化学平衡	化学反应速度，化学平衡，合成氨工业
	第二章　电解质溶液　胶体	强电解质和弱电解质，电离度，水的电离和溶液的 pH 值，盐类的水解，酸碱中和滴定，原电池　金属的腐蚀和防护，电解和电镀，胶体
	第三章　糖类　蛋白质	单糖，二糖，多糖，蛋白质
	学生实验	1. 化学反应速度　化学平衡　2. 中和滴定　3. 原电池　金属的电化腐蚀　4. 胶体的性质　5. 葡萄糖、蔗糖、淀粉和纤维素的性质　6. 蛋白质的性质　7. 实验习题 选做实验 1. 电解质溶液 选做实验 2. 电解　电镀

4. 主要特点

（1）必修教材侧重全面提高学生的素质

根据高中教学计划的调整，高中化学教学实行必修、选修“二・一”分段后，化学的必修课时有所减少。因此，根据修订后的教学大纲，针对大多数学生的知识基础和今后发展的需要，必修教材主要给学生一些具体、典型的元素化合物知识，以及必要、适量的理论知识，使学生通过必修阶段的学习，既了解一定量的化学感性知识，又掌握必要的理论知识，从而使学生全面提高自身的素质。

从内容的安排上可以看出，必修教材以元素化合物知识为主（共9章），理论知识为辅（共两章，均安排在第一册）。元素化合物知识侧重实用性，理论知识侧重发挥其对元素化合物知识学习的指导作用，并考虑学生的可接受度。因此，必修教材中物质结构的内容有所简化，相关的教学要求也适当降低。例如，删除了核外电子运动状态、电子亚层、电子云形状、电子云伸展方向、电子自旋、电子排布的规律、离子的结构特征、离子的电荷、电子层结构及半径等内容。又如，不从电子排布规律推导电子排布式，而采用直接给出的方式来学习1—18号元素的电子层排布；用原子结构示意图来代替电子排布式等。这样，必修教材的内容既能够保持相对完整性，又能够减轻学生过重的课业负担，调动学生学习的积极性和主动性，全面提高教学质量。

（2）选修教材侧重加深学生对知识的理解

选修教材主要是为升入大学深造的学生而编写的。因此，选修教材在必修教材的基础上，侧重多给学生一些理论知识，使学生在整个中学阶段所学到的知识更为系统、完整，使理论和元素化合物的联系更为紧密，并能使学生在较高层次上进一步深刻理解中学化学所学的知识，对中学所学的知识起到归纳、总结、提高和综合的作用，进而更好地培养学生的能力①。

选修教材由“化学反应速度和化学平衡”“电解质溶液　胶体”“糖类　蛋白质”三章组成。可以发现，选修教材的理论知识具有相对完整性，而且理论知识之间具有比较严密的逻辑关系。例如，第一章介绍的化学平衡理论在第二

---

① 人民教育出版社化学室.《全日制中学化学教学大纲》的修订说明[J]. 课程・教材・教法，1990(7)：27-28.

章电解质溶液中得到了广泛的应用，能够帮助学生深入理解电离平衡、盐类的水解平衡等内容。糖类、蛋白质等元素化合物知识相对独立，是在必修教材烃和烃的衍生物的基础上展开的，这既与必修教材合理衔接，又符合学科知识的逻辑顺序，能够帮助学生深入认识有机化合物与人体健康的密切关系。

（3）教材的选择性和弹性增强

教材在减少内容、降低要求和控制难度的同时，安排了一定数量的选学内容，增加了教材的选择性和弹性，以适应我国各地师资水平和办学条件相差悬殊的现实，有利于因材施教，有利于发展学生的个性和特长。

例如，根据教学大纲的调整，必修第二册将第三章“铁”中配合物的概念、第四章“烃”中的磺化反应等改为选学材料。环烷烃、乙醚、苯酚工业制法的反应原理（从苯合成）、乙醛工业制法（乙炔水化法和乙烯氧化法）的反应原理、丙酮等知识点仍作为选学内容，在必修第二册第四章“烃”和第五章“烃的衍生物”中加以保留。

在选修教材中，合成塔的构造、化学模拟生物固氮、金属的防护（电化学保护法）、立式隔膜电解槽（图 10-13）、核糖、核酸、酶等仍然作为选学内容加以介绍，这有利于扩大学生的知识面，提高学生学习化学的兴趣。

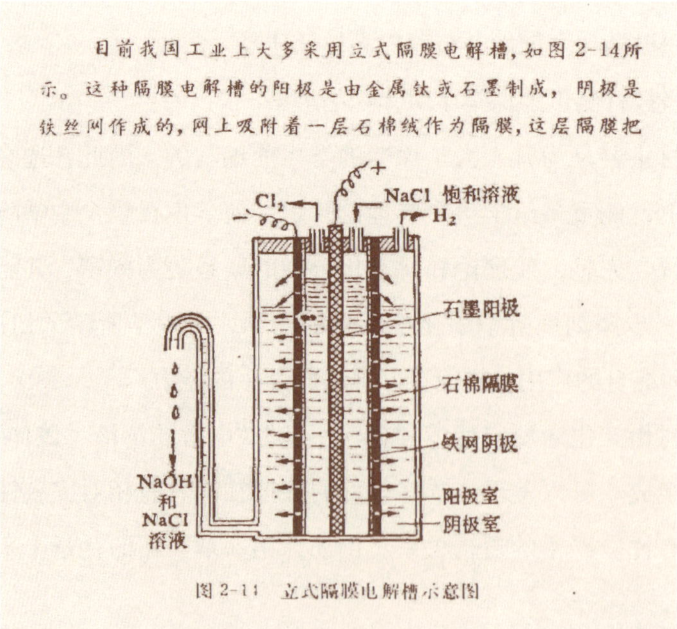
目前我国工业上大多采用立式隔膜电解槽，如图 2-14所示。这种隔膜电解槽的阳极是由金属钛或石墨制成，阴极是铁丝网作成的，网上吸附着一层石棉绒作为隔膜，这层隔膜把

图 2-14 立式隔膜电解槽示意图

图 10-13《高级中学课本 化学（选修） 第三册》中的选学内容举例

5. 修订情况及影响

根据1994年《关于印发中小学语文等23个学科教学大纲调整意见的通知》，教材编者对这套教材进行了修订，并于1995年10月出版了第2版。

这套教材从1991年秋季开始在全国使用，一直使用到2003年前后。1990年开始设置的必修、选修课程及编写的教材，在适应各地经济状况、师资、生源和办学条件不同的学校的不同需求方面，在推动普通高中的整体改革和高中会考制度的完善方面都作出了贡献，也符合国际教育改革的趋势。

这套教材在使用过程中也暴露出一些问题。例如，过分强调学科体系的逻辑性和严密性；过分重视学科经典内容的学习，而联系社会和科技进步的内容不多；整体教学内容偏多，教学时间偏紧，学生的学习负担总体上仍然偏重；教材内容的选择性和弹性还不够大。

第十一章　实施义务教育，编写义务教育和配套高中化学教科书（1986—2000）

1984年10月，党的十二届三中全会通过的《中共中央关于经济体制改革的决定》指出："随着经济体制的改革，科技体制和教育体制的改革越来越成为迫切需要解决的战略性任务。中央将专门讨论这方面的问题，并作出相应的决定。"根据这个决定的精神成立了教育体制改革文件起草小组，经过广泛的调查研究、征求意见，在1985年5月将初稿提交全国教育工作会议讨论，经修订后由中央政治局会议通过，并于1985年5月由中共中央发布。这就是《中共中央关于教育体制改革的决定》。[①]

1986年9月，根据党的第十二次全国代表大会关于在建设物质文明的同时努力建设社会主义精神文明的战略决策，中国共产党第十二届中央委员会第六次全体会议通过了《关于社会主义精神文明建设指导方针的决议》，进一步明确了社会主义精神文明建设的指导方针。

一、教育发展与学科背景

（一）教育体制改革

《中共中央关于教育体制改革的决定》指出："教育体制改革的根本目的是提高民族素质，多出人才，出好人才。""把发展基础教育的责任交给地方，有步骤地实行九年义务教育。""实行九年义务教育，实行基础教育由地方负责、分级管理的原则，是发展我国教育事业、改革我国教育体制的基础一环。"同时，将我国划分为三类地区，即经济发达地区、中等发展地区和经济落后地区，义

① 陈学恂．中国教育史研究：现代分卷［M］．上海：华东师范大学出版社，2009：363-364．

务教育要在不同地区采取不同的步骤，确定不同的普及时间。

1986 年 4 月，第六届全国人民代表大会第四次会议通过了《中华人民共和国义务教育法》。该法的制定是“为了发展基础教育，促进社会主义物质文明和精神文明建设”。该法正式以法律的形式规定：“国家实行九年义务教育。”“国家、社会、学校和家庭依法保障适龄儿童、少年接受义务教育的权利。”“凡年满六周岁的儿童，不分性别、民族、种族，应当入学接受规定年限的义务教育。”“义务教育可以分为初等教育和初级中等教育两个教育阶段。在普及初等教育的基础上普及初级中等教育。”“义务教育事业，在国务院领导下，实行地方负责，分级管理。国务院教育主管部门应当根据社会主义现代化建设的需要和儿童、青少年身心发展的状况，确定义务教育的教学制度、教学内容、课程设置，审订教科书。”这些规定，为在我国确定基础教育课程的义务教育性质，实行课程教材多样化政策提供了法律依据。

（二）化学科学发展

现代化学的发展和进步，与当今世界科学技术的发展、进步密切相关。20 世纪 60 年代以后，借助计算机科学技术的进步，不仅量子力学、结构化学得到迅速发展和广泛应用，而且化学正在走向分子设计的新方向；分子反应动力学以及“态—态”化学的发展，正在分子水平的微观程度上对化学科学的核心问题——化学反应的本质做深入的揭示；20 世纪 50 年代 DNA 双螺旋结构的发现及随后 DNA 重组技术和 RNA 功能的发现，不仅使生物化学、分子生物学取得巨大发展，而且为生命科学的发展奠定了基础；化学家以惊人的速度发现和合成新的化合物，1991 年已达到 1 200 多万种，平均每天发现和合成 7 000 多种新化合物。化学研究的范围扩大到宇宙空间、人类社会、微观世界的各个领域，形成了众多交叉学科、边缘学科。例如，星际化学、地球化学涉及天体演化、生命起源等重大问题；环境化学、能源化学、材料化学、生物化学等正在为社会、经济、技术的发展及人类生活和健康水平的提高大显身手；脑化学、神经化学等将为揭示精神世界及认知、思维的物质基础和本质作出贡献。

二、化学课程概要

（一）学制

根据1985年《中共中央关于教育体制改革的决定》和1986年《中华人民共和国义务教育法》的精神，1988年9月，国家教委颁布了中华人民共和国第一个《义务教育全日制小学、初级中学教学计划（试行草案）》。其中说明，该教学计划适用于小学六年、初中三年的“六·三学制”，小学五年、初中四年的“五·四学制”，“九年一贯制”，也适用于小学五年、初中三年的过渡学制。与九年义务教育相衔接的普通高中教育的学制为三年制。

从此，我国的基础教育课程不再实行小学、初中、高中“三段设计”，而是实行九年义务教育和普通高中教育“两段设计”①。

（二）课程设置和教学大纲

1. 课程设置

（1）义务教育

根据1988年《义务教育全日制小学、初级中学教学计划（试行草案）》的规定:“六·三”学制学校在初三开设化学课，每周3课时，一学年总计96课时;“五·四”学制学校在初三和初四开设化学课，每周2课时，两学年总计132课时。

1992年8月，国家教委制定并颁布了中华人民共和国第二个《九年义务教育全日制小学、初级中学课程计划（试行）》，规定自1993年秋季起在全国逐步试行。为了实行国务院颁布的新工时制，1994年7月，国家教委颁布了《实行新工时制对全日制小学、初级中学课程（教学）计划进行调整的意见》。1995年4月，国家教委又颁布了《关于实行每周40小时工作制后调整全日制中小学课程（教学）计划的意见》。在以上三个文件中，“六·三”和“五·四”两种学制初中化学的课程设置和课时规定均没有变化。

（2）普通高中教育

在实施《中华人民共和国义务教育法》和九年义务教育课程计划的基础上，

① 张建文．基础教育课程史论［M］．北京：人民出版社，2011：208．

1996年3月国家教委基础教育司发布了《全日制普通高级中学课程计划（试验）》（以下简称“课程计划”）。课程计划“与九年义务教育课程计划相衔接，是编订普通高中各学科新教学大纲、编写各学科新教材、进行教学试验的依据”。

课程计划规定，普通高中课程由学科类课程和活动类课程两大类组成。学科类课程又分为必修（每个高中学生必须修习的课程）、限定选修（侧重接受升学预备教育或接受就业预备教育需要进一步学习的课程）和任意选修（为发展学生兴趣爱好、拓宽和加深知识、培养特长、提高某方面能力而设置的课程）三种方式①。其中，化学课程分为必修和限定选修，课程安排示例如表11-1所示。

表11-1　化学课程安排（授课时数）示例

学科		高一（每周）	高二（每周）			高三（每周）			周课时累计	授课总时数
			Ⅰ	Ⅱ	Ⅲ	Ⅰ	Ⅱ	Ⅲ		
化学	必修	2	2	2	2	0	0	0	4	140
	限定选修	0	0	0	1	0	0	3	4	113

注：Ⅰ为侧重就业预备教育，Ⅱ、Ⅲ分别是侧重升学预备教育的文科、理科。

2. 教学大纲

（1）1988年《九年制义务教育全日制初级中学化学教学大纲（初审稿）》

1988年4月，国家教委公布了《九年制义务教育全日制初级中学化学教学大纲（初审稿）》（以下简称“初中化学大纲”）。这是根据《中华人民共和国义务教育法》和《义务教育全日制小学、初级中学教学计划（试行草案）》等文件的精神制定的，是适应我国义务教育阶段教学需要的第一份教学大纲。

初中化学大纲充分体现九年制义务教育的性质和任务，考虑义务教育教学计划中规定的课时要求，考虑我国的国情和大纲实施的可能性，考虑初中化学与自然、数学、物理、生物、地理等学科间的横向联系，并根据大纲的作用重新确定大纲的结构和体例。

① 课程教材研究所．新中国中小学教材建设史（1949—2000）研究丛书：化学卷［M］．北京：人民教育出版社，2010：381.

初中化学大纲主要包括三部分内容，分别是“初中化学教学的目的”“初中化学的教学内容”“教学中应该注意的几个问题”，以及“教学要求的层次”和“与其他课程的联系”两个附录。其主要特点如下[①]。

① 初中化学教学的定位和目的更加明确

根据义务教育的总体目标，以及初中生的年龄特征和认识规律，初中化学大纲明确提出：“初级中学的化学教学是化学教育的启蒙阶段。要贯彻全面发展的方针，着眼于提高全民族的素质。”这个定位在我国初中化学教学大纲的历史上还是首次。

在“初中化学教学的目的”中，初中化学大纲不但对化学基础知识、基本技能和能力培养，辩证唯物主义和爱国主义教育等方面提出明确要求，而且对意志、情感、态度等非智力因素十分重视，把激发学生学习化学的兴趣，培养学生的科学态度和科学的学习方法列为教学目的，同时重视化学知识的应用，明确提出“使学生会初步运用化学知识解释或解决一些简单的化学问题”。这都是以往大纲所没有的。

可以看出，初中化学大纲对教学的定位和目的更加明确，符合时代要求，便于化学教育工作者明确教学方向和评价标准。

② 教学内容和教学要求的编排方式发生变化

在教学内容和教学要求的设计、编排上，初中化学大纲打破了以往大纲按章节顺序列出知识点的做法，采用按“知识点”和“知识块”的类别归类列举，并分项列出教学要求层次的做法。将初中化学的教学内容分为 4 个部分（化学基本概念和原理、元素化合物知识、化学基本计算和化学实验）；将必学知识点的教学要求划分为 4 个层次，即常识性介绍、了解、理解和掌握；将化学实验技能的教学要求划分为练习和初步学会两个层次。

在教学内容和教学要求的编排方式上，初中化学大纲采用了表格的形式，将各知识点和技能与教学要求一一对应。这种编排方式使各知识点和技能一目了然，且教学要求明确、具体，有利于教师和教材编写人员准确把握内容的深广度。值得注意的是，明确规定了“各部分所列条目只反映知识、技能的内容

① 刘知新．化学教学大纲的特点及实施建议［J］．学科教育，1990（3）：37-38.

和要求，不表示它们的系统和顺序。”也就是说，这里对知识和技能的要求，属于初中化学的最终要求，如何来达到这些要求，由教材的编写者来设计和解决。这有利于实施教材建设“一纲多本”的构想，便于各地遵循大纲的统一要求，编写多套体系不同、各具风格和特色的教材。

③ 既体现义务教育的统一性，又具有灵活性

初中化学大纲从九年制义务教育的要求出发，充分考虑了我国地域广阔、各地教育发展很不平衡的国情，将教学内容分成必学和选学两部分，具有较强的可行性。必学是全国统一的基本要求，共计知识点 124 项，演示实验 44 个，学生实验 11 个，体现了国家义务教育的统一性。选学是在基本要求之外，供有条件的地区、学校采用的内容，共计知识点 15 项，学生选做实验 8 个。选学内容既有利于扩展学生的知识视野，又有利于条件较好的地区、学校发挥优势，更高质量地完成义务教育的总要求。这体现了大纲的灵活性，也为编写乡土教材提供了条件。

④ 教学内容的取舍和要求比较合理

初中化学大纲适当降低了某些理论和概念的要求，并精简了一些比较次要的概念。例如，只要求学生了解核外电子是分层排布的及原子结构示意图的含义，常识性介绍共价化合物和离子化合物；只要求从得氧、失氧的角度来了解氧化反应和还原反应；对溶解过程、电离过程、电解质和非电解质的概念，单质、氧化物、酸、碱、盐间的相互关系等内容都不作要求。在元素化合物方面，知识面适当拓宽，加强了理论联系实际的内容。例如，增加了水和人类的关系、酒精、煤和石油、铁、食盐、纯碱和胆矾等。在化学计算方面，侧重化学式、化学方程式和溶液三类基本计算，较大幅度地降低了习题的难度，缩小了化学计算的范围，减少了习题的类型。在化学实验方面，增加了能引起学生兴趣和有利于帮助学生理解概念的实验。对使用仪器和实验操作贯彻少而精的原则，适当减少了项目和降低了对部分技能的要求。

因此，从总体上看，大纲中教学内容的取舍和要求比较合理，既有利于减轻学生的课业负担，也有利于学生真正学到一些化学基础知识和基本技能[①]。

① 胡美玲. 对化学教学大纲的一些体会和想法［J］. 课程·教材·教法，1989（2-3）：24-27.

此外，与以往大纲只规定学生实验的做法不同，此次初中化学大纲对必做的演示实验和学生实验都做出明确的规定。这有利于改变轻视实验、只讲实验而不做实验的错误倾向。

考虑到在相当长的时间内，我国“六・三”和“五・四”两种学制将并存。因此，初中化学大纲兼顾两种学制的需求，并规定“两种学制的教学内容（包括知识和技能）的范围和深度基本一致。”这有利于今后的初高中衔接等。

（2）初中化学大纲的修订

20 世纪 90 年代，我国的基础教育改革取得了很大成果，广大教师围绕减轻学生过重学习负担和提高教学质量的关系，基础知识和实践能力的关系展开了积极的探索，改进教学方法，取得很大成绩。1992 年年初，在义务教育化学教材编写和试用的基础上，国家教委又组织了大纲初审稿修订小组，对大纲的科学性和可行性进一步加以论证，并在广泛征求意见的基础上，修订并形成了大纲送审稿，再次送审。1992 年 5 月，经全国中小学教材审定委员会第二次审查后，通过了《九年义务教育全日制初级中学化学教学大纲（试用）》，并于当年 6 月颁发。计划从 1995 年秋季起作为全国义务教育初三年级化学教学的依据。① 相比 1988 年的初审稿大纲，这个试用大纲更加强化了“化学与社会、生活、生产有着广泛的联系”。

2000 年春，根据我国教育改革发展的需要，以及各地试用义务教育教学大纲和教材后所反映的情况，结合教学的实际情况，教育部对各科义务教育教学大纲（试用）进行了修订，颁布了《九年义务教育全日制初级中学化学教学大纲（试用修订版）》。这次修订的化学教学大纲是在 1992 年教学大纲的基础上修订完成的。修订大纲的出发点和主要依据是：“根据中央文件的精神，力求将初中化学课程的价值定位在指导学生的学习、思考、实践和创新上；为了更好、更快地与当前国际理科教育接轨，培养更多适应新世纪中国经济和科技迅猛发展需要的高素质公民和优秀的科学研究人才。”② 试用修订版大纲与试用版大纲相比，强调了“以培养学生创新精神和实践能力为重点，面向全体学生”，这是落

① 胡美玲. 试谈《九年义务教育全日制初级中学化学教学大纲（试用）》的特点［J］. 课程・教材・教法，1992（10）：27-31.

② 刘知新，臧爱珍. 化学教材的改革和研究［M］. 北京：人民教育出版社，2004：11.

实第三次全国教育工作会议倡导的“全面推进素质教育”的具体体现。

（3）1996年《全日制普通高级中学化学教学大纲（供试验用）》

根据1996年《全日制普通高级中学课程计划（试验）》，国家教委制定并颁布了《全日制普通高级中学化学教学大纲（供试验用）》（以下简称“高中化学大纲”）。高中化学大纲与九年义务教育课程方案相衔接，包括“教学目的”“课程安排”“教学内容和教学要求”“教学设备和设施”“教学中应该注意的几个问题”和“考试和评估”六部分，具有以下特点。

①“教学目的”的表述着眼于提高学生的素质

高中化学大纲明确规定：“全日制普通高级中学的化学教学，是在九年义务教育的基础上实施的较高层次的基础教育。”基于这一定位，“教学目的”的表述明确、具体，着眼于提高学生的素质。

例如，在知识和技能方面，强调“在义务教育初中化学的基础上，使学生进一步学习一些化学基础知识和基本技能”；在方法和能力方面，提出“激发学生学习化学的兴趣，培养他们的科学态度和训练他们的科学方法”“培养和发展学生的能力以及创新精神，使他们能运用化学知识解释和解决一些简单的化学问题”；在思想和品德教育方面，要求“结合化学学科的特点，对学生进行辩证唯物主义和爱国主义教育，培养他们的社会责任感以及勤奋、坚毅、合作等优良品德”。可以看出，“教学目的”的表述全面贯彻国家的教育方针，有利于提高学生的素质和发展他们的个性特长。

② 优化课程结构，实行必修课、限定选修课和活动课相结合[①]

高中化学大纲的“教学内容和教学要求”分为化学Ⅰ（必修课）、化学Ⅱ（必修课和限定选修课）和活动课三部分。化学Ⅰ为侧重文科或就业类学生开设，高一、高二两个年级，共140课时；化学Ⅱ为侧重理科类学生开设，高一、高二和高三3个年级，共253课时。

化学Ⅰ注意比较全面、准确地反映化学学科的基本结构。例如，对于化学基本概念和原理，不仅要求介绍原子结构、元素周期律、周期表、化学键、物质的量，以及化学反应中的能量变化等，还要求介绍化学反应速率、化学平衡、

①《全日制普通高级中学化学教学大纲》编订组.《全日制普通高级中学化学教学大纲（供试验用）》说明［J］. 学科教育，1996（9）：28-29.

电解质溶液、原电池原理及其应用等，但教学要求一般不高。对于元素化合物知识，注意精选内容、分清主次。例如，氯元素侧重 Cl_2，硫元素侧重 SO_2 和浓硫酸，氮元素侧重 NH_3 和 HNO_3，硅元素侧重硅酸盐工业等。化学计算以有关物质的量的计算为主要内容；化学实验以性质实验和制备实验为重点。

化学Ⅱ除了包含化学Ⅰ的全部内容，还在化学Ⅰ的基础上进行适当拓宽和加深。例如，要求介绍氢键的形成及对一些物质性质的影响，晶体的类型与性质的关系，反应热及热化学方程式，平衡常数，电解原理及其应用等。同时，还增加了一些专题型研究课题，如硫酸工业的生产工艺、物质的检验和化学实验方案的设计等。对于化学计算，除了要求掌握有关物质的量的计算，还要求掌握反应物有一种过量、多步反应、燃烧热和有机物分子式确定的计算。对于化学实验，除了性质实验和制备实验，还选入了一定数量的鉴别实验、定量实验和设计实验。可以看出，化学Ⅱ在使学生学习化学基础知识和基本技能的同时，更多地侧重教授学习思路和训练科学方法，以培养学生分析问题和解决问题的能力。

对于活动课的内容，高中化学大纲只对其范围提出建议，如开展化学兴趣小组活动和家庭小实验，参观厂矿、科研单位和科技展，作社会调查和研究，举办专题讲座和报告会，阅读科普读物和收集科技资料等。

③ 适应社会发展需要，注意教学内容的更新

高中化学大纲的“教学目的”明确指出，使学生“了解化学与社会、生活、生产、科学技术等的密切联系以及重要应用”，“教育学生关心环境、能源、卫生、健康等与现代社会有关的化学问题”。

因此，高中化学大纲选择那些在现代社会中广泛应用，并符合学生认知水平的基础知识作为教学内容，注意反映化学的发展和与现代社会有关的化学问题，注意教学内容的更新。例如，对于元素化合物知识，化学Ⅰ要求介绍环境保护的重要意义，无机非金属材料、合成材料等的应用，食品添加剂与人体健康的关系等，目的是使学生了解化学的重要价值。这些知识的面相对较宽，但教学要求大多为“常识性介绍”，着眼于提高学生的素质。又如，对于硫酸工业的生产工艺专题，化学Ⅱ不仅要求介绍化学反应原理的确定，还要求讨论原料与能源的合理利用、“三废处理”与环境保护、副产品的综合利用、综合经济效

益等，这有利于增强学生的环境意识和经济效益观念。

此外，高中化学大纲专门列出“教学设备和设施”条目，要求：“学校要按本教学大纲的要求配齐有关的仪器、药品、教学录像带、模型、标本，以及电化教学设备等，并设有符合要求的化学实验室、实验准备室和仪器药品室。”这在一定程度上保证了高中化学教学手段和教学方法的更新，保证了高中化学教学任务的完成。

（4）高中化学大纲的修订

为了贯彻落实中共中央、国务院关于深化教育改革，全面推进素质教育的决定，加快普通高中课程改革，教育部在2000年2月印发了《全日制普通高级中学课程计划（试验修订稿）》和《全日制普通高级中学化学教学大纲（试验修订版）》。课程计划中选修化学的课时由周课时累计4增加到4.5，总共增加了18课时。依据课程计划的调整，教学大纲进行了修订。2002年，教育部颁布了《全日制普通高级中学课程计划》和《全日制普通高级中学化学教学大纲》。

三、教科书概貌

（一）教科书制度

根据1985年《中共中央关于教育体制改革的决定》和1986年《中华人民共和国义务教育法》的精神，为在全国有计划、有步骤地普及义务教育，适应经济发展水平不同地区的义务教育普及的需要，促进儿童健康成长，切实提高全民族素质，国家教委制定了课程教材多样化的管理政策，确定了教材一纲多本、多纲多本和教材审定制。我国基础教育课程教材建设从此进入了新的历史时期。

1. 教材一纲多本

根据我国地域辽阔、人口众多、经济文化发展不平衡的国情，统一基本要求，统一审定，把竞争机制引入教材建设，逐步实现教材多样化。国家教委要求用四五年的时间，编写四种不同类型的教材[①]：

① 课程教材研究所. 课程教材改革之路［M］. 北京：人民教育出版社，2000：147.

（1）教材内容要求达到大纲规定，面向全国大多数地区，适合一般水平学校的“六·三”制和“五·四”制，人民教育出版社编写这两类教材，北师大编写“五·四”制教材；

（2）教材内容要求程度适当高于大纲，主要面向经济文化较发达地区和办学条件较好的学校，由广东省教育厅和华南师大编写；

（3）教材内容基本达到大纲规定，面向经济文化基础比较薄弱的地区和学校，由四川教委和西南师大编写；

（4）八所高师出版社协作委员会编写一套。

2. 教材多纲多本

上海、浙江根据各自地区特点，制定大纲，编写教材；河北省教委编写复式教学的课程教材。

3. 教材实行审定制，编、审分开

1986 年 9 月，全国中小学教材审定委员会和各学科教材审查委员会正式成立，标志着我国中小学教材由国定制变为审定制。1987 年 10 月，国家教委正式发布了《全国中小学教材审定委员会工作章程》《中小学教材审定标准》和《中小学教材送审办法》3 个文件。1996 年 10 月，国家教委发布了修订后的《全国中小学教材审定委员会工作章程》，对审定、审查委员的职责、纪律，教材审定的标准，送审程序等作出了规定。

按照国家课程设置规定科目编写的中小学教材必须经过全国中小学教材审定委员会审定通过后才能选用，地方规定的教材必须经过省级教材审查委员会审查后使用，并采取编写和审定、审查分开的方式。这是改革开放以来，我国逐渐确立起来的教材发展的重大政策。

全国中小学教材审定委员会的成立，以及随之确立的教材审定制，对于在统一基本要求的前提下，有领导、有计划地实现教材多样化，促进中小学教材质量的提高发挥了重要作用。

（二）化学教科书的出版

1. 义务教育教科书

在 1988 年年初中化学大纲发布以后的几年时间里，除了人民教育出版社，全国还有多家机构研究、编写、出版了义务教育初中化学教材（表 11–2），极大地繁荣了我国的中小学教材市场，促进了教育改革的进一步发展。

表 11-2　本时期义务教育教科书目录

序号	书名	作者	出版社	出版年
1	义务教育三年制初级中学教科书（试用本）化学　全一册	周芬、程名荣、胡美玲、李文鼎、戴健、王存志、王晶等	人民教育出版社	1989
2	九年义务教育四年制初级中学教科书　化学			第一册 1994 第二册 1995
3	九年义务教育四年制初级中学试用课本　化学	北京师范大学“五 · 四”学制教材总编辑委员会编写，主编：何少华	山东教育出版社	1992
4	九年义务教育三年制初级中学教科书（实验本）化学　全一册	北京市义务教育初中化学教材编写组编，主编：黄儒兰	北京出版社	1995
5	九年制义务教育全日制初中课本（实验本）化学　全一册	主编：李光明	四川教育出版社	1991
6	九年制义务教育课本（试用本）化学　九年级	黄浦区教育局、上海师范大学组织编写，主编：杨德壬	上海教育出版社	1991
7	九年制义务教育课本　化学	长宁区教育局组织编写，主编：刘正贤	上海科学技术出版社	1991
8	九年义务教育三年制初级中学教科书　化学　全一册（沿海版）	九年义务教育教材（沿海版）编写委员会，主编：江琳才	科学出版社	1992
9	九年义务教育三年制初级中学试用课本　化学	主编：金立藩等	江苏科学技术出版社	1997
10	九年义务教育三年制初级中学教科书　化学（河北版）	河北省教育科学研究所，河北省教育学会化学教学专业委员会，主编：仇缙新	河北少年儿童出版社	1995

这些义务教育初中化学教材，从指导思想来看，开始着眼于提高学生的素质，注意贯彻德、智、体、美、劳全面发展的教育方针，注意既有利于教师好教、又利于学生好学，注意体现“三个面向”的精神。从教材体系来看，大部分教材把元素化合物知识与理论知识穿插编排，有的教材力求把教材的逻辑顺序、学生的认识能力发展顺序合理结合。在加强思想政治教育方面，主要强调辩证唯物主义教育、爱国主义教育、国情教育和热爱家乡的教育等。不少教材降低了理论要求，并精简了一些比较次要的概念，注意减轻学生负担。大部分教材重视智力开发、能力培养、科学态度和科学方法的教育。在教材的编写体例、叙述和表达方式等方面作了改进，如注意了图文并茂，文字叙述力求简练和生动，富有启发性和趣味性，以激发学生的学习兴趣等[①]。

2. 高中教科书

根据国家教委基础教育司1996年印发的《全日制普通高级中学课程计划（试验）》和《全日制普通高级中学化学教学大纲（供试验用）》，人民教育出版社编写、出版了相应的高中化学教材——《全日制普通高级中学教科书（试验本） 化学》，1997年秋季开始在天津、江西和山西（两省一市）进行试验，然后在全国逐步推广使用。除了人民教育出版社编写、出版的这套供全国大多数地区使用的高中化学教材，上海、北京等地也编写、出版了高中化学教材，见（表11-3）。

表11-3　本时期高中教科书目录

序号	书名	作者	出版社	出版年
1	全日制普通高级中学教科书（试验本） 化学	主持研究、编写和审定工作的是武永兴、胡美玲；参加编写的有张健如、胡美玲、戴健、冷燕平、何少华、李文鼎、王晶、陈晨、乔国才	人民教育出版社	第一册（必修）1996 第二册（Ⅰ）1997 第二册（Ⅱ）1997 第三册（限选）1998
2	高级中学课本 试用本 化学	主编：刘正贤	上海科学技术出版社	一年级用 1995 二年级用 1996 三年级理科班用 1997

① 梁英豪．化学教育留影［M］．北京：人民教育出版社，2002：232-239．

续表

序号	书名	作者	出版社	出版年
3	高级中学课本（试用本） 化学	主编：杨德壬	上海教育出版社	一年级用 1994 二年级用 1996
4	北京市高级中学实验课本　化学	主编：宋心琦	北京出版社	第一册 1997 第二册 1998

这一时期的高中化学教材面向 21 世纪，贯彻以学生发展为本的思想，着眼于提高学生的科学素养，注意培养和激发学生的学习兴趣，给学生创造参与学习过程的机会，促进学生主动发展。大多数教材在体系上不过分追求学科知识的系统性和全面性，能够注意从知识技能、能力方法、情感态度等方面全方位体现教学目的。大多数教材的内容能够密切联系生活和社会实际，在强调基础性的同时，通过设置不同的栏目来保持一定的弹性，以适应学生的差异化发展。不少教材在呈现方式上进行了改革，如渗透教学法功能，叙述上在保证科学性和严谨性的同时，力求做到生动活泼，引人入胜。此外，部分教材还注意化学与其他学科间的相关联系和配合等。

（三）代表性教科书及其选择

人民教育出版社拥有丰富的教材编写经验。在教材编写过程中，编者吸收了国外教材的一些先进做法，调查和研究学校的实际情况，征求了许多教研部门和一线教师的意见和建议。而且，本时期的教科书中，以人教版教科书使用最为广泛。在人教版教科书中，20 世纪 90 年代之后出版的义务教育阶段三年制和四年制教科书，都是在 1989 年出版的《义务教育三年制初级中学教科书（试用本） 化学　全一册》的基础上修订而来的；2000 年出版的高中教科书“试验修订本”是在 1996 年出版的《全日制普通高级中学教科书（试验本） 化学》的基础上修订而来的。所以，选择这两套教科书分别作为这个时期的初、高中代表性教科书进行分析。

其中，这套高中教材的编写建立在扎实的科学研究基础之上，经过了准备、研究、编写和试验等阶段。全国多个省市的教学研究人员、北京师范大学化学教育研究室、南京师范大学附属中学、北京市教学研究室、北京市石景山区教师进修学校、天津一中等单位的教师对教材初稿提出了许多宝贵意见。这套高中教材首先在天津、江西、山西等进行试验。在试验阶段，参与试验的师生对教材也提出了很多有益的意见和建议。

四、代表性教科书

（一）《义务教育三年制初级中学教科书（试用本） 化学 全一册》（人教版）

图 11-1 《义务教育三年制初级中学教科书（试用本） 化学 全一册》（人教版）封面

1. 基本信息

① 出版社：人民教育出版社；

② 版次：1989 年 10 月第 1 版；

③ 编写人员：周芬、程名荣、胡美玲、李文鼎、戴健、王存志、王晶，主编为武永兴，顾问为华彤文、张黯；

④ 配套资源：《义务教育三年制初级中学 教师教学用书 化学 全一册》，

《义务教育三年制初级中学　化学实验册　全一册》，

《义务教育三年制初级中学　化学课外习题集》，

《义务教育三年制初级中学　化学　全一册　教案》，

《义务教育三年制初级中学　化学教学指导与参考　全一册》，

义务教育初中化学投影片，

义务教育初中化学录像带。

2. 编写指导思想[①]

（1）从化学学科的特点出发，贯彻德、智、体、美、劳全面发展的教育方针，为提高民族素质奠定良好的基础。重视思想政治教育，把思想政治教育寓于本学科教学之中。

（2）体现“面向现代化，面向世界，面向未来”的精神，妥善处理传统知识同现代科学知识的关系，适当充实初中学生能够接受的现代科学知识。

（3）努力正确处理知识的逻辑顺序和学生生理、心理发展顺序的关系。遵循儿童、少年身心发展规律，选择教材内容，处理好内容的深广度，做到难易适度，使学生的认知规律和本学科的知识结构结合起来。

（4）处理好传授知识和培养能力二者相互依存和相互促进的关系。重视基础知识和基本技能，注意启发学生智力，培养学生的能力。

（5）遵循理论联系实际的原则。理论知识注意联系生产实际、自然和社会现象的实际、学生生活的实际，以利于学生理解理论和学以致用。教材内容安排留有余地，以便学校、教师补充联系当地实际的内容。

（6）注意统一性和灵活性相结合。教材的统一性即教学大纲的要求，以实现统一的教育目标。同时，教材具有弹性，以适应地区差异和学生个人的差异，以便因材施教。

（7）注意与有关学科的分工和配合，处理好本学科的纵向联系和学科间的横向联系。

3. 主要内容

《义务教育三年制初级中学教科书（试用本）　化学　全一册》共有 8 章，

---

① 武永兴．化学教材改革与探索［M］．北京：人民教育出版社，2002，87-88．

38 节（表 11-4），学生实验 18 个。

表 11-4 《义务教育三年制初级中学教科书（试用本） 化学 全一册》章标题及主要内容

章标题	主要内容
绪言	—
第一章 空气 氧	空气，氧气的性质和用途，氧气的制法，燃烧和缓慢氧化
第二章 分子和原子	分子，原子，元素 元素符号，化学式 式量
第三章 水 氢	水是人类宝贵的自然资源，水的组成，氢气的实验室制法，氢气的性质和用途，核外电子排布的初步知识，化合价
第四章 化学方程式	质量守恒定律，化学方程式，根据化学方程式的计算
第五章 碳和碳的化合物	碳的几种单质，单质碳的化学性质，二氧化碳的性质，二氧化碳的实验室制法，一氧化碳，甲烷，煤和石油 酒精
第六章 铁	铁的性质，生铁和钢
第七章 溶液	悬浊液 乳浊液 溶液，饱和溶液 不饱和溶液，溶解度，过滤和结晶，溶液的浓度
第八章 酸 碱 盐	为什么有些物质的水溶液能导电，酸、碱、盐是什么样的物质，几种常见的酸，酸的通性 pH 值，常见的碱 碱的通性，常见的盐，盐 化学肥料

4. 主要特点

这本教材继承了以往人民教育出版社编写、出版的化学教材科学性强、结构严谨、语言规范和文字精练等优点，符合教育改革和提高教育质量的需要。其主要特点如下。

（1）重视思想品德教育

教材重视思想品德教育，将思想品德教育和教材内容有机融合，并贯穿教材的始终。例如，绪言一开始就指出，我们生活在物质的世界里，世界的物质在不断地变化，以此对学生进行辩证唯物主义观点的教育。再如，绪言里介绍，我国是世界上具有悠久文明的国家之一，在造纸、火药、瓷器、青铜器、炼铁和炼钢等很多领域曾处于世界领先地位；第五章第六节“甲烷”中给出了明代宋应星所著《天工开物》中的我国古代利用天然气熬制井盐的图片；在讲石油时指出我国是最早发现和利用石油的国家之一；第六章的前言中选入了 2 幅图片——我国古代冶铁图、我国 1980—1988 年钢产量示意图（图 11–2）……这些都是对学生进行爱国主义教育，以增强学生的民族自信心和自豪感。又如，第五章第七节“煤和石油”中将中华人民共和国成立前、后我国的煤炭和石油工业进行对比等，即密切结合能源、材料、资源、环境保护等内容，对学生进行适当的国情教育，以提高学生对社会主义制度优越性的认识，提高建设社会主义的使命感和自觉性。

我国古代冶铁图

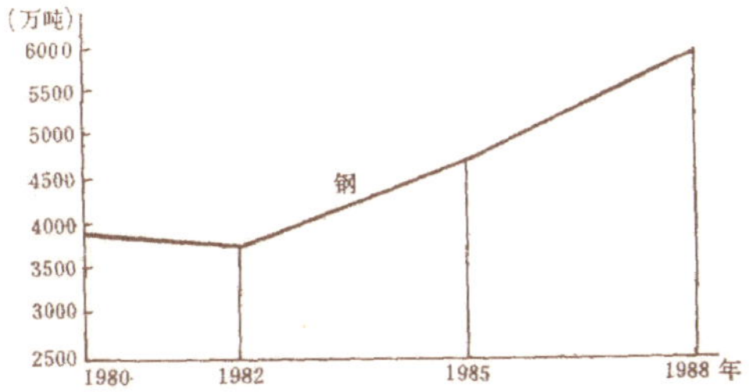

我国 1980—1988 年钢产量示意图

图 11–2 《义务教育三年制初级中学教科书（试用本） 化学 全一册》中爱国主义教育的图片举例

（2）教材的知识面较宽

为了更好地体现义务教育的性质和任务，教材注意适当拓宽知识面，给学生提供公民进入现代社会工作和生活所必需的化学基础知识，以培养学生适应未来社会的能力。教材中的基础知识，既包括无机化合物知识，如氢气、氧气、水、二氧化碳、一氧化碳、铁、常见的酸、碱和盐等；又包括有机化合物知识，如甲烷、煤、石油和酒精等；还包括这些知识在生产和生活中的广泛应用，如空气、水的污染与防治、氢能源、温室效应、灭火和灭火器、金属与人体的关系、常见的化肥和农药、黑火药等。这些基础知识，有的属于必学内容，有的属于选学内容（图 11–3）。

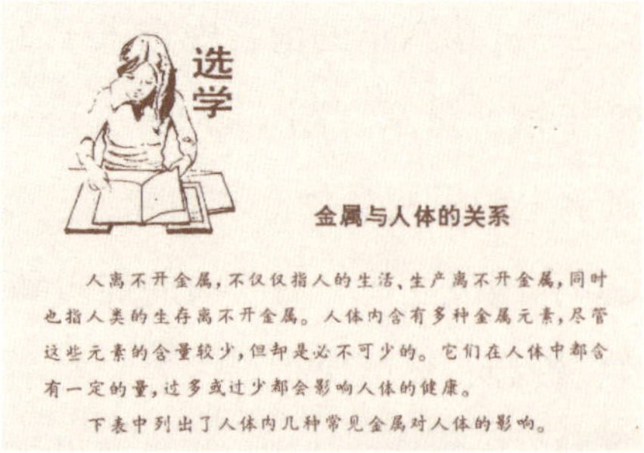

选学

金属与人体的关系

人离不开金属，不仅仅指人的生活、生产离不开金属，同时也指人类的生存离不开金属。人体内含有多种金属元素，尽管这些元素的含量较少，但却是必不可少的。它们在人体中都含有一定的量，过多或过少都会影响人体的健康。

下表中列出了人体内几种常见金属对人体的影响。

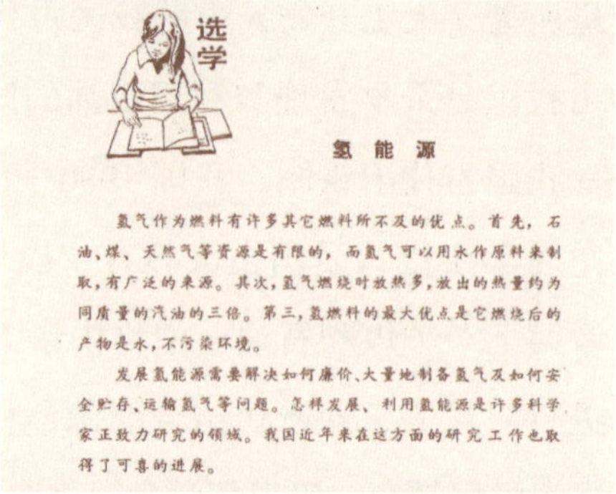

选学

氢能源

氢气作为燃料有许多其它燃料所不及的优点。首先，石油、煤、天然气等资源是有限的，而氢气可以用水作原料来制取，有广泛的来源。其次，氢气燃烧时放热多，放出的热量约为同质量的汽油的三倍。第三，氢燃料的最大优点是它燃烧后的产物是水，不污染环境。

发展氢能源需要解决如何廉价、大量地制备氢气及如何安全贮存、运输氢气等问题。怎样发展、利用氢能源是许多科学家正致力研究的领域。我国近年来在这方面的研究工作也取得了可喜的进展。

图 11-3 《义务教育三年制初级中学教科书（试用本） 化学　全一册》中的选学内容举例

教材在重视经典知识的同时，注意引入一些新的科技成果和学生能够接受的现代科学知识，以激发他们钻研科学的积极性。例如，教材中编入了 20 世纪 80 年代后期科学家使用扫描隧道显微镜拍摄的显示苯分子和硅原子图像的照片；引入了 1989 年的相对原子质量等。

（3）教材的体系结构和呈现方式符合学生的认知规律

教材体系结构的构建，是从学生日常生活中每天都要接触到的空气、水等入手，学习元素化合物知识，同时有计划地安排了一些化学基本概念和理论，如分子、原子、元素、化学式、化合价、化合反应、分解反应、置换反应等。这样穿插安排，既可以分散难点，减轻学生学习的负担，有利于激发和保持学生的学习积极性；又能够培养学生初步运用化学基本概念和理论解释一些简单的化学现象，以及解决一些简单的化学问题的能力。

教材内容的呈现方式层次分明、重点突出，符合初中生的年龄特征和认知规律。教材将初中化学大纲中要求为“理解”和“掌握”的内容作为重点。在编写时，将要求为“理解”和“掌握”的概念和原理内容都用黑体字醒目地标出（俗称“全黑体”，图 11-4 左），如质量守恒定律等；对于要求为“了解”的内容，只是概念名称用黑体字（俗称“半黑体”，图 11-4 右），重点放在用通俗易懂的语言简明扼要地说明“是什么”，如化合价等。对于“常识性介绍”的内

无数实验证明，参加化学反应的各物质的质量总和，等于反应后生成的各物质的质量总和。这个规律就叫做质量守恒定律。

值。我们把一种元素一定数目的原子跟其它元素一定数目的原子化合的性质，叫做这种元素的**化合价**。化合价有正价和负价。

图 11-4 《义务教育三年制初级中学教科书（试用本） 化学　全一册》中用“全黑体”和“半黑体”体现不同的要求

容，则重视教材的可读性，以激发学生阅读的兴趣，使学生对这些内容有一个大致的印象，如有机化合物等。

（4）重视能力的培养及科学态度和科学方法的教育

教材的编写体现化学是一门以实验为基础的科学。教材共安排了 82 个演示实验、18 个学生实验（其中包括 8 个选做实验，图 11-5），以及 10 多个家庭小实验，重视培养学生的观察能力、思维能力和实验能力等。

图 11-5 《义务教育三年制初级中学教科书（试用本） 化学　全一册》中的学生实验目录

教材中的演示实验，一般都会提出观察的重点，有的还提出带有思考性的问题，引导学生在观察的同时积极思考，根据实验事实得出正确的结论。例如，木炭在氧气里燃烧的演示实验，教材设计为 3 步：第一步，把一小块木炭放在燃烧匙里，伸进盛有氧气的集气瓶里，观察木炭是否燃烧；第二步，把木炭加热到发红，然后连炭带燃烧匙伸进盛有氧气的集气瓶里，观察木炭燃烧时的现象，注意木炭在空气里和在氧气里燃烧有什么不同；第三步，等燃烧停止后，立即向瓶内倒进一些澄清石灰水，观察石灰水发生什么变化。这样的设计不仅能够培养学生的观察能力，而且能够引导学生根据实验现象积极思考、分析并进行推理，得出以下结论：木炭燃烧要达到一定的温度，木炭在氧气里比在空气里燃烧更旺，木炭燃烧的生成物能使澄清石灰水变浑浊。

教材中的学生实验和家庭小实验注重学生动手能力和实践能力的培养。为了改变教学中重视讲授而轻视实验的倾向，教材采用了一些简便易得的实验装置和代用品进行实验，以帮助和引导那些实验条件较差的学校积极创造条件进行实验教学，增加学生动手实验的机会，如利用铅笔芯来做石墨导电性的实验，利用玻璃杯、石灰水、糖、醋、花瓣等来做家庭小实验等。

在科学态度和科学方法教育方面，教材也有意识地进行加强。例如，在每一个学生实验的前边增加了一段引言，涉及实验的内容、实验操作的注意事项、实验前应预习的知识、本实验的应用价值等。引言文字不多，但指导性强，对学生形成良好的实验习惯、培养实事求是的科学态度和严肃认真的工作作风都具有重要的作用（图 11-6）。又如，绪言中通过列表的方式，把 4 个实验中变化前后的物质和变化时发生的现象进行对比；在总结氧气和氢气实验室制法的基础上，教材中提出了在实验室中制取气体的思路和方法，并以此来指导学生学习二氧化碳的实验室制法等。

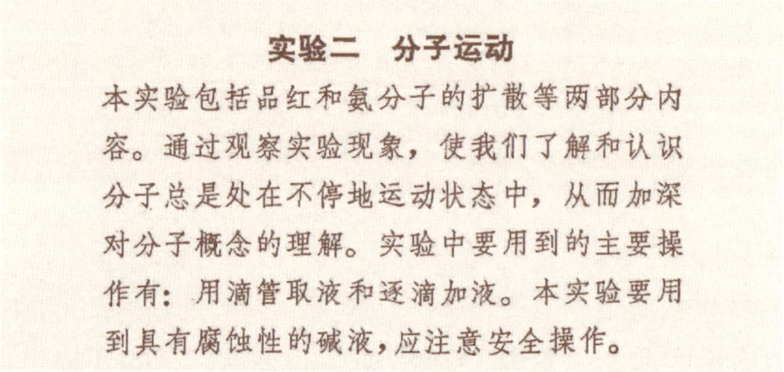
实验二　分子运动

本实验包括品红和氨分子的扩散等两部分内容。通过观察实验现象，使我们了解和认识分子总是处在不停地运动状态中，从而加深对分子概念的理解。实验中要用到的主要操作有：用滴管取液和逐滴加液。本实验要用到具有腐蚀性的碱液，应注意安全操作。

图 11-6《义务教育三年制初级中学教科书（试用本） 化学　全一册》中学生实验前的“引言”举例

此外，教材科学严谨，通俗易懂，图文并茂。为方便教师的教和学生的学，人民教育出版社还编写、出版了相应的配套资源，如教师教学用书、课外习题集、学生实验册、教案等，可以满足不同的需要。

5. 修订情况

（1）根据 1992 年《九年义务教育全日制初级中学化学教学大纲（试用）》进行修订

根据 1992 年《九年义务教育全日制初级中学化学教学大纲（试用）》和义务教育初中化学教材试用本的实验情况，以及广大教师和教研工作者的意见和建议，人民教育出版社1993年起对试用本教材进行了修改，于1994年出版了《九年义务教育三年制初级中学教科书　化学　全一册》（图11-7，1994年10月第1版）。该教材1994年由国家教育委员会中小学教材审定委员会化学审查委员会审查通过，1995年秋季开始在全国推荐使用。

图11-7　1994年版《九年义务教育三年制初级中学教科书　化学　全一册》封面

此次教材的修改丰富了有机化合物的内容。例如，第五章“碳和碳的化合物”增加了醋酸；“选学——有机化合物的应用”以列表的方式，介绍了9种具体的塑料、合成纤维、合成橡胶的性质和用途；增加了两个选学——“糖　脂肪　蛋白质”和“肥皂和常用洗涤剂”。这些内容的增加，使初中生，尤其是直接走向社会就业的学生，不仅学到了无机化学的初步知识，还较全面地了解了有机化学的初步知识。他们的知识结构更加完善，对化学的认识更加全面。

修改后的教材删除了试用本教材第六章“铁”第二节“生铁和钢”中的生铁冶炼的复杂过程和高炉炼铁图，将这部分内容简化后作为第二节“几种常见的金属”的一部分，并增加了铝、铜、锌、钛等金属的简单介绍。这样处理既降低了难度，又使学生在初中阶段学到的金属的知识比较丰富。

由于1992年试用版大纲删去了电解质和非电解质的初步概念，以及单质、氧化物、酸、碱和盐之间的衍生关系和相互反应的初步规律等知识点，此次修改时对第八章“酸　碱　盐”进行了删减：把第一、二节合并为一节，删去了电解质的概念；在本章小结中简化了单质、氧化物、酸、碱和盐的相互关系图。这样处理降低了难度，减轻了学生的负担。

此外，这次修订还对习题、实验、教材的开本和插图等进行了修改，使得教材更加便教利学。

（2）根据2000年《九年义务教育全日制初级中学化学教学大纲（试用修订版）》进行修订

根据教育部2000年印发的《九年义务教育全日制初级中学化学教学大纲

（试用修订版）》，以及教师在多年使用过程中提出的意见和建议，人民教育出版社对 1994 年版的三年制初中化学教科书进行了修订。修订后的教科书（图 11-8）经全国中小学教材审定委员会审查通过，于 2001 年 3 月出版，并从 2001 年秋季起在全国使用。

图 11-8 2001 年版《九年义务教育三年制初级中学教科书 化学 全一册》封面

此次修订主要包括以下两个方面。

首先，根据大纲的调整，修订教学内容。例如，将第七章第一节标题“悬浊液 乳浊液 溶液”改为“溶液”，把“悬浊液”“乳浊液”移到节后作为选学（选学中同时增加了“胶体”）；删去了第三节中“关于溶解度的计算”及相关的例题等。将第八章原第六节中的“盐的性质”和“复分解反应的条件”移到第五节，并把“盐的分类和命名”改为阅读，放在节后；“化学肥料”单独成第六节。再如，增加三个选做实验：“木炭或活性炭的吸附作用”“溶液的导电性”和“自制酸碱指示剂”，并将“室温下盐的溶解度的测定”改为“不同温度下 KNO_3 的溶解度测定”。又如，第五章第六节“甲烷”的“选学——有机化合物的应用”中，增加了“几种常见的食品添加剂”“几种常见黏合剂的性能和用途”“几种常见有机涂料的性能和用途”三个表，这些内容的补充反映了社会的发展。

其次，对教材进一步修改和完善。例如，对教材中的栏目进行调整。一是增加“研究性学习”栏目，如“钢铁制品锈蚀条件的探究”“调查本地农村常用化肥、农药的化学成分，结合使用的注意事项分析利弊”等。二是新增“阅读”栏目，根据内容的性质，把原来某些属于“选学”栏目的内容改为“阅读”栏目。又如，严格执行国家标准，把物理量改为用符号表示；在书后增加彩色元素周期表；在附录中增加“部分中英文名词对照表”；等等。

6. 使用、地位与影响

这本教材从 1990 年秋季开始，在北京、南京、成都、内蒙古、宁夏、贵州、河北、湖北等省、自治区、直辖市 3 万多名学生中进行了第一轮试教。

1991 年秋季开始进行第二轮试教，参加试教的学生人数扩大到 6 万多名。1992 年秋季，第三轮试教扩大到全国 29 个省、自治区、直辖市的 10 万多名学生。随后试教规模不断扩大。

参与试教的学校领导、教师、学生和家长普遍肯定教材改革的方向，认为教材符合义务教育的培养目标，符合化学教学大纲规定的要求；富有时代气息，体现了素质教育的特点；重视思想教育，寓思想教育于化学教学之中；在重视基础知识和基本技能的同时，重视学生能力的培养；趣味性和可读性强，能激发学生学习化学的兴趣；富有弹性，有利于因材施教和大面积提高初中化学教学质量；等等。在试教过程中，也有些教师提出某些理论知识有些过深，学生负担较重等。

根据 1992 年化学教学大纲修订后的教材一直使用到 2000 年，根据 2000 年化学教学大纲修订后的教材一直使用到 2006 年左右。

（二）《全日制普通高级中学教科书（试验本） 化学》（人教版）

1. 基本信息

① 出版社：人民教育出版社；

② 版次：第一册（必修），1996 年 12 月第 1 版，
第二册（Ⅰ），1997 年 12 月第 1 版，
第二册（Ⅱ），1997 年 12 月第 1 版，
第三册（限选），1998 年 12 月第 1 版；

③ 编写人员：主持这套教材 1996—1998 年版和 2000 年版编写工作和审定工作的是武永兴、胡美玲，参加编写的有张健如、胡美玲、戴健、冷燕平、何少华、李文鼎、王晶、陈晨、乔国才；

④ 配套资源：与各册配套的《全日制普通高级中学 化学（试验本）教师教学用书》，《全日制普通高级中学教材（人教版）教案系列丛书 化学》，其他配套资源还有幻灯片、投影片、录像带、VCD、CD-ROM 等。

图 11-9 《全日制普通高级中学教科书（试验本） 化学》（人教版）封面

2. 编写指导思想[①]

（1）力求体现普通高中教育的性质和任务，全面落实《全日制普通高级中学化学教学大纲（供试验用）》中规定的各项教学内容和要求，在义务教育初中化学的基础上，实施较高层次的基础化学教育。

（2）面向全国大多数地区和学校，使教材难易适度、分量适当，并具有一定的灵活性，有利于因地、因校制宜和因材施教，有利于大面积提高高中化学

① 胡美玲．新高中化学教材（试验本）的特点［J］．课程·教材·教法：1998（4）：16-20．

的教学质量。

（3）注意知识的逻辑顺序与高中学生的生理、心理发展特点及认知规律的密切结合，体现现代教育思想，合理构建教材体系，使教材易教易学，并有利于教学方法的改革和教学手段的更新。

（4）注意理论联系实际，加强化学与日常生活、科学技术和生产劳动等方面的联系，加强实验，注意反映化学学科的发展及新的科技成果，以适应社会发展的需要，为社会主义现代化建设服务。

3. 主要内容

第一册（必修）包含了绪言及 7 章，25 节（表 11–5）内容，书后附有 13 个学生实验。

表 11–5 《全日制普通高级中学教科书（试验本） 化学 第一册（必修）》章标题及主要内容

章标题	主要内容
绪言 化学——人类进步的关键	—
第一章 化学反应及其能量变化	氧化还原反应，离子反应，化学反应中的能量变化
第二章 碱金属	钠，钠的化合物，碱金属元素
第三章 物质的量	物质的量及其单位，摩尔质量，气体摩尔体积，物质的量浓度
第四章 卤素	氯气，卤族元素，物质的量应用于化学方程式的计算
第五章 原子结构 元素周期律	原子核，原子核外电子的排布，元素周期律，元素周期表
第六章 硫和硫的化合物 环境保护	氧族元素，二氧化硫，硫酸 硫酸盐，化学反应速率，环境保护
第七章 硅和硅酸盐工业	碳族元素，硅酸盐工业简介，新型无机非金属材料

第二册（Ⅰ）包含了 8 章，29 节（表 11–6），书后附有 19 个学生实验。

表 11-6 《全日制普通高级中学教科书（试验本） 化学　第二册（Ⅰ）》章标题及主要内容

章标题	主要内容
第一章　化学键	化学键，非极性分子和极性分子
第二章　氮和氮的化合物	氮气，氨　铵盐，硝酸
第三章　化学平衡　电离平衡	化学平衡，电离平衡，盐类的水解，酸碱中和滴定
第四章　几种重要的金属	铝和铝的重要化合物，硬水及其软化，铁和铜，金属的冶炼，原电池原理及其应用
第五章　烃	甲烷，烷烃，乙烯　烯烃，乙炔　炔烃，苯，石油　煤
第六章　烃的衍生物	乙醇　醇类，乙醛　醛类，乙酸　羧酸
第七章　糖类　油脂　蛋白质——人类重要的营养物质	葡萄糖　蔗糖，淀粉　纤维素，油脂，蛋白质
第八章　合成材料	合成材料，新型有机高分子材料

第二册（Ⅱ）包含了 9 章，40 节（表 11-7），书后附有 20 个学生实验。

表 11-7 《全日制普通高级中学教科书（试验本） 化学　第二册（Ⅱ）》章标题及主要内容

章标题	主要内容
第一章　化学键	化学键，非极性分子和极性分子，分子间作用力和氢键
第二章　氮族元素	氮和磷，氨　铵盐，硝酸，有关化学方程式的计算
第三章　化学平衡	影响化学反应速率的条件，化学平衡，影响化学平衡的条件，合成氨条件的选择
第四章　电离平衡	电离平衡，水的电离和溶液的 pH，盐类的水解，酸碱中和滴定
第五章　几种重要的金属	镁和铝，硬水及其软化，铁和铁的化合物，铜和铜的化合物，金属的冶炼，原电池原理及其应用
第六章　烃	甲烷，烷烃，乙烯　烯烃，乙炔　炔烃，苯　芳香烃，石油　煤
第七章　烃的衍生物	溴乙烷　卤代烃，乙醇　醇类，有机物分子式和结构式的确定，苯酚，乙醛　醛类，乙酸　羧酸
第八章　糖类　油脂　蛋白质——人类重要的营养物质	葡萄糖　蔗糖，淀粉　纤维素，油脂，蛋白质
第九章　合成材料	有机高分子化合物简介，合成材料，新型有机高分子材料

第三册（限选）包含了7个单元，19节（表11-8），全书共有9个学生实验。

表11-8 《全日制普通高级中学教科书（试验本） 化学 第三册（限选）》单元标题及主要内容

单元标题		主要内容
第一单元	晶体的类型与性质	离子晶体、分子晶体和原子晶体，金属晶体
第二单元	胶体的性质及其应用	胶体，胶体的性质及其应用
第三单元	化学反应中的物质变化和能量变化	氧化还原反应方程式的配平，重要的氧化剂和还原剂，离子反应的本质，化学反应中的能量变化，燃烧热和中和热
第四单元	电解原理及其应用	电解原理，氯碱工业
第五单元	硫酸工业	接触法制硫酸，关于硫酸工业综合经济效益的讨论
第六单元	化学实验方案的设计	制备实验方案的设计，性质实验方案的设计，化学实验方案设计的基本要求
第七单元	物质的检验	物质检验的要求和一般步骤，离子的检验，未知物的检验

4. 主要特点①

（1）合理构建教材的体系结构

教材注意正确处理知识的逻辑顺序、高中学生的生理、心理发展特点和认知规律，以及社会需求三者之间的关系，建立了无机物主要以物质结构、元素周期律、化学反应等理论作为框架结构，有机物主要以官能团作为框架结构，理论与元素化合物知识穿插编排（图11-10），化学计算、化学实验与有关理论和元素化合物知识密切配合的教材体系结构。

① 胡美玲．新高中化学教材（试验本）的特点［J］．课程·教材·教法：1998（4）：16-20．

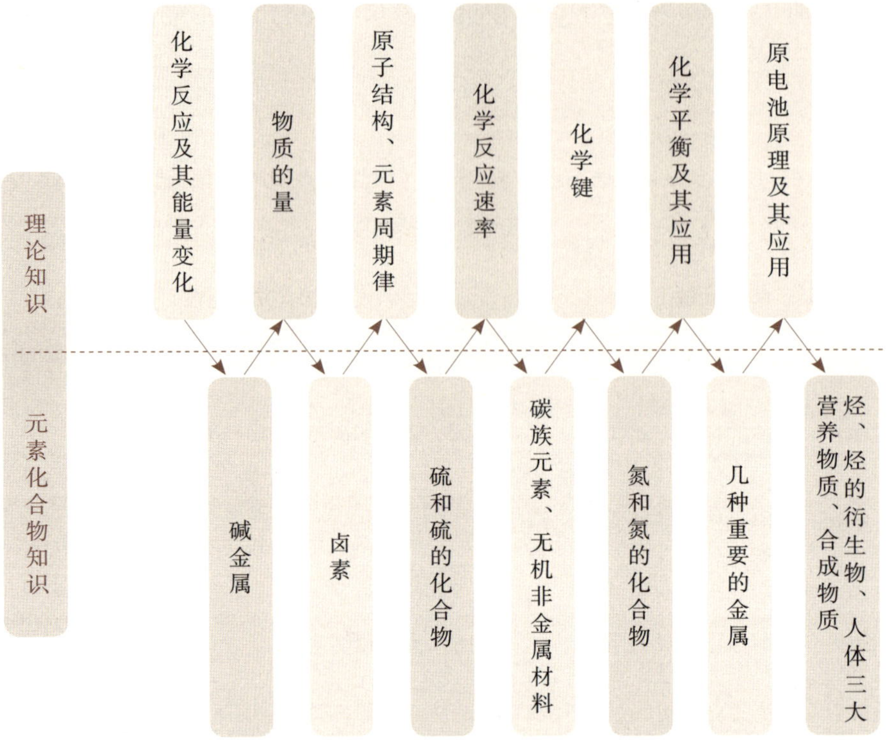

图 11-10 第一册（必修）和第二册（Ⅱ）教材中理论与元素化合物知识穿插编排的情况[①]

需要说明的是，第三册（限选）采用了单元式的编排方式，使各单元能够保持相对独立，不受各单元内容间的关系、内容的量等的限制，并有利于各单元与高一、高二及初中的知识进行衔接，以及对相关知识进行归纳和提升，使各年级有关知识的纵向联系明显、层次分明，体现了全套书整体设计的系统性。

教材的体系结构在初高中化学的合理衔接、理论的编排顺序、化学计算的处理方式等方面具有鲜明的特色。

教材精心设计高一第一章和化学实验基本操作的内容，以利于初高中化学的合理衔接。针对学生在高一学习化学时，一般都需要复习初中化学的基本概念和原理、物质间的化学反应等内容的情况，教材把“化学反应及其能量变化”编为高一第一章，以此作为连接初中化学和高中化学的“纽带”，使学生对氧化还原反应、离子反应、燃烧，以及化学反应中的能量变化等知识的学习，既能

① 课程教材研究所．新中国中小学教材建设史（1949—2000）研究丛书：化学卷［G］．北京：人民教育出版社，2010：398．

源于初中又能高于初中。根据许多学生在初中没有做过实验或很少动手做实验的实际情况，教材把高中化学实验基本操作编写的重点放在了“促使学生动手实验，但又不与初中化学简单重复”上。例如，书后所附的学生实验一“化学实验基本操作（一）”设计了以 $CuSO_4$ 和 NaOH 溶液为原料制取 CuO，并以自制的 CuO 作为催化剂，用于制取和收集 O_2 的实验，将药品取用、称量、过滤、蒸发、连接仪器、检查装置的气密性、排水集气等实验操作技能和有关仪器的使用技能融于整个实验过程中，既复习了初中的有关知识，又进一步训练了学生的实验技能。这样的体系结构设计和内容安排，有利于提高学生学习化学的兴趣，培养学生的创新精神和实践能力。

教材的编排既注意理论引出的基础，又注意充分发挥理论的指导作用。例如，教材在氧化还原反应、离子反应等理论的基础上，首先介绍钠和氯气的性质，然后由个别到一般，归纳出碱金属和卤素性质的相似性与递变性及其与核外电子排布的关系，为介绍元素周期律打好基础。对于编排在元素周期律后的硫和硫的化合物、硅和硅酸盐工业等内容，教材注意充分发挥原子结构、元素周期律、氧化还原反应及离子反应等理论的指导作用，采用由一般到个别的研究方法，由氧族、碳族元素性质的比较来探讨硫、硅的性质。

教材精心处理理论的提前与靠后、集中与分散、直线上升与螺旋上升等编排问题。对于氧化还原、物质结构、化学反应速率和化学平衡、电解质溶液等难度较大的理论，教材的编排力求做到理论知识的逻辑严谨，同时注意将难点分散，使各个年级根据不同的需要各有不同的侧重点，如表 11-9 所示。

表 11-9 《全日制普通高级中学教科书（试验本） 化学》（人教版）部分理论在高中三个年级的分布情况

理论	高一	高二		高三
	第一册（必修）	第二册（Ⅰ）	第二册（Ⅱ）	第三册（限选）
氧化还原	氧化还原反应	原电池原理	原电池原理	氧化还原反应 方程式的配平 重要的氧化剂和还原剂
物质结构	原子结构	化学键	化学键	晶体的类型与性质

续表

理论	高一	高二		高三
	第一册（必修）	第二册（Ⅰ）	第二册（Ⅱ）	第三册（限选）
化学反应速率和化学平衡	化学反应速率	化学平衡	影响化学反应速率的条件 化学平衡	硫酸工业
电解质溶液	离子反应 离子方程式	电离平衡 原电池原理	电离平衡 原电池原理	离子反应的本质 电解原理及其应用

教材中理论的进阶设计，既能避免学生学习出现较明显的分化，也有利于保持学生的学习兴趣，有利于提高教学质量。

对于化学计算，教材采用了与理论和元素化合物知识密切结合、三个年级分段设计的处理方式。高一的化学计算以有关物质的量的计算为重点，高二第二册（Ⅱ）结合有关的理论和元素化合物知识，编排了反应物中有一种过量的计算、多步反应的计算、有机物分子式和结构式确定的计算。高三第三册（限选）编排了有关燃烧热的计算。这样处理使化学计算层次分明、重点突出，同时能够分散难点，使化学计算逐步深化。

（2）重视全面提高学生的素质

教材在重视基础知识、基本技能的同时，注意启发学生的思维，培养学生的科学态度，训练学生的科学方法，并力求结合化学学科的特点，对学生进行爱国主义教育，重视全面提高学生的素质。

教材重视从实验事实和学生已有的知识出发，通过讨论来启发学生思维，并注意层层引导，使学生自己得出结论。例如，对于钠与水反应的实验，通过设置 4 个讨论题，引导学生逐一分析观察到的实验现象，得出钠的密度比水的小、钠与水的反应是放热反应，以及反应后生成了氢氧化钠和氢气等结论。又如，对于合成氨适宜条件的选择，教材通过设置两个讨论，并结合不同温度和压强下平衡混合物中 NH_3 含量变化的实验数据，引导学生应用化学反应速率和化学平衡的知识，来研究合成氨时的压强、温度和催化剂等外界条件的选择问题。总之，教材的编写坚持启发式，重视通过引导、讨论，以及对所学知识的综合运用来培养学生分析问题和解决问题的能力。

教材重视学生科学态度的培养和科学方法的训练。例如，教材结合化学反应的类型等知识的介绍，帮助学生了解在化学学习的初级阶段，所学习的一些概念和原理往往是不完善和不全面的，这些概念和原理都有一定的适用范围。在此基础上，引导学生以发展的观点来看待这些初级阶段的概念和原理，以科学的态度来学习化学。教材还很重视对学生进行科学方法的训练。例如，对于碱金属元素，教材采用了“分析事实——预测性质——实验验证——得出结论”的编写模式，引导学生通过分析碱金属元素原子结构的特点，对碱金属单质与氧气、水的反应作出预测，然后通过实验进行验证。又如，对于制备实验方案的设计，教材以铝屑为原料制备 $Al(OH)_3$ 的实验方案设计为例，引导学生形成设计制备实验方案的思路：列出几种可能的制备方法和途径，从方法是否可行、装置和操作是否简单、经济与安全等方面进行分析和比较，从中选取最佳的制备方法。在制订具体的实验方案时，还应注意对实验条件进行严格、有效的控制等。性质实验方案的设计和物质的检验都采用了相似的编写模式，重在帮助学生形成思路。

教材结合化学学科特点，重视选择我国的科技成就和化学家的卓越贡献等素材，对学生进行爱国主义教育。例如，绪言的章图是中国科学院北京真空物理实验室提供的照片——用硅原子组成的两个汉字——中国（放大约 180 万倍）（图 11-11），并在正文中对我国这项在晶体表面操纵原子的研究进行了详细介绍；绪言中还介绍了 1965 年我国科学家在世界上第一次用化学方法合成了具有生物活性的蛋白质——结晶牛胰岛素。又如，教材中还编入了侯氏制碱法、张青莲教授为元素相对原子质量的测定作出了卓越贡献（图 11-12）等阅读材料。这些内容是对学生进行爱国主义教育的良好素材，可以使学生了解我国科学家对人类所作出的杰出贡献，既突出了化学学科的特点，又增强了学生的民族自尊心和自豪感。

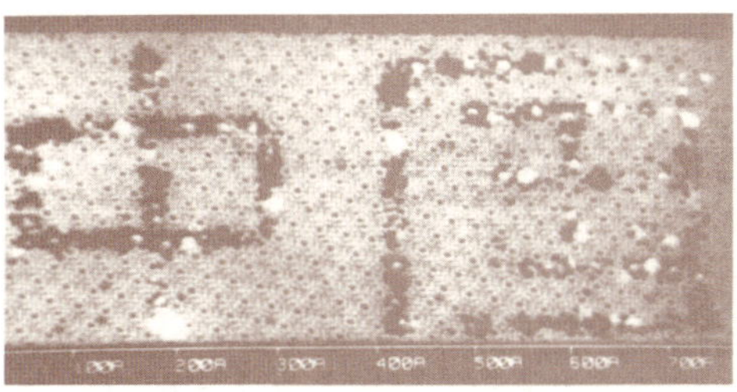

图 11-11　第一册（必修）教材中绪言的章图

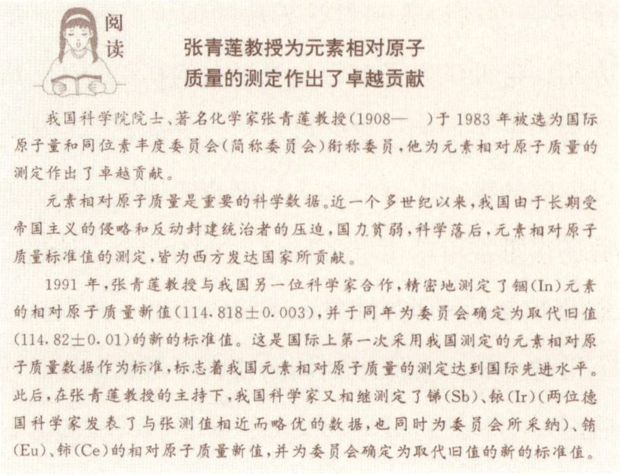

阅读

张青莲教授为元素相对原子质量的测定作出了卓越贡献

我国科学院院士、著名化学家张青莲教授(1908—　)于1983年被选为国际原子量和同位素丰度委员会(简称委员会)衔称委员，他为元素相对原子质量的测定作出了卓越贡献。

元素相对原子质量是重要的科学数据。近一个多世纪以来，我国由于长期受帝国主义的侵略和反动封建统治者的压迫，国力贫弱，科学落后，元素相对原子质量标准值的测定，皆为西方发达国家所贡献。

1991年，张青莲教授与我国另一位科学家合作，精密地测定了铟(In)元素的相对原子质量新值(114.818±0.003)，并于同年为委员会确定为取代旧值(114.82±0.01)的新的标准值。这是国际上第一次采用我国测定的元素相对原子质量数据作为标准，标志着我国元素相对原子质量的测定达到国际先进水平。此后，在张青莲教授的主持下，我国科学家又相继测定了锑(Sb)、铱(Ir)(两位德国科学家发表了与张测值相近而略优的数据，也同时为委员会所采纳)、铕(Eu)、铈(Ce)的相对原子质量新值，并为委员会确定为取代旧值的新的标准值。

图 11-12　第一册（必修）教材中的“阅读”栏目举例

（3）重视理论联系实际

教材在选材时重视理论联系实际，注意反映化学的进展和与现代社会有关的化学问题，帮助学生了解化学与社会、生活、生产和科学技术等的密切联系，有利于激发学生的学习兴趣。

教材重视内容的更新，编入了一些反映化学进展的科技成果和学生能够接受的现代科学知识，以开阔学生的眼界。例如，绪言中编入了扫描隧道显微镜的实物照片（图 11-13），并以正文的形式介绍了扫描隧道显微镜能够使人们清楚地观察到原子的图像和动态的化学变化。第一册第七章第一节“碳族元素”中，介绍了1985年发现的C_{60}（图 11-14），以及研制出金属掺杂C_{60}的超导体等有关的研究新成果。

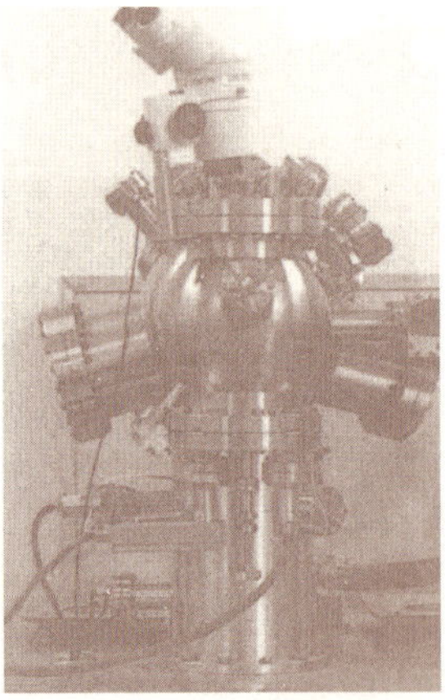

图 11-13　第一册（必修）教材中的扫描隧道显微镜照片

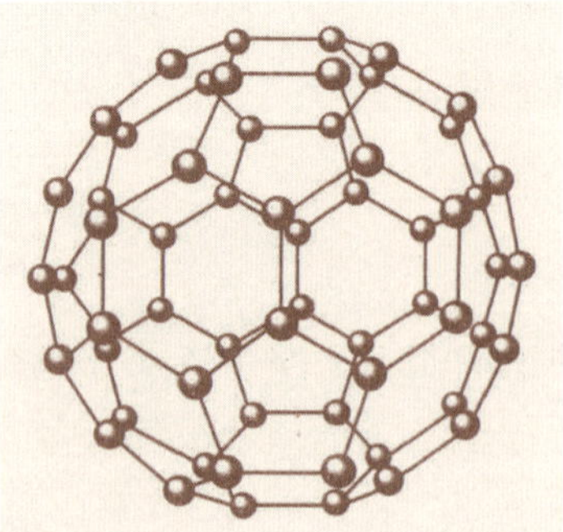

图 11-14　第一册（必修）教材中的C_{60}结构示意图

教材注意将化学原理与现代社会有关的化学问题（如环境保护、能源、材料等）密切结合，从社会、生产和生活实际中提出问题，启发学生思考，注意从具体到抽象，从现象到本质，引导学生深入理解所学的知识，并能够学以致用。例如，教材中化学反应速率的引入，是从北京故宫保和殿后的“云龙陛石”近几十年来腐蚀加快谈起的。教材指出，由于近几十年来酸雨增多，使一些古代石雕、建筑物和桥梁等的腐蚀加快，从而引出化学反应速率的概念，以及浓度等外界条件对化学反应速率的影响等内容。又如，教材中关于硫酸工业综合经济效益的讨论，则是在已经学习的接触法制硫酸及化学反应速率、化学平衡等原理的基础上，讨论硫酸工业生产中原料的综合利用、能量的充分利用、环境保护、生产规模和厂址选择等问题（图 11-15），将化学原理和工业生产实际密切结合，培养学生应用化学原理分析和解决实际问题的能力，引导学生树立经济效益观念和可持续发展的意识，并从中体会化学的作用和学习化学的重要性。

图 11-15　第三册（限选）教材中的插图——影响化工厂选址的部分因素

（4）加强实验教学

教材大力加强实验教学，并注意使实验贯穿于新课的引入、重（难）点的突破、知识的深入、课外活动等各个环节，以充分发挥实验的教学价值。例如，教材中采用了两个演示实验——铝与盐酸反应、粉末状氢氧化钡晶体与氯化铵晶体反应，来引入吸热反应和放热反应的概念。当看到铝与盐酸反应后温度计的水银柱升高，氢氧化钡晶体与氯化铵晶体反应后小烧杯和玻璃片间的水结成冰时，学生对化学反应中能量变化的感受不再是抽象的，而是具体的、实实在在的，有利于对概念的理解。

教材注意改进实验装置，对学生进行环境保护教育。例如，教材改进了铜片与浓、稀硝酸反应的实验装置，在试管上方用无色透明塑料袋将试管口罩上并系紧。这样既能观察到生成的 NO_2 的颜色、NO 的颜色及其变化，又能防止 NO_2 或 NO 进入空气中污染环境，从而增强学生的环保意识。

教材中还编入了一些联系实际的实验习题、趣味实验和家庭小实验等。例如，高一选做实验一编入了指纹检查、滴水生烟、自制指示剂和吹气生火 4 个趣味实验；高二第二册（Ⅱ）选做实验一编入了火龙写字、变色液、喷雾作画、番茄电池（图 11-16）和可燃的“胶冻”5 个趣味实验。教材中的家庭小实验（图 11-17）注重简单化、微型化、生活化和趣味化，丰富了学生的课外活动，增加了学生动手实验和参加社会实践的机会。

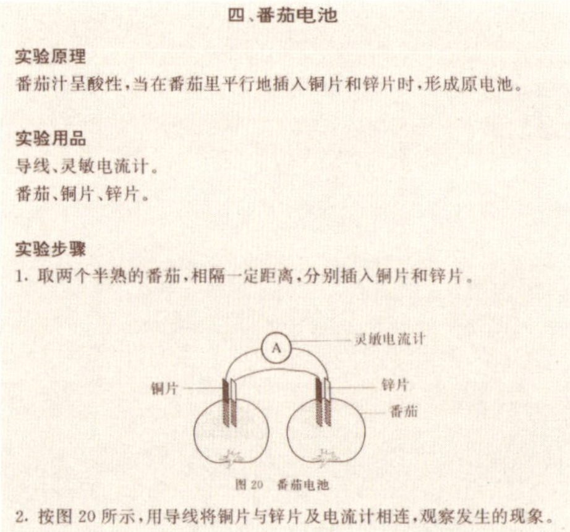

四、番茄电池

实验原理

番茄汁呈酸性，当在番茄里平行地插入铜片和锌片时，形成原电池。

实验用品

导线、灵敏电流计。

番茄、铜片、锌片。

实验步骤

1. 取两个半熟的番茄，相隔一定距离，分别插入铜片和锌片。

2. 按图 20 所示，用导线将铜片与锌片及电流计相连，观察发生的现象。

图 11-16　第二册（Ⅱ）教材中的趣味实验举例

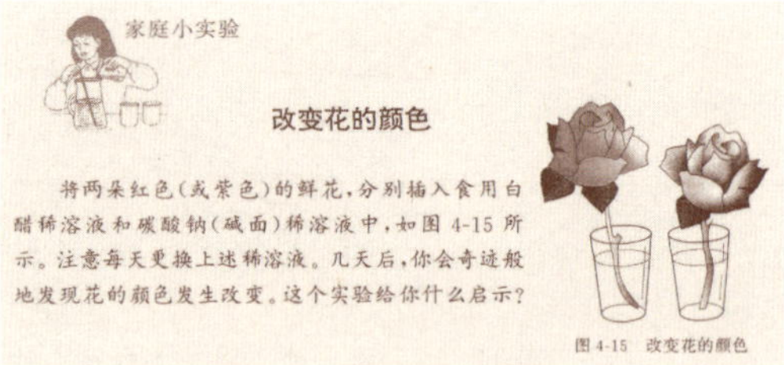

家庭小实验

改变花的颜色

将两朵红色（或紫色）的鲜花，分别插入食用白醋稀溶液和碳酸钠（碱面）稀溶液中，如图 4-15 所示。注意每天更换上述稀溶液。几天后，你会奇迹般地发现花的颜色发生改变。这个实验给你什么启示？

图 11-17　第二册（Ⅱ）教材中的家庭小实验举例

教材中的学生实验数量较多（表 11-10），包括必做实验（实验习题）和选做实验，具有一定的系统性与弹性。

表 11-10 《全日制普通高级中学教科书（试验本） 化学》（人教版）中的学生实验

学生实验内容	
第一册（必修）： 实验一　化学实验基本操作（一） 实验二　化学实验基本操作（二） 实验三　碱金属及其化合物的性质 实验四　配制一定物质的量浓度的溶液 实验五　氯、溴、碘的性质　氯离子的检验 实验六　同周期、同主族元素性质的递变 实验七　浓硫酸的性质　硫酸根离子的检验 实验八　实验习题 选做实验一　趣味实验 选做实验二　制取蒸馏水 选做实验三　天然水的净化 选做实验四　从海带中提取碘 选做实验五　阿伏加德罗常数的测定	
第二册（Ⅰ）： 实验一　氨的制取和性质　铵离子的检验 实验二　化学平衡　电解质溶液 实验三　中和滴定 实验四　铝、铜及其化合物的性质 实验五　乙烯的制取和性质 实验六　乙醇、乙醛的性质 实验七　乙酸乙酯的制取　酚醛树脂的制取 实验八　肥皂的制取 实验九　葡萄糖、蔗糖、淀粉、纤维素的性质 实验十　蛋白质的性质 实验十一　实验习题 选做实验一　趣味实验 选做实验二　硬水及其软化 选做实验三　几种化学肥料的鉴定 选做实验四　原电池原理　金属的电化学腐蚀 选做实验五　有机物熔点、沸点的测定 选做实验六　乙炔的制取和性质 选做实验七　苯和甲苯的性质 选做实验八　合成有机高分子化合物的性质	第二册（Ⅱ）： 实验一　氨的制取和性质　铵离子的检验 实验二　化学反应速率和化学平衡 实验三　电解质溶液 实验四　中和滴定 实验五　镁、铝及其化合物的性质 实验六　原电池原理　铁及其化合物的性质 实验七　乙烯的制取和性质 实验八　溴乙烷的性质　乙醇的性质 实验九　苯酚的性质　乙醛的性质 实验十　乙酸乙酯的制取　酚醛树脂的制取 实验十一　肥皂的制取 实验十二　葡萄糖、蔗糖、淀粉、纤维素的性质 实验十三　蛋白质的性质 实验十四　实验习题 选做实验一　趣味实验 选做实验二　硬水及其软化 选做实验三　金属的电化学腐蚀 选做实验四　乙炔的制取和性质 选做实验五　苯和甲苯的性质 选做实验六　合成有机高分子化合物的性质

续表

学生实验内容	
—	第三册（限选） 实验一　硫酸铜晶体里结晶水含量的测定 实验二　中和热的测定 实验三　电解饱和食盐水 实验四　以废铁屑和废硫酸为原料制备硫酸亚铁 实验五　胃舒平中氢氧化铝成分的检验 实验六　明矾的检验 实验七　几组未知物的检验 实验八　实验习题 选做实验　相对分子质量的测定

第一册和第二册教材中的学生实验均安排在全书的最后，而第三册教材中的学生实验，根据内容的不同，有的安排在单元后面（如第一、三、四单元），有的安排在单元中某节的后面（如第六、七单元）。这样安排的主要目的是使学生实验和教学内容更紧密地配合，使第三册教材的单元式结构体系更加完整。另外，第三册教材中的部分学生实验在呈现方式上也有所改变。例如，第六单元的学生实验四“以废铁屑和废硫酸为原料制备硫酸亚铁”没有给出具体的实验用品和实验步骤等，只是给出提示，要求学生设计实验方案并进行实验（图 11-18）。这样的呈现方式与教学内容紧密配合，引导学生利用所学的制备实验方案设计的思路，举一反三，学以致用，培养学生分析和解决问题的能力。

实验四　以废铁屑和废硫酸为原料制备硫酸亚铁

设计实验方案并进行实验。

提示：

1. 工业废铁屑中常附有油污，应先除去油污。

2. 由于废铁屑表面有铁锈，会与硫酸反应生成硫酸铁。因此，实验时可向反应溶液中加入洁净的铁丝或铁片，使硫酸铁被过量的铁还原为硫酸亚铁。

3. 利用重结晶方法精制硫酸亚铁时，为增大硫酸亚铁的溶解量，可给溶液加热至 50 ℃～80 ℃；为减少过滤时硫酸亚铁的损失，应将溶液趁热过滤。

图 11-18　第三册（限选）教材中部分学生实验的呈现方式举例

（5）语言生动活泼，版式设计图文并茂

教材语言科学严谨，生动活泼，在叙述方式上采用比喻、类比等手法，启发性强，可读性好。例如，在介绍原子核和原子的相对大小时，将原子假设为一座庞大的体育场，则原子核只相当于体育场中央的一只蚂蚁。这样的比喻，学生印象深刻。

教材重视图画的作用，加大了以图代文和利用图画创设学习情境的力度。教材编入了一定数量的彩图、章图、插图及实物照片等，使学生见图知意。例如，第一册（必修）教材第五章的章图（图 11-19），将科学发展的不同时期所建构的原子结构模型图示化，简明形象地表示了人类对原子结构的认识逐步深化的演变过程，引导学生体会人类认识原子结构的历史是漫长的，也是无止境的。此外，教材首次采用双色排版，新颖美观，栏目设计便于学生使用。

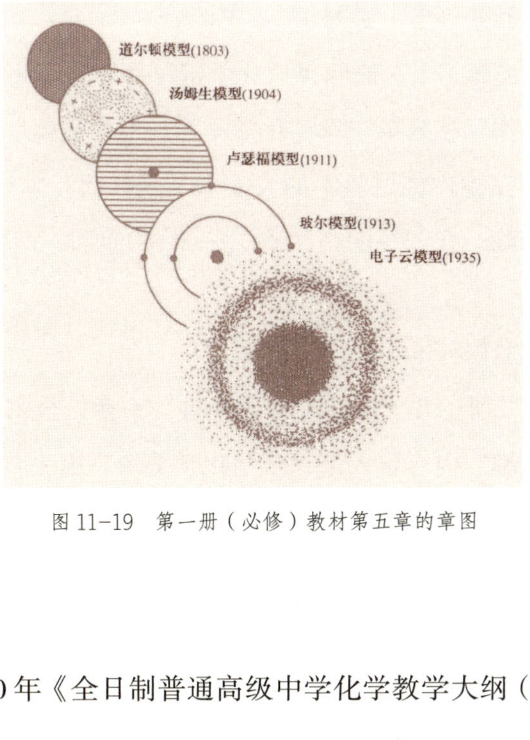

图 11-19　第一册（必修）教材第五章的章图

5. 修订情况

（1）根据 2000 年《全日制普通高级中学化学教学大纲（试验修订版）》进行修订

根据 2000 年课程计划和《全日制普通高级中学化学教学大纲（试验修订版）》的调整，在山西、江西和天津试验的《全日制普通高级中学教科书（试验本） 化学》的基础上（以下简称“试验本”），人民教育出版社对教材进行了修订，形成试验修订本，其中侧重文科或就业类的学生使用必修教材，侧重理科类的学生使用必修加选修教材。这次修订的主要变化分册总结如下。

① 第一册（试验修订本 · 必修）

将试验本的第三章“物质的量”中，第一节和第二节的内容精减（如减少了例题的数量）后合并为一节（物质的量）。将试验本的第五章“原子结构　元素周期律”中，第一节和第二节调整后合并为一节（原子结构）；将试验本第二册（Ⅰ）和第二册（Ⅱ）中第一章“化学键”的两节内容（第一节“化学键”、第二节“非极性分子和极性分子”）调整为本册第五章的第四节和第五节；这两节移入后，全章内容不仅涉及原子结构，还涉及分子结构，因此章名由“原子结构　元素周期律”改为“物质结构　元素周期律”，名称更科学。将试验本的第六章“硫和硫的化合物　环境保护”中，第四节“化学反应速率”删除，移入第二册中。

② 第二册（试验修订本 · 必修）

由于试验本第二册（Ⅰ）删除了“化学键”一章，全书内容由八章调整为七章；“化学反应速率”移入第二章“化学平衡　电离平衡”中，调整后化学平衡的理论知识更加完整。将试验本的“硬水及其软化”内容改为选学，“铁和铜”中铜的内容删除。在“烃的衍生物”一章中，增加了苯酚，删去了醛类，增加了甲醛。

③ 第二册（试验修订本 · 必修加选修）

由于试验本第二册（Ⅱ）删除了“化学键”一章，全书内容由九章调整为八章；“化学反应速率”内容移入第二章“化学平衡”第一节，调整后化学反应速率的内容更加完整。“氮族元素”一章中，增加了一节“氧化还原反应方程式的配平”（由第三册移来）。将试验本的“硬水及其软化”内容改为选学，“铜和铜的化合物”内容删除。

④ 第三册（试验修订本 · 选修）

将试验本的第七单元“物质的检验”三节内容，经精简、整合后编入第六单元，作为第三节“物质检验实验方案的设计”。调整后，第六单元“化学实验方案的设计”就比较完整了，包括制备实验方案的设计、性质实验方案的设计、物质检验实验方案的设计三部分内容。全书内容由七个单元调整为六个单元。

此外，在试验本的基础上，第一册和第二册教材中均增加了研究性课题（图 11-20）。例如，调查本地区固体废弃物的主要品种和回收价值；调查常用洗涤剂的品种、主要化学成分、性能和价格，以及对环境的影响；调查常用塑料的品种、主要化学成分、性能和价格，了解识别不同塑料的方法；等等。

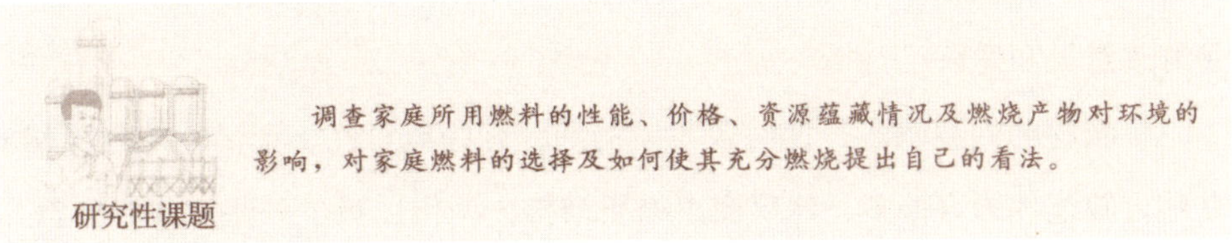

图 11-20　试验修订本教材中的研究性课题举例

（2）根据 2002 年《全日制普通高级中学化学教学大纲》进行修订

根据教育部 2002 年颁布的《全日制普通高级中学课程计划》和《全日制普通高级中学化学教学大纲》，在《全日制普通高级中学教科书（试验修订本） 化学》的基础上，人民教育出版社再次对教材进行了修订和完善。这次修订，全套教材的体系结构基本保持不变，只是对某些内容进行了调整。修订后的教材 2002 年经全国中小学教材审定委员会审查通过，并由人民教育出版社出版。

6. 使用、地位与影响

1997 年秋季起，这套教材的试验本在山西、江西和天津进行试验。2000 年秋季起，除了上述两省一市，黑龙江、辽宁、山东、江苏、安徽、河南、青海共 7 个省开始使用这套教材的试验修订本，随后使用的省市逐渐增多。2002 年经全国中小学教材审定委员会审查通过的教材正式版本，于 2003 年秋季起供全国使用。经过 2000 年和 2002 年两次修订，这套教材的质量不断提高。

这套教材在试教过程中反映良好，认为这是一套面向 21 世纪，有利于推进素质教育的教材，主要体现在以下几个方面。

（1）教材的体系结构合理，遵循学生的认知规律，体现了以学生发展为本的思想。

（2）教材内容的选择和编排由易到难、循序渐进，注意减缓坡度，分散难点，与初中化学的衔接、高中三个年级之间的衔接处理得较好，有利于提高教学质量。

（3）教材的呈现方式能够激发学生的学习兴趣和求知欲，重视学生能力和科学方法的培养。

（4）教材的配套产品多样化、系列化，既便于教又利于学。

在肯定教材优点的同时，参与试教的教师也提出了教材的一些不足，并提出了修改意见和建议[①]。

（1）教材的内容较多，课时较紧。例如，有些概念性、记忆性的内容偏多，有些地方叙述性语言偏多，建议突出物质结构，淡化、减少一些次要的概念。

（2）在发挥实验的功能、科学方法的培养上还显不足。应充分发挥实验的作用，给学生提供更多的参与机会，并加强科学方法的培养。

（3）教材的弹性不足，建议加强教材的弹性和选择性。

（4）建议加强教材中习题的研究，如增加习题的层次、梯度，增加习题数量等。

① 课程教材研究所．新中国中小学教材建设史（1949—2000）研究丛书：化学卷［M］．北京：人民教育出版社，2010：411-412．

第十二章　新课程改革后，中学化学教科书发展新趋向（2000—2010）

20 世纪是人类历史上在政治、经济、文化、科技等各个方面，发展最为迅猛的一个世纪。经过了这样的发展，21 世纪初，我国面临着新的形势。

国际竞争空前激烈。如果说既往的国际竞争主要表现在意识形态、军事实力等方面，那么，21 世纪的国际竞争则主要体现在综合国力方面，而且这种竞争越来越表现为经济实力、国防实力和民族凝聚力的竞争。

知识经济时代的到来。知识经济是相对于人类曾经经历过的农业经济、工业经济而言的，是人类生产方式的又一次重大变革。在知识经济时代，劳动者的素质和结构将发生重大变化，知识劳动者将取代传统的产业工人。在知识经济时代，科学技术的不断更新，将改变“文盲”这一概念的传统内涵，“文盲”一词将不再单纯是指没有文化、知识的人，而是指不能继续学习，不能更新自己的知识、技能的人。正是在这个意义上，有人也把知识经济称为“学习经济”[①]。

人类在工业经济时代，社会的发展主要依赖于科学技术的进步，然而，科学技术本身是一把双刃剑。人类逐渐面临诸如生态环境恶化、自然资源短缺、人口迅速膨胀等威胁着人类自身生存和发展的一系列重大问题。正是由于对上述问题的清醒认识，人们开始对工业化以来的社会发展模式进行深刻的反思。在 21 世纪，除了必须对人类既往的所作所为进行客观的评价外，我们还必须妥善处理物质文明和精神文明之间的关系问题。

在这样的背景下，同过去社会发展主要依赖于自然资源或物资力量相比较，具有高度科学文化素养和人文素养的人，对于 21 世纪人类发展则具有越来越重要的意义。

---

① 朱慕菊. 走进新课程：与课程实施者对话［M］. 北京：北京师范大学出版社，2002：2-10.

一、教育发展与学科背景

（一）课程改革

国际科学教育界从20世纪80年代开始系统提出“科学素养”“STS[①]教育思想”“科学探究”等概念，以及“建构主义学习观”“科学本质观”等观念。这些观念对世界各国面向21世纪改革科学教育的课程教材、教学和评价，产生了巨大且深远的影响。国际科学教育理论界对以培养学生的科学素养为核心的科学教育理论形成了前所未有的高度共识。1993年、1996年，美国先后出台科学教育的《2061计划》《美国国家科学教育标准》等一系列影响全球的科学教育改革文献。1996—2002年，世界上包括美国、英国、日本等一大批国家，相继颁布了以课程标准和课程框架为基本形式的，面向21世纪的基础科学教育课程改革的系列政策。

与此同时，我国科学教育和化学教育界在教学方法改革上积极提倡以启发式教学为主导思想的多样化教学。在课程与教学目标上，重视培养学生的自学能力、实验能力、思维能力、创新精神和实践能力；在课程与教学内容改革上，着重强调要注意联系生产生活实际，力图转变单纯应试教育的偏差。这些共同构成了中学化学新课程改革的思想背景和理论基础。

1999年6月，党中央、国务院召开全国教育工作会议，提出了我国要“深化教育改革，全面推进素质教育”。实施素质教育，成为教育改革的根本任务。

为了贯彻《面向21世纪教育振兴行动计划》和全国教育工作会议的精神，国务院在2001年6月召开了全国基础教育工作会议，并颁发了《关于基础教育改革与发展的决定》。同时，教育部决定大力推进基础教育课程改革，调整和改革基础教育的课程体系、结构、内容，制定符合素质教育要求的、新的基础教育课程体系，并在2001年颁发《基础教育课程改革纲要（试行）》。《基础教育课程改革纲要（试行）》是新一轮基础教育课程改革的指导性文件。其中包括课程改革目标、课程结构、课程标准、教学过程、教材开发与管理、课程评价、课程管理、教师的培养和培训、课程改革的组织与实施9个部分。纲要提出了本

① 科学（science）、技术（technology）和社会（society）的缩写。

次课程改革的六项具体目标（摘录如下）。这些目标构成了新一轮基础教育课程改革的总体框架。

（1）改变课程过于注重知识传授的倾向，强调形成积极主动的学习态度，使获得基础知识与基本技能的过程同时成为学会学习和形成正确价值观的过程。

（2）改变课程结构过于强调学科本位、科目过多和缺乏整合的现状，整体设置九年一贯的课程门类和课时比例，并设置综合课程，以适应不同地区和学生发展的需求，体现课程结构的均衡性、综合性和选择性。

（3）改变课程内容“难、繁、偏、旧”和过于注重书本知识的现状，加强课程内容与学生生活以及现代社会和科技发展的联系，关注学生的学习兴趣和经验，精选终身学习必备的基础知识和技能。

（4）改变课程实施过于强调接受式学习、死记硬背、机械训练的现状，倡导学生主动参与、乐于探究、勤于动手，培养学生搜集和处理信息的能力、获取新知识的能力、分析和解决问题的能力以及交流与合作的能力。

（5）改变课程评价过分强调甄别与选拔的功能，发挥评价促进学生发展、教师提高和改进教学实践的功能。

（6）改变课程管理过于集中的状况，实行国家、地方、学校三级课程管理，增强课程对地方、学校及学生的适应性。

基于课程基本理念和目标，2000年初步形成了现代化基础教育课程框架和考查标准，改革教育内容和教学方法，推行新的评价制度，开展教师培训，启动新课程实验。2001年6月，通过项目申报、评审、复审等程序，成立了各学科课程标准研制工作组。2000年7月至2001年2月，各标准研制工作组在专题研究的基础上形成了课程标准初稿，并在充分吸收各方面意见的基础上，对各科课程标准进一步修改和完善。2001年5月，教育部邀请了中科院院士、工程院院士、文史学家、艺术家、教育家对课程标准进行审议。2001年7月，教育部印发了18个学科的课程标准（实验稿）。

（二）化学科学的发展

20 世纪的化学功勋卓著，21 世纪的化学任重而道远。在 20 世纪末、21 世纪初的近 20 年里，化学工作者更关注分子间的相互作用和分子群的协同作用，关注分子的有序聚集规律和有序聚集体的性质，以及有序聚集体的可控制备和应用等。前所未闻的单分子行为、单分子器件的实验研究已经成为现实。相应地，化学表征的内涵也日益丰富，用于确定组成与结构的传统分析方法已经难以满足当今化学研究的需要，用于构象、形貌、分子间弱相互作用和单分子行为研究的新表征手段不断涌现，理论模拟的辅助作用更加突出。就创造新物质而言，当今的化学工作者不仅仅可以合成新物质，还可以“组装”新物质。

随着化学科学的发展，其在控制疾病、解决能源问题、治理环境、孕育新工业的发明创造、发展与加强国防、研发安全的新材料与新技术等方面的作用日益突出。人们已经逐渐认识到，解决制约人类经济和现代文明可持续发展的重大问题都有赖于化学工作者的努力和化学学科的发展。然而，化学科学在为人类社会发展做出不可替代贡献的同时，自身存在的问题也不容忽视。

在这样的背景下，通过化学教育让公众认识到：化学不但要认识世界，改造世界，而且还要保护世界。引导公民了解化学科学知识基础和前沿动态，认识化学在推动社会发展方面的积极意义，了解化学科学发展的局限性和带来的危害，相信高效能、无污染化学过程实现的可能性，继续支持化学科学的发展。

二、化学课程概要

（一）化学课程设置

义务教育阶段的化学课程以提高学生的科学素养为主旨，体现启蒙性、基础性。一方面提供给学生未来发展所需要的最基础的化学知识和技能，培养学生运用化学知识和科学方法分析和解决简单问题的能力；另一方面使学生从化学的角度逐步认识自然与环境的关系，分析有关的社会现象。

高中化学课程以进一步提高学生的科学素养为宗旨，着眼于学生未来的发展，体现时代性、基础性和选择性，兼顾学生志趣和潜能的差异以及发展的需要。为充分体现基础性，高中化学课程设置两个必修模块，注重从知识与技能、过程与方法、情感态度与价值观三个方面，为学生科学素养的发展和高中阶段后续课程的学习，打下必备的基础。同时，考虑到学生个性发展的多样化需要，为更好地实现选择性，高中化学课程设置了具有不同特点的 6 个选修模块，是必修课程的进一步拓展和延伸。在设置选修模块时，充分反映现代化学发展和应用的趋势，以物质的组成、结构和反应为主线，重视反映化学、技术与社会的相互联系。

不同阶段、不同课程模块之间的关系如图 12-1 所示。

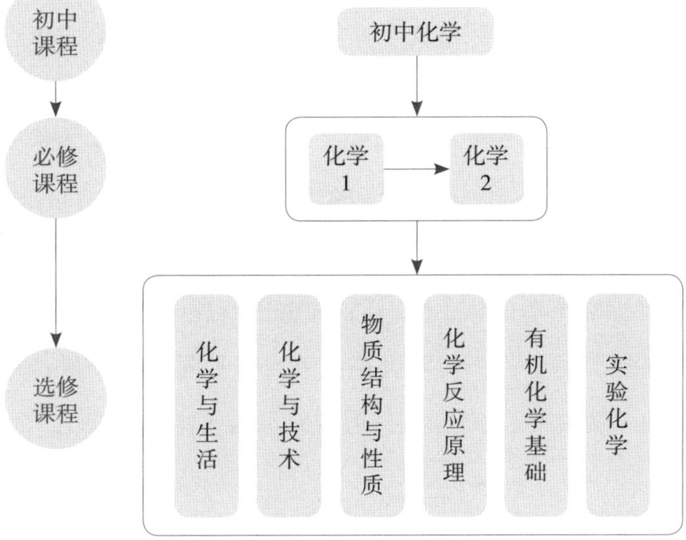

图 12-1　初、高中化学课程的设置

（二）课程标准

教育部制定的《全日制义务教育化学课程标准（实验稿）》和《普通高中化学课程标准（实验）》的相继颁布，标志着新一轮课程改革的开始。

这两份课程标准由前言、课程目标、内容标准和实施建议四个部分组成，系统阐述了化学课程改革的背景和课程性质，提出了化学课程的基本理念，说明了课程标准的基本框架和设计思路；对课程目标、学习主题、内容标准做了明确规定，并对学生的活动与探究给出了具体的建议。课程标准还对教学设计、教学评价、教材编写、课程资源利用与开发各方面的具体实践提出了针对性的建议，对教材编写具有较强的指导意义。

1. 课程标准确定的化学课程改革重点和基本理念

《全日制义务教育化学课程标准（实验稿）》把化学教育作为科学教育的重要组成部分，确立了化学课程改革的重点和基本理念。强调通过化学学习培养学生的合作精神、社会责任感，以及民族自尊心、自信心和自豪感，引导学生学会学习，学会生存，能更好地适应现代生活。强调评价的诊断、激励与发展功能。通过对档案袋评价和活动表现评价的强调，赋予发展性评价具体的内容和方法。

高中阶段的基本理念，强调立足于学生适应现代生活和未来发展的需要，着眼于提高21世纪公民的科学素养，构建“知识与技能”“过程与方法”“情感态度与价值观”相融合的高中化学课程目标体系（被称为“三维”课程目标）。拓展学生选择的空间，以适应学生个性发展的需要。引导学生进一步学习化学的基本原理和基本方法，形成科学的世界观。培养学生的社会责任感、参与意识和决策能力。积极倡导学生自我评价、活动表现评价等多种评价方式，关注学生个性的发展，激励每一个学生走向成功。

2. 课程标准规定的课程内容

根据课程目标和基本理念，《全日制义务教育化学课程标准（实验稿）》提出了5个一级主题，每个一级主题由若干个二级主题构成（表12-1）。《普通高中化学课程标准（实验）》对各模块内容规定了若干主题（表12-2）。

表12-1 《全日制义务教育化学课程标准（实验稿）》规定的一级主题和二级主题

一级主题	二级主题
科学探究	增进对科学探究的理解
	发展科学探究能力
	学习基本的实验技能
身边的化学物质	地球周围的空气
	水与常见的溶液
	金属与金属矿物
	生活中的常见化合物
物质构成的奥秘	化学物质的多样性
	微粒构成物质
	认识化学元素

续表

一级主题	二级主题
物质构成的奥秘	物质组成的表示
物质的化学变化	化学变化的基本特征
	认识几种化学反应
	质量守恒定律
化学与社会发展	化学与能源、资源利用
	常见的化学合成材料
	化学物质与健康
	保护好我们的环境

表 12-2 《普通高中化学课程标准（实验）》规定的各模块的主题

课程	模块	主题
必修	化学 1	主题 1　认识化学科学 主题 2　化学实验基础 主题 3　常见无机物及其应用
	化学 2	主题 1　物质结构基础 主题 2　化学反应与能量 主题 3　化学与可持续发展
选修	化学与生活	主题 1　化学与健康 主题 2　生活中的材料 主题 3　化学与环境保护
	化学与技术	主题 1　化学与资源开发利用 主题 2　化学与材料的制造、应用 主题 3　化学与工农业生产
	物质结构与性质	主题 1　原子结构与元素的性质 主题 2　化学键与物质的性质 主题 3　分子间作用力与物质的性质 主题 4　研究物质结构的价值
	化学反应原理	主题 1　化学反应与能量 主题 2　化学反应速率和化学平衡 主题 3　溶液中的离子平衡
选修	有机化学基础	主题 1　有机化合物的组成与结构 主题 2　烃及其衍生物的性质与应用 主题 3　糖类、氨基酸和蛋白质 主题 4　合成高分子化合物
	实验化学	主题 1　化学实验基础 主题 2　化学实验探究

3. 课程标准提出的教材编写建议

（1）《全日制义务教育化学课程标准（实验稿）》对教材编写提出了以下几条建议[①]：从学生的生活经验和社会发展的现实中取材；教材编写要符合学生的思维发展水平；选取适当的题材和方式，培养学生对自然和社会的责任感；提供多样化的实验内容，注重学生实践能力的培养；教材内容的组织应体现科学过程和科学方法的具体应用；在教材编写中注重对学生学习方法的指导；化学概念要体现直观性、关联性和发展性的特点；习题类型要多样化，应增加开放题和实践题的比例；教材编写要有利于发挥教师的创造性。

（2）《普通高中化学课程标准（实验）》对教材编写提出了以下几点建议[②]：教科书内容要有鲜明的时代性；教科书编写要处理好各课程模块之间的关系；教科书内容要反映科学、技术与社会的相互关系；教科书内容的组织要有利于学生科学探究活动的开展；习题类型要多样化，要增加实践题和开放题的比例；教科书编写要有助于发挥化学教师的创造性。

三、教科书概貌

（一）教科书制度

《基础教育课程改革纲要（试行）》对本阶段的教材开发与管理提出了相应的要求，成为化学教科书开发和管理的基本准则。纲要规定，实行国家基本要求指导下的教材多样化政策，鼓励有关机构、出版部门等依据国家课程标准组织编写中小学教材。教材编写者应根据教育部《关于中小学教材编写审定管理暂行办法》，向教育部申报，经资格核准通过后，方可编写。纲要同时规定，完善教材审查制度，除经教育部授权省级教材审查委员会外，按照国家课程标准编写的教材及跨省使用的地方课程的教材须经全国中小学教材审查委员会审查；地方教材须经省级教材审查委员会审查。教材审查实行编、审分离。

---

① 中华人民共和国教育部．全日制义务教育化学课程标准（实验稿）[M]．北京：北京师范大学出版社，2001：40-44．

② 中华人民共和国教育部．普通高中化学课程标准（实验）[M]．北京：人民教育出版社，2003：38-40．

此外，纲要要求改革中小学教材指定出版的方式和单一渠道发行的体制，严格遵循中小学教材版式的国家标准。教材的出版和发行试行公开竞标，国家免费提供的经济适用型教材实行政府采购，保证教材质量，降低价格。加强对教材使用的管理。教育行政部门定期向学校和社会公布经审查通过的中小学教材目录，并逐步建立教材评价制度和在教育行政部门及专家指导下的教材选用制度。改革用行政手段指定使用教材的做法，严禁以不正当竞争手段推销教材。

（二）化学教科书的出版

根据《基础教育课程改革纲要（试行）》的精神，依据课程标准对课程性质、目标、内容等的要求和对教材编写的相关建议，2001—2004 年，人民教育出版社、上海教育出版社、山东教育出版社、科学出版社联合广东教育出版社，以及湖南教育出版社共出版了 5 个版本的《义务教育课程标准实验教科书　化学　九年级》上、下册。

2004—2005 年，人民教育出版社、山东科技出版社和江苏教育出版社共出版了 3 个版本的《普通高中课程标准实验教科书　化学》。每套教科书按照课程标准中的模块划分（表 12-2），均包含必修 2 册，选修 6 册。

（三）代表性教科书及其选择

与以往相比，新课改时期的教科书最重要的特点就是呈现出“基本要求指导下的教材多样化”格局。各版本教科书以化学课程标准为依据，呈现出教科书体系构建兼顾学科逻辑、社会需求和学生特点等多种因素；内容选择多元化；内容组织线索多样化；内容呈现人性化的共同特点。

同时，由于编写团队的差异，各版教科书又都表现出各自的特色。例如，义务教育阶段的教科书中，由于人教版教科书编写团队具有丰富的教科书编写经验，对教科书知识体系、内容的难易度把握更加到位；上教版教科书编写组由课标组成员组成，能够更好地把握和落实新课程基本理念；鲁教版、科粤版和湘教版教科书则具有鲜明的地方特色。这种地方特色不仅表现在内容的选择上（如鲁教版的海水晒盐），也表现在技术手段的选择（如科粤版对手持技术的强调）等方面。

这样的教科书格局增强了地方自主权，使不同地区可以根据自身特点合理选择教科书。教科书内容上表现出的选择性、开放性和多元性等特点，不仅有利于教师教学能动性的发挥，同时能够切实促进学生创新精神和实践能力的发展。综合考虑以上因素，故将这些教科书（除了市场占有率极低的湖南教育出版社的义务教育教科书）均选为代表性教科书。

四、代表性教科书

（一）义务教育课程标准实验教科书

1.《义务教育课程标准实验教科书　化学》（人教版）

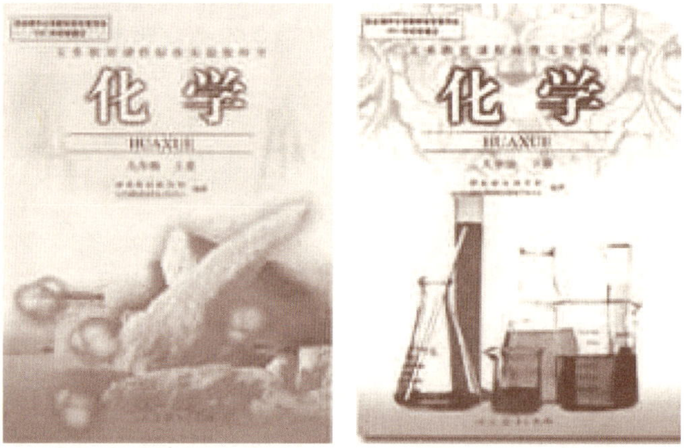

图 12-2 《义务教育课程标准实验教科书　化学》（人教版）封面

（1）基本信息

① 出版社：人民教育出版社；

② 版次：上册，2001 年 6 月第 1 版，

下册，2001 年 12 月第 1 版；

③ 编写人员：胡美玲、李文鼎、冷燕平、何少华、陈晨、乔国才、王晶、杜宝山；

④ 配套资源：上、下两册的教师教学用书（附光盘）、同步解析与测评、活动与探究报告册、教学录像带、教学投影片和网络资源等。

（2）编写指导思想

教科书的编写注意从知识与技能，过程与方法，情感、态度与价值观等方面全面体现初中化学课程的宗旨和目标，着眼于全面提高初中学生的科学素养。

贯彻以学生发展为本的思想，把促使全体学生的可持续发展以及使学生有个性的发展作为教科书设计的出发点，把学生终身学习必备的基础知识、基本技能和方法的学习，以及创新精神和实践能力的培养作为教科书设计的重点，全面、辩证地反映学生发展、社会需求以及学科内在规律三要素对教科书设计的整体要求，在课程改革新理念的指导下，合理构建教科书的体系结构。

改革教科书的呈现方式，使教科书编写体现学生活动和科学探究的特点，精心创设开展活动和科学探究的情境，引导学生积极参与知识的获取过程，以获得对科学探究活动的亲身体验，提高他们的学习兴趣，激发他们的求知欲望。

重视学生的生活经验，密切联系学生的生活实际，以及材料、能源、环境、生命科学等现代社会问题，体现化学与人类、社会发展的密切关系以及化学发展的最新成果，培养学生获取新知识的能力和运用知识解决实际问题的能力，并注意在对学生进行科学精神教育的同时进行人文精神教育。

教科书实行弹性设计，除了遵照课程标准精心编入必学内容外，还编入拓展性课题等内容，供学有余力的学生选学，以有利于因材施教，发展学生的个性特长。

注意图文并茂，加大以图代文和利用图画、资料等创设学习情境的力度。语言力求生动、简明，版面设计新颖活泼，有利于激发学生的学习兴趣。

（3）主要内容

《义务教育课程标准实验教科书　化学》（人教版）分上、下两册，共有12个单元。上册有3个附录“初中化学实验常用仪器和药品取用规则”“相对原子质量表”“部分名词中英文对照表”；下册有“寄语同学们”及两个附录“部分酸、碱和盐的溶解性表（20 ℃）”“部分名词中英文对照表”。此套教材主要内容如表12-3所示。

表 12-3 《义务教育课程标准实验教科书 化学》(人教版)单元标题及主要内容

册次	单元标题	主要内容
上册	绪言 化学使世界变得更加绚丽多彩	—
	第一单元 走进化学世界	物质的变化和性质，化学是一门以实验为基础的科学，走进化学实验室
	第二单元 我们周围的空气	空气，氧气，制取氧气
	第三单元 自然界的水	水的组成，分子和原子，水的净化，爱护水资源，最轻的气体(拓展性课题)
	第四单元 物质构成的奥秘	原子的构成，元素，离子，化学式与化合价
	第五单元 化学方程式	质量守恒定律，如何正确书写化学方程式，利用化学方程式的简单计算
	第六单元 碳和碳的氧化物	金刚石、石墨和 C_{60}，二氧化碳制取的研究，二氧化碳和一氧化碳
	第七单元 燃料及其利用	燃烧和灭火，燃料和热量，使用燃料对环境的影响，石油和煤的综合利用(拓展性课题)
下册	第八单元 金属和金属材料	金属材料，金属的化学性质，金属资源的利用和保护
	第九单元 溶液	溶液的形成，溶解度，溶质的质量分数
	第十单元 酸和碱	常见的酸和碱，酸和碱之间会发生什么反应
	第十一单元 盐 化肥	生活中常见的盐，化学肥料
	第十二单元 化学与生活	人类重要的营养物质，化学元素与人体健康，有机合成材料

(4)主要特点[①]

① 在体系结构的安排上重视学生的生活经验和对科学过程的感受

教科书体系结构的构建，注意融合学科课题与社会课题的相关内容，使学生能从切身感受中体验化学与人类、社会的密切关系，从而建立起正确的化学学习价值观。教科书不过分强调学科知识的逻辑顺序，而是更多地以学生对科

① 胡美玲.《义务教育课程标准实验教科书·化学》的设计思想和特点[J]. 化学教育，2002(3)：7-10.

学过程的感受为基础，采用化学理论与化学事实相结合的编写方法，将知识的学习与过程、方法、价值观等的培养结合起来，使教科书在一定程度上体现生活性、实用性以及初中学生的年龄特点，促使学生全面达到教学目标。教科书注意突出重点内容和核心概念，对于一些非重点概念，如“相对原子质量”“化合价”等，不再下严格的定义，而是采用通俗易懂的说法。

例如，关于“微粒构成物质”这部分内容，教科书将这个难点分散在了两个单元的三个课题中进行讲述。其中，课题“分子和原子”中，教科书首先通过“盛放在敞口容器中的水，在常温下会逐渐减少；如果受热会减少得更快”等生活中常见的现象入手（图 12-3），提出相关问题，从而得出：科学家认为物质是由微小的粒子——分子、原子、离子构成的。然后利用“活动与探究”，让学生观察两个实验的现象，从而总结出分子的部分特征，并利用分子的特征来解释相关的现象。接着，教科书联系学生在前面已经学过的物理变化和化学变化，通过对水的蒸发和水的分解两个不同变化的分析，得出化学变化的实质以及分子和原子的概念。此课题的安排就是从学生熟知的日常生活现象入手，将学生从宏观世界引入微观世界，学生从熟知内容到未知内容，跨度不大，逐步推进，分步建构，便于学生接受。

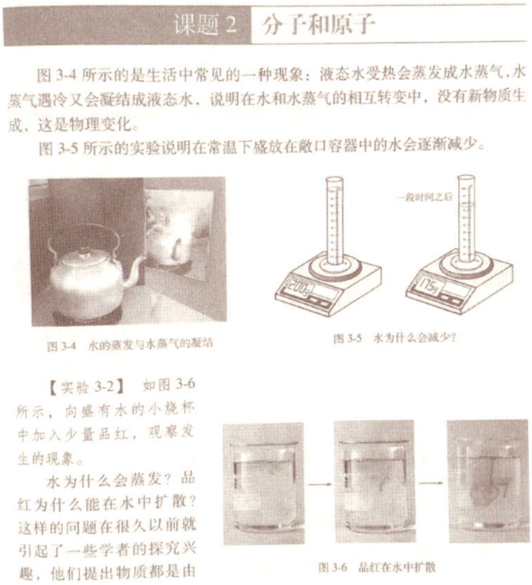
课题 2 分子和原子

图 3-4 所示的是生活中常见的一种现象：液态水受热会蒸发成水蒸气，水蒸气遇冷又会凝结成液态水，说明在水和水蒸气的相互转变中，没有新物质生成，这是物理变化。

图 3-5 所示的实验说明在常温下盛放在敞口容器中的水会逐渐减少。

图 3-4 水的蒸发与水蒸气的凝结

图 3-5 水为什么会减少？

【实验 3-2】 如图 3-6 所示，向盛有水的小烧杯中加入少量品红，观察发生的现象。

水为什么会蒸发？品红为什么能在水中扩散？这样的问题在很久以前就引起了一些学者的探究兴趣，他们提出物质都是由

图 3-6 品红在水中扩散

图 12-3 《义务教育课程标准实验教科书　化学》（人教版）的编排重视学生对科学过程的感受

② 在活动的设计上加强探究的力度，精心创设活动与探究的情境

教科书强化了其作为学生学习工具的功能，改变学生的学习方式，注意学生主动参与、乐于探究、勤于动手的学习情境的创设，精心编入了一定量的“活动与探究”内容。例如，在第一单元中就编入了“观察与描述——对蜡烛及其燃烧的探究”“我们吸入的空气和呼出的气体有什么不同”，引导学生对实验现象进行细致的观察和正确的描述，使学生体验科学探究的意义和乐趣。在随后的各单元中根据内容编写了相关的探究性实验、研究和讨论等活动，引导学生更多地采用体验学习和探究学习，使学生在探究过程中既学到学科的知识，又学习了探究的方法。

③ 在内容的选择上注意密切联系实际，反映最新科技成果

教科书注意贴近学生，贴近生活，编入了与生活、生产和科学技术实际联系密切的内容，如空气和水、燃烧和灭火、化石燃料和新能源、金属材料和金属资源保护、常见的酸和碱、化学与生活等。结合具体内容编入了“如何防止空气和水体污染”“如何灭火”“如何节约矿物资源”“如何使燃料充分燃烧”“如何防止钢铁锈蚀”等解决实际问题的课题，使学生通过化学学习，能初步解决一些与现代社会有关的实际问题。又如，教科书中编入了“化学·技术·社会”“调查与研究”等内容，使化学原理与生活、社会实际、最新科技成果联系起来，从而加深了学生对化学与人类进步及社会发展之间密切关系的了解。

④ 加强实验，改革实验内容和方法

教科书注意通过实验来反映化学原理和事实，提倡学生多做实验，把实验作为化学学习的重要手段。淡化了学生实验与演示实验的界限，使实验简单化、微型化和生活化。考虑到我国目前初中化学教学的实际情况，教科书注意编入了一些仪器简单、与学生生活联系紧密并体现环境保护精神的实验，如粉尘爆炸实验、酸雨危害的模拟实验、溶液的酸碱性对头发的影响等实验。这些实验简单易行、现象明显、说服力强，充分体现了化学是一门以实验为基础的科学。

⑤ 改革习题，分层设计

习题是反映课程内容和要求的一面镜子，它能全面体现课程的培养目标和

任务。为此，教科书既注意对习题“量”的控制，又注意对习题“质”的突破。将习题区分层次，既编入了一定量的反映重点内容和核心概念的习题，也编入了一定量的联系实际及对培养学生的创新精神和实践能力有重要作用的开放性习题，并力求这两者能够紧密结合。例如，教科书中编入了要求学生根据实际情况选择灭火的方法，以及要求学生根据家中使用燃料的情况，确定燃气报警器安装的位置等习题，较好地体现了教科书习题的功能。

⑥ 实行弹性设计，有利于因材施教和促使学生个性特长的发展

教科书中编入了不少“资料”和“化学·技术·社会”等内容，并编有“拓展性课题”，如最轻的气体、物质的分类等，以供学习兴趣爱好不同、学习水平不同、学制不同，以及学校条件不同的学生选用。

⑦ 呈现方式生动活泼，简明扼要

图画成为表达学习内容和学习方法的重要组成部分，尤其是教科书中那些实物照片和富有情趣的拟人画等，其真实、直观、亲切、深刻，起到了文字所难以起到的独特作用。例如，教科书中编入的世界一些国家的人均水量以及我国各地区人均水量的比较图，对一些地区缺水的警告会起到强烈的震撼作用；钠与氯气反应形成氯化钠的示意图及化学方程式的配平示意图，轻松幽默，却深刻地反映了其中的化学原理。核心概念“元素”的编写，是通过外国人不认识中文元素名称、道尔顿的元素符号、氧元素符号表示什么、超级市场的商品排列有序等一系列插图呈现出来的，既减少了大量枯燥的叙述文字，又较全面、形象地反映了元素符号的意义和元素周期表的含义。此外，每个单元都有体现本单元内容的主题图，这些主题图赏心悦目，内涵深刻，对展示各单元内容起到了积极的作用。教科书还加强了与学生的对话功能，语言叙述亲切、生动、简明、得体，教学互动性强。版面设计新颖活泼，美观实用。在节约资源的前提下，教科书充分利用每一版面，做到图文并茂，布局合理。

（5）使用及修订情况

人民教育出版社的编写团队具有丰富的教科书编写经验和深厚的教科书编写底蕴，因此，人教版教科书是5个版本教科书中使用最广泛的。此套教科书在2006年进行过改版修订。

2.《义务教育课程标准实验教科书　化学》（上教版）

图 12-4 《义务教育课程标准实验教科书　化学》（上教版）封面

（1）基本信息

① 出版社：上海教育出版社；

② 版次：上册，2001 年 8 月第 1 版，

下册，2002 年 1 月第 1 版；

③ 编写人员：王祖浩、王磊、王云生、吴星、王作民、程同森等；

④ 配套资源：上、下两册的教师教学指导书等。

（2）编写指导思想

以提高学生的科学素养为主旨，在“知识与技能、过程与方法、情感态度与价值观”三个方面体现学习目标。

给每个学生提供平等的学习机会，努力做到改变课程内容“难、繁、偏、旧”和过于注重书本知识的现状，加强课程内容与学生生活以及现代社会和科技发展的关系，关注学生的学习兴趣和经验，精选终身学习必备的基础知识和技能。

让学生有更多的机会主动地体验“探究过程”，在“做科学”中“养成科学态度，获得科学的方法”。为每一个学生的发展提供多样化的学习评价方式，全面评价学生掌握知识技能的程度、科学探究能力和实践能力，关注学生在情感、态度、价值观方面的发展。

（3）主要内容

《义务教育课程标准教科书　化学》（上教版）分上、下两册，共9章内容。此套教材的主要内容如表12-4所示。

表12-4 《义务教育课程标准教科书　化学》（上教版）章标题及主要内容

册次	章标题	主要内容
上册	第一章　开启化学之门	化学给我们带来什么？化学研究些什么？怎样学习和研究化学？
	第二章　我们身边的物质	由多种物质组成的空气，性质活泼的氧气，奇妙的二氧化碳，自然界中的水
	第三章　物质构成的奥秘	用微粒的观点看物质，构成物质的基本微粒，组成物质的化学元素，物质组成的表示方法
	第四章　燃烧　燃料	燃烧与灭火，定量认识化学变化，化石燃料的利用
下册	第五章　金属与矿物	金属与金属矿物，铁的冶炼　合金，金属的防护和回收，石灰石的利用
	第六章　溶解现象	物质的溶解，溶液组成的表示，物质的溶解性
	第七章　应用广泛的酸、碱、盐	溶液的酸碱性，常见的酸和碱，酸和碱的反应，酸、碱、盐的应用
	第八章　食品中的有机物	什么是有机物，淀粉和油脂，蛋白质和维生素
	第九章　化学与社会发展	化学与能源，化学与材料，化学与环境

（4）主要特点①②

① 突出基于学生已有经验的知识建构过程，促进学生科学思维能力的发展

上教版化学教科书大力落实教科书资源的建构性特点，内容和活动设置

① 摘编自王祖浩访谈文字资料。

② 刘江田.《义务教育课程标准实验教科书·化学》分析[J]. 化学教育，2002（10）：12-16.

突出对学生已有经验的调用，强调在生活情境中发现化学问题，基于真实问题引导学生开展探究活动，让学生在切实的探究中获得知识，掌握基本的化学科学思想方法。例如，下册第 7 章第一节“溶液的酸碱性”，一开始就安排了“你已经知道了什么”，其内容为：“食醋、酸奶和某些水果有酸味，面团用酵母发酵，条件控制不好会发酸。那么，日常生活中的哪些物质曾给你留下过‘酸’的印象？在通常情况下，是不允许品尝化学试剂的味道的。那么，我们怎么确定物质的酸、碱性呢？”从学生的经验出发，广泛选取学生身边的生活事例，来唤醒学生已有的经验，引导学生展开联想，提出问题，自发地进行观察、探究、讨论、交流等活动。通过这样的活动，让学生体验科学探究的过程和方法，把科学方法的学习和科学知识的学习放到同等重要的地位。教科书中还结合具体的学习过程将一些基本科学方法的教学显性化，例如，对科学中的“观察”“科学探究”“比较”“定量研究”等进行了解析。这样的教科书设计在发展学生探究能力的同时又能使学生感到化学就在身边，化学有趣易学。体现了儿童性、生活性和实用性；体现了初中化学课程的启蒙性、基础性和发展性。

② 紧密联系生活与社会需求，反映化学科学发展前沿，突出 STS 思想

随着科学技术的不断发展，如何协调科学、技术与社会之间的关系成为人类社会面对的共同问题。面对大众对化学科学的误读与片面认识，在化学科学的启蒙阶段，让学生科学认识化学与生活以及社会生产之间的联系，深刻认识化学科学的价值，就成为义务教育化学教学的重要目标。上教版化学教科书注重体现化学与社会发展的关系以及化学发展的新成果，突出 STS 思想。教科书中选取生命科学（如克隆多利绵羊等）、材料（如纳米材料等）、能源（如氢能、中国节能标志等）、资源（如金属矿物、保护水资源、物品回收标志等）、环境（如中国环境标志、污水、废气、固体垃圾等的危害和处理）等社会实际问题为载体，从中引出化学学习内容，让学生在实际情境中展开学习，引导学生将化学知识用于实际情境。教科书还设置了 STS 专题“化学与社会发展”，在这一专题中着重探讨化学与能源、材料、环境的关系。通过“调查当地的水资源污染状况及其造成的危害，并讨论可以采取哪些措施来保护水资源”这样的综合性实践活动进一步落实 STS 教育思想。

③ 栏目设计突出对话性，促进学生学习方式的转变

化学教科书设置了让学生自主探索的“观察与思考”“活动与探究”“交流与讨论”“联系与实践”等栏目。“观察与思考”“活动与探究”“交流与讨论”这些栏目的设计能够有效引导教学资源与学生的对话，学习者与教学者之间的对话，以及学生之间的对话，促进小组合作学习与自主探究学习方式的有效落实。“联系与实践”栏目引导学生“从报刊、影视或互联网上查阅、收集有关化学促进科技和生产发展的事例，和同学们交流、讨论”。这样的设计加强了化学教科书内容和更广阔的信息资源之间的开放性联系，突破了化学教科书内容的局限性的同时，也为学生逐渐形成自主学习与终身学习能力奠定了基础。此外，教科书在习题部分增加了问题设计和习题设计的探索性和开放性，增加了开放题和实践题的比例。过程开放或结论开放的习题能为学生提供积极探究的问题情境，鼓励学生多角度、多层次的思考问题，有助于充分调动学生的潜在能力。

④ 图文并茂，版式新颖活泼，内涵丰富

上教版化学教科书在设计上体现了图文并茂的特点。教科书中采用了大量精美的插图（294 幅），图的形式有彩色照片、三维立体绘图、平面绘图。图的内容包括化学家及其研究成果，古代化学的成就和化学发展的最新成果，与化学相关的生产、生活、自然实景，化学实验装置、操作、现象和物质的照片，物质的用途，物质的结构示意图等。丰富多彩的图片和广阔的背景素材激发学生学习兴趣的同时，将科学精神教育和人文精神教育进行了有机融合，大大加强了化学教科书的人文性和艺术性，增加了化学教科书的素质教育内涵。

（5）使用及修订情况

教科书获得了实验区师生的广泛支持和认可。针对使用过程中发现的个别问题，上海教育出版社先后对上、下册进行了修订：上册分别在 2010 年和 2011 年修订了两版，下册分别在 2009 年、2010 年和 2011 年修订了三版。

3.《义务教育课程标准实验教科书　化学》(鲁教版)

图 12-5 《义务教育课程标准实验教科书　化学》(鲁教版)封面

(1)基本信息

① 出版社：山东教育出版社；

② 版次：上册，2004 年 6 月第 1 版，

下册，2004 年 6 月第 1 版；

③ 编写人员：毕华林、卢巍、曹心对、程同森、丛祥滋、孙志学、赵猛、刘辉；

④ 配套资源：上下两册的教学指导书等。

(2)编写指导思想

改变传统课程过于注重知识技能传授的倾向，突出“以学生发展为本”的理念，以提高学生的科学素养为主旨，加强科学过程和方法教育，重视情感、态度与价值观的养成，全面落实化学课程目标。

精选教科书内容，突出化学基本观念和核心概念的学习，重视从学生的生活经验出发，选择那些对于学生发展具有较高价值，同时又是学生感兴趣并能够理解的内容，为培养学生终身学习的愿望和适应现代社会生活打下良好的基础。

依据学生的认知发展规律和知识基础组织教科书内容，努力创设问题情境，突出教科书的思考性，将新知识的学习与问题解决活动有机结合，引导学生积极主动地建构化学知识。

改革教科书内容的呈现方式，重视科学探究活动的设计，处理好探究过程与结果的关系，提高探究活动的效率，促进学生学习方式的转变。

设计不同形式、不同层次的评价活动，为学生提供多样化的学习评价方式，重视引导学生对学习过程和学习结果进行反思、整理，培养学生自我反思的意识和能力。

注重图文并茂，特别是运用微观粒子模型促进学生对概念的理解；语言力求生动、简明，富于人性化；版面设计新颖活泼，有利于激发学生的学习兴趣。

教科书应具有一定的灵活性和开放性，为不同层次的学生提供选择的空间，促进学生的个性发展。

重视教科书的创新，根据山东省社会经济发展的需求以及学生的实际状况，编出教科书的特色。

（3）主要内容

《义务教育课程标准教科书　化学》（鲁教版）分上、下册，共9个单元。上册有3个附录“化学实验室安全规则”“初中化学实验常用仪器”“相对原子质量表”；下册有4个附录“相对原子质量表”“部分酸、碱和盐的溶解性表（20 ℃）”“基本概念索引”“化学方程式索引”。此套教科书主要内容如表12-5所示。

表12-5 《义务教育课程标准教科书　化学》（鲁教版）单元标题及主要内容

册次	单元标题	主要内容
上册	第一单元　化学改变了世界	奇妙的化学，化学之旅，走进化学实验室
	第二单元　水和溶液	水分子的运动，水的分解与合成，原子的构成
	第三单元　我们周围的空气	空气的成分，物质组成的表示，性质活泼的氧气
	第四单元　燃烧与燃料	燃烧与灭火，化学反应的表示，化石燃料及其利用，大自然中的二氧化碳
	第五单元　常见的酸和碱	生活中的酸和碱，中和反应及其应用，酸和碱的性质，化学反应中的有关计算

续表

册次	单元标题	主要内容
下册	第六单元　海水中的化学	海洋化学资源，海水“晒盐”，海水“制碱”
	第七单元　金属	常见的金属材料，金属的化学性质，钢铁的锈蚀与防护
	第八单元　化学与健康	食物中的有机物，化学元素与人体健康，远离有毒物质
	第九单元　化学与社会发展	化学与能源开发，化学与材料研制，化学与农业生产，化学与环境保护

（4）主要特点[①]

① 体系结构兼顾学科逻辑和社会需求

在确定教科书单元主题时，不追求严密的学科知识的逻辑结构，但也不完全以社会问题为核心，而是努力将化学知识与社会生活情境相融合，选择那些既与社会和生活实际密切相关，又具有一定的内在逻辑联系，同时又是学生感兴趣并能理解的知识内容组成单元主题。在确定单元主题的编排顺序时，充分考虑学生已有的知识经验，处理好学科知识的内在联系与学生认知发展规律间的关系，努力做到由浅入深，由近及远，由简单到复杂，引导学生从身边的化学现象入手，学习有关物质构成和变化的知识，然后运用所学的化学知识解决社会实际问题，即贯彻“从生活走进化学，从化学走向社会”的改革思路，激发学生学习化学的兴趣，促进学生的学习和发展。例如，对于溶液的知识，教科书以生活中学生熟悉的盐水为原型提出问题，引导学生学习；对于溶解度，则是以海水晒盐为原型，通过对晒盐过程的分析，使学生认识和理解饱和溶液、结晶和溶解度等概念。

② 重视化学基本观念的作用

化学基本观念不是具体的化学知识，它是在具体化学知识的基础上通过不断概括、提炼而形成的，它对学生终身学习和发展都将发挥重要的作用。重视化学基本观念的主导作用是革除传统教科书内容的“繁、难、偏、旧”，实现删

① 毕华林，卢巍．义务教育化学课程标准实验教科书分析［J］．化学教育，2004（06）：19-23．

繁就简、化难为易的重要方法。教科书内容的选择，特别强调化学基本观念对一般具体知识的统率作用。

依据课程标准，教科书以元素观、微粒观、化学反应与能量、物质分类、化学的价值观等基本观念为核心，选择那些能形成和体现这些基本观念的具体内容，并在每一单元中都突出基本观念的主导地位，引导学生将具体化学知识和概念的学习与基本观念的形成有机地融合在一起。例如，“微粒观”的主要内容包括“物质是由原子、分子、离子等基本微粒构成的，微粒很小，微粒是运动的，微粒间有间隙，微粒间存在着相互作用”。在教科书中，围绕这一基本观念，分别从不同的章节、结合不同的内容，如水的三态变化、水的分解、氯化钠的溶解、木炭的燃烧、氢气的燃烧和爆炸、中和反应、食品中的有机物等，使学生通过不断的学习，循序渐进地建立起这一基本观念。

③ 突出化学学科的思维方式

教科书内容的选择，依据学生的心理发展水平，尽可能将宏观与微观有机地结合起来，通过形象化的微粒模型、拟人画等方式，使学生建立起微观粒子行为的表象，引导学生从微观本质上认识和思考宏观的现象和变化，促进学生对知识的理解。可以说，突出化学学科的思维方式，引导学生从宏观与微观相结合的视角认识物质，是教科书内容选择和呈现方面最突出的特点。

④ 加强科学过程和科学方法教育

将科学探究作为义务教育阶段化学课程的重要内容，是本次化学课程改革最突出的特点。教科书内容的选择，重视科学方法教育，体现科学探究的基本过程，将科学探究的过程和方法作为学生学习的对象，而不是直接告诉学生现成的结论。

⑤ 以问题为中心组织教科书内容

教科书的组织激发学生积极思考，引导学生通过高水平的思维活动进行学习，促进学生学习方式的转变，全面提高科学素养。思维是在一定的问题情境中产生的，问题是思维的源泉，更是思维的动力，保证学生深层次认知参与的核心是问题。为此，教科书注意从学生的生活实际出发，创设能引发问题的情境、说法、事例，以问题为中心组织教科书内容，通过问题启动探究、深化探究、反思探究，把问题的解决与新知识的学习紧密结合起来。

⑥ 强调学习情境和探究活动的真实性

教科书重视从学生已有的知识经验和实际生活出发，创设真实、生动、能引发学生思考和活动的学习情境，以促进学生对新知识的理解。同时，教科书中探究活动的设计避免机械、表面化，不要求学生在教科书安排好的步骤中进行“活动”，而是重视探究活动的开放性，强调探究结果的“悬念性”和真实性，将学生多样性的探究活动作为宝贵的教学资源。例如，在“影响蜡烛燃烧的因素”“质量守恒定律”“中和反应”等探究实验中，教科书不再规定学生必须做哪些实验，而是提供多种选择，允许学生自主设计实验，完成实验；在探究结果部分，教科书给各种不同答案都留出了思考和讨论的空间，使学生在思想的碰撞、交流中不断完善自己的观点。在这样的探究活动中，每一个学生都有自己的发现，能真正体会到探究的乐趣。

另外，学生探究活动的实施还受教科书内容的难度、学生的认知发展水平、探究场所等多种因素的影响。为使学生真正参与到探究活动中来，教科书中探究活动的设计注意从学生的实际情况出发，循序渐进，从部分探究到完整的探究，从模仿探究到独立的探究，逐渐增大探究活动的开放性程度。例如，海水晒盐一节中，“哪些因素影响固体物质的溶解限量”的实验探究活动，在第 1 个环节中，告诉学生实验的操作步骤，学生按照给定的步骤进行实验、记录现象、获得结论；而在第 2 个环节中，只给出探究的题目，让学生模仿第 1 个实验自己设计方案，独立进行探究。这样就可以避免由于探究活动的跨度太大，造成学生探究的困难，使探究活动流于形式。

⑦ 内容呈现符合学生的学习心理

教科书内容的呈现，依据学生的学习心理，以科学探究活动为线索，通过具体的栏目来引导学生学习。相对于纯文本的叙述，栏目更能体现学习的方向性和阶段性，它与文字叙述、图片融为一体，引导学生积极参与学习活动，充分体现了教科书与学生对话的功能，有利于实现学习方式的多样化，促进学生的学习和发展。

教科书中主要设计了“实验探究”“活动天地”“交流共享”“多识一点”“在线测试”“由你决定”“长话短说”“挑战自我”“信息冲浪”“单元练习与实践”等栏目。不同的栏目具有不同的功能，对学生的学习起着不同的导向作用。

教科书根据学习内容的特点和学生的认知发展水平，设计和精选有关的图画，以激发学生的学习兴趣，增进学生对知识的理解，发展学生的情感和智能。教科书中的图画主要包括实物照片、物质结构模型图、反应过程示意图、数据曲线图、拟人化图片等。这些图片形象直观，内涵丰富，成为教科书内容的重要组成部分。同时，这些丰富多彩的图片还使教科书的版面更加美观，有力地激发了学生阅读的欲望。

教科书语言叙述简洁明了，亲切生动，容易为学生所理解，有利于激发学生阅读和学习的兴趣，使他们感受到与教科书的平等交流。

（5）使用及修订情况

使用该教科书的地区包括山东省的济南、青岛、潍坊、聊城、泰安，以及安徽省黄山市等。教科书获得了实验区师生的广泛支持和认同。针对使用过程中发现的个别问题，山东教育出版社先后对上、下册进行了修订，但版次未动。

4.《义务教育课程标准实验教科书　化学》（科粤版）

图 12-6 《义务教育课程标准实验教科书　化学》（科粤版） 封面

（1）基本信息

① 出版社：科学出版社、广东教育出版社；

② 版次：上册，2004 年 2 月第 1 版，

下册，2004 年 10 月第 1 版；

③ 编写人员：江琳才、李开祥、汪朝阳、钱扬义；

④ 配套资源：上、下两册的教师教学用书。

（2）编写指导思想

充分体现当今时代国家的新发展、新要求，加强爱国主义教育，加强学生的道德素质培养，使教材具有鲜明的时代性。

严格执行课程标准，以提高学生的科学素养为主旨，落实“三维”课程目标，培养学生的创新精神和实践能力，“减量降难”，促进学生的全面发展，从而使教材的理念、目标、结构、内容、方法、手段、评价等方面都与课程标准有完满的契合度。

使教材符合初中学生的心理特点和学习规律，关注人类社会发展基本问题，联系生活和社会现实，提供多样化的实验和学习情境，从生活进入化学，再从化学到社会和环境。采用生动有趣、具体简明的呈现方式，使教材具有突出的特色。

（3）主要内容

《义务教育课程标准教科书 化学》（科粤版）分上、下册，共 10 个单元。上册有两个附录“相对原子质量表”“部分化学名词汉英索引”，下册有 3 个附录“部分酸、碱和盐的溶解性表（室温）”“初中化学常用的量和单位”“部分化学名词汉英索引”。此套教材主要内容如表 12-6 所示。

表 12-6 《义务教育课程标准教科书　化学》（科粤版）章标题及主要内容

册次	章标题	主要内容
上册	第一章　大家都来学化学	生活与化学，物质的变化，物质性质的探究，化学与社会发展
	第二章　认识空气、保护空气	空气的成分，探究空气中物质构成的奥秘，保护空气的洁净清新
	第三章　维持生命之气——氧气	认识氧气，制取氧气，燃烧条件与灭火原理，辨别物质的元素组成
	第四章　生命之源——水	我们的水资源，饮用水，探究水的组成，表示物质组成的化学式，化学方程式
	第五章　燃料	洁净的燃料——氢气，组成燃料的主要元素——碳，古生物的“遗产”——化石燃料

续表

册次	章标题	主要内容
下册	第六章　金属	奇妙的金属性质，金属矿物与冶炼，珍惜和保护金属资源
	第七章　溶液	溶解现象，物质溶解的量，溶液浓稀的表示，晶体的成长，乳化作用
	第八章　生活中的酸、碱、盐	重要的酸，常见的碱，溶液的酸碱性，常用的盐，化学肥料，海洋资源的综合利用
	第九章　现代化学合成材料	有机物的特征，我们周围的塑料，合成橡胶和合成纤维，层出不穷的新材料
	第十章　食品、药品与健康	食品中的有机营养素，生物微量元素与健康，防治疾病的药品，警惕危害健康的化学品

（4）主要特点[①]

教科书的编写突出了以学生的发展为本，以提高学生的科学素养为主旨的指导思想。

① 内容选择体现基础性，注重启蒙性

初中化学教学是化学教育的启蒙阶段，它的任务是提高学生的科学素养，激发学生学习化学的兴趣，帮助学生了解科学探究的基本过程和方法，培养学生的科学探究能力，使学生获得进一步学习和发展所需要的化学基础知识和基本技能。

教科书知识结构完整，技能要求明确。同时，对于化学概念不再过分强调定义的严密性，而是采用了灵活且学生易于接受的语言表述。以往学生感到较难掌握的化学计算，总体上降低难度，尽量避免烦琐的数学运算。有些初中生较难理解的与化工生产相关的内容也降低了要求。如“石油、煤和天然气的综合利用”的基本要求就是能够知道石油、煤和天然气综合利用的方法、依据的原理和简单的过程，并没有过多涉及实际的生产原理和过程。在内容编排上，采用理论知识与事实性知识穿插编排的形式，分散难点。

① 摘编自钱扬义访谈文字资料。

② 实施自主学习，强化科学探究

教科书以探究实际生活的重要问题（如“认识空气”“维持生命之气——氧气”“水资源的利用”“环境保护”等）为线索展开教学内容。通过提供实验事实、科学史话等材料，采用分析、归纳的方法使学生获得化学知识。教科书设计了包括“金属铜受热发生变化的实验探究”“呼入和呼出气体成分的探究”“水由什么元素组成的实验探究”等在内的10个探究活动。在探究过程中发展学生的探究能力和对科学本质的认识，过程与方法目标、情感态度与价值观目标始终贯穿在化学事实、概念和理论的学习过程中。同时，教科书引入了手持技术实验，如通过手持技术探究酒精灯火焰等，让学生感受现代技术对化学科学的促进作用。

教科书突出了科学探究过程和科学方法的训练，注意遵循“内容由易到难、指导由多到少”的原则。例如，在第一章“金属铜受热发生变化的实验探究”中，考虑到师生刚接触探究活动，教科书先给出一个完整的探究范例，既让教师明确完整的科学探究实施步骤，又让学生了解科学探究的过程和方法。教科书中还特别设置了“操作指引”，提醒学生做实验时需要注意的事项，帮助学生形成正确的实验操作习惯和安全意识。在“金属铜化学性质的探究”之后提出问题：“如果在完成实验1-8后，趁热打开试管的胶塞，你估计试管内铜片的红色部分会有什么变化？说明理由。”引导学生认识到对知识的探究是没有终点的，鼓励他们深入地思考如何研究问题和提出问题，体验实验探究活动的乐趣和学习成功的喜悦。

③ 关注化学与人类社会发展的关系，体现时代发展要求

教科书体现了化学与生活紧密相连、互相促进的特点，关注了环境、能源、材料和生命主题。同时，教科书还充分体现了多学科的交叉和融合，突出内容的综合性，涉及物理、生物、地理等学科知识，还涉及垃圾处理、能源开发、矿产资源等主题，给出了实际应用中的化学视角。例如，第十章中“防治疾病的药品”专题，结合生命科学知识关注中药、西药和复合药的主要成分，引导学生合理选择和使用药物，为学生能够做出与化学相关的日常生活问题的合理决策奠定基础。再如，介绍“保护空气的洁净清新”时，教科书的编写更多地考虑了如何检测空气环境的质量，突出技术创新对于经济、社会发展的关键

作用。

同时，教科书的编写还体现了课题生活化、形式活泼化、栏目多样化、要点清晰化和资源网络化的特点。教科书运用了51幅漫画，形式活泼。设置了激问性、实验性、研讨性、介绍性、拓展性、归类性和评价性等功能性栏目，促进学生知识建构和内化迁移。

（5）使用及修订情况

教科书使用量每年超过120万套，获得实验区师生的广泛支持和认同。针对使用过程中发现的个别问题，编者在2008年对上、下册进行了修订。

（二）《普通高中课程标准实验教科书　化学》（人教版）

图 12-7 《普通高中课程标准实验教科书　化学》（人教版）封面

1. 基本信息

① 出版社：人民教育出版社；

② 版次：2004 年 5 月—2005 年 12 月第 1 版；

③ 编写人员：宋心琦、王晶、郑长龙、李文鼎、王作民、李桢、吴海建、周天泽、乔国才、刘杰三、吴国庆、李俊、何少华、金仲鸣、冷燕平、程耀尧、刘斌、杜宝山、周宁怀、申敬红，学科顾问为张青莲、唐有祺、白春礼、武永兴、张健如；

④ 配套资源：各册教科书的配套教师教学用书、同步解析与测评、活动与探究报告册、教学电子产品、网络资源等。

2. 编写指导思想

以培养学生的科学素养为宗旨，全面体现化学课程目标：重视知识与技能的培养；突出科学探究的教育意义、过程和方法；强调课程在情感、态度、价值观培养等方面的教育功能。

以学生的发展为本，在科学教育中渗透人文教育思想，促进学生的可持续发展。通过探究活动的开展，加强学生之间的合作精神；通过社会性内容的展开及社会调查等活动，体现人对社会的适应能力。

加强实践活动和探究活动，培养学生的创新精神和实验能力。教材设计不同形式的探究活动；按探究思路组织和呈现内容，通过探究活动介绍科学探究的方法和过程。以学生发展为本，促进教学方法的变革。在主动探究中，激发学生的学习兴趣，培养创新能力，提高科学素养，促进全面发展。

重视学生的生活经验，联系生活、生产和社会实际，突出STS的观点，展现化学发展的最新成果，体现化学的应用价值。

内容选择体现基础性、时代性和选择性。切实把握基础性——深难度适中，素材精选；关注不同兴趣、不同志向学生的适应性。力求最大限度地适应不同地区、不同学校的教学实际，在确保各类学校均能完成的前提下，满足有条件、有特色的学校，以及有特长、有兴趣的师生在教育和能力发展上的需求。

注意必修模块与选修模块的衔接，必修教科书内容强调基础性，选修模块在必修模块的基础上拓宽和加深。恰当定位选修教材的理论水平，对于必修涉及的、已有一定基础的内容，适当深入、拓宽；对于必修未涉及的、较生疏和抽象的内容，则尽量简化，使其通俗易懂。

3. 主要内容

《普通高中课程标准实验教科书 化学》（人教版）共分8册，其中2册必修，6册选修。本套教材的主要内容如表12–7所示。

表12–7 《普通高中课程标准实验教科书 化学》（人教版）章标题及主要内容

册次	章标题	主要内容
化学1（必修）	1. 从实验学化学	化学实验基本方法，化学计量在实验中的应用
化学1（必修）	2. 化学物质及其变化	物质的分类，离子反应，氧化还原反应
	3. 金属及其化合物	金属的化学性质，几种重要的金属化合物，用途广泛的金属材料
	4. 非金属及其化合物	无机非金属材料的主角——硅，富集在海水中的元素——氯，硫和氮的氧化物，氨 硝酸 硫酸
化学2（必修）	1. 物质结构 元素周期律	元素周期表，元素周期律，化学键
	2. 化学反应与能量	化学能与热能，化学能与电能，化学反应的速率和限度
	3. 有机化合物	最简单的有机化合物——甲烷，来自石油和煤的两种基本化工原料，生活中两种常见的有机物，基本营养物质
	4. 化学与自然资源的开发利用	开发利用金属矿物和海水资源，资源综合利用 环境保护

续表

册次	章标题	主要内容
化学与生活（选修 1）	1. 关注营养平衡	生命的基础能源——糖类，重要的体内能源——油脂，生命的基础——蛋白质，维生素和微量元素
	2. 促进身心健康	合理选择饮食，正确使用药物
	3. 探索生活材料	合金，金属的腐蚀和防护，玻璃、陶瓷和水泥，塑料、纤维和橡胶
	4. 保护生存环境	改善大气质量，爱护水资源，垃圾资源化
化学与技术（选修 2）	1. 走进化学工业	化工生产过程中的基本问题，人工固氮技术——合成氨，纯碱的生产
	2. 化学与资源开发利用	获取洁净的水，海水的综合利用，石油、煤和天然气的综合利用
	3. 化学与材料的发展	无机非金属材料，金属材料，高分子化合物与材料
	4. 化学与技术的发展	化肥和农药，表面活性剂　精细化学品
物质结构与性质（选修 3）	1. 原子结构与性质	原子结构，原子结构与元素性质
	2. 分子结构与性质	共价键，分子的立体构型，分子的性质
	3. 晶体结构与性质	晶体的常识，分子晶体与原子晶体，金属晶体，离子晶体
化学反应原理（选修 4）	1. 化学反应与能量	化学反应与能量的变化，燃烧热　能源，化学反应热的计算
	2. 化学反应速率和化学平衡	化学反应速率，影响化学反应速率的因素，化学平衡，化学反应进行的方向
	3. 水溶液中的离子平衡	弱电解质的电离，水的电离和溶液的酸碱性，盐类的水解，难溶电解质的溶解平衡
	4. 电化学基础	原电池，化学电源，电解池，金属的电化学腐蚀与防护

续表

册次	章标题	主要内容
有机化学基础（选修 5）	1. 认识有机化合物	有机化合物的分类，有机化合物的结构特点，有机化合物的命名，研究有机化合物的一般步骤和方法
	2. 烃和卤代烃	脂肪烃，芳香烃，卤代烃
	3. 烃的含氧衍生物	醇 酚，醛，羧酸 酯，有机合成
	4. 生命中的基础有机化学物质	油脂，糖类，蛋白质和核酸
	5. 进入合成有机高分子化合物的时代	合成高分子化合物的基本方法，应用广泛的高分子材料，功能高分子材料
实验化学（选修 6）	1. 从实验走进化学	课题一　实验化学起步，实验 1-1　蓝瓶子实验；课题二　化学实验的绿色追求，实验 1-2　氯气的生成及其性质的微型实验，实验 1-3　污水处理——电浮选凝聚法
	2. 物质的获取	课题一　物质的分离和提纯，实验 2-1　纸上层析分离甲基橙和酚酞，实验 2-2　海水的蒸馏，实验 2-3　从海带中提取碘；课题二　物质的制备，实验 2-4　硫酸亚铁铵的制备，实验 2-5　乙酸乙酯的制备及反应条件探究，实验 2-6　氢氧化铝的制备
	3. 物质的检测	课题一　物质的检验，实验 3-1　几种无机离子的检验，实验 3-2　几种有机物的检验，实验 3-3　植物体中某些元素的检验；课题二　物质含量的测定，实验 3-4　酸碱滴定曲线的测绘，实验 3-5　比色法测定抗贫血药物中铁的含量，实验 3-6　食醋中总酸量的测定
	4. 研究型实验	课题一　物质性质的研究，实验 4-1　纯净物与混合物性质的比较，实验 4-2　金属镁、铝、锌化学性质的探究；课题二　身边化学问题的探究，实验 4-3　含氯消毒液性质、作用的探究，实验 4-4　饮料的研究；课题三　综合实验设计（选学），实验 4-5　综合实验设计实践

4. 主要特点[①]

① 教科书内容和课程标准的内容要求吻合度较高

教科书和课程标准的吻合度较高，课程标准中要求的内容都有所体现。例如，选修1《化学与生活》教材共有四章内容，分别为——关注营养平衡、促进身心健康、探索生活材料、保护生存环境，充分体现了课程标准中本模块内容要求的三个一级主题——化学与健康、生活中的材料、化学与环境保护。选修3《物质结构与性质》教材的三章内容，也与课程标准中四个主题的核心知识与要求基本一致。

② 教科书内容突出学科取向与社会取向的融合

教科书利用内容本身的特点，将学科内容的呈现与社会需求有效地进行整合。例如，在化学1必修的第四章中，对SO_2和NO_2这两种大气污染物的危害和防治进行了详细介绍。在学习化学知识的同时，提高学生保护环境的意识。再如，金属及其化合物没有按照“族”进行介绍，而是突出社会取向，直接介绍有代表性的单质和化合物。又如，选修2《化学与技术》建构教材体系时重点考虑的问题是：从我国经济、社会发展的现实需要出发，选择一些典型的、重要的课题，揭示生产过程的化学基本原理和核心技术，培养学生的技术创新意识和能力。据此，各单元以社会需求为导向，以建立在化学基础上的技术及其发展为重点设计教科书的体系，各课题以“人类需要的物质产品——化学反应原理——生产过程及其发展”为线索构建体系。

③ 教科书内容的选择体现基础性、时代性和选择性

在内容选择上，必修模块内容注重体现基础性，突出化学学科的基本结构。选修模块内容突出体现时代性和选择性。例如，选修3《物质结构与性质》中的构造原理、价层电子对互斥模型、配合物理论、手性分子、金属晶体的基本堆积模型、原子基态和激发态、原子光谱和分子光谱等内容的选取，既丰富了中学物质结构的内容，提高了学生的学习兴趣，又充分考虑到了时代性和实用性。

④ 以学科知识为依托，培养学生分析和解决问题的能力

学科知识是骨架，生活中的许多现象都与化学知识密切相关。教科书采取“圆心到圆面”的处理方式，以学科知识为圆心，然后对与社会有关的实际问题

---

① 王晶，李文鼎. 继承　发扬　创新：人教版普通高中新课程标准实验教科书《化学》编写及试用情况简介［J］. 化学教育，2005（增刊1）：44-47.

进行分析。一方面，使学生通过学习能深刻理解化学的基本观点，加深对化学基础知识和基本方法的认识和掌握，有利于激发学生学习化学的兴趣；另一方面，通过多种途径促使学生应用已有的化学原理，解决实际问题。教科书十分注意从化学视角去分析问题，注意引导学生用已有的化学知识去解决问题。例如，选修4《化学反应原理》包括四章内容，从各章节主题可以看出，第一章和第四章介绍了化学能与热能、电能的转化，引导学生分析和讨论能源问题；第二章和第三章介绍了化学平衡理论及其应用，渗透了化工生产问题的讨论。

⑤ 原理性内容集中编写，注意衔接

选修3《物质结构与性质》把有关物质结构的内容集中在一起研究，克服了以前物质结构知识点零散分布的不足，凸显了物质结构理论在现代化学中的重要地位。此册教科书设计紧贴课程标准，以必修为依托，内容编排力求符合学科本身的内在联系，“原子—分子—晶体”，逻辑关系清晰。整个原理性内容体系主次分明，主要线索线性化，次要枝节散点化，有血有肉。教科书的体系构建还注意了初、高中内容的衔接，避免了雷同和重复，例如，对于原子结构内容，初中课程介绍了原子由原子核和核外电子构成；高中必修课程介绍了原子核的结构、原子中各微粒之间的关系、核外电子排布；高中选修课程进一步介绍了构造原理、核外电子的排布规律（能量最低原理、泡利原理、洪特规则）。

⑥ 内容的呈现层次分明，栏目丰富

教科书采用传统的“章—节”式，每章的开头是引言，指出本章的内容要点及学习的意义所在。每章都有章首图，每节最后都设有习题，帮助学生对所学知识进行巩固。在章结束时，设有“归纳与整理”栏目，对本章知识要点进行概括。节内不仅图表数量较多，而且栏目设置丰富。例如，“学与问”是针对所学的知识或涉及的实验提出的一些思考；“实验”和“科学探究”栏目主要是结合教材内容设置的，实践性强，目的是使学生通过实验、探究的方式掌握知识；“资料卡片”是对某些知识予以补充；“科学史话”主要介绍一些科学史实，在培养学生对待科学的兴趣、情感、态度等方面具有不可替代的作用。

5. 使用及修订情况

全国大部分地区使用人教版的教科书。此套《普通高中课程标准教科书　化学》（人教版）自使用后，经过了几次改版修订。其中，必修教材和分别在2006

年和2007年修订出版了第2版及第3版；各册选修教材也在2007年进行了统一修订。另外，个别教材有单独的修订：选修3《物质结构与性质》在2009年修订为第3版，选修4《化学反应原理》在2006年与必修教材同时期修订为第2版。

（三）《普通高中课程标准实验教科书　化学》（鲁科版）

图12–8《普通高中课程标准实验教科书　化学》（鲁科版）封面

1. 基本信息

① 版社：山东科学技术出版社；

② 版次：2004 年 8 月—2005 年 5 月第 1 版；

③ 编写人员：王磊、陈光巨、刘宗寅、刘克文、胡久华、齐红涛、支瑶、赵河林、闫梦醒、吴卫东、张欣、郑振勤、王美文、相红英、宋万琚、王建成、吴琼、潘鸿章、李和、田玉凤、孔令鹏、赵彦改、魏锐、马祥艳、郭敬华、全芙君、杨岩、张文朴、乔宣、赵玲、朱宏、范林、刘喆、李慎涵、王明召、李宗和、王京、刘尧、何绍仁、罗滨、高盘良、薛芳渝、张建国、曹居东、尹冬冬、陈颖、黄燕宁、杨晶晶、林媛媛、孟海燕、蔡重庆、岳波、刘小英、刘强、黄冬芳；

④ 配套资源：各册教科书的配套教师用书等。

2. 编写指导思想

以全面落实高中化学课程标准的理念和目标为根本宗旨，确保教科书的编写能够全面提高学生的科学素养，能够真正有利于改变学生的学习方式。将生活素材、社会与环境问题、化学科学的核心主题和重要内容、多样化的学习活动、科学方法和探究有机融合并贯穿于教科书的始终。无论是从形式上还是从内容上，都着力于体现知识与技能、过程与方法、情感态度与价值观三个维度课程目标的有机整合和全面落实。将课程的功能价值取向定位于学科性与社会性的统一、基础性与发展性的统一，并兼顾时代性的知识选取原则。

融合多种课程设计取向，体现多种水平层次，适应不同学生的发展需要。教科书充分利用新高中课程方案和高中化学课程结构、课程标准搭建起的课程模块的新框架，采用多种课程设计取向，设置多种水平层次，提供多样性选择，满足不同学生的发展需要。

3. 主要内容

《普通高中课程标准实验教科书　化学》（鲁科版）共分 8 册，其中 2 册必修，6 册选修。本套教材的主要内容如表 12-8 所示。

表 12-8 《普通高中课程标准实验教科书　化学》（普科版）章 / 主题标题及主要内容

册次	章 / 主题标题	主要内容
化学 1（必修）	1. 认识化学科学	走进化学科学，研究物质性质的方法和程序，化学中常用的物理量——物质的量
	2. 元素与物质世界	元素与物质的分类，电解质，氧化剂和还原剂
	3. 自然界中的元素	碳的多样性，氮的循环，硫的转化，海水中的化学元素
	4. 元素与材料世界	硅　无机非金属材料，铝　金属材料，复合材料
化学 2（必修）	1. 原子结构与元素周期律	原子结构，元素周期律与元素周期表，元素周期表的应用
	2. 化学键　化学反应与能量	化学键与化学反应，化学反应快慢和限度，化学反应的利用
	3. 重要的有机化合物	认识有机化合物，石油和煤　重要的烃，饮食中的有机化合物，塑料　橡胶　纤维
化学与生活（选修）	1. 呵护生存环境	关注空气质量，获取安全的饮用水，垃圾的妥善处理与利用
	2. 摄取有益于健康的食物	食物中的营养素，平衡膳食，我们需要食品添加剂吗，保健食品
	3. 合理利用化学能源	电池探秘，家用燃料的更新，汽车燃料清洁化
	4. 认识生活中的材料	关于衣料的学问，走进宝石世界，如何选择家居装修材料，金属制品的防护，几种高分子材料的应用
	5. 正确使用化学用品	装备一个小药箱，怎样科学使用卫生清洁用品，选用适宜的化妆品
化学与技术（选修）	1. 空气资源　氨的合成	空气分离，氨的工业合成，氨氧化法制硝酸
	2. 海水资源　工业制碱	海水淡化与现代水处理技术，氯碱生产，纯碱制造技术的发展
	3. 矿山资源　硫酸与无机材料制造	“设计”一座硫酸工厂，陶瓷的烧制，金属冶炼和金属材料的保护
	4. 化石燃料　石油和煤的综合利用	从石油中获取更多的高品质燃油，源自石油的化学合成，煤的综合利用
	5. 生物资源　农产品的化学加工	由大豆能制得什么，玉米的化学加工
	6. 化学 · 技术 · 社会	功能高分子材料的研制，药物的分子设计与化学合成，化学 · 技术 · 可持续发展

续表

册次	章 / 主题标题	主要内容
物质结构与性质（选修）	1. 原子结构	原子结构模型，原子结构与元素周期表，原子结构与元素性质
	2. 微粒间的相互作用	共价键模型，共价键与分子的空间构型，离子键、配位键与金属键，分子间的作用力与物质性质
	3. 物质的聚集状态与物质性质	认识晶体，金属晶体与离子晶体，原子晶体与分子晶体，物质的其他聚集状态
化学反应原理（选修）	1. 化学反应与能量转化	化学反应的热效应，电能转化为化学能——电解，化学能转化为电能——电池
	2. 化学反应的方向、限度与速率	化学反应的方向，化学反应的限度，化学反应的速率，化学反应条件的优化——工业合成氨
	3. 物质在水溶液中的行为	水溶液，弱电解质的电离　盐类的水解，沉淀溶解平衡，离子反应
有机化学基础（选修）	1. 有机化合物的结构与性质　烃	认识有机化合物，有机化合物的结构与性质，烃
	2. 官能团与有机化学反应 烃的衍生物	有机化学反应类型，醇和酚，醛和酮　糖类，羧酸　氨基酸和蛋白质
	3. 有机合成及其应用　合成高分子化合物	有机化合物的合成，有机化合物结构的测定，合成高分子化合物
实验化学（选修）	1. 物质的分离	课题 1　盐的精制，活动 1　粗食盐水的精制，活动 2　硝酸钾粗品的提纯；课题 2　植物中某些成分的提取，活动 1　从海带中提取碘，活动 2　菠菜中色素的提取与分离；综合实验活动　从茶叶中提取咖啡因；主题拓展　分离技术在生产中的应用
	2. 物质性质及反应规律的研究	课题 1　研究物质性质的基本方法，活动 1　锌及其化合物性质的研究，活动 2　有机化合物性质的研究；课题 2　认识发生在盐溶液中的化学反应，活动 1　认识盐类的水解，活动 2　研究电解；综合实验活动 反应条件对化学反应的影响；主题拓展 现代实验技术在研究物质性质及反应规律中的应用
	3. 物质的检测	课题 1　物质组分的检验，活动 1　常见离子的检验，活动 2　常见官能团的检验；课题 2　物质中某组分含量的测定，活动 1　食醋中总酸量的测定，活动 2　补铁剂中的铁含量测定；综合实验活动　阿司匹林药片有效成分的检测；主题拓展　现代仪器分析方法及其应用

续表

册次	章 / 主题标题	主要内容
实验化学（选修）	4. 物质的制备	课题 1　实验室制备日用化学品，活动 1　肥皂的制备，活动 2　纯碱的制备；课题 2　实验室制备化工原料，活动 1　乙酸乙酯的制备，活动 2　氨氧化法制硝酸；综合实验活动　酿制米酒；主题拓展 从实验室到工厂——化工过程开发

4. 主要特点[①]

① 教科书内容在课程标准基础上进行了调整，内容量较大

教科书与课程标准内容相比调整较大，在三个版本教科书中篇幅最长，其对课标要求的各知识点处理得也最为灵活。例如，化学 1 第 1 章“认识化学科学”，以观察钠的性质和研究氯气的性质为例，说明了“研究物质性质的方法和程序”，融合了课程标准化学 1 主题 1、主题 2、主题 3 的一些内容。第 2 章“元素与物质世界”、第 3 章“自然界中的元素”、第 4 章“元素与材料世界”以课程标准化学 1 主题 3“常见无机物及其应用”内容为主，同时包含了课程标准化学 2 主题 3“化学与可持续发展”中有关海水综合利用、矿物自然资源的利用、酸雨的防治等内容。《化学与生活》模块教科书将课程标准规定的环境、健康、材料三大内容领域具体化为环境、能源、材料、化学品和饮食五大主题，在每个主题下面精心选择了 18 个课题。

教科书在课程标准的基础上拓展了一些内容。例如，《有机化学基础》模块教科书拓展的知识点有：在第一章第 1 节介绍了有机化学发展简史，第 2 节中介绍了极性键与非极性键，并归纳了同分异构现象出现的原因；第二章第 1 节进行了氧化数的计算，第 2 节在讲述醇的溶解性时引用了氢键的知识等。

② 基于学科观念和学科大视野的形成，选择教科书内容

教科书着力于学生对化学科学的真正理解。基于学生化学学科观念和学科大视野的形成选择教科书内容。从各模块教材的章（主题）标题来看，“认识化学科学”“元素与物质世界”“原子结构与元素周期律”“化学键　化学反应与能

① 王磊．高观点　大视野　多角度——“新世纪”版高中化学必修教材的特点及实施情况简介［J］．化学教育．2005（03）：13-17．

量”“官能团与有机化学反应”“有机合成及其应用　合成高分子化合物”“微粒间作用力与分子性质”“物质的聚集与物质性质”“物质在水溶液中的行为”等突出化学学科的核心主题；“自然界中的元素”“元素与材料世界”“海水资源　工业制碱”“矿山资源硫酸与无机材料制造”这些主题反映了化学与社会、技术的相互关系。教科书对于具体内容的处理也充分体现了学科观念和学科视野。例如，化学 1 中“硫及其化合物”的内容，突出“不同价态的硫元素的转化”：从认识硫在自然界中的存在和转化，到实验室里设计实验实现含有不同价态硫元素物质之间的相互转化，再到认识硫的转化在工业生产和环境保护中的体现和运用。这样多角度、多层面的介绍，有利于提高学生对化学的真正理解。再如，《物质结构与性质》第 1 章“原子结构”中对“原子结构模型”的处理，并不是像以往的教科书那样，从氢原子的电子云来介绍原子核外电子的运动状态；而是基于人类对原子结构认识逐步发展的进程，从光和光谱讲起，介绍了玻尔原子结构模型及玻尔对氢原子光谱的解释，进而介绍了量子力学对原子核外电子运动状态的描述，构建起以量子力学为基础的原子轨道的概念，使学生对原子轨道的认识在必修课程的基础上有了质的提升。这样的处理，使学生对原子结构模型的学习不再仅停留在结论上，而是能深入到其发展过程中，从科学家探索物质构成奥秘的史实中，体会科学探究的过程和方法（模型），增强学生学习化学的兴趣。这种编写策略不仅体现了教材的时代性，而且体现对学生科学素养的培养。

② 教科书的内容组织线索清晰，层次多样，注意从学生基础出发

以课程标准为依据，融合贯穿三条内容线索：化学学科的知识线索；科学探究和化学学科的思想观念、研究方法和学习策略线索；反映化学与社会、环境、个人生活实际以及其他科学和技术的广泛联系、相互作用和影响的，具有 STS 教育价值的内容线索。各个模块虽然功能各异、层次不同，但是都根据三条内容线索精心选择具体内容，精心组织编排。

各模块采用大主题导向、具体课题驱动的编写模式，具有很强的综合性、实践性和开放性，具有适度的学科性和各自的系统性，具有层次性和一定的选择性。以《实验化学》为例，教科书向学生展示“化学是一门以实验为基础的自然科学”的丰富内涵和独特魅力，激发学生的学习兴趣，突出实验对于认识和解决问题、进行科学探究和研究的重要意义，发展学生的创新精神和实践能力。

教科书将化学反应原理的功能定位于学科性与社会性的统一，既让学生对化学反应原理有初步了解，又十分重视将有关原理与社会应用相联系。例如，《化学反应原理》第1章“化学反应与能量转化”以“能量转化”为主线，引导学生在定量层次上讨论化学能转化为热能的有关问题——化学反应热效应的测定和定量计算，更深入地探究化学能与电能之间的相互转化——电池与电解的原理。第2章“化学反应的方向、限度与速率”，分别根据反应原理的学科线索（方向、限度、速率）和社会作用（工业合成氨等）来组织教学内容，体现了两种价值取向的统一。

教科书编写从学生已有的知识经验和生活实际出发，创设真实、生动、能引发学生思考和开展活动的情境，使学生能从活动过程中学会质疑、提问、收集证据、检验假设、解释结论。为此，教科书中探究活动的设计，重视探究活动的开放性，强调探究结果的“悬念性”和真实性。

③ 教科书的内容呈现方式注重功能性，栏目多样，图表丰富

教科书主张栏目功能分化和个性化。一方面，教科书通过设计活动栏目，如“联想·质疑”“观察·思考”“活动·探究”“交流·研讨”“迁移·应用”等，倡导以学生为主体的教学方式，从而有利于教师的教学。另一方面，教科书从学生已有经验和认识出发，以问题驱动，以活动引导，在问题解决和活动探究中，或为学生提供“方法导引”“工具栏”和“资料在线”，或通过“旁白框”与学生及时进行交流。教科书利用这些资料性栏目，向学生提供大量学习材料，扩大学生的知识面，促进学生对正文的理解。例如，“方法导引”是对重点的探究活动给予化学问题解决策略和一般思路的提示，进行科学过程、方法的教育；“旁白框”在学生进行学习活动或探究过程中随时插入，及时点拨和引导，全真模拟课堂教学过程中的教师角色；“身边的化学”“化学与技术”“人物聚焦”“历史回顾”“化学前言”“身体内的化学”等栏目则是STS教育功能的体现。

教科书中插图较多。实验现象、实验装置、实验仪器等照片对学生正确进行化学实验，分析实验现象，回忆有关实验过程及问题有很好的提示作用，有利于提高学生的实验能力，同时能大大减轻学生对化学实验过程、现象的记忆负担。化学发展史实、化学在生产、生活、科技方面的成果和应用的插图，可以帮助学生了解化学发展的基本特征和发展趋势，认识和欣赏化学对提高人类

生活质量和促进社会发展的重要作用。理论、模型、分类、归纳方面的插图，为学生认识实验、假说、模型、比较、分类、归纳等科学方法对化学研究的作用，提供了较好的学习平台，从而降低了学生学习化学理论知识的难度。

5. 使用及修订情况

山东省、福建省、河南省、安徽省等的部分地区使用鲁科版的教科书。此套《普通高中课程标准教科书　化学》（鲁科版）自使用后，经过了几次改版修订。其中，必修教材分别在 2005 年和 2007 年修订出版了第 2 版和第 3 版；各册选修教材也在 2007 年进行了统一修订。另外，选用较多的三本选修教材《物质结构与性质》《化学反应原理》《有机化学基础》分别在 2006 年和 2011 年进行过两次修订。

（四）《普通高中课程标准实验教科书　化学》（苏教版）

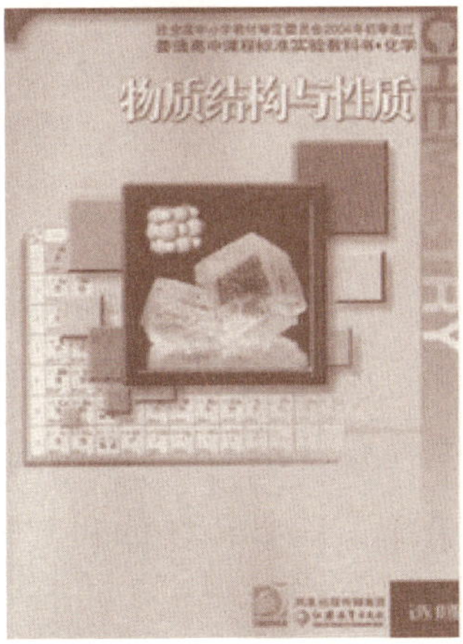

图 12-9 《普通高中课程标准实验教科书　化学》(苏教版)封面

1. 基本信息

① 出版社：江苏教育出版社；

② 版次：2004 年 8 月—2006 年 2 月第 1 版；

③ 编写人员：王祖浩、吴星、刘宝剑、王云生、陈才锜、马宏佳、张天若、王程杰、蒯世定、杨敏文、翟志勇、孙丹儿；

④ 配套资源：各册教科书的配套教学参考书等。

2. 编写指导思想

关注学生的全面发展。教科书以“促进学生发展”作为基本出发点，使学生在知识与技能、过程与方法、情感态度与价值观三个方面得到和谐统一的发展。教科书不仅关注给学生提供多少知识，更重视过程与方法。使学生在主动参与的科学探究活动中，不断加深对科学探究意义的理解，逐步掌握科学探究的方法。让学生正确认识化学科学、技术与社会的相互关系，产生对化学科学的热爱。对学生进行情感态度与价值观的熏陶也是教科书建设的重要目标。

倡导多元的学习方式。教科书重视对学生进行自主探究和合作学习的引导，帮助学生形成终身学习的意识和能力。通过创设问题情境，让学生在自主探究过程中揭示化学变化的规律；要求学生借用调查、咨询或小组讨论等手段，从多种媒体和其他场所获取知识，理解化学与科技、生活和环境的关系。

体现融合的教科书特色。以“学科中心”和“社会中心”模式编写的高中理科教科书都各有局限性，融合两者的优点，兼收并蓄，既能比较全面地反映化学基础知识、基本原理，又注意社会对人的培养和学生自身发展的需要，有助于形成一个融学科知识、社会生活、学生活动为一体的教科书体系。例如，《化学与生活》模块教科书从现实生活中衣、食、住、行等与化学相关的具体问题入手，以社会、生活问题解决过程为内容组织线索；以促进学生认识化学对促进社会发展、提高人类的生活质量等方面作出的重要贡献为核心目标；以学生的生活经验为基础，力求使教科书内容能够贴近学生、贴近生活；侧重研究生活中常见物质的有关性质及其应用，从化学的视角去解释一些常见的生活现象，从而发展学生分析和解决实际问题的能力。又如，《化学反应原理》模块教科书融合学生的认知特征和化学学科发展的线索，构建新的内容体系，介绍化学反应中能量变化所遵循的基本原理，阐述影响化学反应速率的因素和判断化学反应方向的依据，讨论化学平衡的基本理论，分析溶液中离子反应的有关规律，帮助学生用变化、平衡的观点去分析化学问题。同时，结合一系列实际问题和探究活动，培养学生解决问题的能力。

3. 主要内容

《普通高中课程标准实验教科书　化学》（苏教版）共分8册，其中2册必修，6册选修。本套教材的主要内容如表12–9所示。

表12–9 《普通高中课程标准实验教科书　化学》（苏教版）专题标题及主要内容

册次	专题标题	主要内容
化学1（必修）	1. 化学家眼中的物质世界	人类对原子结构的认识，丰富多彩的化学物质，研究物质的实验方法
	2. 从海水中获得的化学物质	氯、溴、碘及其化合物，钠、镁及其化合物
	3. 从矿物到基础材料	从铝土矿到铝合金，铁、铜的获取及应用，含硅矿物与信息材料
	4. 硫、氮和可持续发展	硫及其化合物的“功”与“过”，生产生活中的含氮化合物

续表

册次	专题标题	主要内容
化学2（必修）	1. 微观结构与物质的多样性	核外电子排布与周期律，微粒之间的相互作用力，从微观结构看物质的多样性
	2. 化学反应与能量转化	化学反应速率与反应限度，化学反应中的热量，化学能与电能的转化，太阳能、生物质能和氢能的利用
	3. 有机化合物的获取与应用	化石燃料与有机化合物，食品中的有机化合物，人工合成有机化合物
	4. 化学科学与人类文明	化学是认识和创造物质的科学，化学是社会可持续发展的基础
化学与生活（选修）	1. 洁净安全的生存环境	空气质量的改善，水资源的合理利用，生活垃圾的分类处理，化学品的安全使用
	2. 营养均衡与人体健康	摄取人体必需的化学元素，提供能量与营养的食物，优化食物品质的添加剂，造福人类健康的化学药物
	3. 丰富多彩的生活材料	应用广泛的金属材料，功能各异的无机非金属材料，高分子材料和复合材料
化学与技术（选修）	1. 多样化的水处理技术发展	水的净化与污水处理，硬水软化，海水淡化
	2. 从自然资源到化学品	氨的合成，氯碱生产，硫酸工业，镁和铝的冶炼
	3. 让有机反应为人类造福	有机药物制备，合成洗涤剂的生产，纤维素的化学加工，有机高分子合成
	4. 材料加工与性能优化	材料的加工处理，材料组成的优化，复合材料的制造
	5. 为现代农业技术添翼	土壤酸碱性的改良，化肥的生产与合理使用，无土栽培技术，化学农药的发展
	6. 从污染防治到绿色化学	环境污染的化学防治，绿色化学与可持续发展
物质结构与性质（选修）	1. 揭示物质结构的奥秘	—
	2. 原子结构与元素的性质	原子核外电子的运动，元素性质的递变规律
	3. 微粒间作用力与物质的性质	金属键　金属晶体，离子键　离子晶体，共价键　原子晶体，分子间作用力　分子晶体

续表

册次	专题标题	主要内容
物质结构与性质（选修）	4. 分子空间结构与物质性质	分子构型与物质的性质，配合物的形成和应用
	5. 物质结构的探索无止境	—
化学反应原理（选修）	1. 化学反应与能量变化	化学反应中的热效应，化学能与电能的转化，金属的腐蚀与防护
	2. 化学反应速率与化学平衡	化学反应速率，化学反应的方向和限度，化学平衡的移动
	3. 溶液中的离子反应	弱电解质的电离平衡，溶液的酸碱性，盐类的水解，沉淀溶解平衡
有机化学基础（选修）	1. 认识有机化合物	有机化学的发展与应用，科学家怎样研究有机物
	2. 有机物的结构与分类	有机化合物的结构，有机化合物的分类和命名
	3. 常见的烃	脂肪烃，芳香烃
	4. 烃的衍生物	卤代烃，醇　酚，醛　羧酸
	5. 生命活动的物质基础	糖类　油脂，氨基酸　蛋白质　核酸
实验化学（选修）	1. 物质的分离与提纯	课题 1　海带中碘元素的分离及检验，拓展课题 1-1　茶叶中某些元素的鉴定；课题 2　用纸层析法分离铁离子和铜离子，拓展课题 1-2　菠菜的叶绿体中色素的提取和分离，拓展课题 1-3　用粉笔进行层析分离；课题 3　硝酸钾晶体的制备，拓展课题 1-4　粗盐提纯
	2. 物质性质的研究	课题 1　铝及其化合物的性质，拓展课题 2-1　铝热反应；课题 2　乙醇和苯酚的性质，拓展课题 2-2　苯酚与甲醛的反应
	3. 物质的检验与鉴别	课题 1　牙膏和火柴中某些成分的检验，拓展课题 3-1　新装修居室内空气中甲醛浓度的检测，拓展课题 3-2　汽车尾气成分的检验；课题 2　亚硝酸钠和食盐的鉴别，拓展课题 3-3　真假碘盐的鉴别

续表

册次	专题标题	主要内容
实验化学（选修）	4. 化学反应条件的控制	课题 1　硫代硫酸钠与酸反应速率的影响因素，拓展课题 4-1　“蓝瓶子”实验；课题 2　催化剂对过氧化氢分解反应速率的影响，拓展课题 4-2　过氧化氢酶的催化作用，拓展课题 4-3　蔗糖的燃烧；课题 3　反应条件对化学平衡的影响，拓展课题 4-4　淀粉与碘显色现象的探究，拓展课题 4-5　压强对化学平衡的影响
	5. 电化学问题研究	课题 1　原电池，拓展课题 5-1　干电池模拟实验；课题 2　电解与电镀，拓展课题 5-2　阿伏加德罗常数的测定
	6. 物质的定量分析	课题 1　食醋总酸含量的测定，拓展课题 6-1　配制并标定氢氧化钠溶液；课题 2　镀锌铁皮锌镀层厚度的测定，拓展课题 6-2　水果中维生素 C 含量的测定
	7. 物质的制备与合成	课题 1　硫酸亚铁铵的制备，拓展课题 7-1　用制氢废液制备硫酸锌晶体；课题 2　阿司匹林的合成，拓展课题 7-2　对氨基苯磺酸的合成

4. 主要特点[①]

① 在人类文化背景下构建高中化学课程体系，充分体现化学课程的人文内涵

教科书必修部分以“物质世界”为核心，从科学家对原子结构探索历程引入高中化学内容，告诉学生“化学是在原子、分子水平上研究物质的组成、结构、性质及其应用的一门基础自然科学”。从“化学家眼中的物质世界”“从海水中获得的化学物质”“从矿物到基础材料”“硫、氮和可持续发展”“有机化合物的获取与应用”“化学科学与人类文明”等多角度阐述化学对科学技术、人类社会文明所起的重要作用，着重体现了在人类文化背景下构建高中化学课程体系，充分体现化学课程的人文内涵，发挥化学课程对培养学生人文精神的积极作用。这一特点在选修各模块中也均有体现。

② 以课程标准为参照，适当调整内容的难度和广度

教科书以课程标准为参照，适当调节内容的难度和广度，针对学生的个体

① 王祖浩．化学学科知识与社会实际的有机整合——“苏教版”《化学 1》教材解析及教学建议［J］．中学化学教学参考，2008（1）：3-9．

差异设置内容梯度。教科书设置的阅读性知识较多，且主要放在拓展性内容中。教科书的学科性与生活性结合较为恰当。例如，《化学反应原理》模块教科书的内容基本是按照课程标准中的3个主题顺序安排的，在内容的选择上全面落实了课程标准的要求，但也增加了拓展性内容，如引入了电离平衡常数、电离度和标准燃烧热等概念，在探讨催化剂对化学反应速率的影响时，引入了过渡态理论。

③ 引导学生关注化学知识与生产、生活、社会的紧密联系

教科书非常重视化学反应原理与生产、生活实际的结合，STS 教育渗透较好。例如，化学2必修教科书中的专题4.2.2“解决问题需要化学科学”通过两个实例，引导学生认识化学对环境保护的贡献：消除汽车尾气对环境的污染；回收二氧化碳，提出绿色化学的原理。这样以创设问题情境的方式逐步引导学生认识人类活动给环境带来的危害，认识到要防止和治理环境污染，需要应用化学原理和方法。教科书通过目前人类所面临的环境问题与绿色化学的关系，使学生感受到只有应用先进的科学技术才能解决环境和生态问题，同时意识到保护环境刻不容缓，努力做到人与环境和谐共处。

④ 以素材性质为标准划分知识点

教科书按内容素材的特点建立不同的知识体系，但在内容组织上强调“归类”，注意把性质相似的内容组织在同一专题下。在专题中用典型实例展开讨论，把看似零散的学科内容有机地组织起来，形成了比较清晰的逻辑体系。如必修教科书中专题的题目明显地体现了这个特点。第二个专题是学习氯、溴、碘、钠、镁等元素及其化合物知识，这些元素都可以从海水中获取；第三个专题是学习铝、铁、铜、硅等元素及其化合物知识，这些常见金属及非金属材料都可以从矿物得到；第四个专题结合环境问题（如有关酸雨的形成、危害和防治等）学习硫、氮及其化合物知识。

⑤ 采取“专题—单元”的形式组织内容

教科书采取“专题—单元”的形式。每个专题开头以章首图引入本专题内容，接下来是分单元内容。每个单元的最后都设有“练习与实践”栏目，帮助学生对所学知识进行巩固。每个专题结束时都设有“归纳与整理”栏目，对本专题内容进行概括、整合，此外还设有“回顾与总结”，主要针对本专题所学内

容提出相关问题，给学生留有一定的思考空间，供学生交流、探讨。最后留有专题作业，进一步巩固所学知识。以《物质结构与性质》模块为例，教科书采用了整体编排的形式，划分为5个专题。专题1“揭示物质结构的奥秘”中提出的问题，正是学完这本教科书所要解决的问题，同时还介绍了现代物质结构测定的一些先进技术与仪器，让学生对整本书要讲解的内容有整体的把握，同时对现代技术有些了解。专题2和课程标准的主题1基本一致。专题3对化学键及其物质性质的介绍，主要是以“键—晶体”这种形式进行的，将课程标准中的主题2“化学键与物质的性质”与主题3“分子间作用力与物质的性质”的内容进行整合，形成“金属键　金属晶体、离子键　离子晶体、共价键　原子晶体”，使知识形成一个整体而不是分散的点，这样学生更容易掌握。专题4讨论分子的空间结构与物质的性质，介绍了配合物的知识。专题5则展示了当今科学前沿中的重大课题，这些重大课题的研究都要用到物质结构与性质的知识，从而可以激发学生学习物质结构与性质知识的欲望，为将来步入物质结构的研究领域做准备。

⑥ 关注人类需求，以社会事件为线索引出内容

教科书以学生的生活经验和社会需求为基础，融入化学核心知识，围绕“环境”“健康”“材料”三大热点问题展开内容，力求使内容贴近学生生活实际。教科书结合所讨论的生活和社会问题，促使学生更深刻地理解科学、技术、社会的关系。教材中设置了“交流与讨论”“问题解决”等多种栏目，引导学生在回顾已有知识的基础上，分析生活中有关的现象，解决生活中遇到的问题。例如，在《化学与生活》模块教科书中介绍洗衣粉去污原理时，学生用在化学2中已熟悉的肥皂去污原理加以类推，促进对洗衣粉去污原理的理解。

⑦ 注重栏目、习题等的作用

教科书设置的栏目较多，且设置的栏目主要通过问题来引导学生讨论和交流。“你知道吗”引导同学回顾已有知识，在新旧知识之间架起桥梁，联系自己原有的经验，激发探究的欲望。“交流与讨论”设置一系列问题情境，引导学生讨论，为充分发挥学生的聪明才智和丰富的想象力提供机会。“请你决策”中给出与日常生活和社会可持续发展相关化学问题的不同看法，请学生分析，作出合理的判断。“各抒己见”栏目中，结合教科书内容设置相关的开放性问题，学

生可以在课堂上充分发表自己的看法，也可通过角色扮演、组织辩论等活动展开讨论。

教科书的习题设置比较多样化，在正文中有“问题解决”栏目，包括练习和部分例题；每单元后有“练习与实践”栏目；每一专题后有“本专题作业”栏目。教科书插图比较丰富，但相较人教版和鲁科版少些。此外，教科书用于实验和活动探究记录的表格较多。

5. 使用及修订情况

江苏省、浙江省、广东省等的部分地区使用苏教版的教科书。此套《普通高中课程标准教科书 化学》(苏教版)自使用后，经过了几次改版修订。其中，《化学 1　必修》分别在 2005 年、2006 年、2007 年、2009 年和 2014 年进行了 5 次修订;《化学 2　必修》分别在 2005 年、2006 年和 2007 年进行了 3 次修订;《化学与技术》在 2006 年进行过 1 次修订;《化学反应原理》分别在 2006 年、2008 年、2009 年和 2014 年进行了 4 次修订;《有机化学基础》分别在 2008 年、2009 年和 2014 年金进行了 3 次修订;《物质结构与性质》《实验化学》在 2009 年进行过 1 次修订。

第五编　结论

第十三章　百年中学化学教科书变迁简要分析

一、清朝末年化学教科书变迁特点

我国化学教科书的近代化，有来自中华文化生存和发展的内生动力，也有来自“西学东渐”的外在力量，其导向和趋势，在一定程度上反映了西方近代科学课程在面向大众、面向科学、面向生产和面向生活等方面对我国教科书的影响。清朝末年的化学教科书，正处于教科书转型时期的发展高峰①，这一时期的化学教科书呈现以下特点。

1. *以翻译和编译国外教科书为主*

19 世纪末，我国封建社会逐渐走向衰落，改造传统教育，需要学习国外先进的教育经验。清朝末年，我国的化学教科书多为翻译或编译国外的教科书，如近代较早多翻译或编译自欧美、日本等，尤其是受日本的教育经验，包括教育思想、学制体系、课程内容等影响较大，所以，这一时期编译日本的教科书所占的比重也比较大。教科书的翻译或编译，可以看成是近代化学作为科学在我国传播的初级阶段，也可看作是化学教科书“本土化”的萌芽时期。

2. *以元素化合物知识为主要内容*

当时中学堂的有关章程规定的课程标准并未非常系统，没有具体规定教学内容的范围和要求，教科书的内容选择和要求也不统一。此时期的化学教科书基本采用编译对象的原本结构体系及内容呈现。教科书中元素化合物知识所占比重很大，比较详细地介绍了较多物质（包括无机物和有机物）的性质、制法及用途等，化学基本概念和理论知识，如原子分子学说、质量守恒定律、元素周期律、气体定律、碳的价键模型等，引入较少。随着物理化学的发展，电离

① 石欧、吴小欧．中国近现代教科书史：上［M］．长沙：湖南教育出版社，2012：序言 2．

理论、化学平衡、化学反应速率等理论开始逐渐进入教科书。但由于我国学者对当时支撑学科体系的化学基本概念、基本理论还不能系统和准确地把握，早期教科书大多不能体现学科体系的完整性和系统性。后期的《化学新教科书》在理论和系统性方面虽有所加强，但全书的呈现仍处于描述化学的水平。

3. 开始引入新的化学知识及化学应用

甲午战争后，一批脱胎于中国传统人士的先知先觉者，开始将眼光转向西方科学，通过科学研习、科学翻译、科学教育和科学实业等策略或路径，实现“科学的中国化”①。他们基于对化学新知识及其应用的了解，开始在教科书中介绍西方科学所展示的新奇的物质世界，重视科学在生产、生活中的广泛应用。例如，在介绍无机物、有机物的知识时，注重将化学与生产（轻纺、日化、矿业和冶金等工业及农业）、生活联系起来。

4. 对“学科、社会、教学”的关注不平衡

受传统教育思想和教育体制的影响，有关化学教育、教学的研究在当时尚属空白。后期由于受到日本教科书的影响，教学内容的安排虽考虑了学生的经验、知识基础和接受能力，但还处于模仿和借鉴的状态，较多考虑的是“如何教”。初中、高中乃至大学阶段，教科书只在教学内容及要求上存在差异，对化学内容特点的差异也少有关注。对“学科、社会、教学”三方面影响因素，其关注的程度并不平衡。相比而言，学科本身的发展及中国本土化的要求对教科书编写及其质量的影响更大一些。在这样的教科书编写基础上，化学教科书实际使用又受到了当时“社会”和传统“教学”这两方面因素的直接影响和制约，导致清朝末年中国的中学化学教育是相当落后的。

5. 化学名词和术语的使用不规范

这一时期的教科书中，化学名词（如元素、无机物、有机物等的名称）、术语等的使用方面，缺乏统一和规范，成为近代科学（化学）在中国进行本土化和有效传播的主要障碍。

① 王细荣. 清末民初新型知识分子科学中国化实践研究：以虞和钦为中心［D］. 上海：上海交通大学，2012：1.

6. 对化学学科发展的响应滞后

教科书内容的更新在一定程度上反映了对学科最新进展的响应程度。从这一时期教科书的内容来看，其响应和传播是相对滞后的。这说明近代化学在中国的本土化过程是渐进的。对清朝末年中学化学教科书演变历史的考察表明，一些带有革命性的学科重要概念和原理传至基础教育经过了相对较长的时间。例如，1869 年发现的元素周期律，1887 年阿伦尼乌斯（S. A. Arrhenius，1859—1927）提出的电离理论，直到 20 世纪初才在我国中学化学教科书中出现，滞后二、三十年。这一时期的近代化学“本土化”进程，与杜亚泉先生所期盼的目标——“欲将世界之学，消化为我国之学”依然相去甚远。

二、民国时期化学教科书变迁特点

民国时期化学教科书的发展，可以分成三个阶段。（1）民国建立后的前十年，新体制对教科书有了新的要求。新教科书的不断涌现，使得旧教科书不得不退出。（2）新学制的建立要求化学教科书分学段编写，产生了大量适应新学制的化学教科书，出现了化学教科书的编写高潮。（3）抗日战争全面爆发后，教科书编写的发展停滞。正是由于民国时期化学教科书具有这三个较为分明的发展阶段，其呈现出以下变迁特点。

1. 从编译走向自编

在清朝末年和民国初年大规模翻译国外教科书之后，我国出现了一些自主编写的化学教科书。教科书的编写者不再一味地照搬外国经验，开始对教科书的编写进行理性的思考，如开始关注教育规律的特点、学生本位原则等，并探讨教科书与新教育的本质关系。教科书的编写有了历史性的进步。20 世纪 30 年代后，自编教科书增长明显，1932—1949 年出版的自编化学教科书已上升到全部教科书的 83%。这些自编的化学教科书更多地融入“本土化”编写思路，在编写时对教学内容的选择和教学规律的遵循趋于科学，在形式和内容上也已基本趋于稳定。

2. 从逐渐繁荣到跌入低谷

这一时期化学教科书的发展受社会变化的影响较大，经历了逐渐繁荣到跌入低谷的过程。

（1）逐渐繁荣

民国初年到20世纪二三十年代，化学教科书的编写逐渐进入繁荣时期。

① 出版数量增多

中华民国建立后，由于社会制度发生了变化，特别是1922年新学制实施后，为适应新学制的要求，新的化学教科书大量出现。另外，新学制需要初、高中分段编写教科书，也使教科书的数量有所增多。

早在20世纪初期就有了教科书审定制度，但由于民国初期的出版机构和编辑队伍较少，审定制度对教科书出版的影响不大。到20世纪二三十年代，以多家民营出版机构为主体的编辑队伍积极参与到教科书的编写中，繁荣了教科书出版市场。审定制度也开始发挥应有的作用，它促进教科书编写者采用不同的编写方式，使化学教科书风格和品种呈现多样化发展。到30年代初，随着经济和社会的发展，三个规模最大的出版机构——商务印书馆、中华书局和世界书局，出版了大量教科书，逐渐成为教科书出版的主力。以1932年课程标准的正式颁布为直接推动力，各家出版机构纷纷推出新的教科书。商务印书馆的"复兴教科书"、世界书局的"新课程标准世界中学教本"、正中书局的"建国教科书"、中华书局的"新课程标准教科书"等都诞生于这一时期。化学教科书的出版达到近代的最高潮。

② 编写质量提升

民国以后的化学教科书，不但在数量上大有发展，而且在质量上大幅提升。1922年以后，一些学者加入化学教科书的编写行列，特别是留学回国人员的加入，为化学这一西方引进的科学在中国的本土化发展作出了巨大贡献。这些编者中，不少人在学术造诣、研究能力、思想方法和对学科的开拓建设等方面都有很高的成就，是当时中国学术界、教育界等的重要人物。可以说，这些编者的加入推进了学制的改革。他们坚持不懈地研究化学教科书的编写、化学课程与教学、化学名称的统一等，使我国化学教科书的建制在这个时期发展迅速，使化学教科书在内容、出版及教学等方面都得到了"质"的提升。

（2）跌入低谷

随着抗日战争的全面爆发，时局动荡，绝大多数教科书出版机构在战时难以维持正常运转，只能在原有教科书基础上，根据课程标准的变化进行个别内容的修订。这期间，新编的成套初、高中化学教科书只有官办正中书局出版的“新中国教科书”和汪伪政府出版的教科书，教科书的发展跌入低谷。抗战结束后，由于国民政府对教科书的控制日益严格，加之内战不断，各教科书出版机构难以继续组织大规模的系统编写。20 世纪 40 年代后，除了正中书局的“新中国化学教科书”外，既无初、高中成套的化学教科书出版，也几乎没有新的高中化学教科书出版。虽然战后化学教科书的出版有所恢复，但始终未能达到战前的水平。

3. 化学教科书分学段编写定位逐步清晰

民国初年，化学教科书不分初、高中。1922 年“新学制”划分出了初级中学和高级中学，使得化学教科书功能的界定、内容和体系的安排，成为这个时期化学教科书编写时需要探索的问题。

对初级中学化学功能的认识是逐步形成的。最初，初中化学教科书的编写仅是将高中教科书中的某一部分删去或简略。之后，随着化学教科书编写者对初级中学功能及价值的认识不断加深，加上科学教育的兴起，对我国学生的认知水平和认知过程的研究逐步深入，出现了适合这一年龄段学生的化学教科书，呈现了最基本的化学知识和技能。一些一线教师根据自己的教学经验和对初级中学学生的了解，编写出了既符合学生的认识发展，又能引起学生兴趣，并对学生日后职业发展有所帮助的化学教科书。例如，王鹤清的《初中化学教科书》，在内容方面，减弱了对具体物质的介绍，更侧重贴近学生生活的“生活与健康”类内容；章节编排方面也有所突破，后几章分别以工业、农业、生活等的专题内容为线索，介绍相关的化学知识，有利于初级中学学生进入社会前了解相关行业，培养兴趣。经过多年的探索，初级中学化学教科书的编写，从简单删改高中教科书，简介化学学科知识，发展到以整合的方式综合呈现内容，使不同学段的化学教科书的功能、作用及内容等的界定逐步清晰。

4. 探索构建新的教科书编写模式

（1）新的体系构建模式

清朝末年和民国初年的化学教科书，多是理论知识与元素化合物知识分开独立编写。民国前十年，开始初步探索在教科书中将化学理论知识和元素化合物知识相融合的编写模式，初步体现“化学理论知识指导元素化合物知识的学习，元素化合物知识帮助理解化学理论知识”的思想，如《共和国教科书 化学》和《新制化学教本》。到了20世纪二三十年代，甚至民国后期，教科书在编排上多采用“元素化合物——元素周期律——元素化合物”的结构，以元素化合物知识为线索，由浅入深，分类叙述，中间穿插化学概念和理论知识。但是，由于元素化合物内容过于庞杂，化学概念、理论内容相对较少，在发挥对元素化合物知识学习的指导作用上，还有很大的局限性。

（2）内容的选择和编排重视学生的认知规律

这一时期的化学教科书涉及的元素化合物知识较为系统、全面，在内容的呈现上，强调联系生活，关注生产实际，并注意对学生进行国情和爱国主义教育。许多教科书开始注重学生已有的知识经验，引导学生从身边的物质学化学。在内容的编排上，教科书多是首先选取学生身边熟悉的现象和物质，如燃烧、空气、水和二氧化碳等，当学生对这些熟悉的现象和物质有一定的化学视角的认知后，再系统介绍更多的元素化合物和基本的化学原理知识，由浅入深。并且，教科书重视呈现一些化学史的内容，将化学的基本知识与相关发现史相结合，使学生在认识科学本质的同时，感受科学探索中的科学方法、科学精神和科学品质。

（3）呈现方式从演绎到归纳与演绎相结合

归纳和演绎是两种相互依存、互为条件的方法。归纳推理要以演绎推理作为指导，演绎推理要以归纳的结论作为根据。人的思维只有通过归纳和演绎的不断转化，才能深入和不断发展。在清朝末年的化学教科书中，内容的呈现多采用演绎法，即直接给出结论，再简单陈述。从民国初期开始，在西方教育思想的影响和冲击下，教科书中在内容呈现时，归纳法的运用逐渐加强。

5. 从差异化到相对统一

清朝末年和民国初期，尚无指导教科书编写的纲领性文件。随着1922年“新学制”的推行，出现了指导教科书编写的文件，如最初简要的《新学制课程标准纲要》(《课程纲要》)，及之后逐步演变为较为详细的《暂行课程标准》和我国第一部正式颁布的《课程标准》。这对于教科书的编写产生了一定的影响。

1923年的《课程纲要》提纲挈领，只有教科书编写的大方向和部分知识点，没有学习的要求。1929的《暂行课程标准》相比《课程纲要》翔实了不少，也提出了教学指导等规定，但是对于化学教科书的编写留出的空间仍然比较大。教科书编写的自由度较大，编写者在编写教科书时，可以按照自己对化学知识的认识和教学经验来安排具体内容。这使当时的化学教科书差异较大，且风格多样，但同时也造成教师和学生在选择和使用教科书的时候，很难统一和把握要求，使教学效果存在较大差异，不利于教学评价和学生在后续学习中有相对一致的基础水平。

1932 年《课程标准》正式颁布，内容规定得更为详细，且有了对课程及教学方法的指导。之后的几次修订，主要教学内容和课程体系虽无大的变化，但规定和要求不断具体和细化。同时，国民政府一方面推行部分学科的国定本教科书，另一方面加强了对教科书的审查，并要求教科书编写须严格依据课程标准。这时，化学教科书与课程标准等“纲领性文件”之间的关系变得更为密切。化学教科书编写的逐步模式化，使我国近代的化学教科书进入了“规范化的成熟期”。在这种情形下，化学教科书在内容选取、体系结构及呈现方式等方面相对统一，保证了质量，有利于化学教科书的编写趋于规范，也有利于教师对教学的把握和提升实际的教学效果。但是，这也导致化学教科书编写的自由度减小，多种教科书差别不大，出现了一定的同质化倾向，降低了教科书的丰富性和多样性。

6. 化学名词和术语逐渐规范

这一时期，化学教科书中使用的化学名词逐渐规范，多采用广为通行的表示方法，如无机物使用我国所固有的或当时通用的名称，有机物则依照《有机化学命名草》(虞铭新)。名词、术语的逐渐统一，有利于加快化学科学在中国的传播和本土化进程。

三、中华人民共和国成立后化学教科书变迁特点

（一）中华人民共和国成立初期——过渡与发展

中华人民共和国成立最初一段时间，属于沿用或改编旧的化学教科书的过渡时期。1952 年，教育部颁布了试行《中学暂行规程（草案）》后，提出“以苏联的中学教科书为蓝本”的编写方针，编译和编写了三套化学教科书。这些教

科书对提高教学质量，特别是加强基础知识和基本技能方面，取得了很大成绩，但也存在简单照搬、照抄苏联教科书，总结我国教学经验不够，结合我国实际不够，学生负担偏重等问题。

1. 基本概念和基础理论加强

本时期的化学教科书，加强了概念、定律、理论的描述，主要理论的位置逐步提前，以便更好地发挥理论在学习化学中的指导作用。初中化学以原子分子论为基础；高中化学以门捷列夫元素周期律、原子结构为线索，按照元素周期表的体系来系统介绍各族元素。在元素周期律后介绍的元素，都描述了各元素及其化合物的性质与元素所处周期表位置的关系。

2. 元素种类减少

与新中国成立前相比，这一时期的化学教科书介绍的元素种类减少，但描述都很详细。理论知识有所加强，主要介绍了元素周期律和物质结构的知识。因为利用元素周期律和物质结构的知识能较好地说明主族元素的性质，但较难解释副族元素的性质。所以，教科书中主要介绍了主族元素，且都比较系统地对气态氢化物、氧化物、最高价氧化物及其水合物，以及水合物的酸、碱性等进行了罗列式描述，内容比较繁杂，重点不够突出。

3. 联系生产实际

1956 年，贯彻基本生产技术教育而编写的化学新教科书，通过图文等形式，增加了许多化工生产知识，如化工生产的一般原理、炼铁高炉、炼钢平炉的结构等，突出了化学的实用价值。但是，由于此类内容介绍过多，且过多介绍生产原理、设备、流程等细节，有些内容不仅脱离我国的生产实际，还在一定程度上超出了化学的范围，增加了学生的学习难度，不利于学生掌握最基础的化学知识和技能。

4. 化学实验加强

教科书中的化学实验编排比较关注与教科书内容的紧密结合。实验分为教师演示实验、实验作业（边讲边实验）以及实习作业（学生独立实验），要求明确，易于落实①。

① 课程教材研究所．新中国中小学教材建设史（1949—2000）研究丛书：化学卷［M］．北京：人民教育出版社，2010：98．

5. 体现爱国思想

教科书力求体现中国特色，内容的呈现加强了爱国主义教育和社会主义思想教育，编入了许多介绍我国化工生产发展、矿产资源等的材料。但由于教科书的更新难以跟上社会的发展变化，内容显得相对落后、陈旧。

（二）“动荡”时期——变化与停滞

从1958年“大跃进”开始到“文化大革命”结束，化学教科书的编写受社会、政治等因素的影响较大。

1. 放权地方自编教材

在当时各地结合工农业生产或“以生产为纲”自编的经验性课本和补充教材中增加了过多的工农业生产知识，削弱了化学的基础知识。而后来根据“四个适当”的要求，编写的九年制或十年制学校中学化学课本，在教学时间少、程度要求高的情况下，内容过深，大多数教师感到难教，学生普遍感到不易接受，因而教学效果不好。这段时间的化学教科书没有解决好课程的统一性与多样性的关系，以及学科的知识结构与社会需要、学生身心发展水平的关系等问题①。

2. 艰辛探索、力求回归

在中学化学教科书的编写中，经历了“颠覆传统——创新体系——回归传统——保持或修正”的过程。

1963年起出版的新编全日制十二年制学校中学化学课本，正是力求回归的探索。在总结经验的基础上，初步探索编写了符合我国国情的一套新课本。这套课本的特点是：基本上维持了“第三套课本（1962—1964年出版的十年制学校化学课本）”的难度水平，适当调整了一些化学基础知识，改进了编排体系，同时加强了基本技能的训练。教学实践反映，这次颁布的大纲和推行的课本，比较切合我国中学化学教学实际，受到广大师生的欢迎。虽然这套课本后来因“文化大革命”不了了之，但这套课本被认为是中华人民共和国成立后较好的一套化学课本②。

---

① 靳乐玉，王牧华．新中国中小学课程教材建设五十年[J]．西南师范大学学报（人文社会科学版）．2000（06）：123-128．

② 课程教材研究所．新中国中小学教材建设史（1949—2000）研究丛书：化学卷[M]．北京：人民教育出版社，2010：155．

3. 教科书建设受到破坏

这一时期，化学教科书的编写特点主要是放权地方，并且采用“开门编书”——请进来走出去的方式。这一时期的化学教科书，前期主要是《工业基础知识（化工部分）》，后期主要是《化学》，这两种模式的教科书既有共同的时代特征，也各具明显的差异，其发展变化反映了当时政治局势的变化。化学教科书与当时所有学科的教科书一样，具有鲜明的时代特征。

（三）“文化大革命”结束后——恢复与发展

1. 从提高要求到不断精减

（1）粉碎“四人帮”拨乱反正后，我国化学教育的改革要适应我国四个现代化建设的需要。按照《全日制十年制学校中学化学教学大纲（试行草案）》编写的中学化学教科书，力求体现“内容现代化”，以先进的科学知识充实教材。主要有以下两方面突出的特点。

① 体系和编排逻辑严密

初、高中教科书的编排，采用理论与元素化合物知识穿插安排的方式，重视物质结构这条主线的贯穿，且知识难度和要求直线上升，知识的内在联系紧密，逻辑清晰。

② 化学理论知识加强

按照教学大纲提出的“努力从微观的、定量的角度来研究物质的结构和变化规律”，并为适应科学技术的发展和生产要求的提高，教科书更新了相应的基础知识，加强了“物质结构”“化学反应与能量”“化学反应规律”等内容；提高了元素、酸、碱、盐等概念的起点。这个时期的教科书与1963年十二年制化学课本相比，理论知识增加了约6%①。

（2）在教科书的使用过程中，也逐渐暴露出一些问题，主要表现在以下几方面。②

① 内容偏多偏深，教学难度大

从当时科学技术的发展及世界化学教育的变化趋势来看，提高中学化学教科

---

① 课程教材研究所．新中国中小学教材建设史（1949—2000）研究丛书：化学卷［M］．北京：人民教育出版社，2010：205.

② 许国培，胡美玲．全日制十年制学校初、高中化学课本（试用本）的初步分析［J］．课程·教材·教法，1985（03）：12-17.

书的理论水平，更新一些概念、理论是必要的，如从描述、宏观、定性向推理、微观、定量过渡。但是，经过十年“文化大革命”，中学化学教育遭到严重破坏。当时学校教育的基本情况是，不同地区、不同学校的教师水平、教学设备、学生学习基础均有极大的差异，发展极不平衡。而教科书，是按照“基本合格的教师教基本合格的学生”的情况编写的，主要适用于师资、设备和学生基础都基本合乎要求的学校。一套教材，在全国使用，势必造成较多学校难以适应。

② 表述和呈现过于学术化，不够深入浅出

教科书中有些新引入的理论表述学术化，没有做到“中学化”，不够深入浅出、通俗易懂、生动形象。因此，学生理解和接受起来有较大的困难。对于如何处理理论知识和元素化合物知识的关系，如何使教师顺利地教、学生更好地接受等问题的研究不够，致使教科书中的教学内容多，且难点集中，有浓缩现象，影响了学生学习的兴趣，也加大了教师讲课的负担。

③ 对能力、科学方法和科学态度重视不够

教科书在介绍新知识时，描述知识本身的内容多，分析推理和启发引导学生思维的内容少；实验编写中，验证性过程多，探究性过程少；习题安排上，存在类型少，解法单一，综合性、梯度和循序渐进注意不够等问题；化学发展史和科学家的研究态度和方法介绍得较少；等等。

④ 在理论联系实际方面不够全面

教科书比较侧重联系工农业生产实际，而与学生熟悉的日常生活现象的联系较少，对环境、能源、材料、健康等的联系还很不够。

（3）化学教学大纲在多年的实际执行过程中，多次进行调整、删减、压缩，发生了很大的变化。与此同时，化学教科书也随之经历了这样多次调整、修订，不断完善的过程。

例如，根据1990年的《全日制中学化学教学大纲（修订本）》和1994年的教学大纲调整意见而修改的化学教科书，在减轻学生过重的课业负担、减少过多的内容、降低过高的教学要求和学习难度方面取得了一些成效。同时，修改后的教科书在因材施教、发展学生的个性特长方面也有所改进。

2. 体现素质教育新理念

1986年，我国开始实施九年义务教育，结束了多年来基础教育的初、高中一贯制。我国的基础教育进入了新的阶段。按照国家教材多样化的政策，这一时期编写出了多套、多版本化学教科书。至2000年，编写的义务教育和配套的高中化学教科书充分体现了改革的新理念，重视学生能力的培养，注重全面提高学生素质，在教科书体系构建和内容呈现等方面也体现出了一定的特色。

（1）体系的构建

教科书体系的构建重视学科知识与学生认知的合理结合。考虑学生的认知规律和年龄特征，编排时注意从学生熟悉的内容开始，由浅入深，层层递进，螺旋上升。并且，将理论与元素化合物知识合理穿插安排，重视理论知识对元素化合物知识学习的指导作用。

（2）内容的选择和呈现

这一时期的教科书，贯彻了以学生发展为本的思想，从知识技能、能力方法、价值观等方面体现教学目的，着眼于培养学生的科学素养，注意激发和培养学生学习化学的兴趣，给学生创造了参与学习过程的机会，促进了学生的发展。教科书内容的选择重视国情教育和爱国主义教育；重视理论联系实际；重视科学方法和能力的培养；加强化学实验；注意语言生动，通俗易懂；等等。

此外，至20世纪90年代中期，高中教科书的编写面向21世纪，渗透了许多新的教育观念。教科书中还设置了多种栏目，如“资料”“阅读”“思考”“讨论”“家庭小实验”“研究性学习”的课题等，并增加了学生活动的比例，社会反响较好。

（四）新课程改革时期——创新与发展

本时期的化学教科书依据“一标多本”的原则编写，完全打破了以往“大一统”的教科书使用格局。高中化学教科书首次采用了模块形式编写。各版本教科书的编写遵循课程标准的要求，采纳了课程标准对教材编写提出的基本原则和建议，构建了各自编写的基本理念和思路。初、高中不同版本教科书在体系的构建、内容的选择和呈现等方面，既表现出一些共同的特点，也呈现出各自的特色。

1. 教科书体系构建的探索

（1）学科中心与社会中心融合的体系框架

在体系的构建上，多版本初中、高中必修教科书都在一定程度上改变了完全以学科逻辑体系为主线的编排方式。特别是初中和高中必修教科书，在体系构建时，多采用了融合的方式，吸收了学科中心和社会中心这两种体系结构各自的优点。在确定教科书单元主题时，不追求严密的学科知识的逻辑结构，但也不完全以社会问题为核心，而是努力将化学知识与社会生活情境相融合，选择那些既与社会和生活实际密切相关，又具有一定的内在逻辑联系，同时又以学生感兴趣并能理解的知识内容编排为单元主题。

（2）理论性知识集中与分散相结合的编排方式

在理论性知识与事实性知识的编排和处理上，一些教科书的编写采取了理论性知识集中与分散相结合的方式。例如，初中化学教科书中，人教版和上教版将“一类”理论性知识相对集中，再与事实性知识进行“大穿插”编排，如关于物质构成的初步知识，都专门设置了“物质构成的奥秘”专题，这种方式有利于对理论性知识的系统认识和理解。鲁教版和科粤版则主要采取了将“各类”理论性知识分散，与事实性知识“小穿插”编排，如将分子和原子、物质组成的表示、金属活动性顺序等知识分别与水、空气、金属等内容结合，分层次、分阶段地呈现有关概念，这种处理方式难点分散，有利于学生对基本概念的认识。

（3）遵循模块特点的体系构建思路

依据课程的设计，高中化学首次采用了模块式的编写方式，必修教科书《化学 1》和《化学 2》精选基础知识和基本技能，突出重点，既为全体学生的发展提供必需的化学基础知识和基本技能，又为继续学习选修课程的学生打下必要的基础。选修模块的内容以学生个性发展的多样化需求为主。《物质结构与性质》《化学反应原理》和《有机化学基础》三个选修模块的教科书，突出化学学科的核心观念、基本概念原理和基本思想方法。《化学与生活》和《化学与技术》两个选修模块教科书，则凸显社会生活问题中心、技术问题中心的课程设计取向，使学生了解生活、工农业生产、技术进步和社会发展中的重要问题。《实验化学》选修模块教科书首次探索性地采用以过程方法中心和实验活动中心为主的课程设计取向，向学生展示化学是一门以实验为基础的自然科学的丰富内涵和独特魅力，激发学生的学习兴趣，提高认识和解决问题及进行科学探究的能力。

受模块设计的限制，构建体系框架时，必修模块与以往物质结构、元素周期律与元素化合物穿插安排的体系不同，物质结构和元素周期律的内容安排在《化学 2》，加强了元素化合物知识的系统性，但使理论知识指导元素化合物学习的作用不突出。选修模块教科书的编写，基本按照学科领域的特点，构建体系框架。

2. 教科书内容的选择和呈现

（1）强调科学探究

科学探究不仅仅是作为方法，也作为内容，发挥其主要作用。化学课程标准提出以科学探究为突破口，改变传统的教学方式，促进学生科学素养的全面发展。为了落实课程理念，切实促进学生学习方式的转变，多版本教科书在大量内容的选择和组织上都加强了活动设计。通过提供一定的背景信息或精心创设的探究情境，引发学生思考，进而提出问题，在此基础上引导学生设计实验方案，进行实验操作，观察、纪录现象，进行数据处理，通过分析推理获得结论。

教科书中这样的内容组织形式，不仅使学生掌握了化学知识，更重要的是可以使学生在自主探究过程中体验到科学探究的意义和乐趣，掌握科学探究方法，发展科学思维和实践能力，认识科学的本质和价值。

（2）突出核心概念和重点内容

多版本教科书都依据课程标准的要求选择内容，突出核心概念和重点内容，对于一些非重点内容，则减少或降低要求。这一特点在初中教科书中体现明显。例如，有关“氢气”，人教版只在讲授水的组成时提及电解水生成氧气，并在“拓展性课题”中简单介绍氢气的物理性质、可燃性；上教版只是在讲授自然界中的水时，提及水电解生成氢气和氧气，点燃氢气和氧气生成水。又如，关于“化合价”，多版本教科书不再给出严格的定义，而是采用通俗易懂的描述，淡化了对其概念式定义的要求。同时，降低了化学原理、化学计算的难度，如关于“溶解度”，只给出一般概念，不再要求有关溶解度的计算；等等。

（3）重视化学在实际中的应用

这一时期的化学教科书重视化学在实际中的应用，注重体现化学与社会发展的关系，关注化学学科发展的新成就，突出STS思想。例如，多版本初、高中教科书中都呈现了能源（化石能源等）、资源（金属矿物、水资源、资源回收等）、材料（金属材料、纳米材料等）、环境（中国环境标志、污水、废气、固体垃圾等的危害和处理）等社会实际问题，强化社会问题线索。同时，多版本教科书都设置了化学与社会发展的相关主题，主要以社会问题作为主线组织内容，使化学原理与生活、社会实际、最新科技成果等联系起来，从而加深学生对化学与社会发展之间密切关系的认识。

（4）重视科学方法和观念的呈现

教科书在精选、更新基础知识和基本技能的同时，非常重视在教科书中呈现科学方法和观念。教科书通过探究活动、讨论及化学史等内容，呈现观察、实验、数据处理、分类、模型、假说等科学方法；通过具体内容的呈现，体现元素观、微粒观、能量观、分类观、化学价值观、化学社会观等观念。

（5）重视学生的生活和社会经验

在一些内容的组织上，多版本教科书都遵循了“从生活走进化学，从化学走向社会”的基本思路和线索，从学生已有的生活经验出发，将化学知识的学习与学生的生活和社会实际紧密联系。在内容的呈现时，提供生活或社会情境，如通过一些具体栏目，呈现学生的已有经验。在此基础上，使学生不断发现和提出问题，能运用所学化学知识解释一些生活现象，并解决一些具体社会问题。同时，使学生切身感受化学与人类、社会的密切关系，从而建立起正确的化学价值观。

（6）重视多样化栏目的设置

不同版本教科书都设置了多种个性鲜明的栏目，如“科学探究”“联想·质疑”等活动性栏目，“方法引导”“工具栏”等方法性栏目，“讨论”“思考与交流”等研讨性栏目，“资料卡片”“化学·技术·社会”“身边的化学”等拓展性栏目，提供的资源和信息，供教师在教学中选择。多版本教科书都通过栏目设置将栏目与正文叙述融合，引导学生积极参与活动，来实现教科书与学生的对话功能，有利于实现学习方式的多样化。

（7）重视图画的功能

图画丰富是本阶段多版本教科书内容呈现上的共同特点。教科书都设计和精选了与内容相关的图画。从形式上看，有彩色照片、三维立体图、平面图等。其内容包括：化学家及其研究成果，古代化学成就，化学发展最新成果；与化学相关的生产、生活、自然实景；化学实验装置、操作、现象等；物质的用途；结构示意；反应过程的示意、数据曲线；拟人化形象；等等。这些图片形象直观，内涵丰富，成为教科书内容的重要组成部分。同时，这些丰富多彩的图画还使教科书的版面更加美观，利于激发学生阅读的兴趣。

（8）重视装帧设计

此时期的教科书都非常重视对版面的设计，并且采用了彩色印刷。在节约资源的前提下，教科书充分利用每一个版面，做到图文并茂，布局合理。

总之，与以往相比，新课程改革时期的化学教科书以发展学生科学素养为目标，体现出教学内容选择突出 STS 教育思想，内容呈现加强科学探究，体系构建兼顾学科逻辑、社会和学生需求等共同特点。

纵观百年中学化学教科书发展史，可以看出，受社会、科学、教育等因素，特别是教育改革发展的影响，每个时期的教科书都体现出时代的烙印。在这百年发展的历程中，化学教科书的变迁也呈现出学科教科书编写的一些特点。从编写形式的变化看，1949 年前后的化学教科书都经过了“翻译—编译—自编”的过程，逐步实现了编写的中国化，且逐步拓展国际视野。从编写人员组织的变化看，经过了由个人编写到团队编写的过程，教科书的编写更加科学化。从教科书体系结构的变化看，由关注化学学科体系，发展到关注教师教学和学生学习，使教科书体系越来越趋于“合理”。从元素化合物与概念理论编排看，由独立呈现，到穿插编排，特别是随着课程设置和理念的变化，物质结构与元素周期律的位置不断变化，以注重理论与元素化合物在化学教学中的作用。从内容“量”的变化看，在元素化合物与概念理论内容的选择上，较为明显地表现出元素化合物内容逐渐减少，应用性内容逐渐增多，概念理论内容由少到多再减少等特点。从内容呈现方式的变化看，化学教科书对知识的介绍由“描述”逐渐转向“讲理”，通过设置栏目适度“干预”教学，增强对教学活动的支撑作用，并越来越关注科学探究、实践活动；等等。

整理与分析百年中学化学教科书的发展脉络，对化学教科书的编写具有非常重要的借鉴意义。此外，在百年化学教科书变迁过程中，许多“专题”内容发生了较大的变化，如化学基本概念及原理、元素及其化合物、化学实验、习题、栏目设置、插图等，继续对“专题”进行深入的研究与分析，对于教科书的研究编制将更具实际意义。

参考文献

1. 北京图书馆，人民教育出版社图书馆. 民国时期总书目（1911—1949）中小学教材［G］. 北京：书目文献出版社，1995.

2. 毕苑. 建造常识：教科书与近代中国文化转型［M］. 福州：福建教育出版社，2010.

3. 曹元宇. 中国化学史话［M］. 台北：明文书局，1984.

4. 陈学恂. 中国教育史研究：近代分卷［M］. 上海：华东师范大学出版社，2009.

5. 陈学恂. 中国教育史研究：现代分卷［M］. 上海：华东师范大学出版社，2009.

6. 陈学恂. 中国近代教育史教学参考资料：上册［M］. 北京：人民教育出版社，1986.

7. 程晋宽. 教育革命的历史考察 1966—1976［M］. 福州：福建教育出版社，2001.

8. 邓小平. 关于科学和教育工作的几点意见［M］// 中共中央文献编辑委员会. 邓小平文选：第二卷. 北京：人民出版社，1994.

9. 董宝良. 中国教育史纲：近代之部［M］. 北京：人民教育出版社，1990.

10. 关保英. 教育行政法典汇编：1949—1965［G］. 济南：山东人民出版社，2016.

11. 郭保章，梁英豪，徐振亚. 中国化学教育史话［M］. 南昌：江西教育出版社，1993.

12. 郭保章. 20 世纪化学史［M］. 南昌：江西教育出版社，1998.

13. 郭保章. 中国化学史［M］. 南昌：江西教育出版社，2006.

14. 何东昌. 当代中国教育：上［M］. 北京：当代中国出版社，1996.

15. 何东昌. 中华人民共和国教育史：上［M］. 海口：海南出版社，2007.

16. 何东昌. 中华人民共和国重要教育文献：1949—1975［G］. 1998.

17. 胡化凯. 20 世纪 50—70 年代中国科学批判资料选：下［M］. 济南：山东教育出版社，2009.

18. 黄友珍，叶冬青，赵树宏. 中国近代百年教育［M］. 开封：河南大学出版社，2009.

19. 贾逸君. 中华民国史［M］. 长沙：岳麓书社，2011.

20. 教育大辞典编纂委员会．教育大辞典：10卷：中国近现代教育史［M］．上海：上海教育出版社，1991．

21. 金冲及．二十世纪中国史纲：第三卷［M］．北京：社会科学文献出版社，2009．

22. 课程教材研究所．20世纪中国中小学课程标准·教学大纲汇编：化学卷［G］．北京：人民教育出版社，2001．

23. 课程教材研究所．20世纪中国中小学课程标准·教学大纲汇编：课程（教学）计划卷［G］．北京：人民教育出版社，2001．

24. 课程教材研究所．新中国中小学教材建设史（1949—2000）研究丛书：化学卷［M］．北京：人民教育出版社，2010．

25. 课程教材研究所．教材制度沿革篇：下册［M］．北京：人民教育出版社，2004．

26. 课程教材研究所．课程教材改革之路［M］．北京：人民教育出版社，2000．

27. 雷国珍，覃正爱．先进文化论［M］．长沙：湖南人民出版社，2002．

28. 李桂林，戚名琇，钱曼倩．中国近代教育史资料汇编：普通教育［M］．上海：上海教育出版社，2007．

29. 李华兴．民国教育史［M］．上海：上海教育出版社，1997．

30. 李忠杰．邓小平理论全书：上［M］．北京：中共中央党校出版社，1998．

31. 梁英豪．化学教育留影［M］．北京：人民教育出版社，2002．

32. 刘英杰．中国教育大事典：1840—1949［M］．杭州：浙江教育出版社，2001．

33. 刘英杰．中国教育大事典：1949—1990［M］．杭州：浙江教育出版社，1993．

34. 刘兆伟，马立武，许桂清．中国教育管理史［M］．哈尔滨：黑龙江人民出版社，2002．

35. 刘知新，臧爱珍．化学教材的改革和研究［M］．北京：人民教育出版社，2004．

36. 石鸥，吴小鸥．中国近现代教科书史：上［M］．长沙：湖南教育出版社，2012．

37. 舒新城．中国近代教育史资料：上册［M］．北京：人民教育出版社，1961．

38. 舒新城．中国近代教育史资料：上册［M］．北京：人民教育出版社，1985．

39. 舒新城．中国近代教育史资料：中册［M］．北京：人民教育出版社，1981．

40. 舒新城．中国近代教育史资料：中册［M］．北京：人民教育出版社，1985．

41. 宋恩荣．近代中国教育改革［M］．北京：教育科学出版社，1994．

42. 孙红艳．中国近代史纲要课程解读［M］．长春：吉林大学出版社，2012．

43. 孙培青 . 中国教育管理史［M］第 2 版．北京：人民教育出版社，2013.

44. 孙培青．中国教育史［M］. 上海：华东师范大学出版社，2000.

45. 唐有祺，王夔．化学与社会［M］. 北京：高等教育出版社，1997.

46. 汪家熔，民族魂：教科书变迁［M］. 上海：商务印书馆，2008.

47. 王尔敏．晚清政治思想史论［M］. 桂林：广西师范大学出版社，2005.

48. 王建军．中国近代教科书发展研究［M］. 广州：广东教育出版社，1996.

49. 王伦信，曹彦杰，陈绵杰．新中国中学教育改革研究［M］. 上海：上海教育出版社，2008.

50. 王有朋．中国近代中小学教科书总目［G］. 上海：上海辞书出版社，2010.

51. 吴小鸥．中国近代教科书的启蒙价值［M］. 福州：福建教育出版社．2011.

52. 武永兴．化学教材改革与探索［M］. 北京：人民教育出版社，2002.

53. 肖伦 . 放射性同位素技术［M］. 第 2 版 . 北京：原子能出版社，2005.

54. 杨少松，周毅成．中国教育史稿：古代、近代部分.［M］. 北京：教育科学出版社，1989.

55. 咏梅．中日近代物理学交流史研究：1850—1922［M］. 北京：中央民族大学出版社，2013.

56. 袁宝华，翟秦丰 . 中国改革大辞典：下［M］. 海口：海南出版社，1992.

57. 袁翰青，应礼文．化学重要史实［M］. 北京：人民教育出版社，2000.

58. 袁翰青．袁翰青文集［M］. 北京：科学技术文献出版社，1995.

59. 袁翰青．中国化学史论文集［M］. 北京：生活・读书・新知三联书店出版，1956.

60. 袁莉，白蒲婴，郭效军．化学史简明手册［M］. 兰州：甘肃科学技术出版社，2006.

61. 张建文．基础教育课程史论［M］. 北京：人民出版社，2011.

62. 赵匡华 . 中国化学史：近现代卷［M］. 南宁：广西教育出版社，2003.

63. 中共中央党史研究室．中国共产党的九十年：社会主义革命和建设时期［M］. 北京：中共党史出版社，党建读物出版社，2016.

64. 中国第二历史档案馆．中华民国史档案资料汇编：第五辑第二编：教育（一）［G］. 南京：江苏古籍出版社，1997.

65. 中国化学会《中国化学五十年》编辑委员会．中国化学五十年：1932—1982［M］. 北京：科学出版社，1985.

66. 中国共产党历届代表大会全纪录编委会．中国共产党历届代表大会全纪录——“一大”到“十七大”［M］．北京：中共党史出版社，2007.

67. 中国科学技术协会．中国科学技术专家传略：理学编：物理学卷：2［M］北京：中国科学技术出版社，2001.

68. 中华人民共和国教育部．普通高中化学课程标准（实验）［M］．北京：人民教育出版社，2003.

69. 中华人民共和国教育部．全日制义务教育化学课程标准（实验稿）［M］．北京：北京师范大学出版社，2001.

70. 中央教育科学研究所．中华人民共和国教育大事记：1949—1982［M］．北京：教育科学出版社，1984.

71. 周洪宇．中国教育活动通史：第七卷：中华民国［M］．济南：山东教育出版社，2017.

72. 周全华．“文化大革命”中的“教育革命”［M］．广州：广东教育出版社，1999.

73. 朱慕菊．走进新课程：与课程实施者对话［M］．北京：北京师范大学出版社，2002.

74. 卓晴君，李仲汉．中小学教育史［M］．海口：海南出版社，2009.

后记

本书是国家社科基金重大项目“中国百年教科书整理与研究”（项目批准号：10 & ZD095）成果之一。该项目首席专家是徐岩，化学学科子课题负责人是王晶。

本书编写人员执笔情况如下。

王晶（第一章、第十三章、第四章部分）、吴海建（第二章）、李俊（第三章）、钟晓媛（第四章部分）、郭震（第五章）、乐进军（第六章）、王钦忠（第七章）、冷燕平（第八章）、乔国才（第九章、第十章、第十一章）、李艳梅（第十二章）。

参与本课题研究工作的还有：郑长龙、刘克文、董素静、李田田、杨龙旭。

主编王晶，责任编辑钟晓媛对书稿做了大量修改完善工作。

需要特别说明的是，文中涉及较多的历史文献及教科书资料，为尊重历史，对于其中与现行规范不一致的名词、术语及行文表述，本书予以保留，未作修改。由于不同时期对“课本”“教材”“教科书”的使用习惯和规范不同，在本书行文中没有作严格的区分。由于各时期不同教科书的目录呈现方式不同，本书中代表性教科书的内容呈现采用原书目录照片、目录摘录、章标题及主要内容等形式。

本书编写过程中，参考和引用了大量文献和已有研究成果，特别是人民教育出版社课程教材研究所编著的《新中国中小学教材建设史（1949—2000）研究丛书：化学卷》（张健如主编，张健如、李文鼎编著）、《20 世纪中国中小学课程标准·教学大纲汇编：化学卷》、《化学重要史实》（袁翰青、应礼文编著）。人民教育出版社图书馆作为全国最大的中小学教科书收藏中心给予了大力帮助，其制作完成的“中国百年中小学教科书全文图像库”为研究提供了极大的支持。在此表示衷心感谢。

特别感谢在研究和出版过程中给予指导的学界前辈，以及提出宝贵意见和建议的学界同行。

书中错漏之处，敬请读者批评指正！

王　晶

2019 年 12 月

图书在版编目（CIP）数据

中国百年教科书史．化学卷／王晶主编；徐岩，张廷凯总主编．—北京：人民教育出版社，2020.12

ISBN 978-7-107-34846-4

Ⅰ．①中…　Ⅱ．①王…　②徐…　③张…　Ⅲ．①化学课—教材—教育史—中国　Ⅳ．①G423.3-092

中国版本图书馆CIP数据核字（2020）第265392号

中国百年教科书史　化学卷

ZHONGGUO BAINIAN JIAOKESHUSHI HUAXUE JUAN

出版发行　人民教育出版社

（北京市海淀区中关村南大街17号院1号楼　邮编：100081）

网　　址　http://www.pep.com.cn

经　　销　全国新华书店

印　　刷　北京华联印刷有限公司

版　　次　2020年12月第1版

印　　次　2021年1月第1次印刷

开　　本　787毫米×1092毫米　1/16

印　　张　27.25

字　　数　545千字

定　　价　188.00元

版权所有・未经许可不得采用任何方式擅自复制或使用本产品任何部分・违者必究

如发现内容质量问题、印装质量问题，请与本社联系。电话：400-810-5788